湖南省现代物流发展研究报告

（2010 年）

主　编　黄福华　尹国杰
副主编　李坚飞　周　敏
欧阳小迅　袁世军

中国物资出版社

图书在版编目（CIP）数据

湖南省现代物流发展研究报告 . 2010 年/黄福华，尹国杰主编 . —北京：中国物资出版社，2011. 12

ISBN 978 - 7 - 5047 - 4118 - 9

Ⅰ. ①湖… Ⅱ. ①黄…②尹… Ⅲ. ①物流—经济发展—研究报告—湖南省—2010 Ⅳ. ①F259. 22

中国版本图书馆 CIP 数据核字（2011）第 275059 号

策划编辑 郑欣怡 **责任印制** 何崇杭 王 洁

责任编辑 郑欣怡 **责任校对** 孙会香 杨小静

出版发行 中国物资出版社

社 址 北京市丰台区南四环西路 188 号 5 区 20 楼 **邮政编码** 100070

电 话 010 - 52227568（发行部） 010 - 52227588 转 307（总编室）

010 - 68589540（读者服务部） 010 - 52227588 转 305（质检部）

网 址 http://www. clph. cn

经 销 新华书店

印 刷 北京京都六环印刷厂

书 号 ISBN 978 - 7 - 5047 - 4118 - 9/F · 1713

开 本 787mm×1092mm 1/16 **版 次** 2011 年 12 月第 1 版

印 张 23. 25 **印 次** 2011 年 12 月第 1 次印刷

字 数 580 千字 **定 价** 80. 00 元

前 言

2009年3月，国务院印发的《物流业调整和振兴规划》指出，我国物流业总体水平落后，严重制约国民经济效益的提高，必须加快发展现代物流，建立现代物流服务体系，以物流服务促进其他产业发展。近年来，我国物流业快速发展，全国各地的物流园区规划、物流产业规划、配送中心规划如雨后春笋般涌现出来，各地区对物流地产的开发成为中国新一轮经济增长的亮点。

2010年，湖南省物流快速发展，物流需求显著增加，运行效率有所提高，物流业增加值快速增长。2010年，全省物流需求规模进一步扩大，达到32640.34亿元，比上年增长32.9%。从物流总额的构成来看，工业品物流总额增长快、比重高，达到20675.12亿元，比上年增长42.4%，占社会物流总额的63.3%，是带动社会物流总额增长的主要因素；农产品物流总额为2662.67亿元，增长8.8%，占社会物流总额的8.2%；进口物流总额为455.86亿元，增长43.6%；再生资源物流总额为32.81亿元，增长209.8%；单位与居民物品物流总额为165.05亿元，增长14.5%；区域外产品物流总额为8648.83亿元，增长21.3%，占社会物流总额的26.5%。物流产业已经成为湖南省经济快速发展的重要支撑。

现代物流业是衡量一个地区投资环境好坏、综合实力强弱的重要标志。湖南省地处中部，连接东西，贯通南北，交通区位优势明显，加快现代物流业的发展、提升现代物流业竞争力，对于改善投资环境、增强产业吸纳能力、促进产业结构调整升级、提高全省的综合竞争力、推进湖南省"四化两型"发展战略、打造中部地区产业高地都具有深远影响。由湖南商学院物流研究团队连续5年研究出版的《湖南省物流业发展研究报告》，意在总结湖南省物流业发展现状，介绍湖南物流业发展基本经验，为实际工作者、研究机构和人员、政府领导及相关部门了解湖南物流发展情况提供了一份数据翔实的研究成果。本书不仅为人们了解湖南现代物流业的发展现状提供帮助，还将为研究学者以及企业家提供行业的发展信息支撑与典型案例，而且它对于湖南当前快速发展的经济也具有颇为重要的参考价值，可以为人们了解、掌握湖南经济发展与物流产业发展的现实问题与关系提供有益的借鉴与参考。

在内容上，首先，本书为参阅者更好地了解湖南省2010年现代物流发展概况以及未来湖南现代物流业呈现出的发展趋势展现了一幅蓝图；其次，本书紧密围绕当前湖南经济快速发展中的几大特色产业，以行业物流发展的视角分专题进行分析、研究，为进一步把握湖南物流产业发展动态提供了更为深入的信息；最后，本书将湖南划分为四个物流发展经济区域，从区域经济发展的角度对物流产业的发展进行了深入的阐述与分析，为湖南地方经济发展物流产业提供了富有价值的参考信息与建议。

在结构上，本书包括11章，按照总体发展、行业发展以及区域发展分为3篇。第一篇是关于湖南物流业发展的整体现状阐述，包括对湖南物流业发展的基本状况、存在的主要发展问题、瓶颈以及解决对策，并对湖南物流产业发展的竞争能力以及优势进行了客观的评估。第二篇围绕湖南当前的主要特色产业的物流发展状况进行分析与研究，对包括粮食物流、物流信息化、商贸物流、钢铁物流以及绿色物流等专题行业物流发展进行了描述。第三篇对当前湖南主要发展经济区域的物流发展状况进行了深入专题阐述，本书将湖南划分为四大经济发展区域，即长株潭城市群、湘南物流圈、环洞庭湖湘北物流圈以及大湘西物流圈，充分结合区域经济发展特色分析研究区域物流业的发展问题与对策。

本书第一章由黄福华教授、周敏博士完成，第二章由欧阳小迅博士完成，第三章由李坚飞博士完成，第四章由袁世军老师完成，第五章由周敏博士、李坚飞博士完成，第六章由欧阳小迅博士完成，第七章由袁世军老师完成，第八章由欧阳小迅博士完成，第九章由李坚飞博士完成，第十章由袁世军老师完成，第十一章由周敏博士完成。全书由黄福华教授主持编写，尹国杰教授、李坚飞博士具体负责统稿、校对。同时要感谢中国物资出版社的编辑们给予的大力支持与帮助。

值得特别提出的是，《湖南省现代物流发展研究报告》每年编纂一本，旨在对湖南省现代物流业发展的情况以及出现的新特征、新趋势进行全面的阐述。随着湖南物流跨区域化、国际化发展趋势特征的出现且不断深入，越来越多的本土学者及业界人士开始关注此系列报告，因此在结构框架上作了一定的调整。由于编者水平与时间所限，本书在编纂过程中难免存在一些错漏之处，非常欢迎广大读者对本书提出评论和改进建议，通过出版社或是 E-mail：hfh163com@163. com 与编者联系。

黄福华

2011 年 9 月于湖南商学院

目　录

第一篇　总体发展篇

第二篇　行业发展篇

第三篇　区域发展篇

第一篇

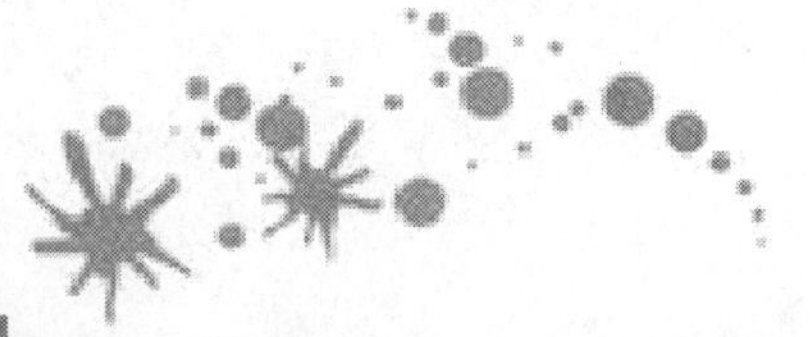

总体发展篇

表 1－2　　2009 年全国社会物流总额构成及增长变动情况

项　目	1～12 月（万亿元）	同比增长（%）	比重（%）
社会物流总额	96.65	7.4	100
农产品物流总额	1.94	4.3	2.01
工业品物流总额	87.41	9.4	90.44
进口货物物流总额	6.86	－12.8	7.10
再生资源物流总额	0.28	12.3	0.29
单位与居民物品物流总额	0.065	16.4	0.07

数据来源：国家统计局、国家发改委、中国物流与采购联合会联合发布数据，2010。

2. 社会物流总费用增长 7.2%

2009 年全国社会物流总费用 6.08 万亿元，同比增长 7.2%，与 GDP 的比率为 18.1%，同比持平。

从构成情况看，运输费用 3.36 万亿元，同比增长 7%，占社会物流总费用的比重为 55.3%，同比下降 0.1 个百分点。保管费用 2 万亿元，同比增长 7.5%，占社会物流总费用的比重为 32.8%，同比提高 0.1 个百分点。管理费用 0.72 万亿元，同比增长 7.4%，占社会物流总费用的比重为 11.9%，同比持平。

3. 物流业增加值增长 7.3%

2009 年全国物流业增加值 2.31 万亿元，同比增长 7.3%，占服务业增加值的 16.1%，同比下降 0.3 个百分点。

（二）2009 年全国重点企业物流统计调查报告

根据《社会物流统计核算与报表制度》要求，2010 年 4 月—2010 年 12 月，国家发展改革委、国家统计局和中国物流与采购联合会对 2009 年全国重点工业、批发和零售业企业物流状况和物流企业经营情况进行了统计调查。本次调查共收到 1188 家企业资料，有效报表 1117 家，报表有效率 94%。其中，工业、批发和零售业企业 672 家，占 60%，物流企业 445 家，占 40%。如图 1－1 所示。

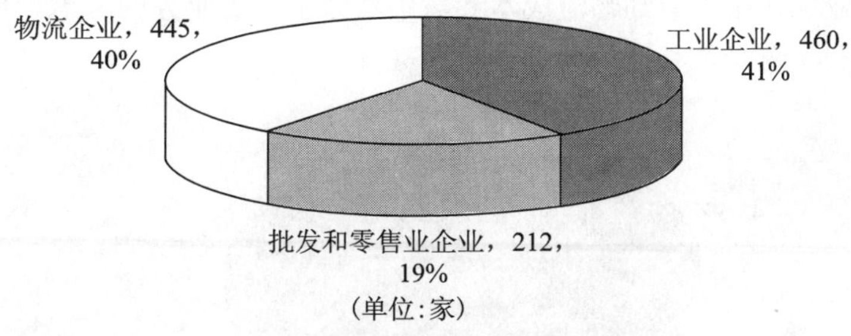

图 1－1　重点调查企业行业分布情况

调查企业按登记注册类型划分，国有企业 144 家，占 12.9%；私营企业 251 家，占

22.5%；有限责任公司 332 家，占 29.7%；港澳台商投资企业 80 家，占 7.2%；外商投资企业 136 家，占 12.2%。如图 1-2 所示。

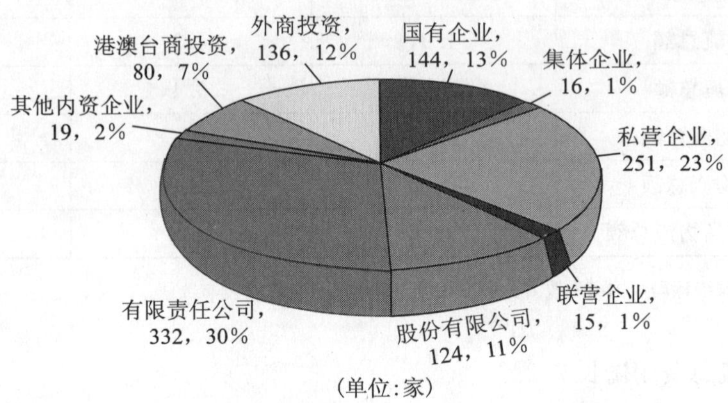

图 1-2　重点调查企业登记注册类型分布情况

1. 工业、批发和零售业企业（委托代理货运量）情况（见图 1-3）

（1）销售总额增幅回落，物流需求增速有所放缓

调查企业汇总数据显示，2009 年工业、批发和零售业企业销售总额比上年增长 8.9%，增幅同比回落 6.5 个百分点。其中，工业企业销售总额比上年增长 4.0%，增幅同比回落 7.8 个百分点；批发和零售业企业销售总额比上年增长 14.3%，增幅同比回落 6.9 个百分点。销售总额增幅回落，一定程度上反映出企业物流需求增速放缓。

（2）货运量平稳增长，委托代理货运量比重提高

调查企业汇总数据显示，2009 年工业、批发和零售业企业货运量同比增长 9.4%。其中，工业企业同比增长 8.6%，批发和零售业企业同比增长 15.1%。在货运总量中，委托代理货运量同比增长 12.5%，占货运总量的比重为 57.4%，同比提高 7.6 个百分点。其中，工业企业委托代理货运量同比增长 12%，占货运总量的比重为 57.2%，同比提高 16.7 个百分点；批发和零售业企业委托代理货运量同比增长 15.5%，占货运总量的比重为 58.5%，同比提高 3.5 个百分点。委托代理货运量比重的提高，一定程度上表明，工业、批发和零售业企业出于节约物流成本和集中精力于主要业务的考虑，更多地选择将物流业务外包，以利于自身核心竞争力的进一步提升。

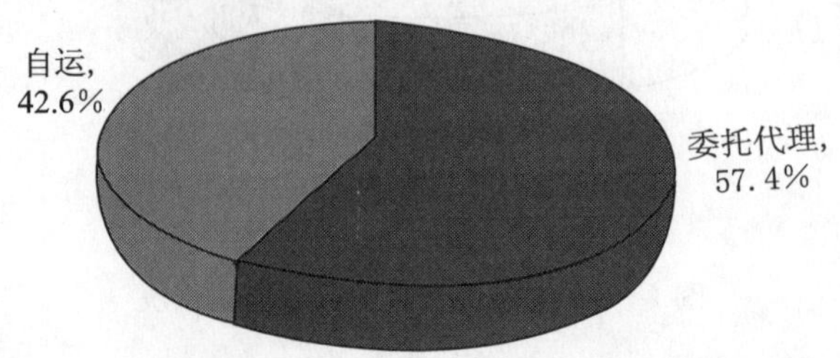

图 1-3　工业、批发和零售业企业委托代理货运量情况

(3) 物流成本增速明显减缓，企业物流效率有所提高

调查企业汇总数据显示，2009 年工业、批发和零售业企业物流成本比上年增长 8.2%，增幅低于销售总额增长 0.7 个百分点，同比回落 20.1 个百分点，一定程度上表明企业物流效率有所提高。其中，运输成本同比增长 1.8%，增幅同比回落 28.9 个百分点；保管成本增长 11.9%，增幅同比回落 24 个百分点。在保管成本中，配送成本、仓储成本、货物损耗成本和利息成本同比分别增长 17.4%、7.2%、2.4%和 3.6%，增幅均有较大回落，分别为 15.4 个、35.8 个、4.6 个和 55.4 个百分点。此外，物流管理成本增长 10.7%，增幅同比提高 2.1 个百分点。具体如图 1－4 所示。

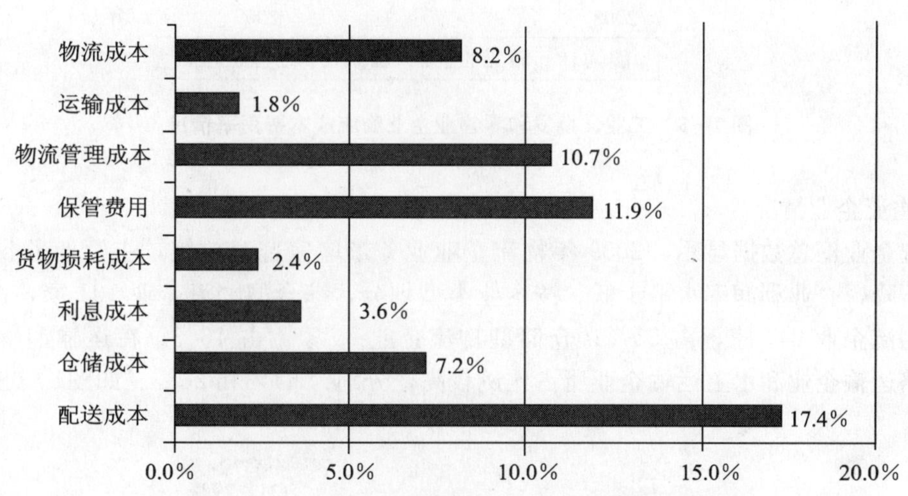

图 1－4　工业、批发和零售业企业物流成本增长情况

(4) 物流成本费用率水平略有下降

调查企业汇总数据显示，受企业物流成本增幅减缓、物流效率有所提高等因素影响，2009 年工业、批发和零售业企业物流成本费用率为 9.0%，同比下降 0.3 个百分点。其中，工业企业物流成本费用率为 9.8%，同比下降 0.1 个百分点；批发和零售业企业物流成本费用率为 8.1%，同比下降 0.2 个百分点。具体如图 1－5 所示。

从不同行业来看，2009 年工业行业物流成本费用率最高的是橡胶制造业，为 24.3%，工艺品及其他制造业、专用设备制造业等行业相对较低；批发零售行业中，物流成本费用率最高的纺织、服装及日用品专门零售行业为 23.3%，无店铺及其他零售、机械设备五金交电及电子产品批发等行业的物流成本费用相对较低。

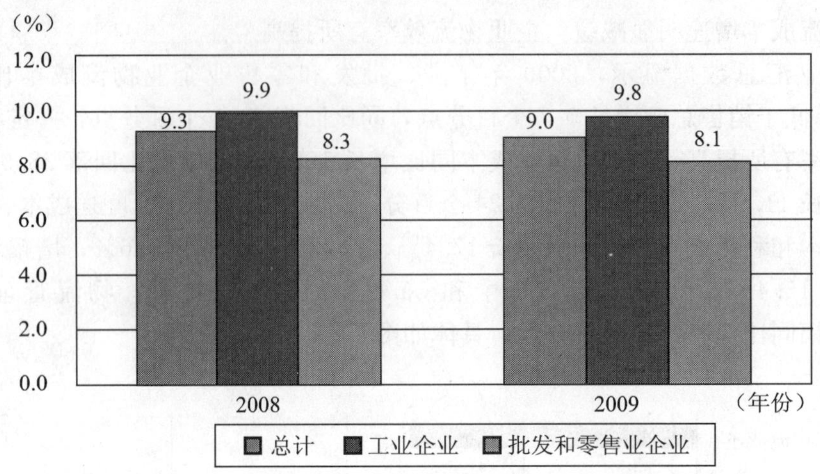

图1－5　工业、批发和零售业企业物流成本费用率情况

2. 物流企业情况

调查企业汇总数据显示，2009年物流企业业务量增速普遍放缓，主营业务收入、成本双双下降，企业利润率水平走低。按企业类型划分，综合型物流企业131家，占29%；运输型物流企业244家，占55%；仓储型物流企业70家，占16%。在运输型物流企业中，道路运输企业和水上运输企业所占比例较高，分别为64%和26%。如图1－6所示。

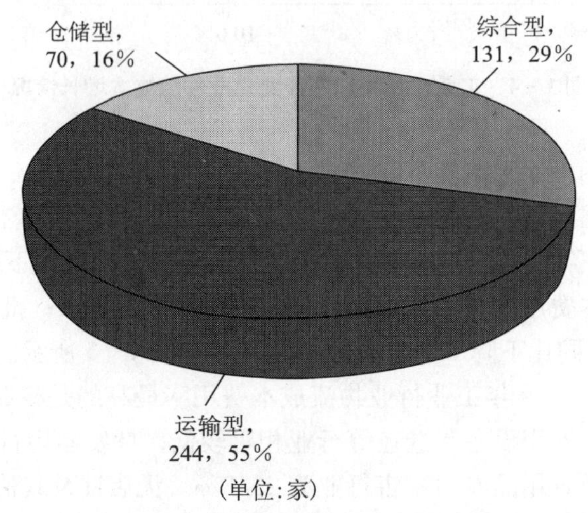

图1－6　物流企业类型分布情况

（1）主要业务量增幅回落，主营业务收入下降

调查企业汇总数据显示，2009年物流企业货运量同比增长6.0%，一体化物流业务量同比增长26.1%，配送量同比增长13.6%，增幅同比回落1.2个、0.3个和16.8个百分点。与此同时，货运周转量同比下降10.2%，货代业务量同比下降11.9%。

2009年物流企业主营业务总收入同比下降11.3%。其中，占主营业务收入30%的运输收入同比下降 25.3%，导致主营业务总收入下降 9 个百分点。此外，一体化物流收入、配送收入分别增长 27.2%和 21.7%，增幅同比分别回落 17.4 个和 9.2 个百分点。在全部调查企业中，主营业务收入同比下降的企业占 43.6%，同比上升 17.8 个百分点。

从不同类型看，2009 年运输型物流企业主营业务收入降幅最大，同比下降 13.2%；综合型物流企业主营业务收入由 2008 年的同比增长 36.2%转为 2009 年的同比下降 12.9%；仓储型物流企业主营业务收入同比增长 12.3%，但增幅同比回落 19.9 个百分点。如图 1-7 所示。

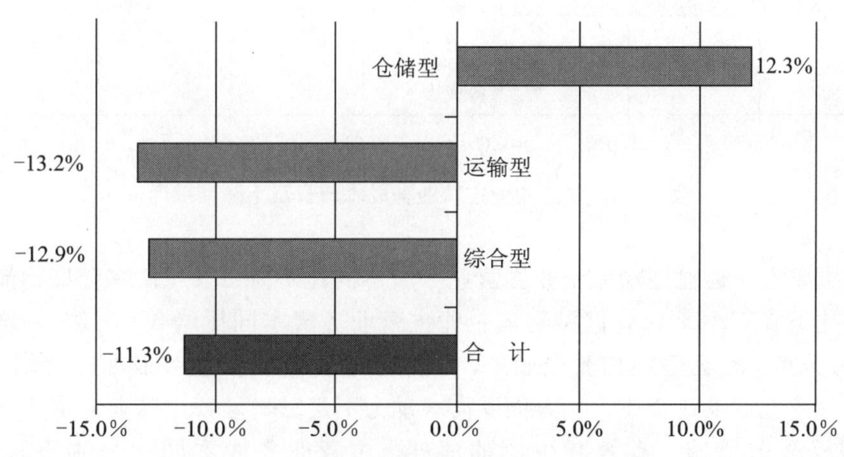

图 1-7　物流企业主营业务收入增长情况

从不同区域看，西部地区企业主营业务收入同比增长 11%，增幅同比回落 26.6 个百分点；中部地区企业主营业务收入同比增长 8.9%，增幅同比回落 26.4 个百分点；东部地区企业主营业务收入同比下降 12.6%。由于东部地区物流企业数量和规模普遍大于中西部，其主营业务收入的下降成为影响总体收入下降的主要原因。

从不同登记注册类型看，2009 年国有企业主营业务收入同比下降 16.8%，降幅最高；私营企业主营业务收入同比增长 9.8%，但增幅同比回落 30.7 个百分点；港澳台商投资企业和外商投资企业主营业务收入分别同比下降 3.7%和 9.6%。

（2）主营业务成本小幅下降，企业利润率水平走低

调查企业汇总数据显示，2009 年物流企业主营业务成本同比下降 3.6%。其中，运输成本下降 20.4%，货代成本下降 15.0%；一体化物流成本增长 33.3%，配送成本增长 23.0%，仓储成本增长 10.2%，但增幅同比分别回落 12.6 个、11.5 个和 13.1 个百分点。如图 1-8 所示。

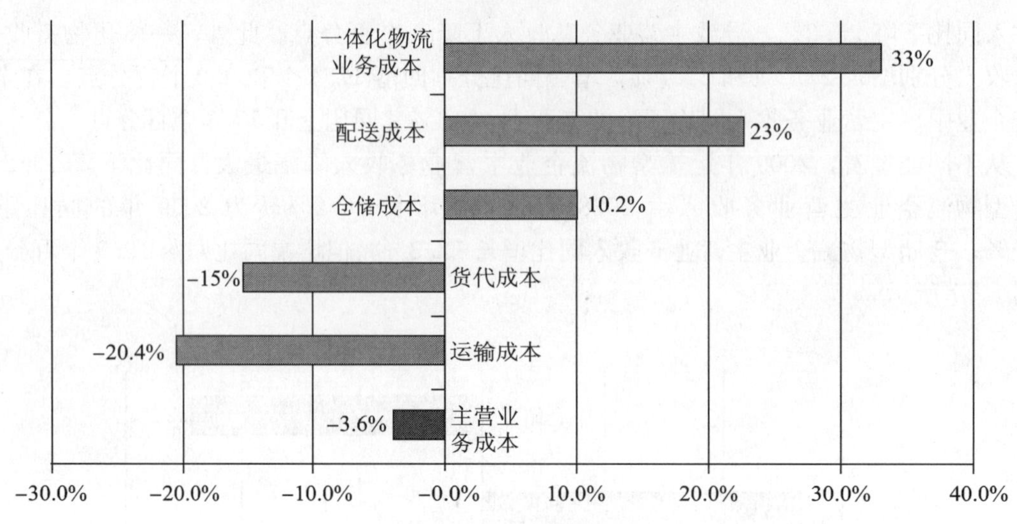

图 1-8　物流企业主营业务成本增长及下降情况

从不同类型看，运输型物流企业主营业务成本同比下降 3.1%；综合型物流企业主营业务成本同比下降 15.6%；仓储型物流企业主营业务成本同比增长 10.7%，增幅同比回落 18.7 个百分点。在运输型物流企业中，铁路运输企业主营业务成本同比增长 44.9%。航空运输业和水上运输业企业，一方面受需求动力不足影响导致主营业务成本增加，另一方面企业积极采取措施，有效减少燃油消耗，主营业务成本同比分别下降 18.9%和 12.7%。道路运输业企业受成品油价格上涨和税费改革等因素影响，主营业务成本同比增长 10.9%。

调查企业汇总数据显示，2009 年物流企业收入利润率为 5.5%，同比下降 5.6 个百分点。成本利润率为 6.0%，同比下降 7.1 个百分点，物流企业赢利水平有所下降。2009 年物流企业收入利润率小于 3%和大于 10%的企业所占比例最高，分别为 38.7%和 31.0%，物流企业赢利水平呈现两极分化现象。

（3）资产规模较快增长

调查企业汇总数据显示，2009 年物流企业资产规模同比增长 17.2%。其中，资产大于 10 亿元的企业占 14.2%，资产在 1 亿～10 亿元的企业占 28.5%，资产在 5000 万～1 亿元的企业占 12.6%，资产小于 5000 万元的企业占 44.7%。与 2008 年相比，资产大于 10 亿元的企业所占比重同比提高 1.8 个百分点，小于 5000 万元的企业所占比重同比下降 3.8 个百分点。如图 1-9 所示。

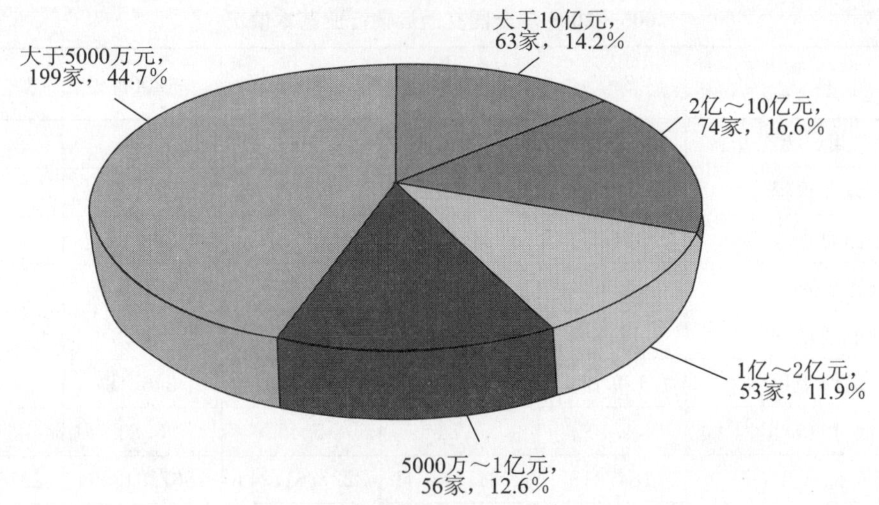

图1－9　物流企业资产规模分布情况

(4) 前50家物流企业主营业务收入均超过10亿元

调查企业汇总数据显示，2009年前50家物流企业主营业务总收入达4506亿元，同比下降5.3%，但降幅低于全部调查企业8个百分点。其中，中国远洋运输（集团）总公司主营业务收入超过千亿元，中国外运长航集团有限公司等9家企业主营业务收入超过百亿元，同比增加3家；主营业务收入排名前50家物流企业主营业务收入均超过10亿元，排名第50位物流企业主营业务收入达到12.2亿元，同比提高60.5%。

从不同类型看，在主营业务收入前50家物流企业中，运输型物流企业30家，占60%；综合型物流企业12家，占24%；仓储型物流企业8家，占16%。

从不同区域看，在主营业务收入排名前50家物流企业中，80%分布在经济较为发达的东部地区，西部和中部地区分别占8%和12%。

从不同登记注册类型看，在主营业务收入排名前50家物流企业中，国有企业18家，占36%；有限责任公司19家，占38%；私营企业4家，占8%；港澳台商投资企业4家，占8%；外商投资企业2家，占4%。

(三) 2009年全国交通运输行业运行情况

1. 总体运行情况

2009年全社会各种运输方式累计完成货运量274.4亿吨，同比增长7.5%，增幅比上年同期下降1.8个百分点；货物周转量119188.53亿吨公里，同比增长9.9%，增幅比上年同期上升6.4个百分点。货运周转量增速快于货运量增速，表明货物运输的平均距离有所增加，具体情况如表1－3所示。

表1-3　　2005—2009年全国交通运输行业基本情况

指标＼年份	2005	2006	2007	2008	2009
运输线路长度（万公里）	—	—	—	—	—
铁路营业里程	7.54	7.71	7.80	7.97	8.55
公路里程	334.52	345.70	358.37	373.02	386.08
高速公路	4.10	4.53	5.39	6.03	6.51
内河航道里程	12.33	12.34	12.35	12.28	12.37
民航航线里程	199.85	211.35	234.30	246.18	234.51
管道输油（气）里程	4.40	4.81	5.45	5.83	6.91
客运量总计（万人）	1847018	2024157.641	2227761.211	2867891.964	2976897.831
铁路	115583	125656	135670	146193	152451
公路	1697381	1860487	2050680	2682114	2779081
水运	20227	22047	22835	20334	22314
民航	13827	15968	18576	19251	23052
旅客周转量总计（亿人公里）	17466.7	19197.2	21592.6	23196.7	24834.9
铁路	6062.0	6622.1	7216.3	7778.6	7878.9
公路	9292.1	10130.8	11506.8	12476.1	13511.4
水运	67.8	73.6	77.8	59.2	69.4
民航	2044.9	2370.7	2791.7	2882.8	3375.2
货运量总计（万吨）	1862066	2037060	2275822	2585937	2825222
铁路	269296	288224	314237	330354	333348
公路	1341778	1466347	1639432	1916759	2127834
水运	219648	248703	281199	294510	318996
民航	306.7	349.4	401.8	407.6	445.5
管道	31037	33436	40552	43906	44598
货物周转量总计（亿吨公里）	80258	88840	101419	110300	122133
铁路	20726	21954	23797	25106	25239
公路	8693	9754	11355	32868	37189
水运	49672	55486	64285	50263	57557
民航	78.9	94.3	116.4	119.6	126.2
管道	1088	1551	1866	1944	2022
民用汽车拥有量（万辆）	3159.66	3697.35	4358.36	5099.61	6280.61
私人汽车	1848.07	2333.32	2876.22	3501.39	4574.91

续　表

指　标 \ 年　份	2005	2006	2007	2008	2009
其他机动车拥有量（万辆）	8595.42	8797.67	9434.03	9756.92	10489.01
民用运输船舶拥有量（艘）	207294	194360	191771	184190	176932
机动船	165900	157805	157544	152247	149367
驳船	41394	36555	34227	31943	27565
私人运输船舶拥有量	95838	70292	70017	64552	—
机动船	83380	62839	62228	57490	—
驳船	12458	7453	7789	7062	—
沿海规模以上港口货物吞吐量（万吨）	292777	342191	388200	429599	475481

注：①从 2004 年起内河航道里程为内河航道通航里程数（以下各表同）。

②从 2005 年起公路里程包括村道（以下各表同）。

③2008 年公路、水路运输量统计口径有调整（以下各表同）。

④从 2009 年起，沿海规模以上港口统计范围为年吞吐量 1000 万吨以上的沿海港口，内河规模以上港口统计范围为年吞吐量 200 万吨以上的内河港口（以下各表同）。

⑤以上全部数据来源于国家统计局网站。

2. 运输线路情况

截至 2009 年年底，全国运输线路总里程有了新的突破。其中：铁路营业里程达到 85517.9 公里，内河航道里程达到 123683 公里，公路里程达到 3860823 公里，其中高速公路里程实现了 65055 公里。全国各地区运输线路长度如表 1－4 所示。

表 1－4　　全国各地区运输线路长度（2009 年）　　单位：公里

地　区	铁路营业里程	内河航道里程	公路里程	等级公路	高速	一级	二级	等外公路
全　国	85517.9	123683	3860823	3056265	65055	59462	300686	804558
北　京	1169.5	—	20755	20551	884	914	3106	204
天　津	781.5	88	14316	14316	885	737	3184	—
河　北	4880.3	—	152135	142777	3303	3632	15596	9359
山　西	3536.3	467	127330	121310	1965	1529	14124	6020
内蒙古	8074.2	2403	150756	122231	2176	3137	11821	28525
辽　宁	4229.3	413	101117	83153	2833	2613	16507	17964
吉　林	3913.5	1456	88430	77643	1035	1982	8795	10787
黑龙江	5756.1	5131	151470	114511	1219	1576	8598	36960
上　海	317.7	2226	11671	11671	768	351	2922	—

续 表

地 区	铁路营业里程	内河航道里程	公路里程	等级公路	高速	一级	二级	等外公路
江 苏	1655.6	24224	143803	134192	3755	8469	20775	9611
浙 江	1678.2	9703	106952	102153	3298	4099	8882	4798
安 徽	2849.9	5596	149184	139424	2810	475	10312	9759
福 建	2109.7	3245	89504	67512	1961	606	7285	21992
江 西	2712.4	5638	137011	92237	2401	1278	9192	44775
山 东	3685.7	1012	226693	223992	4285	7551	23925	2701
河 南	3949.2	1267	242314	177235	4861	565	23671	65079
湖 北	2980.2	8247	197196	168834	3283	1725	16261	28362
湖 南	3693.0	11495	191405	148180	2226	776	7543	43225
广 东	2478.6	11844	184960	160180	4035	10040	18793	24780
广 西	3126.0	5433	100491	77154	2395	827	8559	23337
海 南	387.3	343	20041	14459	660	244	1350	5582
重 庆	1317.7	4331	110950	70425	1577	516	7495	40526
四 川	3257.9	10720	249168	183108	2240	2186	13099	66060
贵 州	1982.7	3442	142561	68046	1189	151	3171	74516
云 南	2474.8	2532	206028	138150	2512	628	4973	67878
西 藏	525.5	—	53845	26063	—	—	952	27782
陕 西	3319.5	1066	144109	128487	2779	781	6814	15622
甘 肃	2435.4	914	114000	76631	1644	147	5494	37370
青 海	1676.9	329	60136	39726	217	209	5201	20410
宁 夏	890.0	117	21805	20297	1022	314	2404	1509
新 疆	3673.4	—	150683	91618	838	1405	9882	59066

数据来源：国家统计局网站，2010。

运输线路长度快速增长的同时，质量也在不断提高。主要体现在铁路复线里程比重不断提高，从1990年的24.4%提高到2009年的43.8%，几乎翻一番；等级公路里程比重也从1990年的72.1%提高到79.2%。如表1-5所示。

表1-5　　全国2009年运输线路质量变化情况

指标 \ 年份	1990	1995	2000	2008	2009
国家铁路营业里程（公里）	53378	54616	58656	63975	65491
复线里程（公里）	13024	16909	21408	26599	28682

续　表

指　标 \ 年　份	1990	1995	2000	2008	2009
复线里程比重（%）	24.4	31.0	36.5	41.6	43.8
自动闭塞里程（公里）	10370	12910	18318	28100	31619
公路里程（公里）	1028348	1157009	1402698	3730164	3860823
等级公路里程（公里）	741040	910754	1216013	2778521	3056265
等级公路里程比重（%）	72.1	78.7	86.7	74.5	79.2
内河航道里程（公里）	109192	110562	119325	122763	123683
等级航道里程（公里）	—	56587	61367	61093	61546
等级航道里程比重（%）	—	51.2	51.4	49.8	49.8

数据来源：国家统计局网站，2010。

3. 货运量、货运周转量持续稳步增长

1978—2009 年，全国货运量如表 1-6 所示，货运总量保持稳定增长势头，各种运输方式的运输量也都保持稳定增长，特别是公路货运量增长势头最为强劲。

表 1-6　　**1978—2009 年全国货运量**　　单位：万吨

年　份	货运量总计	铁　路	国家铁路	地方铁路	合资铁路	公　路	水　运	远　洋	民　航	管　道
1978	248946	110119	107492	2627	—	85182	43292	3659	6.4	10347
1980	546537	111279	108584	2695	—	382048	42676	4292	8.9	10525
1985	745763	130709	127516	3193	—	538062	63322	6627	19.5	13650
1990	970602	150681	146209	4472	—	724040	80094	9408	37.0	15750
1991	985793	152893	147898	4995	—	733907	83370	10567	45.2	15578
1992	1045899	157627	152317	5310	—	780941	92490	11191	57.5	14783
1993	1115902	162794	156791	6003	—	840256	97938	12508	69.4	14845
1994	1180396	163216	157278	5938	—	894914	107091	13421	82.9	15092
1995	1234938	165982	159473	6509	—	940387	113194	15251	101.1	15274
1996	1298421	171024	161787	7125	2112	983860	127430	14213	115.0	15992
1997	1278218	172149	162010	7854	2285	976536	113406	20287	124.7	16002
1998	1267427	164309	153435	8035	2839	976004	109555	18892	140.1	17419
1999	1293008	167554	157239	7296	3019	990444	114608	22621	170.4	20232
2000	1358682	178581	166056	8369	4156	1038813	122391	22949	196.7	18700
2001	1401786	193189	179201	9542	4446	1056312	132675	27573	171.0	19439

续 表

年 份	货运量总计	铁 路	国家铁路	地方铁路	合资铁路	公 路	水 运	远 洋	民 航	管 道
2002	1483447	204956	187578	11241	6137	1116324	141832	29896	202.1	20133
2003	1564492	224248	199814	13064	11370	1159957	158070	34002	219.0	21998
2004	1706412	249017	217816	14924	16277	1244990	187394	39469	276.7	24734
2005	1862066	269296	231839	17802	19655	1341778	219648	48549	306.7	31037
2006	2037060	288224	245476	19593	23154	1466347	248703	54413	349.4	33436
2007	2275822	314237	262400	24390	27447	1639432	281199	58903	401.8	40552
2008	2585937	330354	275243	27128	27983	1916759	294510	42352	407.6	43906
2009	2825222	333348	277572	23873	31903	2127834	318996	51733	445.5	44598

注：①从 1979 年起，公路运输包括社会车辆完成数量，从 1984 年起，还包括私营运输完成的数量（下表同），从 2008 年起，公路运输量统计原则上为营运车辆。水路运输量统计范围为在交通运输主管部门审批、备案、从事营业性旅客和货物运输生产的船舶。

②从 1993 年起铁路货物运输增加行包运量（下表同）。

从货运周转量的情况来看，1978—2009 年全国货运周转量保持稳定增长趋势。各种运输方式的货运周转量增长趋势明显，特别以公路货运周转量和水运货运周转量为代表，体现了物流与社会经济发展协调的局面。具体指标如表 1－7 所示。

表 1－7　　1978—2009 年全国货运周转量　　单位：亿吨公里

年 份	货运周转量总计	铁 路	国家铁路	地方铁路	合资铁路	公 路	水 运	远 洋	民 航	管 道
1978	9829	5345.2	5333.5	11.7	—	274.1	3779.2	2487	0.97	430
1980	12027	5717.5	5707.3	10.2	—	764.0	5052.8	3532	1.41	491
1985	18365	8125.7	8111.6	14.1	—	1903.2	7729.3	5329	4.15	603
1990	26208	10622.4	10601.2	21.2	—	3358.1	11591.9	8141	8.18	627
1991	27987	10972.0	10948.1	23.9	—	3428.0	12955.5	8990	10.10	621
1992	29218	11575.6	11548.5	27.0	—	3755.4	13256.2	9034	13.42	617
1993	30647	12090.9	12059.7	31.2	—	4070.5	13860.8	9134	16.61	608
1994	33435	12632.0	12600.6	31.4	—	4486.3	15686.6	10268	18.58	612
1995	35909	13049.5	13015.2	34.2	—	4694.9	17552.2	11938	22.30	590
1996	36590	13106.2	12935.0	48.6	122.5	5011.2	17862.5	11254	24.93	585
1997	38385	13269.9	13063.0	50.7	156.2	5271.5	19235.0	14875	29.10	579
1998	38089	12560.1	12304.5	50.7	204.8	5483.4	19405.8	14920	33.45	606

续　表

年　份	货运周转量总计	铁　路	国家铁路	地方铁路	合资铁路	公　路	水　运	远　洋	民　航	管　道
1999	40568	12910.3	12649.8	37.6	222.9	5724.3	21263.0	17014	42.34	628
2000	44321	13770.5	13444.0	43.6	282.9	6129.4	23734.2	17073	50.27	636
2001	47710	14694.1	14368.8	55.4	270.0	6330.4	25988.9	20873	43.72	653
2002	50686	15658.4	15219.1	62.8	376.5	6782.5	27510.6	21733	51.55	683
2003	53859	17246.7	16475.6	69.0	702.1	7099.5	28715.8	22305	57.90	739
2004	69445	19288.8	18285.5	89.1	914.2	7840.9	41428.7	32255	71.80	815
2005	80258	20726.0	19533.4	99.2	1093.5	8693.2	49672.3	38552	78.90	1088
2006	88840	21954.4	20557.2	105.7	1291.6	9754.2	55485.7	42577	94.28	1551
2007	101419	23797.0	22112.5	132.7	1551.8	11354.7	64284.8	48686	116.39	1866
2008	110300	25106.3	23648.9	150.9	1306.5	32868.2	50262.7	32851	119.60	1944
2009	122133	25239.2	23649.9	126.6	1462.7	37188.8	57556.7	39524	126.23	2022

1978—2009 年全国货物运输平均运距如表 1－8 所示，总体平均运距有明显增长趋势，特别是公路运输运距显著增加，反映出公路运输正在进入中长距离运输市场。

表 1－8　　1978—2009 年全国货物运输平均运距　　单位：公里

年　份	总　计	铁　路	公　路	水　运	民　航	管　道
1978	395	485	32	873	1516	416
1980	220	514	20	1184	1580	467
1985	246	622	35	1221	2129	442
1990	270	705	46	1447	2211	398
1991	284	718	47	1554	2234	399
1992	279	734	48	1433	2335	417
1993	275	743	48	1415	2394	410
1994	283	774	50	1465	2241	406
1995	291	786	50	1551	2206	386
1996	282	766	51	1402	2168	366
1997	300	771	54	1696	2334	362
1998	301	764	56	1771	2388	348
1999	314	771	58	1855	2485	310
2000	326	771	59	1939	2555	340
2001	340	761	60	1959	2556	336
2002	342	764	61	1940	2551	339

续 表

年 份	总 计	铁 路	公 路	水 运	民 航	管 道
2003	344	769	61	1817	2643	336
2004	407	775	63	2211	2595	329
2005	431	770	65	2261	2572	350
2006	436	762	67	2231	2698	464
2007	446	757	69	2286	2896	460
2008	427	760	171	1707	2934	443
2009	432	757	175	1804	2833	453

数据来源：国家统计局网站，2010。

从分区域货运量情况来看（见表 1－9），2009 年全国各省市货运量排名前十名的省市为：山东省、安徽省、河南省、广东省、江苏省、浙江省、辽宁省、湖南省、河北省、四川省。

表 1－9　　2009 年全国各省市货运量　　单位：万吨

地 区	合 计	铁 路	国家铁路	地方铁路	合资铁路	公 路	水 运
全 国	2825222	333348	277572	23873	31903	2127834	318996
北 京	20470	1717	1635	82	—	18753	—
天 津	42324	11263	4142	7121	—	19800	11261
河 北	123065	15483	14118	1337	28	106530	1052
山 西	109534	54743	52928	402	1413	54786	5
内蒙古	113916	43084	30009	3390	9685	70832	—
辽 宁	135055	20316	18262	2054	—	105088	9651
吉 林	34771	7478	7164	314	—	27032	261
黑龙江	54208	16744	16012	732	—	36486	978
上 海	76669	941	941	—	—	37745	37983
江 苏	152581	6563	6137	426	—	104002	42016
浙 江	151566	3762	3355	55	352	95802	52002
安 徽	196654	11308	11287	20	—	157991	27355
福 建	58163	3574	3574	—	—	40317	14272
江 西	86057	5570	5224	347	—	75200	5287
山 东	284086	19219	16662	2557	—	251587	13280
河 南	169942	14160	13073	865	222	151343	4439
湖 北	78984	6116	5582	442	91	59563	13305

续 表

地 区	合 计	铁 路	国家铁路	地方铁路	合资铁路	公 路	水 运
湖 南	128921	5736	5428	308	—	111351	11834
广 东	169653	7597	6654	501	441	125433	36623
广 西	94466	8962	5958	108	2895	75766	9738
海 南	18393	621	621	—	—	10839	6933
重 庆	68566	2263	2182	82	—	58532	7771
四 川	118253	7659	7085	574	—	106472	4122
贵 州	34803	6956	6956	—	—	27031	816
云 南	46039	4929	4676	252	—	40765	345
西 藏	943	23	23	—	—	920	—
陕 西	92557	24421	7656	—	16765	67963	173
甘 肃	26605	5763	5763	—	—	20812	30
青 海	9874	2701	2701	—	—	7173	—
宁 夏	29242	5979	4075	1903		23263	—
新 疆	45046	6389	6389	—	—	38657	—
不分地区	53815	1307	1296	—	10	—	7464

注：不分地区合计数中包括：铁路行包运量、民航、管道及中国远洋运输集团总公司海外公司完成数。

从地区货运周转量来看（见表 1－10），2009 年全国各省市货运周转量排名前九名的省市为：上海市、山东省、天津市、辽宁省、河北省、安徽省、河南省、浙江省、广东省。

表 1－10　　2009 年全国各省市货运周转量　　单位：亿吨公里

地 区	合 计	铁 路	国家铁路	地方铁路	合资铁路	公 路	水 运
全 国	122133.3	25239.2	23649.9	126.6	1462.7	37188.8	57556.7
北 京	731.6	643.7	643.6	0.1	—	87.9	—
天 津	9606.6	458.1	413.3	29.9	14.9	205.9	8942.5
河 北	6405.2	3182.8	2650.2	7.4	525.2	2998.5	223.8
山 西	2390.4	1484.1	1178.8	1.1	304.2	906.4	—
内蒙古	4116.9	2231.7	1840.2	21.0	370.5	1885.3	—
辽 宁	7753.9	1306.6	1303.2	3.4	—	1550.5	4896.8
吉 林	1167.3	569.7	567.9	1.8	—	596.2	1.4
黑龙江	1644.7	980.7	972.5	8.2	—	657.1	6.8

续　表

地　区	合　计	铁　路	国家铁路	地方铁路	合资铁路	公　路	水　运
上　海	14372.6	25.1	25.1	—	—	229.6	14117.8
江　苏	4675.3	332.1	331.6	0.5	—	971.1	3372.1
浙　江	5659.9	323.4	305.7	0.1	17.6	1188.7	4147.8
安　徽	6321.7	989.8	989.7	—	—	4237.2	1094.8
福　建	2471.3	178.3	178.3	—	—	507.2	1785.9
江　西	2334.2	659.1	657.8	1.3	—	1536.5	138.6
山　东	11022.2	1407.9	1389.8	18.1	—	6045.0	3569.3
河　南	6154.0	1963.8	1954.7	8.0	1.2	3927.1	263.1
湖　北	2566.4	791.1	781.4	1.9	7.8	930.1	845.2
湖　南	2513.3	998.6	997.8	0.8	—	1259.7	255.0
广　东	4769.7	313.4	308.9	2.6	1.8	1518.4	2937.9
广　西	2337.2	796.8	733.8	0.5	62.5	934.7	605.7
海　南	792.5	7.3	7.3	—	—	79.4	705.9
重　庆	1650.5	178.8	178.5	0.3	—	503.3	968.4
四　川	1590.5	682.5	679.8	2.7	—	851.3	56.7
贵　州	926.0	673.1	673.1	—	—	241.6	11.4
云　南	867.6	366.1	364.5	1.6	—	496.1	5.4
西　藏	35.3	9.9	9.9	—	—	25.4	—
陕　西	2218.6	1185.4	1028.6	—	156.7	1032.4	0.8
甘　肃	1619.5	1129.8	1129.8	—	—	489.7	—
青　海	364.2	165.5	165.5	—	—	198.7	—
宁　夏	750.4	253.4	238.3	15.1	—	497.0	—
新　疆	1255.9	655.0	655.0	—	—	600.9	—
不分地区	11048.0	295.7	295.4	—	0.3	—	8603.6

注：不分地区合计数中包括：铁路行包运量、民航、管道及中国远洋运输集团总公司海外公司完成数。

二、2009 年湖南省发展现代物流业的社会经济条件分析

（一）湖南经济社会平稳发展

1. 经济稳步发展，新型工业化推进成效明显

2009 年，面对国际金融危机的严重冲击，湖南省委、省政府全面分析、准确判断、果断决策、从容应对，领导全省人民深入学习实践科学发展观，全面贯彻“国家扩内需保增长一揽子计划”，内容结合湖南省实际，创造性地做好“保增长、扩内需、调结构、促

就业、强基础”的各项统筹工作，全省经济继续保持较快发展，各项社会事业取得新的进步。

经济继续保持较快增长。经初步核算，全省地区生产总值12930.69亿元，比2008年增长13.6%。其中，第一产业增加值1969.67亿元，增长5.0%；第二产业增加值5682.19亿元，增长18.9%；第三产业增加值5278.83亿元，增长11.0%。按常住人口计算，人均地区生产总值20226元，增长13.1%。

全省全部工业增加值占地区生产总值的比重为37.2%，对全省经济增长的贡献率为50.3%。省级及以上园区工业增加值1443.19亿元，增长19.7%；占规模以上工业增加值的比重为34.0%，比上年提高1.0个百分点。高加工度行业增加值1280.43亿元，增长29.6%，比规模工业平均水平快9.1个百分点；高技术行业实现增加值188.69亿元，增长22.5%，比规模工业平均水平快2.0个百分点。六大高耗能行业增加值1510.18亿元，增长13.9%，比规模工业平均水平慢6.6个百分点；占规模工业增加值比重为35.5%，比上年降低4.4个百分点。全省规模工业新产品产值1380.85亿元，增长14.7%。生产性服务业支撑作用较强，实现增加值2339.63亿元，增长11.9%，对全省经济增长的贡献率为16.2%，拉动经济增长2.2个百分点。

2. 经济结构得到优化，区域经济协调发展

全省三次产业的比重为15.2∶43.9∶40.9，其中二、三产业比重比上年分别提高0.4个和0.8个百分点。非公有制经济增加值7099.2亿元，占全省地区生产总值的比重为54.9%，增长15.1%，比上年提高0.7个百分点。非公有制规模工业实现增加值2451.77亿元，占规模工业的比重为57.7%，比上年提高2.7个百分点，增长27.1%，比上年提高1.2个百分点。

长株潭三市通信实现并网升位、同城收费，长株潭城市群“两型社会”试验区建设取得实质性进展，核心增长极日益突出。经初步核算，长株潭三市生产总值5506.71亿元，增长14.5%；“3+5”地区生产总值10347.52亿元，增长14.0%。大湘西地区开发加快，实现生产总值1696.4亿元，增长13.0%。湘南地区实现生产总值2629.59亿元，增长14.9%，成为区域发展的新亮点。

3. 民生有新改善，人民生活水平不断提高

全省实现城镇新增就业60.32万人，城镇零就业家庭动态就业援助率100%，城镇登记失业率4.25%，农村贫困家庭转移就业援助15.69万户，洞庭湖区无房专业捕捞渔民安居2332户。建设乡镇卫生院431所，改扩建乡镇敬老院240所，新型农村合作医疗门诊统筹试点县市55个，新型农村合作医疗住院补偿率41.44%，计划生育家庭特别扶助金发放到位率100%，均完成全年目标任务。城乡低保对象月人均补助分别达到137元和47元，分别超过目标任务27元和2元。免费送戏下乡6746场，超过计划746场。社会治安综合治理加强，社会大局稳定，人民群众安居乐业。

邮电通信业发展较快。全省邮电业务总量894.56亿元，增长18.9%。其中，邮政业务总量38.95亿元，增长14.2%；电信业务总量855.61亿元，增长19.2%。2009年年末局用交换机总容量1207.5万门，下降1.2%，固定电话用户1166.95万户，固定电话普及率为16.91户/百人，每百人减少1.46户；移动电话用户2872.69万户，增长27.0%，移

动电话普及率为41.63户/百人，每百人增加8.6户。互联网宽带用户303.16万户，增长36.4%。

全省农村居民人均纯收入4910元，增长8.8%；扣除物价因素，实际增长9.3%。其中，工资性收入2234.01元，增长12.2%。本乡地域内务工收入较快增长，增幅达16.0%，超过外出从业收入5.5个百分点。家庭经营二、三产业收入分别增长18.0%和14.0%。人均转移性收入和财产性收入417.7元，增长22.1%。全省城镇居民人均可支配收入15084.31元，比上年增加1258.80元，增长9.1%；扣除物价因素，实际增长9.5%。其中，人均工资性收入8979.96元，增长6.7%；经营净收入1744.37元，增长10.7%；转移性收入3940.80元，增长12.2%；财产性收入419.17元，增长32.4%。

全省城镇居民人均消费性支出10828.23元，增长8.9%。其中，家庭设备用品及服务、服装和食品支出分别增长18.3%、5.1%和5.1%。农村居民人均生活消费支出4020.87元，增长5.7%。其中，食品、服装和住房分别增长1.0%、7.9%和9.8%。全省城镇居民恩格尔系数为38.6%，农村居民恩格尔系数为48.9%。城镇居民人均住房面积30.2平方米，增长3.1%；农村居民人均住房面积41.69平方米，增长2.4%。

2009年年末全省参加城镇基本养老保险职工人数为879.17万人，比上年年末增加50.11万人。其中，参保职工633.04万人，参保离退休人员246.13万人。参加城镇基本医疗保险的人数1828.79万人，增加480.30万人。其中，参加城镇职工基本医疗保险人数746.32万人，参加城镇居民基本医疗保险人数1082.47万人，参加失业保险职工人数392.01万人，增加1.89万人，参加工伤保险职工人数472.08万人，增加68.55万人，参加生育保险职工人数502.04万人，增加70.49万人。新型农村合作医疗不断巩固，参合人数达4618.2万人，参合率91.22%。新型农村养老保险试点工作顺利推进，14个试点县全面启动，106万60岁以上老年农民领取了基本养老金。年末全省领取失业保险金职工人数18.16万人。全年145万城镇居民和262万农村居民得到政府最低生活保障。年末全省各类收养性社会福利单位床位11.86万张，收养各类人员10.12万人。城镇建立各种社区服务设施0.95万个，其中，综合性社区服务中心438个。全年销售社会福利彩票20.4亿元，筹集社会福利资金6.86亿元，直接接收社会捐赠0.38亿元。

4. 财政收入再上新水平，金融市场繁荣

全省财政总收入1504.58亿元，比上年增长14.5%。其中，地方一般预算收入844.96亿元，增长16.9%；上划中央“两税”538.23亿元，增长14.3%；上划中央所得税121.39亿元，增长0.5%；政府性基金预算收入250.88亿元，下降0.4%。如表1-11所示。

表1-11　　2009年湖南省财政收入分项情况

指　标	绝对数（亿元）	比上年增长（%）
财政总收入	1504.58	14.5
一般预算收入	844.96	16.9
税收收入	568.25	16.9

续　表

指　标	绝对数（亿元）	比上年增长（%）
非税收入	276.71	17.1
上划中央“两税”	538.23	14.3
增值税（75%）	292.29	2.2
消费税	245.94	33.2
上划中央所得税	121.39	0.5
企业所得税（60%）	75.83	−2.9
个人所得税（60%）	45.56	6.8
政府性基金预算收入	250.88	−0.4

金融机构存款大幅增加。2009年年末全省金融机构本外币各项存款余额14025.54亿元，比年初新增3050.94亿元，同比多增1234.78亿元。其中，企事业单位存款新增1264.15亿元，同比多增942.44亿元；城乡居民储蓄存款新增1263.24亿元，同比多增37.90亿元。

信贷投放再创新高。2009年年末全省金融机构本外币各项贷款余额9536.62亿元，比年初新增2527.59亿元，创历史新高，同比多增1242.24亿元。其中，短期贷款余额3274.83亿元，新增428.00亿元，同比多增50.82亿元；中长期贷款余额5687.67亿元，新增1912.31亿元，同比多增1192.82亿元。具体如表1-12所示。

表1-12　　2009年湖南省金融机构本外币存贷款余额　　单位：亿元

项目名称＼月份	1	2	3	4	5	6	7	8	9	10	11	12
一、各项存款	11438.54	12012.52	12577.86	12614.51	12784.85	13290.79	13289.36	13248.97	13471.92	13593.38	13716.98	14025.54
1. 企事业单位存款	2690.01	2973.15	3313.87	3246.76	3324.28	3618.92	3642.66	3617.07	3733.04	3774.32	3814.36	4018.54
2. 储蓄存款	7140.79	7301.53	7439.37	7421.56	7475.17	7580.32	7559.01	7544.71	7720.55	7666.80	7675.76	7851.46
3. 信托存款	0.00	0.00	0.00	0.00	0.00	0.00	0.00	0.00	0.00	0.00	0.00	0.00
4. 委托存款	75.81	67.81	74.96	95.19	95.67	89.34	108.57	104.82	97.80	142.66	143.94	131.85
5. 其他存款	1531.94	1670.04	1749.67	1851.00	1889.74	2002.22	1979.12	1982.37	1920.53	2009.59	2082.93	2023.69
二、各项贷款	7466.23	7776.69	8282.25	8466.31	8604.45	8951.41	9007.41	9030.16	9189.25	9299.57	9425.87	9536.62
1. 短期贷款	2977.73	3021.35	3113.90	3046.17	3065.91	3140.00	3133.47	3165.38	3266.57	3274.31	3294.67	3274.83
2. 中长期贷款	4071.45	4241.29	4557.91	4758.71	4864.84	5115.26	5171.88	5251.42	5337.95	5440.07	5540.36	5687.67
3. 信托贷款	0.00	0.00	0.00	0.00	0.00	0.00	0.00	0.00	0.00	0.00	0.00	0.00
4. 委托贷款	33.63	33.63	35.91	35.91	36.40	36.41	38.41	37.86	45.80	77.70	78.86	80.84
5. 其他贷款	47.64	42.79	38.94	63.90	69.17	75.95	82.88	80.25	84.68	88.09	88.79	89.39
6. 票据融资	326.51	428.05	525.52	551.31	557.68	573.07	570.91	485.22	443.68	408.47	412.19	394.00
7. 各项垫款	9.27	9.57	10.07	10.30	10.45	10.71	9.86	10.03	10.57	10.92	10.99	9.89

数据来源：中国人民银行统计数据，2010。

2009年年末全省上市公司64家。其中，境内上市公司54家，比上年增加5家；境外上市公司10家，比上年增加5家。全年企业从资本市场直接融资442.2亿元，增长62.5%。年末全省证券公司营业网点142家，比上年增加4家；证券交易额22486.60亿元，增长80.9%。期货公司26家，比上年增加7家，成交金额27527.14亿元，增长115.4%。企业证券市场融资99.17亿元，增长11.91倍。其中，首发上市融资62.42亿元，增长4.12倍。全省原保险保费收入348.45亿元，增长11.5%。其中，寿险保费收入247.77亿元，增长8.2%；健康险保费收入17.33亿元，增长16.4%；意外险保费收入8.38亿元，增长21.2%；财产险保费收入74.97亿元，增长21.7%。各项赔款和给付支出86.62亿元，下降8.4%。

5. 自主创新能力不断提高，知识产权事业继续发展

区域创新基础能力建设及重大科技专项大力推进，新增2个国家级、22个省级工程技术研究中心，新增4个国家级、6个省级企业重点实验室。中科院湖南技术转移中心启动运转。全省承担国家“863”计划项目191项，高新技术产业发展项目48项。全省高新技术产业增加值1427.09亿元，增长24.7%。签订技术合同5257项，技术合同成交金额44.04亿元。全年共取得省部级以上科技成果982项，完成省级及以上新产品开发项目2841项，增长1.2倍，获得国家科学技术奖励成果30项。其中，获国家科技进步奖一等奖2项，国家技术发明奖二等奖3项，国家科技进步奖二等奖25项。成功研制“天河一号”千万亿次超级计算机系统，大功率机车、高压电抗器、220吨自动轮卸车等具有行业领先水平的新产品成功投产。长沙高新区进入国家级创新型科技园区行列。年末拥有中国驰名商标62件，其中，新增15件。

全国首个“国家知识产权培训基地”落户湖南。长沙、株洲、湘潭进入“国家知识产权工作示范城市”行列，湘潭市被列为“国家知识产权质押贷款试点城市”。6个县（市）、3个园区列入“国家知识产权强县工程”和试点园区，38家企事业单位进入国家试点示范行列。《湖南省知识产权战略实施纲要》正式颁布实施，专利信息服务平台基本建成。全省专利申请量15948件，授权量8309件，分别增长13.8%和35.5%。其中，发明专利申请量4416件，职务申请量8732件，分别占全省申请总量的27.7%和54.8%。企业、大专院校和科研院所的申请量分别增长46.6%、27.1%和38.5%，授权量分别增长66.1%、55.2%和10.1%。

6. 局势稳定，社会和谐

全省农村土地综合整治大力推进，实施省以上投资土地综合整治项目35个，建设规模1.6万公顷。基础设施、重大产业、民生工程以及省政府为民办实事等重点项目用地需求得到保障。综合治理水土流失面积5.43万公顷，全省基本农田稳定在336.72万公顷。全省批准建设用地28280.85公顷，建设占用耕地6688.2公顷，土地整理复垦开发增加耕地7901.07公顷，连续10年实现耕地占补平衡。

“十一五”以来，全省已关停小火电机组138.5万千瓦，分别淘汰炼钢、炼铁、水泥落后产能255万吨、263万吨和1400万吨，湘江重金属治理列入国家专项治理规划，设市城市污水处理率59.2%，设市城市生活垃圾无害化处理率66.6%，分别比年初目标提高4.2个和2.6个百分点。有12个市州城市空气质量达到二级标准，比2008年增加2个百

分点；地表水96个监测断面满足Ⅲ类标准的断面比例87.5%，比上年提高1个百分点，其中，洞庭湖水质进一步好转，监测断面均属Ⅱ、Ⅲ类水质。已批准国家级生态示范区33个。全年完成荒山荒（沙）地造林面积125.03千公顷，其中，人工造林面积99.04千公顷。年末实有封山（沙）育林面积519.36千公顷。全省森林覆盖率为56.43%，比上年提高0.57个百分点。

全省单位规模工业增加值能耗比上年下降13.7%，单位GDP电耗比上年下降3.01%。列入国家“千家节能企业”的28家企业综合能源消费量增长2.3%，比规模工业综合能源消费量增速低1.7个百分点，占规模工业综合能源消费量的比重为37.6%。全省“百家节能企业”（不含国家“千家节能企业”）的综合能源消费量下降1.8%，比规模工业综合能源消费量增速低5.8个百分点，占规模工业综合能源消费量的比重为17.4%。全省年综合能耗在万吨标准煤及以上的重点耗能工业企业上报的68种单位产品能耗指标中，有45种下降，占66.2%。全省化学需氧量减排超额完成年度目标，提前完成“十一五”二氧化硫减排任务。

全省共发生各类安全生产事故10886起，下降11.5%；死亡3198人，下降17.9%。亿元GDP生产安全事故死亡人数0.25人，下降28.6%；工矿商贸企业从业人员10万人生产事故死亡人数2.99人，下降16.3%；煤矿百万吨死亡人数4.07人，下降19.4%。全年发生道路交通事故7444起，死亡2154人，分别下降2.5%和15.7%；道路交通万车死亡人数3.8人，下降34.8%。

注：(1) 本公报数据为初步统计数据，其中能耗数据为国家统计局初步审核数据。

(2) 湖南省生产总值、各产业增加值绝对数按现价计算，增长速度按可比价计算。

(3) 常住人口是指户口登记地在本地且在本地居住半年以上的人口和居住在本地、户口不在本地但已经离开户口登记地半年以上的人口以及居住在本地、户口待定的人口。计算公式为：常住人口＝户籍人口－户口在本地但已经离开户口登记地半年以上人口＋居住在本地、户口不在本地但已经离开户口登记地半年以上人口＋居住在本地、户口待定人口。本公报所使用的2009年常住人口数为本年度人口抽样调查推断数据。

(二) 湖南省产业结构调整成效明显

近年来，湖南省经济保持平稳较快发展，2006—2009年，全省地区生产总值年均增长13.8%，特别是2009年经受住国际金融危机的严重冲击，改变了过去历次金融危机中“下行快于全国，回升慢于全国”的局面，全省经济发展的韧性和抗风险能力增强，这在一定程度上得益于近年来湖南产业结构的不断改善。

1. 产业结构得到整体优化

2006—2009年，全省第一、二、三产业增加值年均分别增长4.7%、17.4%和13.5%。三次产业增速的差异导致了产业结构的明显变化，三次产业结构由2005年16.7∶39.6∶43.7的“三二一”排序，调整为2009年15.2∶43.9∶40.9的“二三一”排序。其中，第一、三产业比重分别下降1.5个和2.8个百分点，第二产业比重提高4.3个百分点，第二产业已经成为湖南经济增长的主导因素。

2. 产业内部结构更趋合理

(1) 农业结构稳步调整。一是农产品生产优势继续巩固。2009年，全省粮食、棉花、油料产量分别占全国的 5.5%、3.3%和 5.8%，分别居全国第 8 位、第 7 位和第 6 位。二是农业内部结构出现新变化。2009 年，全省农、林、牧、渔业增加值在农林牧渔业增加值中的所占百分比分别为 57.9%、7.3%、25.3%和 6.4%；与 2005 年相比，农业、林业比重分别上升 3.2 个和 0.8 个百分点，牧业、渔业比重分别下降 5.1 个和 0.4 个百分点。三是农业产业化加快发展。2009 年，全省农产品加工企业 4.8 万家，实现销售收入 2560 亿元。其中，国家级、省级龙头企业 315 家，比 2005 年增加 49 家；销售收入和利润分别为 1500 亿元和 55.8 亿元，分别是 2005 年的 3.63 倍和 3.06 倍。全省农民专业合作组织达 9275 个，合作组织成员 140 万户。四是优质农产品比重不断提高。2009 年，全省优质稻谷种植面积比 2005 年增长 16.8%，占稻谷种植面积的比重为 62.2%，比 2005 年提高 5.7 个百分点；优质油菜种植面积比 2005 年增长 31.1%，占油菜种植面积的比重达 89.4%。

（2）工业结构不断优化。2009 年，全省第二产业实现增加值 5682.19 亿元，其中，工业增加值 4814.40 亿元，占第二产业的比重达 84.7%，比 2005 年提高 0.4 个百分点。随着科技创新研发力度加大，工业结构得到进一步改善。2008 年，全省科学研究与试验发展（R&D）经费支出 112.7 亿元，比 2005 年增加 68.2 亿元。2009 年，全省工矿企业获得专利授权 3693 项，比 2005 年增加 2775 项，2006—2009 年年均增长 41.6%。全省城镇工业技术改造投资 1894.57 亿元，是 2005 年的 3.94 倍；占城镇固定资产投资的 27.5%，比 2005 年提高 5.6 个百分点。全省高新技术产业实现增加值 1427.10 亿元，是 2005 年的 3.02 倍；占地区生产总值的 11.0%，比 2005 年提高 3.7 个百分点。全省高加工度行业实现增加值 1280.43 亿元，比 2005 年增加 950.72 亿元，2006—2009 年年均增长 29%。高技术行业实现增加值 188.69 亿元，比 2005 年增加 121.91 亿元，2006—2009 年年均增长 24%。与此同时，六大高耗能行业比重下降。2009 年，全省六大高耗能行业增加值占规模工业增加值比重为 35.5%，比 2005 年降低 6.8 个百分点。淘汰落后产能取得阶段性成果。“十一五”以来，全省已关停小火电机组 138.5 万千瓦，分别淘汰炼钢、炼铁、水泥落后产能 255 万吨、263 万吨和 1400 万吨。节能降耗成效明显。2009 年，全省单位规模工业增加值能耗比上年下降 13.7%，单位 GDP 电耗比上年下降 3.01%。2006—2009 年，单位 GDP 能耗分别下降 3.33%、4.43%、6.72%和 5.02%，累计下降 18.2%，完成下降 20%目标任务的 89.9%。

（3）第三产业得到提升。2009 年，全省交通运输仓储业和邮政业、批发和零售业、住宿和餐饮业、金融业和房地产业增加值占第三产业增加值比重分别为 12.9%、21.0%、6.1%、7.6%和 7.3%，与 2005 年相比，传统服务业比重下降，现代服务业加快发展，比重上升。如交通运输仓储业和邮政业增加值比重下降 1 个百分点，金融业增加值比重上升 2.9 个百分点。特别是全省生产性服务业支撑作用增强，2009 年，其增加值占 GDP 的比重达 18.1%，比 2005 年提高 2.5 个百分点，对全省经济增长的贡献率为 16.2%，拉动经济增长 2.2 个百分点。文化产业快速发展，2009 年，其增加值占 GDP 的比重达 5.3%，比 2005 年提高 1.1 个百分点。

3. 产业集中度提高

一是重点企业迅速成长。2009 年年末，全省规模工业企业户数 12390 家，比 2005 年增加 4368 家；主营业务收入过 100 亿元、10 亿元、1 亿元的企业分别为 9 家、100 家和 2370 家，分别比 2005 年增加 3 家、48 家和 1764 家。全省规模工业企业累计实现主营业务收入 12769.40 亿元，是 2005 年的 2.78 倍；盈亏相抵后实现利润 571.90 亿元，是 2005 年的 3.02 倍。湖南工业经济加快发展，逐步形成了较为完整的工业体系和优势产业集群，培育了如华菱钢铁、中联重科、三一重工等一批具有较强竞争力并在全国同行业处于领先地位的龙头企业。

二是优势产业不断壮大。通过多年的培育，湖南优势产业表现出强劲发展势头。2009 年，全省工程机械、风电产业、光伏产业、轨道交通等新兴和优势产业在金融危机蔓延、国际市场萎缩等不利因素影响下依然保持 50%以上较快增幅，工程机械产业规模居全国第二、利润规模居全国第一；轨道交通累计生产各类电力机车占全国总拥有量的 70%以上。全省规模工业中装备制造、钢铁有色等十大优势产业实现增加值 3221.67 亿元，是 2005 年的 2.74 倍。2009 年，全省 5 个行业（机械、石化、食品、有色、轻工）主营业务收入总额超过千亿元。

三是园区集聚效应增强。开发区在形成产业集群、推进新型工业化及促进科技创新等方面发挥了“领头羊”作用。2009 年，全省共有省级以上开发区 77 家，比 2005 年增加 4 家。其中，国家级开发区 6 家，比 2005 年增加 3 家。2009 年，全省开发区实现工业增加值 1470.83 亿元，是 2005 年的 3.38 倍；占全省工业增加值的 30.6%，比 2005 年提高 10.8 个百分点。全省开发区完成高新技术增加值 920.0 亿元，是 2005 年的 3.29 倍；占全省高新技术增加值的 64.5%，比 2005 年提高 5.4 个百分点。

4. 开拓国际市场能力增强

对外投资成果丰硕。2009 年，全省新批境外投资企业 94 家，合同投资额 53.43 亿美元，实际对外投资 10.16 亿美元。其中，中方合同投资额 11.93 亿美元，超过历年全省对外投资中方合同投资额的总和；对外投资实际发生额 10.16 亿美元，居全国首位。其中，华菱集团收购澳大利亚 FMG17.34%的股权项目，成为湖南最大的境外投资项目；三一重工在德国科隆投资 1 亿欧元建设研发及制造基地，这是迄今为止我国在欧洲最大的一笔实业投资项目；湘电风能有限公司投资 6400 万美元在荷兰开发风力发电项目；湖南有色以 2950 万美元成功收购加拿大水獭溪锑矿有限公司 100%股权等。这一系列大手笔的资本运作，都成为湖南实施“走出去”战略的标志性成果。

对外合作进一步增强。2009 年，全省新签对外承包工程、劳务合作和设计咨询合同金额 15.62 亿美元，实现营业额 10.79 亿美元，外派劳务 3.42 万人，分别是 2005 年的 1.81 倍、1.93 倍和 3.32 倍。

5. 工业化中期阶段特征明显

根据有关发展中国家经济增长与经济结构演变的规律，结合美国经济学家钱纳里等运用多国模型对人均经济总量与经济发展阶段的关系研究结果，人均 GDP 为 2400～4800 美元，经济发展处于工业化中期阶段（1998 年标准）。按现行汇率计算，2009 年，湖南省人均 GDP 为 20226 元，已接近 3000 美元，据此可以判断湖南已进入工业化中期发展阶段。2009 年，湖南三种产业结构比为 15.2∶43.9∶40.9，根据赛尔奎因与钱纳里等的研究成果，当第一产业比重降至 20%以下、第二产业比重高于第三产业且在 GDP 中占最大份额时，工业化进入中期第二阶段。另外，2009年，湖南轻重工业分别实现增加值1394.52亿元和2855.54亿元，轻重工业之比为32.8∶67.2，重工业对经济增长的贡献率远大于轻工业和服务业。根据德国经济学家霍夫曼理论揭示的工业化过程中工业部门内部结构演变的一般趋势，当前湖南工业化水平大致处于由重工业化阶段向高加工度化阶段逐步推进的时期，即工业化中期加速阶段。2005年以来湖南产业结构的演进轨迹，也切合了湖南经济处于工业化中期加速阶段的判断。

（三）物流发展面临难得的历史机遇

1. 湖南省物流业振兴实施规划（2009—2011年）出台

2009年3月10日，国务院印发《物流业调整和振兴规划》，长沙市跻身全国17个区域性物流节点城市之一。2009年8月，湖南省人民政府颁布《湖南省物流业振兴实施规划(2009—2011年)》，规划中明确提出了湖南物流业未来三年的发展目标：

(1) 到2011年，营业收入过5亿元的企业达到10个以上，1～2个重点园区物流营业收入过50亿元。

(2) 到2011年，全社会物流总费用与GDP的比率与2008年同比下降1～1.5个百分点。

(3) 建设四大物流区域。以长株潭物流区域作为全省物流业发展的区域中心，利用长株潭城市群“两型社会”建设综合配套改革试验区的政策优势，重点发展商贸物流、制造业物流和国际物流，高标准建设一批现代化物流园区和物流中心，培育一批在国际国内具有竞争力的龙头物流企业；以岳阳为中心的湘北物流区域，发展大宗能源、原材料物流、集装箱多式联运和国际物流；以怀化为中心的湘西物流区域，大力发展商贸物流；以衡阳为中心的湘南物流区域，大力发展煤炭、矿石等大宗商品物流和装备制造物流、轻工纺织品物流及保税物流。

(4) 优化三条物流通道。即南北物流通道、东西物流通道和湘西北物流通道。

同时明确提出了七大政策措施：

(1) 改革物流管理体制。根据国家部署和安排，深化相关领域改革，建立政企分开、权责对等、执行顺畅、监督有力的物流综合管理体系；理顺政府组织协调和公共服务职能，进一步规范运输、货代等行业的管理，促进物流服务规范化、市场化和国际化；改革仓储企业经营体制，推进仓储设施和业务的社会化。

(2) 改善物流经营环境。积极治理向货运车辆收取各种费用的行为，禁止违规对物流企业乱检查、乱收费、乱罚款、乱评比；规范物流企业的经营行为，开展物流市场专项整治行动；倡导合法诚信经营，创造物流业发展的良好环境。

(3) 完善物流法规政策体系。在落实国家和省级现有推动物流业发展有关政策的基础上，进一步研究促进现代物流业发展的相关政策；在编制土地利用规划和城市规划时，可优先考虑省级物流园区内物流项目和省重点物流项目用地；出台鼓励中心城区物流企业仓储设施搬迁至城郊的补偿政策；对采用物流信息系统、开展物流标准化试点的，优先列入各级政府科技创新资金和技术改造项目计划，享受相关优惠政策；加强对物流领域的立法研究，完善物流法规政策体系，促进物流业健康发展。

(4) 加大投入力度。抓住国家调整和振兴物流业的有利时机，积极汇报衔接，争取国家资金支持；省直有关部门也相应在有关专项资金中给予支持，用于重大物流项目建设；积极引导信贷资金投向物流业，鼓励融资担保机构为物流企业提供信贷担保；支持骨干物流企业在境内外上市融资及私募股权融资；鼓励物流企业通过发行债券、增资扩股、内联引资、中外合资、仓单质押、股权质押贷款以及供应链融资等途径筹集项目建设资金。当地政府也要加大对本地物流业发展的投入。

(5) 完善物流统计制度。进一步完善物流业统计调查制度和信息管理制度，将物流统计纳入省统计局常规统计序列，建立科学的物流业统计调查方法和指标体系，认真贯彻实施社会物流统计核算与报表制度。

(6) 推进物流业对外开放合作。引进国外先进的物流技术和管理经验，吸引国际知名物流企业到省内落户；鼓励支持省内物流企业到省外、国外拓展业务；进一步完善陆运口岸功能，实现与海港、边境口岸的直通，提高对外开放程度。

(7) 加快物流人才培养。鼓励企业与省内外高等院校、科研机构开展合作；大力推进现代物流职业教育集团化办学，培养适应市场需求的物流高级管理人才和专业技术人员；积极引进优秀物流人才。

2. 长沙金霞保税物流中心获批成立

2009年，湖南物流业发展迎来了历史性机遇。长沙金霞保税物流中心顺利通过了海关总署、财政部、税务总局、外汇局国家4部委联合验收，并获得了《验收合格证书》，这标志着长沙金霞保税物流中心即将正式封关运行，成为中部首批、湖南唯一的保税物流中心。

长沙金霞保税物流中心布局在长沙金霞经济开发区的金霞组团内，地理位置得天独厚。中心西侧紧邻全国内河一流的现代化港口——长沙新港，拥有13个千吨级泊位，湘江水路经长江直通国际航运中心上海港，通江达海，物流全球。中心东南侧京广线贯穿南北，石长线连接东西，与京珠高速、107、319国道紧密相连；距中心仅1公里的长沙铁路货运新北站是中南地区重要的货运枢纽站，设计最大货运吞吐能力可达2000万吨；距中心仅20分钟车程的黄花国际机场已开通50多条飞往全国和世界各地的航线。水、陆、空立体式交通网络，成为进出口货物储存、分拨、配送的快速通道。

长沙金霞保税物流中心于2005年开始申建，保税物流中心项目规划总面积1500亩(100万平方米)，其中海关监管区占地450亩（30万平方米)。目前，保税物流中心已完成水、电、路等基础设施的开发建设，实现了“七通一平”，已建成面积28400平方米的6栋仓库及总面积4.5万平方米的堆场。

长沙金霞保税物流中心封关运行后，将成为专门从事保税仓储物流业务、实行封闭管理的海关保税监管场所。保税物流中心主要以整合“两仓”功能为基础，打破保税仓库和出口监管仓库分别专门存放进境、出口货物且相互隔离的状态，糅合、集成、拓展“两仓”功能，并根据现代物流的发展需要赋予若干新功能。

其主要功能和优惠政策有：

(1) 出口退税政策。国内货物进入保税物流中心视同出口，享受出口退税政策，海关按规定签发出口退税报关单（出口退税专用联)。企业凭报关单出口退税联向主管出口退税的税务部门申请办理出口退（免）税手续。

（2）进口保税政策。境外转口、国际中转货物、外商暂存货物、加工贸易进口货物、供应国际航行船舶和航空器的物料、维修用零部件、未办结海关手续的一般贸易进口货物等进入保税物流中心予以保税。

（3）配额、许可证管理政策。保税物流中心与境外之间进出的货物，除实行出口被动配额管理、中华人民共和国参加或者缔结的国际条约及国家另有明确规定的以外，不实行进出口配额、许可证件管理。

通过这些优惠政策，使保税物流中心在进出口物流中发挥“采购中心、配送中心、分销中心”的作用，缓解了企业物流资金压力，解决了货物“境外一日游”的问题，有利于吸引更多的出口加工、商贸、物流企业的聚集和商品流、人流、资金流的聚集，对于湖南省主动承接沿海加工贸易产业向中西部转移、拉动湖南外向型经济快速发展、推进新型工业化进程和中部崛起具有重要战略意义。

3. 湖南物流业发展的智力资金支持日益完善

2009 年，湖南省成立了促进物流业发展专家委员会。湖南省促进物流业发展专家委员会由湖南省发改委和省物流与采购联合会报经省人民政府批准成立，其主要职能是：

（1）了解、掌握和研究物流领域科技发展动态，及时向相关管理部门提供信息和工作建议。

（2）参与研究和制订湖南省现代物流业发展规划、战略布局以及重大物流科技项目的选题论证。

（3）参与重大物流工程技术建设项目及其规划设计方案、重大物流工程技术与管理成果等的审查，进行全省物流业发展成果的评审工作。

（4）对物流行业准入条件、行业管理标准、行业法规制定及人才培训提出建议和意见。

（5）组织专家库成员开展各项活动。

（6）承担省推进现代物流发展领导小组委托的专项工作。

成为了物流业发展的“专家库”和“智囊团”；加大对物流业的财政支持力度，除继续利用省物流专项资金对重点物流项目给予支持外，还从新型工业化引导资金中挤出部分资金扶持物流园区建设。

三、2009 年湖南省物流业发展情况

（一）物流需求逆市而上，质量提升

2009 年，湖南省物流行业认真贯彻落实国家扩内需、保增长一揽子计划和物流业调整振兴规划，按照省委、省政府的决策部署，努力克服金融危机影响，抢抓发展机遇，实现了物流行业的质量提升和较快发展。

1. 社会物流总额稳步增长

2009 年，全省社会物流总额 24566.4 亿元，比 2008 年增长 8.6%。从构成来看，工业品物流总额 14517.3 亿元，增长 14.9%，占社会物流总额的 59.09%；农产品物流总额 2448.17 亿元，增长 3.0%，占社会物流总额的 9.97%；进口物流总额 317.52 亿元，增长 10.0%，占社会物流总额的 1.29%；再生资源物流总额 10.59 亿元，增长 10.4%，占社

会物流总额的 0.04%；单位与居民物品物流总额 144.15 亿元，增长 13.6%，占社会物流总额的 0.59%；区域外产品物流总额 7128.67 亿元，下降 0.8%，占社会物流总额的 29.02%。

全省全社会货物周转量 2538.34 亿吨公里，比 2008 年增长 5.6%。其中，铁路货物周转量 1030.77 亿吨公里，下降 0.5%；公路货物周转量 1259.91 亿吨公里，增长 16.1%。旅客周转量 1329.18 亿人公里，增长 3.1%。其中，铁路旅客周转量 664.68 亿人公里，下降 1.5%；公路旅客周转量 601.11 亿人公里，增长 6.3%；民航旅客周转量 62.37 亿人公里，增长 30.7%。

2009 年年末全省汽车保有量 178.22 万辆，增长 26.0%。其中，私人汽车保有量 138.28 万辆，增长 34.4%。民用轿车保有量 75.42 万辆，增长 35.9%。其中，私人轿车保有量 62.2 万辆，增长 43.3%。

2009 年湖南省运输业的各项指标如表 1－13 所示。

表 1－13　　2009 年湖南省运输业情况

指　标	单　位	绝对数	比上年增长（%）
货运量	万吨	128894.12	11
其中：铁路	万吨	5405.7	－2.8
公路	万吨	111358	12.8
水运	万吨	11834	2.9
民航	万吨	4.62	21.6
管道	万吨	291.80	－9.3
客运量	万人	141172.11	7.3
其中：铁路	万人	6519.8	3.2
公路	万人	133357	7.3
水运	万人	747	46.8
民航	万人	548.31	30.7

2. 社会物流总费用与 GDP 比率下降

2009 年，全省社会物流总费用 2391.41 亿元，比上年增长 11.0%。社会物流总费用与 GDP 的比率为 18.49%，比上年下降了 0.16 个百分点。其中运输费用 1364.01 亿元，比上年增长 16.9%，占社会物流总费用的 57.04%；保管费用 728.47 亿元，比上年增长 1.4%，占社会物流总费用的 30.46%；管理费用 298.93 亿元，比上年增长 11.0%，占社会物流总费用的 12.50%。

3. 物流业增加值较快增长

2009 年，全省物流业增加值 832.26 亿元，比上年增长 15.3%；占第三产业增加值的比重为 15.77%，比上年提高 0.19 个百分点；占 GDP 的比重为 6.44%，比上年提高 0.20

个百分点。

说明：

（1）增长速度均按现价计算。

（2）因2008年GDP及道路货物周转量进行了比较大的调整，因此，2008年社会物流总费用作了相应的调整，但与GDP的比例仍保持在18.65%。

（3）2008年全省物流业增加值721.83亿元，GDP数据因经济普查进行了调整，所以占第三产业增加值的比重由17.1%调整为15.58%，占GDP的比重由6.47%调整为6.24%。

（二）社会物流需求旺盛

1.国内外贸易持续繁荣，商业物流需求旺盛

城乡消费市场繁荣。全省社会消费品零售总额4913.75亿元，比上年增长19.3%；排除物价影响，实际增长21.1%。其中，城市消费品零售总额2896.73亿元，增长19.2%；县及县以下消费品零售总额2017.02亿元，增长19.3%。

消费热点突出。在限额以上批发零售业中，汽车类零售额273.40亿元，增长45.3%，比上年加快22.2个百分点；家用电器类零售额82.46亿元，增长30.3%，比上年加快15个百分点；化妆品类零售额16.93亿元，增长34.5%；金银珠宝类零售额17.26亿元，增长30.3%；通信器材类零售额15.96亿元，增长18.7%。

物价总水平略有下降。全省主要价格指数情况如表1-14所示。全省居民消费价格总水平下降0.4%。其中，城市下降0.3%，农村下降0.4%。商品零售价格总水平下降1.5%，农业生产资料价格总水平下降5%。工业品出厂价格总水平下降5.7%，原材料、燃料、动力购进价格总水平下降7.4%。固定资产投资价格总水平下降0.3%，农产品生产者价格总水平下降9.4%。

表1-14　　2009年湖南省主要价格指数情况

指　　标	值（%）
居民消费价格指数	99.6
其中：城市	99.7
农村	99.6
其中：食品	100.3
烟酒及用品	100.2
服饰	100.0
家庭用品及服务	100.5
医疗保健及个人用品	100.2
交通和通信	98.2
娱乐教育、文化用品及服务	101.1
居住	96.9

续 表

指　　标	值（%）
商品零售价格指数	98.5
农业生产资料价格指数	95.0
工业品出厂价格指数	94.3
原材料、燃料、动力购进价格指数	92.6
固定资产投资价格指数	99.7
农产品生产者价格指数	90.6

2. 对外贸易遭受严重冲击，服务外包成为新亮点

全省进出口总额 101.51 亿美元，比上年下降 19.1%。其中，出口 54.92 亿美元，下降 34.7%；进口 46.59 亿美元，增长 12.9%。从贸易方式看，一般贸易出口 47.66 亿美元，下降 36.9%；加工贸易出口 6.82 亿美元，下降 17.0%。出口商品结构发生变化。资源性产品出口大幅下降，钢材出口下降 56.1%，未锻造的锰出口下降 65.8%；农产品出口小幅下降 1.5%；机电产品出口下降 33.9%；高新技术产品出口小幅增长 6.5%；烟花、爆竹出口保持稳定增长，增幅达 9.1%。具体分类情况如表 1－15 所示。

2009 年全省对主要国家和地区的进出口情况如表 1－16 所示。

表 1－15　　2009 年湖南省进出口主要分类情况

指　标	绝对数（亿美元）	比上年增长（%）
进出口总额	101.51	－19.1
出口额	54.92	－34.7
其中：一般贸易	47.66	－36.9
加工贸易	6.82	－17.0
其中：机电产品	16.64	－33.9
其中：高新技术产品	2.97	6.5
进口额	46.59	12.9
其中：一般贸易	41.35	13.2
加工贸易	4.02	27.5
其中：机电产品	21.45	28.7
其中：高新技术产品	4.07	55.7

表1－16　　2009年湖南省对主要国家和地区进出口情况

国家和地区	出口		进口	
	绝对数（亿美元）	比上年增长（%）	绝对数（亿美元）	比上年增长（%）
美国	6.26	－41.6	2.38	－7.8
中国香港	6.06	－19.8	0.15	－64.4
韩国	4.34	－49.4	0.84	－22.7
日本	3.41	－21.9	7.40	17.8
印度	2.93	－29.4	1.81	－43.5
荷兰	1.93	－46.7	0.72	29.9
越南	1.88	－2.8	0.12	1692.2
阿尔及利亚	1.76	59.0	0.01	484.4

招商引资取得新成绩。全省实际利用外商直接投资45.98亿美元，增长14.8%。其中，工业实际利用外商直接投资35.18亿美元，增长22.9%。2009年年末，世界500强企业已有47家在湘落户。全省实际引进境内省外资金1442.98亿元，增长17.3%。其中，工业引进资金895.72亿元，增长20.7%。全省实际引进到位资金亿元以上项目194个，实际到位资金363.94亿元。

实施“走出去”战略取得丰硕成果。全省新签对外承包工程、劳务合作和设计咨询合同金额15.62亿美元，下降36.9%；实现营业额10.79亿美元，增长2.2%；外派劳务3.42万人，增长35.3%。新批境外投资企业94家，合同投资额53.43亿美元，增长10.2倍；实际对外投资10.16亿美元，增长1.2倍。

3. 工业发展迅速，制造业物流需求快速增长

工业经济加快发展。全省全部工业增加值4814.40亿元，比上年增长18.5%，比上年加快2.5个百分点。其中，规模工业增加值4250.06亿元，增长20.5%，比上年加快2.1个百分点。从轻重工业看，轻工业增加值1394.52亿元，增长19.6%；重工业增加值2855.54亿元，增长20.9%。主要分类情况如表1－17所示。规模工业企业产品销售率98.44%。全省规模工业38个大类行业中，生产增长贡献率居前5位的专用设备制造业、农副食品加工业、非金属矿物制品业、化学原料及化学制品制造业和交通运输设备制造业增加值分别增长37.1%、28.7%、29.8%、16.8%和33.4%，合计拉动规模工业增长8.4个百分点，增长贡献率达41.0%。

表1－17　　2009年湖南省规模工业增加值主要分类情况

指　标	比上年同月增长（%）	比上年同期增长（%）	比上年同月增长（%）
全省总计	4250.06	25.5	20.5
在总计中：轻工业	1394.52	21.3	19.6

续　表

指　标	比上年同月增长（%）	比上年同期增长（%）	比上年同月增长（%）
重工业	2855.54	27.3	20.9
在总计中：国有企业	785.44	17	7.7
集体企业	89.78	22.7	18
股份制合作企业	43.7	49.1	29
股份制企业	2425.67	26.8	22.6
外商及港澳台商投资企业	298.21	26.3	16.3
其他经济类型企业	607.26	27.9	34.4
在总计中：国有控股企业	1439.37	20	10.6
在总计中：大中型工业企业	1933.41	19.8	11.6
其中：国有控股企业	1274.99	21.5	10
在总计中：园区工业	2451.77	29.4	27.1

主要产品产量增长较快（见表1-18）。全省统计的主要工业产品中，混凝土机械产量增长68.1%，精制食用植物油增长59.0%，大米增长28.1%，农用化肥增长27.3%，变压器增长25.1%，水泥增长23.2%，原煤增长20.4%，发电量增长16.3%，汽车增长47.0%，钢材增长15.4%。

表1-18　　2009年湖南省规模工业主要产品产量情况

产品名称	单　位	绝对数	比上年增长（%）
原盐	万吨	208.93	38.6
加工大米	万吨	568.22	28.1
精制食用植物油	万吨	174.31	59.0
饲料	万吨	862.59	25.5
卷烟	亿支	1692.80	2.7
烟花	亿元	145.27	39.6
一次能源生产总量	万吨标准煤	5143.66	19.8
原煤	万吨	6572.85	20.4
原油加工量	万吨	559.63	−7.8
发电量	亿千瓦·时	983.59	16.3
生铁	万吨	1380.49	13.7
粗钢	万吨	1436.55	10.6
钢材	万吨	1503.55	15.4
十种有色金属	万吨	209.12	10.3
白银	吨	4043.57	−8.0

续 表

产品名称	单 位	绝对数	比上年增长（%）
水泥	万吨	7539.00	23.2
机制纸及纸板	万吨	349.98	16.2
平板玻璃	万重量箱	1662.98	17.8
硫酸（折 100%）	万吨	224.80	5.9
氢氧化钠（烧碱）（折 100%）	万吨	69.48	20.5
合成氨	万吨	177.86	−10.8
农用化学肥料（折纯）	万吨	366.71	27.3
汽车	万辆	21.42	47.0
其中：轿车	万辆	7.51	99.4
超重设备	万吨	42.03	32.7
混凝土机械	台	20157	68.1
发电设备	万千瓦	73.46	107.6
变压器	万千伏安	8022.84	25.1
交流电动机	万千瓦	1285.46	−6.8
自动化仪表及系统	万台（套）	7.20	12.5

企业效益明显好转（见表 1－19）。全省 38 个工业行业大类中，有 32 个行业利润保持增长，1 个行业扭亏为盈。规模工业企业主营业务收入 12769.40 亿元，增长 18.7%；实现利税 1379.53 亿元，增长 30.5%；盈亏相抵后实现利润 571.90 亿元，增长 46.1%，扭转了上年下降 14%的不利局面。

表 1－19　　2009 年湖南省规模工业效益情况

指 标	绝对数（亿元）	比上年增长（%）
主营业务收入	12769.40	18.7
利税总额	1379.53	30.5
利润总额	571.90	46.1
其中：煤炭开采和洗选业	25.51	8.6
农副食品加工业	26.56	38.8
烟草制品业	71.02	−13.6
石油加工、炼焦及核燃料加工业	7.27	同期亏损
化学原料及化学制品制造业	31.05	0.6
医药制造业	17.31	10.0

续　表

指　标	绝对数（亿元）	比上年增长（%）
非金属矿物制品业	35.41	42.2
黑色金属冶炼及压延加工业	17.93	−18.0
有色金属冶炼及压延加工业	28.02	0.1
通用设备制造业	28.86	34.3
专用设备制造业	93.47	90.8
交通运输设备制造业	30.36	70.5
电气机械及器材制造业	25.16	44.5
电力、热力的生产和供应业	−4.53	同期亏损

建筑业加快增长。全省建筑业总产值2504.9亿元，增长18.4%，比上年加快2.6个百分点；建筑业增加值867.79亿元，占全省地区生产总值的6.7%，比上年提高0.8个百分点。具有资质等级的总承包和专业承包建筑企业实现利润157.2亿元，增长40.2%。房屋建筑施工面积23540.8万平方米，增长9.7%；房屋建筑竣工面积9924.8万平方米，增长9.3%。

4. 农业稳定发展，农产品物流逐步增加

农业生产稳定发展。全省粮食总产量再创历史新高，比上年增长3.5%，实现连续6年增产。油料作物产量增长34.0%；蔬菜产量增长10.3%；棉花种植面积减少12.3%，产量减少2.2%；烟叶产量增长12.7%；肉类总产量增长4.7%。其中，牛肉产量增长6.7%，羊肉产量增长0.8%，禽肉产量增长7.6%；禽蛋产量增长5.2%；牛奶产量增长2%；水产养殖面积增长3.4%，水产品产量增长5.6%。

现代农业加快发展。全省农产品加工企业4.8万家，增长2.3%，实现销售收入2560亿元。315家国家级、省级龙头企业销售收入1500亿元，增长25.5%；实现利润55.8亿元，增长14.8%。农业休闲企业经营收入47亿元，增长23.7%。农民专业合作组织9275个，增长10.3%，合作组织成员140万户。

农业综合生产能力继续提高。全省农村固定资产投资815.26亿元，增长24.6%。财政农林水事务支出262.62亿元，增长23.6%。新增农田有效灌溉面积33.9千公顷，新增节水灌溉面积21.9千公顷，分别增长64%和36%。农村用电量86.61亿千瓦·时，增长6.3%。年末农业机械总动力4352.64万千瓦，增长7.9%。

新农村建设有新进展。全省改造县乡公路2639公里，新建乡镇到村水泥（沥青）路19653公里。建设农村清洁工程示范村100个，新建农村沼气池17.41万口。解决了316.39万人的饮水困难及饮水不安全问题。新增通电话自然村1834个；新建农村综合信息服务示范点854个，实现互联网宽带上网行政村2057个。全省农村外出务工人员（不含本乡镇）1210万人，实现在外务工收入670亿元。

5. 固定资产投资持续增长，基础设施建设物流需求量大

投资对经济增长的贡献率提高。全省全社会固定资产投资7695.35亿元，比上年增长36.2%，对经济增长的贡献率为64.7%，比上年提高7.1个百分点。其中，城镇固定资产投资6880.09亿元，增长37.7%。从各产业看，第一产业投资130.95亿元，增长105%；第二产业投资2845.07亿元，增长39.5%；第三产业投资3904.06亿元，增长35%。

投资结构不断优化。全省城镇投资中，工业投资2758.62亿元，增长38.4%，占城镇固定资产投资的40.1%；民生工程投资292.51亿元，增长46.3%；生态环境投资240亿元，增长140.3%；基础设施投资2154.17亿元，增长40.8%。

重点项目建设进展顺利。全省176个在建重点项目完成投资1230亿元，占全社会固定资产投资的16%。投资亿元以上的在建项目1458项，完成投资2335.48亿元，增长28.1%。新开工高速公路14条，邵永、衡炎等高速公路建成通车后，全省高速公路通车里程达到2227公里。

房地产市场回暖。全省商品房屋销售面积3513.72万平方米，增长32.3%，扭转了上年下降2.9%的局面；商品房销售额941.60亿元，增长54.0%，比上年提高45个百分点。房地产开发投资1084.66亿元，增长13.5%。

（三）物流基础设施条件不断改善

2009年，全省把交通基础设施建设作为“扩内需，保增长”的重要环节，着力解决影响和制约交通科学发展的突出问题，努力实现交通后来居上、科学跨越，增强了湖南省经济服务能力。交通运输全年固定资产投资完成额843.27亿元，比上年增长44.4%，为历年来最高。其中，公路固定资产投资完成额767.41亿元，比上年增长113%；水路固定资产投资完成额2.97亿元，比上年下降65.4%；铁路固定资产投资完成额38.21亿元，比上年下降79.8%；民用航空固定资产投资完成额6.29亿元，比上年增长56.9%。

1. 公路运输网络日益完善，民用车辆快速增长

近几年，湖南省公路建设投资力度不断加大，以高速公路为主动脉，以国省干线公路为支动脉，以农村公路为微血管的公路网络正日益完善。公路运输已成为服务范围最广、承担运量最大和运输组织最灵活的运输方式。

公路总里程快速增长。2009年全省公路建设以高速公路和路网改造为重点，各类公路、客运站场等建设项目进展顺利。全年完成改建公路里程5929.95公里，新建公路里程906.56公里，至2009年年底，全省公路里程数达到19.14万公里，比上年年底增加6836.51公里；公路密度达到90.37公里/百平方公里，比上年年底增加3.23公里/百平方公里。长株潭城际快速干道芙蓉大道一期工程和红易大道等项目的建成通车，为长株潭一体化和“两型社会”建设提供了强有力的支撑。

高速公路超常规发展。2009年，高速公路项目快速推进，在2008年新开工18个项目2123公里的基础上，又新开工了炎陵至汝城、凤凰至大兴等15个项目949公里，全省高速公路在建项目达38个，建设总里程3493公里，总投资2424亿元；当年完成投资465.3亿元，同比增长140.5%。衡炎、邵永高速公路建成通车。项目招商引资在高速公路建设中发挥了巨大的作用，全年签署投资协议与特许经营合同8个，引进资金666亿元，建设里程848公里。全省高速公路引资项目累计达24个，建设里程2298公里，引资金额1432

亿元。至2009年年底，全省高速公路通车总里程达2227公里，新增通车里程225.3公里。

农村交通建设成为新农村建设的最大亮点之一。2009年农村公路建设完成投资73.4亿元，建成通乡水泥（沥青）路2639公里，完成通畅工程20513公里、通达工程1224公里，渡改桥13416延米。至2009年年底，全省农村公路（含县道、乡道、村道）里程已达到175481.60公里，比2008年年底增加6626.04公里。全省通公路的乡（镇）占全省乡（镇）总数的95.5%，比2008年提高3.8个百分点。建制村通达率达96.2%，比2008年提高4个百分点。通畅率达72.2%，比2008年提高了10.7个百分点。农村公路的发展大大改善了农村基础设施条件和出行环境，有力地促进了农村经济的发展和农民生活的改善，成为了社会主义新农村建设的最大亮点之一。

民用运输车辆快速增长。2009年年底，全省民用车（包括汽车、电车、摩托车、拖拉机、挂车和其他类型车六类车）拥有量为583.24万辆，比2008年年底增加124.32万辆，增长27.1%，2009年全省平均每天新增民用车3406辆。私人民用车拥有量为514.15万辆，占民用车总量的88.2%，比2008年年底增加105.25万辆，增长25.7%。其中：私人摩托车358.88万辆，增长24.5%；私人汽车138.29万辆，比上年增加36.38万辆，增长35.7%。私人轿车拥有量为62.20万辆，占轿车总量的82.5%，比上年增加20.63万辆，增长49.6%。营运车辆66.89万辆，比上年增加4.58万辆，增长7.4%。

2. 船舶数稳定增长，航道和港口条件不断改善

船舶数稳定增长，货运船舶向大吨位级发展。2009年年底全省机动船9897艘，比2008年年底增加552艘，增长6.0%，总载重量184.35万吨（位），比2008年增加36.78万吨（位），同比增长24.9%。其中货运船6824艘，增长5.9%，总载重量179.06万吨，比2008年年底增加32.15万吨，增长21.9%。总载重量的逐年增长表明全省货运船舶向大吨位级发展趋势越来越向好，客船2956艘，增长5.0%，载客量8.66万位，比2008年年底增加0.53万位，同比增长6.5%。

航道和港口条件不断改善。2009年，岳阳市松阳湖国际集装箱码头建成投产，株洲航电枢纽通过竣工验收，长沙新港获准危险货品作业认可资质，湘江长沙综合枢纽开工建设。至2009年年底，全省内河航道里程11968公里，共有码头泊位数1884个，千吨级泊位数87个，泊位长度84264米。

3. 武广专线投入运营，铁路电气化比重提高

铁路运输能力实现新跨越。我国目前运营里程最长、技术标准最高、投资最大的高速铁路——武广客运专线于2009年12月26日正式投入运营，极大地拉近了湖南与珠三角区域经济圈的距离，提升了湖南省在中部地区乃至全国的位置。全省已形成普通铁路与客运专线铁路相补充、复线铁路与单轨铁路相衔接、国家铁路与合资铁路共同发展的“三纵三横”田字形铁路网络。至2009年年底，全省铁路营业里程3693公里，比2008年增长27.6%，其中武广客运专线606.29公里；复线里程1852.40公里，比上年增长48.7%；电气化里程2342.00公里，比上年增长52.4%，电气化铁路比重提高到63.4%；全省共有铁路客车2337辆，铁路机车744台。

4. 机场建设取得突破性进展，新航线快速增加

2009 年，全省机场建设取得了突破性进展。长沙机场二期 10 万平方米停机坪扩建工程正式启动，跑道延长工程由南航波音 777 大型客机试飞获得圆满成功，并顺利通过民航中南地区管理局的行业验收，标志着长沙机场提前两年可以满足 E 类大型客机正常起降，飞行区跑道正式由 2600 米转化为 3200 米，长沙机场新航站楼工程正式开工建设，张家界荷花机场扩建工程进展顺利，常德机场扩建工程正式动工。

新航线不断开通。2009 年湖南机场新开国内航线 17 条，新开长沙至大阪、台北等国际和地区航线，并联合航空公司和兄弟机场成功开通长沪、长广航空快线，成功打造航线新品牌。

5. 中石化管道建成投产，运输里程快速增加

管道运输可分为油品管道（原油管道、成品油管道和液态管道等）、气体管道（天然气管道和二氧化碳气体管道等）及固体料浆管道（煤浆管道等），目前在全省主要是成品油管道和天然气管道。2009 年全省管道建设取得了长足发展，中石化湖南石油分公司管道建成投入运行，管道运输里程大幅增长，至 2009 年年底，全省共有输油（气）管道里程 1557.90 公里，比 2008 年年底增长 35.2%。

（四）物流业供给能力快速提高

物流业整体运行企稳向好，效益大幅提升。物流业发展为全省经济“弯道超车科学跨越”提供了有力支撑。

2009 年湖南交通整体情况如表 1－20 所示，铁路、公路、水运、航空和管道五种运输方式完成客货换算周转量 3200.97 亿吨公里，同比增长 5.0%，其中，客运量 141060.91 万人，增长 7.3%；旅客周转量 1289.93 亿吨公里，增长 2.4%；货运量达 129076.52 万吨，增长 11.1%；货物周转量达 2510.36 亿吨公里，增长 7.2%。

表 1－20　　2009 年湖南交通整体情况

指　标	计算单位	序号	2008 年年报	2009 年年报	累计为上年同期（%）
一、固定资产投资完成额	万元	1	3705044	6780486	183.0
二、公路里程合计	公里	2	184568	191403	103.7
三、等级公路合计	公里	3	118717	148178	124.8
其中：高速公路	公里	4	2001	2226	111.2
二级及以上公路里程	公里	5	8750	10545	120.5
有铺装路面（高级）	公里	6	97471	118442	121.5
四、乡（镇）通畅率	%	7	91.7	95.5	104.2
五、建制村通达率	%	8	92.2	96.2	104.3
六、建制村通畅率	%	9	61.5	72.2	117.4
七、内河航道里程总计	公里	10	11968	11968	100.0
八、港口泊位数	个	11	1896	1884	99.4

续 表

指　标	计算单位	序号	2008年年报	2009年年报	累计为上年同期（%）
其中：千吨级泊位数	个	12	65	66	101.5
九、公路运输营业客车合计	辆	13	42761	43274	101.2
十、公路运输营业货车合计	辆	14	300340	421406	140.3
十一、水上运输船舶艘数	艘	15	9489	9994	105.3
净载重量	吨位	16	1393624	1855617	133.2
载客量	客位	17	81377	86770	106.6
十二、全社会公路客运量	万人	18	124274	133359	107.3
十三、全社会公路旅客周转量	万人公里	19	5656371	6011115	106.3
十四、全社会公路货运量	万吨	20	98759	111351	112.8
十五、全社会公路货运周转量	万吨公里	21	10850609	12596516	116.1
十六、全社会水路客运量	万人	22	509	747	146.8
十七、全社会水路旅客周转量	万人公里	23	8225	10130	123.2
十八、全社会水路货运量	万吨	24	11494	11834	103.0
十九、全社会水路货物周转量	万吨公里	25	2831026	2550298	90.1
其中：远洋货运量	万吨	26	108	60	55.6
远洋货物周转量	万吨公里	27	640000	511530	79.9
二十、港口货物吞吐量	万吨	28	16024	16940	105.7

注：年度对比数据是按照2008年公路、水路运输量专项调查统计口径进行计算的。

1. 公路货运量均保持快速增长

民用车辆的快速增加及公路运输条件的改善，使公路运输成为首要的运输方式。2009年，全省公路完成货运量111351万吨，同比增长12.8%，占全省货运总量的86.3%；完成货物周转量1259.65亿吨公里，同比增长16.1%，占全省货物周转总量的50.2%；完成客运量133359万人，同比增长7.3%，占全省客运总量的94.5%,；完成旅客周转量601.11亿人公里，同比增长6.3%，占全省旅客周转总量的46.6%。

2. 水路运输平稳发展，港口吞吐量高速增长

水路运输保持稳定增长。2009年，水路运输累计完成客运量747万人，旅客周转量1.01亿人公里，同比分别增长46.8%和23.2%；累计完成货运量11834万吨，同比增长2.9%，货物周转量255.03亿吨公里，同比下降9.9%。

港口运输形势呈高速增长态势。至2009年年底，全省港口完成集装箱吞吐量18.87万标箱，同比增长33.1%；完成货物吞吐量16940.36万吨，同比增长5.7%。从货物形态来看，干散货吞吐量15138.09万吨，占比89.4%；件散货1100.17万吨，占比6.5%。

3. 铁路货运量低开高走

铁路旅客运输保持稳定增长，货运量小幅下降。2009年全省铁路完成客运量6406.6

万人，比 2008 年增长 3.2%。完成旅客周转量 625.44 亿人公里，比 2008 年下降 3.2%；铁路货运量全年小幅下降，但下半年逐月快速上升。受国际金融危机冲击，我国全年经济呈现前低后高的走势，湖南铁路货物运输增速自年初一路下行，至 5 月触底后，随着宏观经济的好转呈逐月快速上升的趋势，2009 年湖南铁路货运量分月增速图如 1－10 所示。全年铁路完成货运量 5391.6 万吨，比上年下降 2.9%。全省铁路完成货物周转量 990 亿吨公里，比 2008 年增长 1.9%。

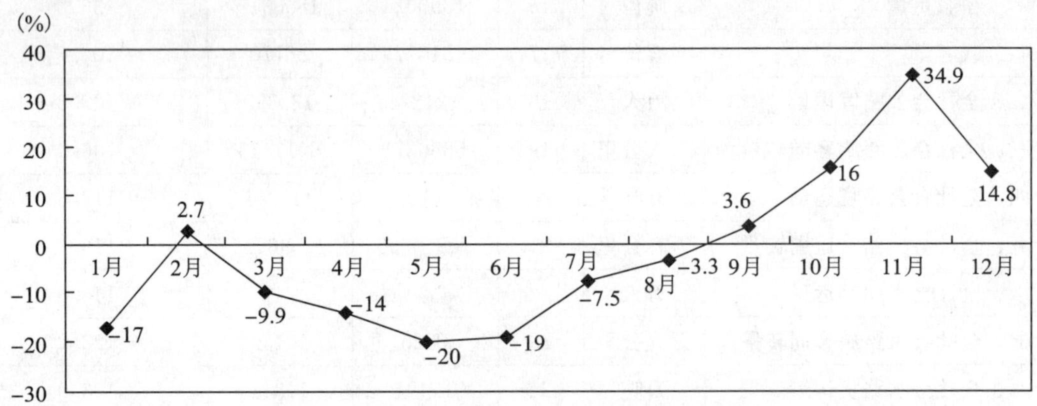

图 1－10　2009 年湖南铁路货运量分月增速图

4. 航空运输高速增长，黄花机场跃升中部第一

2009 年，湖南民航运输量全年保持两位数增长。累计完成客运量 548.31 万人，比上年增长 30.7%，旅客周转量 62.37 亿人公里，增长 30.7%。完成货运量 4.62 万吨，增长 21.6%，货物周转量 0.59 亿吨公里，增长 22.9%。全年分月客货运量都保持了高速增长，如图 1－11 所示。

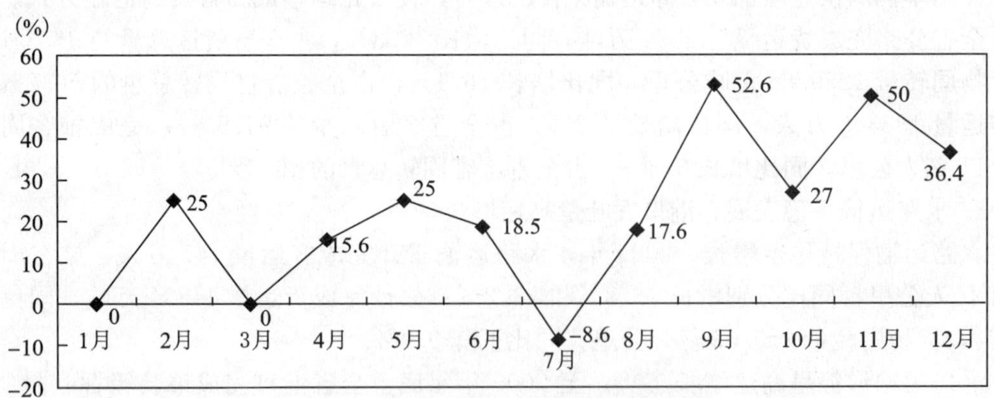

图 1－11　2009 年湖南民航货运量分月增速图

黄花机场旅客吞吐量跃升中部各省机场第一。2009 年，全省 5 个机场旅客吞吐量达到 1280 万人次，比上年增长 32.1%，国内航线完成 1267.5 万人次，比上年增长 33.7%。其

中，长沙黄花机场旅客吞吐量突破1000万人次，达1128万人次，比2008年增长33.5%，在全国所有机场排名第十一位，前移两位，成为中部第一机场。完成货物吞吐量88756吨，比2008年增长22.6%，其中，国内航线完成货邮吞吐量88739.1吨，比2008年增长22.6%。全年累计飞行班次123972次，比2008年增长26.1%，其中，国内航线飞行班次122753次，比2008年增长27.2%。

5. 管道运输量快速增长

2009年中石化湖南石油分公司管道建成投入运行，管道运输能力大幅提升，全年累计完成货运量495.3万吨，货物周转量5.09亿吨公里，分别比2008年增长30.0%和178.1%。

6. 物流企业收入平稳增长，效益大幅提升

2009年，全省590家限额以上物流企业实现营业收入213.46亿元，同比增长9.3%，占全部限额以上服务业企业营业收入的3.6%，人均实现营业收入17.90万元，实现营业利润13.66亿元，同比增长36.2%，人均实现营业利润1.15万元。道路运输业营业收入所占比重最大，2009年限额以上道路运输业企业307家，占限额以上交通运输企业单位总数的52.0%，实现营业收入108.27亿元，比2008年同期增长7.2%，占限额以上交通运输业企业总量的50.7%。其次是城市公共交通业，占比为15.7%。2009年限额以上交通运输各行业营业收入与2008年同期相比都有所增长，其航空运输业增长速度最快，增长28.0%；管道运输业居第二位，增长14.2%。

（五）物流供给水平不断提升

湖南省的物流业中，传统运输、仓储、货代企业逐步实行了功能整合和服务延伸，加快步伐向现代物流企业转型，一些制造企业和商贸企业开始采用现代物流管理理念、方法和技术，实施流程再造和外包服务，同时一批新型的物流企业迅速成长，形成了多种所有制、多种服务模式、多层次的物流企业集群。湖南省物流费用成本近年来也呈现下降趋势，促进了物流业经济运行质量的提高。

1. 现代物流企业发展迅猛

2009年全省已注册物流企业3000余家，累计完成营业收入120多亿元。湖南物流企业的服务水平正在逐步提升，物流服务的功能也在不断丰富，代表专业化、社会化发展方向的综合性第三方物流实现了零的突破。

湖南省有4家企业进入2009年全国物流企业100强。部分物流企业注重物流技术的开发和使用，采用多功能全自动立体仓储系统、自动分拣系统及信息管理系统进行管理。功能先进、规模较大的现代化物流园区、物流中心、配送中心已经出现。其中长沙金霞、一力等物流园区已初具规模，岳阳城陵矶港、株洲石峰等物流园区也正加紧建设，为专业化物流企业的聚集和发展提供了良好平台。

其中，湖南金霞粮食产业有限公司、全洲药业集团、湘通物流有望成为5A级物流企业。

湖南金霞粮食产业有限公司是一家经长沙市人民政府批准的、由湖南长沙芙蓉北路国家粮食储备库及长沙第一粮油实业公司改制后设立的国有独资公司。公司注册资本5000万元，总资产7亿元，银行信誉AA级，质量信誉AAA级，为国家4A级物流企业。其前身是始建于1950年的长沙市第一粮食仓库，主要从事粮食种植、收购、储备、加工、

饲料、物流、贸易、期货等业务，是确保长沙地区粮食安全和流通稳定的重要载体，承担着中央、省、市粮食储备、收购、加工、运输、出口等任务，系湖南省农业产业化龙头企业，为湖南省粮食行业协会副会长单位、湖南省农业产业化协会副会长单位、湖南省饲料工业协会副会长单位、湖南省物流与采购联合会副会长单位、中国粮油学会粮食物流分会副会长单位、长沙市粮食行业协会会长单位。

全洲药业集团始创于 1999 年 3 月，发展成为集医药研发、制药工业、物流配送、连锁零售、电子商务、临床应用为一体的总资产超 4 亿元的现代大型企业集团。全洲药业集团下辖全洲药业集团湖南医药贸易分公司、全洲药业集团医疗分公司、湖南全洲医药食品物流配送有限公司、湖南全洲制药有限公司、湖南全洲健康大药房连锁有限公司、湖南全洲现代物流有限公司等多个产业，形成了集团化、规模化和集约化的全洲医药联合产业链。集团公司现有员工 380 人，具有本科以上学历 72 人，占员工比例的 20%，其中，博士 1 人，硕士 7 人。高级物流师、主任药师、主管药师、执业药师、主任医师等专业职称人员 28 人，体现了员工配置具有专业结构合理、符合发展需要的特点，组建了一支工作能力强、富有创造力和团结协作精神的人才队伍。经过六年的发展，公司目前资产规模已超 4 亿元，在 2006 年湖南省民营企业 100 强企业排名第 44 位、长沙市经济 100 强企业。2002—2005 年度公司被湖南省银行协会评为“守信誉企业”，被中国农业银行湖南省分行评为“AAA 级信用企业”，被湖南省工商行政管理局评为“诚信经营单位”。

湖南“湘通物流”是广铁集团全资控股企业，主营国内客、货运输，运输信息咨询服务，销售五金、交电、粮油及制品、饲料、建材、普通机械、文化用品纺织品及政策允许的农副产品、矿产品、金属材料。湘通物流下设 11 个分公司，1 个子公司，有近 100 个营业网点，与 36 家全国铁路物流同行企业建立了协作关系，业务范围覆盖湖南全省、物流网络辐射全国各地。湘通物流秉承“热情诚信，顾客至上，以人为本，服务社会”的服务宗旨，充分发挥铁路路网优势，实行专业经营、集约经营和规模经营，形成集铁路、公路、水路、民航多种运输为一体的“一次签约，全程服务”和“门到门”的大物流体系，营造物流行业发展的规模优势；依靠机制创新，全力加快企业运行机制的转变，建立市场化的运行机制和组织架构一体、内部协调一致的管理机制；依靠人才，全力培养造就一批适应市场经济发展要求的物流管理人才队伍，为客户提供安全、便利、快捷的优质服务，追求市场和行业的领先地位；依靠科学管理和科学技术，健全和完善物流网络，立足湖南，面向全国，并力争进入国际市场，推动物流企业从“传统物流”向“综合物流”转变，并向新型的现代物流企业迈进。

2. 物流服务向供应链一体化延伸

2009 年，湖南物流企业已经开始拓展物流服务领域，向供应链一体化延伸，为客户提供一系列的物流供应链解决途径，内容主要包括：

（1）通过对全国物流的规划和信息技术的应用，在全国构建若干区域分销中心，降低企业库存风险，提高资金周转率，提高产品送达客户的准确度和及时性，提高客户服务水平，支持分销渠道深耕的市场策略。

（2）通过有效的运输管理提高产品到达的及时率与准确率，并较大地缩短产品在途时间，增强快速补货能力，有力地支持销售渠道深耕的市场策略。

（3）以高效的一体化物流运作，缩短订单完成周期，提高经销商资金周转率，并降低企业在经销商中的大库存风险。

（4）实现快速、准确、实时的物流信息传递，保证企业对库存的实时监控，降低企业的库存（财务）成本。

（5）提高补货预测系统的准确性，避免出现缺货或货物长期积压的情况。

（6）逐步地、分阶段地完成集团公司的物流整合，实现一体化运作。

3. 物流成本下降，发展空间进一步拓展

“社会物流量与经济增长成正比，物流总费用占 GDP 的比重成反比”，这是现代经济普遍规律。2008 年全省物流业增加值 721.83 亿元，因经济普查，GDP 数据进行了调整，所以占第三产业增加值的比重由 17.1%调整为 15.58%，占 GDP 的比重由 6.47%调整为 6.24%。2009 年，全省物流业增加值 832.26 亿元，比上年增长 15.3%；占第三产业增加值的比重为 15.77%，比上年提高 0.19 个百分点；占 GDP 的比重为 6.44%，比上年提高 0.20 个百分点。

根据一般规律和可持续发展需要，“十二五”物流总费用占 GDP 比重下降空间在 2～3 个百分点。主要通过提高现代物流的社会化、专业化、信息化水平来实现。同时，由于物流基础设施继续改善，第三方物流不断推进，物流骨干企业进一步做大做强，公共物流信息平台建设加快，可以提高企业运营效率，整合管理资源，提高技术装备水平，改善物流运行环境，降低全社会物流费用，进一步拓宽现代物流业的发展空间。

四、湖南物流业发展的主要瓶颈

（一）物流企业组织化程度低

1. 缺乏供应链物流观念，物流社会化程度不高

全省工业品在产销过程中自营物流比重大，物流社会化程度不高。原因是一方面社会物流有效需求不足，规模效益差；另一方面资源利用率不高，物流成本上升。从对区域内重点骨干企业的调查来看，企业管理的运作模式主要是“大而全、小而全”，信息不畅，没有进行科学、合理的计划、组织、协调与控制，没有以最低的物流成本达到顾客满意的服务水平，导致物流成本高，库存较大。由于湖南工业的供销均两头在外，运距长，又受海运、港口、码头、铁路等多方面运输条件的制约，库存较大，因而物流成本相对较高，降低了产品的市场竞争力。

2. 企业自营物流现象较多

制造业企业自运，或供销商运输，运输市场没有有效整合，散、小、多、弱，缺乏规模；且供给销售方向不一致，导致双向对流难以形成，空驶率高，物流成本增加。

3. 信息化程度低

信息技术在湖南企业中的应用仍处于低级阶段，在实际工作中还没有真正采用互联网或信息技术进行相互之间的业务往来。物流企业间的信息资源不能共享，缺乏一个有效的物流公共信息平台。

4. 物流企业恶性竞争现象严重

由于长年来的同质化竞争，各物流公司相互竞争的手段只有价格。由于行业内部恶性

竞争的加剧以及运输成本的居高不下，使物流企业的利润率大幅下滑。

5. 农产品物流技术手段落后，缺乏系统优化

农民组织化程度有待提高，小农经济成分过大，以市场为导向的农产品规模生产加工企业少，分散、细小的生产经营方式限制了农产品的交易，农民呈无组织分散状态进入市场，以挑箩摆摊的居多，缺乏市场竞争力和自我保护能力。农业物流资源与功能缺乏有机整合，如农业生产资料批发商与供应商、农机生产企业与批发商、农产品批发市场与超市等，各自为阵，布局分散，缺乏有效整合，导致农业物流整体服务水平不高，资源利用困难。农产品物流技术水平低，湖南的农产品物流还是以常温物流或自然物流形式为主，对鲜活农产品损失很大。另外，湖南农产品加工技术水平低，大部分是初级加工或者不加工，产品附加值不高，农产品加工包装能力也较低下，品牌数量少，覆盖率低。

（二）产业集中度不高，物流资源整合不够

1. 缺乏综合性物流服务

湖南省大型专业化物流企业较少，民营自营的运输车队仍占据很大部分。这些小型企业不能提供物流一体化的配套服务，大部分只能提供单一的物流服务，多数仍停留在货物代理、仓储、库存管理、搬运和干线运输等方面，只有很少的几家第三方物流服务企业能够提供综合性、全过程、集成化的现代物流服务。湖南省企业物流多采取自办物流方式，没有依靠物流系统支持市场营销，第三方物流公司的参与程度很低。社会物流服务粗放，供需不平衡矛盾依然存在。物流企业规模小，实力弱，功能单一，服务质量和效率难以满足社会化物流的需要。湖南省物流社会化、专业化、组织化程度低，单兵作战多，横向联系少，市场化程度差，资金缺乏，信息闭塞，造成物流效率低下，现有资源利用不足，物流外包业务绝大多数还只是集中在传统的运输、仓储业务。物流技术和物流服务规范标准大多不统一。集装箱运输所占比重小。

2. 物流产业集群效应尚未显现

近年来，湖南省物流产业虽有所发展，但产业集群化发展程度仍然落后于沿海地区。第一，物流产业集群规模小，而且数量少。第二，物流产业集群缺乏规划，内部企业竞争激烈，集群效应不强。湖南物流产业集群由于缺乏规划，大多属于竞争型产业集群，集群由大量从事物流货代、专线运输、企业外包物流、信息中心等类的中小企业组成，产业链不长。企业之间主要是竞争关系，很少进行分工协作。虽然企业家们在很近的地理范围内工作，也很少共享信息。同时，由于行业自律组织建设滞后，缺乏相应的行业规范对企业经营进行引导，企业之间信任程度低，加上少数企业的短视，容易在集群中产生恶性竞争，不利于产业集群的健康成长。第三，产业集群的信息软环境薄弱，不利于物流产业集群的整合。湖南物流基础信息和公共服务平台的建设与应用都比较欠缺。

（三）物流企业总体规模偏小，服务功能单一

至 2009 年年底，全省 80％的物流企业拥有车辆在 10 辆以下，无论是业户数还是车辆数，个体运输业户成了市场的主体，其主要原因是个体货运业户发展不受市场准入政策的限制，货运企业重挂靠，轻管理，在经营上放弃了以独立法人的资格与工商企业签订合同运输的优势，失去货源，难以吸纳车辆；一些货运企业不以运输为主业，而是以配载、制票或经营其他行业为主，只是在申请许可时一并考虑了普货运输的经营范围；在经营中组

织化程度不高，运用现代物流理念和方式不够，加之货源不足，运力大于运量，降低了车辆利用率，使本市物流价格偏高。

（四）物流市场机制不健全

存在着条块分割现象，物流供求矛盾较为突出。从物流需求量和供给量来看，两者匹配较好，但是由于物流市场机制不健全，导致物流市场出现了严重的供求结构矛盾，从而使得业主企业需要物流服务，而物流企业资源大量闲置的局面。

大多数物流企业只能提供运输和仓储等传统功能服务，缺乏增值性物流服务和综合性物流服务，而现代经济社会的快速发展，导致了工商企业对供应链一体化的物流服务需求迫切，两者之间的不协调导致了资源的极大浪费。

（五）物流产业区域与行业失衡并重

部分行业物流链条脆弱，交通基础设施与物流服务设施衔接不合理，物流业布局不优。

以农产品物流来说，存在以下八大问题：

1. 农产品流通渠道疲乏不畅

我国的农产品流通还处在时间长、消耗大、效率低、效益差的低层次上，流通渠道不畅，物流缓慢。农产品的大宗物流一般都会经过以下几个主要环节：生产者—产地市场—运销批发商—销地市场—零售商—消费者。在整个物流链条上，由于农产品未经加工的鲜销产品占了绝大部分，而多环节的流通链条，无论是在时间和流通效率上，还是现有的保鲜手段都无法适应农产品的鲜销形式，因此，相当一部分新鲜产品由于运价、运力、交通基础状况和产品保鲜技术原因而损失巨大。当农产品集中上市时，物流不畅，加工能力不足，产销脱节严重，损耗情况则更为突出。据有关部门统计，广东每年因水果、蔬菜等鲜活商品腐烂而造成的损失达7.5亿元。目前，农产品流通渠道比较单一，尚未形成多渠道的营销体系。

2. 物流设施手段相对落后

首先是交通运力不足，其次是农产品批发市场、农产品的仓储、交通运输条件和工具等环节较为薄弱。发达国家农产品产值与农产品加工产值之比为1∶3或1∶4，而我国为1∶0.8，差距很大。

3. 信息化手段不能适应需要

目前，农业信息网络不健全，农户居住分散，沟通渠道不畅，许多农产品信息难以收集、传递，信息化体系建设明显滞后。

4. 农产品标准化程度低

不少产品的分类、分级、分等大都是凭人工感觉，误差过大，产品包装从材料到包装管理都没有统一标准，这给农产品的储存、运输和加工造成一定困难。同时，各物流职能部门又难以协调，不能形成一个具有内在联系的物流大系统，从而降低了物流效益。

5. 物流技术落后

“新鲜”是鲜销农产品的生命和价值所在，但由于鲜活农产品存在含水量高、保鲜期短、极易腐烂变质等问题，这就大大限制了运输半径和交易时间，因此，对运输效率和流通保鲜条件就提出了很高的要求。有数据表明，我国水果蔬菜等农副产品在采摘、运输、储存等物流环节上的损失率为25%～30%，也就是说，有25%的农产品在物流环节中被消耗掉了。而发达国家的果蔬损失率则控制在5%以下，美国蔬菜水果物流则更为典型，产品可以一直处于采后生理需要的低温状态并形成一条冷链：田间采后预冷—冷库—冷藏车运输—批发站冷库—超市冷柜—消费者冰箱。水果蔬菜在物流环节上的损耗率仅有1%～2%。而目前我国农产品的冷链物流尚未形成，其仍是以常温物流或自然物流为主，在整个物流链条上，未经加工的鲜销农产品占了绝大部分，而这些农产品大多数因运价、运力、交通基础状况和产品保鲜技术造成腐烂、变质，损失巨大。因此，我国农产品冷链物流的薄弱状况造成了我国农产品在物流过程中的资源浪费。

6. 投资结构单一、不合理

目前美国农业的生产环节投入比例为30%，产后投入比例为70%；生产环节的人员少，采后加工服务的人员多。国外水果经过采后储藏加工，增值比例为1∶3.8，而我国是1∶1.8，其原因在于我国的农产品绝大多数是由产地以原始产品（采摘后的初级状态）的形式销售，而农产品附加价值的真正实现是在非产地，所以，我国农产品鲜销的方式限制了农产品的增值。此外，我国采后商品化处理为1%，保鲜储藏比例不足20%，加工比例不到10%。

7. 物流成本过高

农产品供应链中产销结合差是农产品采购和经营的“瓶颈”之一。目前，我国农产品的物流成本仍然偏高，而且很不稳定，运销成本的波动较大。尽管一些地方在当地开辟了农副产品运销“绿色通道”，但地方保护主义的现象仍然在很多地区不同程度地存在着，农副产品的跨地区外销障碍重重，这无形间增加了流通成本，加大了农产品大宗物流环节的经营风险，造成了大量积压和损失，挫伤了业主和农民的生产积极性。

8. 农产品交易方式落后

我国农产品的交易多采取“协商买卖”，即“对手交易”的方式。“协商买卖”交易方式存在着明显的缺点：一是协商买卖是买卖双方私下议价达成交易，不是竞价成交，透明度较低，竞争性相对较弱，不能充分体现公开、公平原则；二是一对一的议价需要寻找多个对手，不利于节约交易时间，不利于提高流通效率；三是对农产品的规格化、标准化要求低，商品档次不高。而发展比较成熟的烟草物流已实现了智能化、自动化和数字化，效率非常高。

（六）多业联动发展效应未能显现

“多业联动”的目的是提高制造业的核心竞争力，以高质量的物流服务降低企业成本，改善客户服务，带动制造业水平的提升，最终使得制造业与物流业协调发展和共同提高。在一定意义上，多业联动，制造业是“因”，物流业是“果”，没有制造业改革传统生产方式，改善自身业务流程，集中资源发展核心竞争力的现实要求，物流业也难以渗透到制造业的各个环节，在配合制造业产业升级的过程中获得自身的发展。

“多业联动”最早是制造业对物流业提出的。在经济全球化的今天，我国制造业抓住了世界经济重新配置资源和产业大转移的机会，实现了跨越式发展。我们也要正视，我国虽然已经是“制造业大国”，但还不是“制造业强国”。我国的制造业还处于世界分工体系的较低层次，简单的加工制造不仅利润水平低，而且消耗了巨大的资源，难以实现可持续发展。随着管理模式和技术应用的飞速发展，当今的国际竞争已经从成本、资源、技术的竞争上升到供应链之间的竞争，我国制造业要保持竞争力就必须将管理重心向供应链一体化管理转移，从而实现成本的持续降低和服务的稳定提升。物流业作为从流通中分离出来的生产型服务业，天然具有衔接供应链上下游各环节，挖掘企业“第三利润源”的能力，因此，越来越多的制造企业开始加强对物流业务的整合、分离和外包，由此推动自身供应链的调整、优化，提高企业运作效率，增强业务服务水平，最终达到提升供应链整体竞争力的目的。

“多业联动”也是物流业实现社会化和专业化发展的必然途径。从国外物流发展看，制造业物流的高度发展，是物流社会化发展的一个重要前提，也是物流社会化发展的一个必然过程。比如日本丰田物流的发展就是与日本丰田生产方式密切联系的，首先是从满足丰田制造的物流需要，逐渐扩大到满足全社会其他制造企业的物流需要，并逐步向专业化物流转型。近年来，国内物流业的专业化发展取得了一些成绩，综合型、创新型业务模式不断涌现，随着制造业物流需求的加快释放，物流业与制造业展开全面合作。合作领域从销售物流向生产物流、采购物流扩展；合作内容从传统物流外包向工位配送、代理采购、融资监管等新兴服务领域渗透；合作范围从单一物流环节向全程物流，供应链一体化延伸。“多业联动”带动了物流业自身的调整优化和转型升级。

五、湖南物流业发展的主要任务

（一）突出科学规划，优化空间布局

围绕“四化两型”战略要求，结合省内不同区域经济发展特点和产业特色，有效整合资源，强化集约发展，按照物流节点、物流通道和物流区域三大层次进行空间布局。首先，重点发展四大物流区域：以长株潭物流区域作为全省物流业发展的中心枢纽，形成全省物流发展的核心增长极；以岳阳为中心，辐射常德和益阳，形成环洞庭湖湘北物流圈；以怀化为中心，辐射张家界、邵阳、娄底和湘西州，形成大湘西物流圈；以衡阳为中心，辐射郴州、永州，形成湘南物流圈。其次，强化物流通道建设，充分利用省内“三纵三横”交通干线，组织和布局物流活动，构建省内物流通道网络体系。最后，合理布局物流节点，根据各区域物流需要对不同业态不同规模的物流园区、物流中心和物流企业项目进行集中布局。在推进重点物流区域发展和省级重点物流园区建设的同时，结合各地市物流业发展的实际，充分利用现有物流资源，节约和集约使用土地，强化物流业发展与城市规划、产业结构、节能降耗、交通组织、居民生活等方面的衔接，合理布局区域性物流基地和配送节点，形成层次清晰、衔接合理、运作高效的现代物流网络，优化湖南现代物流业发展空间布局，使湖南省现代物流业布局与区域产业发展及城乡居民生活需求相适应。

（二）创新发展模式，提升服务水平

运用现代物流理念、方法和技术，积极推广实施采购、生产、销售和物品回收的物流一体化运作方式；鼓励物流业与其他产业联动发展创新，实施流程再造，提高整体供应链的核心竞争力；鼓励现有运输、仓储、货代、联运、快递等企业实施资源整合和服务延伸，加快推进传统物流向现代物流企业转型，进一步提高物流服务能力和服务水平；积极发展多式联运、甩挂运输等现代运输方式，建立高效、安全、低成本的运输系统；大力倡

导绿色物流理念，鼓励和支持物流业节能减排；鼓励物流企业服务内容创新，满足多样化、个性化的物流需求。

（三）加强基础建设，搭建发展平台

根据物流业发展需要，加大基础设施建设投入；形成覆盖全省的公路、铁路、航空、水路多维立体交通运输平台；建立省市两级物流公共信息服务平台；构建数量和规模适当的应急配送系统平台；完善冷链物流及其他专业物流设施设备体系；注重各物流基础设施之间的连接，初步形成湖南现代化共同物流体系。

（四）培育优势企业，壮大市场主体

鼓励整合市场资源，推动物流企业运用现代物流理念，提高社会化、专业化管理服务水平；积极培育和扶持专业化的第三方物流企业，加强规划引导和政策扶持，促进物流服务社会化、专业化和规模化；大力扶持省内主营业务突出、管理基础好、具有一定规模、覆盖面广、配送功能完善的物流企业；积极引进外地知名物流企业，通过多形式、多层次的合作，建立优势互补、合作共进的物流服务业态体系。

（五）激活市场需求，推进联动发展

根据全省物流业发展实际，结合先进制造业和现代服务业布局，构建与区域内物流产业紧密配套的物流联动保障体系；加强区域物流合作，促进区域物流一体化；搭建制造企业和物流企业联合互动交流平台，大力促进重点制造业物流业务分离外包，加快发展第三方物流，提升物流业为制造业服务的能力和水平；支持大型专业化交易市场物流服务的整合，形成一体化的物流服务体系；选择和培育一批具有应急能力的物流企业，建立应急物流体系，提高应对灾害、重大疫情等突发事件的能力，逐步建立应急物流联动机制。

（六）实施标准带动，推进技术创新

积极推动物流国家标准普及推广工作，在省级重点物流园区和骨干物流企业中启动一批物流标准化示范工程；重点推动国际物流、制造业物流、城市配送物流标准化应用示范工程建设，提升示范工程的带动辐射能力。加快对现有仓储、转运设施和运输工具的标准化改造，鼓励企业采用标准化的物流设施和设备，实现物流设施、设备的标准化；加强物流产业技术研发、知识产权和技术标准政策的协调，走“技术专利化、专利标准化、标准国际化”的道路，加快把自主知识产权科研成果转化为生产力，进一步提高物流产业核心竞争力。

（七）发展保税物流，开拓国际物流

充分利用国际、国内“两个市场、两种资源”，大力发展国际物流，为承接沿海产业转移、在更大范围内参与国际和区域竞争与合作提供有力支撑。统筹规划、合理布局，积极推进各地海关特殊监管区和保税监管场所建设，规划和预留保税物流项目建设空间。加快保税物流中心及大通关基地建设，建立“大通关”长效运作机制，建设集海关监管、商品检疫、地面服务于一体的货物进出境快速处理通道。

（八）提高信息化水平，推广物联网技术应用

加快建立全省物流公共信息平台，推进各类物流信息资源的整合；积极推进物流企业管理信息化，引导物流企业建设好内部信息网络，支持企业运用现代化信息技术；推广应用先进物流信息系统和装备设施，支持物流企业采用自动化、智能化的物流设施设备，进一步提高物流运作效率；大力推广物联网技术在多式联运、大型物流园区、城市配送、冷链物流等方面的应用，尝试利用物联网技术对物流环节的全过程管理；重点建设三大物联网应用示范工程：危险品运输车智能调度监控系统、集装箱智能调度系统、食品药品追溯系统。

六、湖南物流业发展对策与政策建议

（一）理顺管理体制，形成加快发展的合力

深化物流业发展的改革开放，理顺物流管理体制，充分发挥领导机构的协调作用，加强对物流业发展的宏观指导、政策扶持和综合协调，形成加快物流业发展的工作合力。切实加强发改、经信、交通、商务、财政、国土、工商、税务、金融等政府相关职能部门间的协调配合，进一步明确目标任务，细化分工责任，形成政府领导、部门配合、齐抓共管的工作格局。

（二）完善落实物流业发展的支持政策

落实国家出台的现代物流业支持政策，结合湖南发展实际，不断完善湖南省物流业发展在土地、税收、通关、投融资等方面的支持政策体系。

1. 用地优惠政策方面

创新物流业用地供给方式，对规划的重点园区、重大物流项目用地实行预留制度。对列入省物流业发展重点工程的项目、建设用地由省国土资源厅每年安排专项指标解决，享受工业用地价格。对传统的运输、仓储、商贸流通企业和经过批准的其他企业以原划拨土地自行改造或合资、合作为物流企业的，给予减免相关费用等优惠政策。鼓励物流企业集约、节约用地，对退城进郊、建设多层库房的物流企业给予减免相关费用等优惠政策。

2. 税收政策方面

对列入省级示范物流园区的项目，可以享受省级经济技术开发区的税收优惠政策。物流企业将承揽的运输、仓储等业务分包给其他企业并由其统一收取价款的，应按照国家税务总局有关规定，以该企业取得的全部收入减去其他项目支出后的余额为营业税的计税基数。物流企业在省内设立的跨区域分支机构，凡在总部领导下统一经营、统一核算，不设银行结算账户、不编制财务报表和账簿，经省级主管税务机关审核确认后，企业所得税由总部统一缴纳。

3. 通关政策方面

深化口岸快速通关改革，积极探索有内陆省份特色的通关模式，改善通关环境。边防、海关、检验检疫、税务、外汇等部门要在有效监管的前提下，简化审批手续，优化口岸通关作业流程，实行申办手续电子化和一站式服务，对进出口货物实施“提前报检、提前报关、实货放行”的新模式。推广应用“口岸电子执法系统”，建立大通关信息平台，积极推进大通关工程建设。

4. 用电、用水等其他政策方面

物流业的动力用电按普通工业用电价格执行，并按照国家电价改革进程逐步实现生产性服务业照明用电与普通工业用电价格并轨。对物流企业应缴纳的各种资格认证、考试、培训费以及行政事业性费用，其收费标准由省物价局核定后，可享受有关的政策优惠。对

物流领域积极推进电子商务、供应链管理的企业进行高新技术企业认定，按规定享受相关优惠政策。

（三）拓宽物流发展投融资渠道

湖南省财政每年从服务业引导资金预算中安排一定比例的专项引导资金，用于引导扶持现代物流业发展，主要用于重点物流企业发展和重点物流项目贷款贴息，以及公共物流信息系统、物流人才培训、物流标准化、物流统计体系建设等。鼓励符合条件的物流企业进入境内外资本市场融资，鼓励物流企业通过发行债券、增资扩股、内联引资、中外合资、仓单质押、股权质押贷款以及供应链融资等途径筹集项目建设资金。积极引导和鼓励金融机构对列入重点物流项目予以信贷支持，在控制风险的前提下，加快开发适应物流企业需要的金融产品。

（四）发挥省级示范园区和项目的带动引领作用

对重点园区、中心、企业进行认定，选择规范化经营、服务水平高的重点物流园区进行示范，建立重点物流企业（项目）认定机制，出台认定办法，定期对物流企业进行系统评估，确定重点扶持对象，树立行业标杆，发挥典型示范带头作用，对国家认定的A级企业给予适当奖励。对于龙头物流企业要给予特别的扶持和培育，重点支持为制造业、商贸业和农业现代化提供社会化、专业化服务，形成综合型服务的第三方物流企业，支持物流企业构筑城市间区域配送和集中配送相结合的物流服务网络，组建物流业发展的战略联盟。

（五）加强物流专业人才引进与培养

积极引进优秀人才，对国内外物流业高层次人才来湖南省工作，采取户口迁移自由、来去自由的流动方式，人员编制、工资收入分配等按国家和省对高层次人才的激励政策执行。积极引导高校与科研机构、国内外知名物流企业的交流与合作，加强物流企业开展多层次的人才培训，通过多种渠道和方式，培养、引进市场急需的物流专业人才，支持物流先进技术方面的产学研结合，建立校企结合的物流综合培训和实验基地，鼓励高等院校、职业学校开办相关物流工程与管理专业课程，鼓励科研院所开展专题研究，鼓励社会力量兴办专门学校，培养高素质、高技能和应用型物流人才。加强对物流企业从业人员的岗前培训和在职培训，完善物流领域的职业资质培训与认证体系。

（六）完善物流业统计制度

认真贯彻实施社会物流统计核算与报表制度，进一步完善物流业统计调查制度和信息管理制度，建立科学的物流业统计调查方法和指标体系，实现湖南省物流数据的采集、汇总、核算和分析的制度化，及时监测、分析现代物流业发展、运行状况，为各级政府部门制定现代物流业发展政策和战略规划、加强宏观调控提供依据。逐步建立健全共享机制，促进物流业统计信息交流，提高统计数据的准确性和及时性，并进一步加强物流统计基础理论和方法研究。

（七）发挥物流行业中介组织的作用

积极培育和发展货代、船代、报关、报检等物流中介服务组织，为物流企业的发展提供社会化、专业化服务。支持专业人才领办或创办从事物流信息、物流技术服务、从业人员培训、市场行情分析、国际物流交流、法律规章咨询等方面的中介物流服务组织。同时，充分发挥各类行业协会在政府、企业间的沟通桥梁作用。加快建设湖南省物流与采购联合会等行业组织，引导协会履行服务、自律和协调职能，发挥协会在规划研究、规范市场行为、统计与信息、技术合作、人才培训和咨询服务等方面的中介作用，促进物流行业规范自律，推动物流市场健康有序发展。

（八）加大新闻媒体和社会舆论的宣传引导

报社、电视等宣传媒体要进一步加大对现代物流，特别是物流业发展规划的宣传引导力度，展示湖南物流业的优势和风采，唤起全社会对现代物流的关注和投入。引导传统物流向现代物流转变，引导工商企业向物流服务社会化转变，引导物流项目进入物流园区，以不断提高物流经营的规模化、专业化、集约化和高效化水平。

第二章　2009年湖南省区域物流产业竞争力评价

一、现代物流产业及区域物流产业竞争力的含义

现代物流产业是指专门从事将商品或服务由起始地到消费地发生空间位移，对其进行高效率与高效益流动及储存为经营（活动）内容的营利性事业组织的集群。它是流通产业的子集，但又从流通产业中商品所有权的转移和商品实体移动的传统部门中分离出来，形成一个独立的产业。物流产业是集交通运输、通信、物资供应和仓储保管等产业的部分职能于一身的新兴产业部门，绝非各职能的简单加总，而是将上述产业社会职能依照社会分工日趋专业化的发展规律，并以现代科学技术尤其是网络信息技术的支撑为前提，浓缩形成一个崭新的致力于提高社会总体效率和效益的产业部门。现代物流业是一种包含各种业态和类型的物流服务形式，具有现代技术和管理组织特征，涵盖交通运输、仓储、信息、流通加工、包装、搬运装卸、区域分拨和配送等行业在内的新兴的服务业产业形态。

物流产业是生产具有直接相互竞争性服务（包括仓储和配送等）的企业集合。要对物流产业竞争力做一个比较准确的定义，必须先搞清楚竞争力的内涵。对竞争力的研究已比较成熟，对此许多学者做了大量的工作，从不同层次、不同视角对产业竞争力进行了定义。一般认为，产业竞争力是指，在市场经济条件下，某一特定产业具有的开拓市场、占据市场并获得利润的能力。竞争力根据不同的研究对象可进一步细分，按区域的大小可分为国家竞争力和区域竞争力，按产业不同可分为各产业的产业竞争力。

物流产业竞争力是一个按产业划分的概念，其研究范围仅限于物流产业，但它可以根据区域大小分为不同层次，如国家物流产业竞争力和区域物流产业竞争力。综合相关的研究成果，本研究对区域物流产业竞争力的定义为：区域物流产业竞争力就是在一定市场环境中，在保证一定程度的社会效益的基础上，区域物流产业所具有的开拓市场、占据市场并以此获得比竞争对手更多利润的能力。

二、区域物流竞争力研究述评

在竞争力研究方面，区域竞争力属于中观层面。区域竞争力可分为三个层次：基础竞争力、核心竞争力和主导竞争力（刘秉镰，2006）。其中，区域的基础竞争力是由自然资源、劳动力、资本、设施、科技等基础性要素产生的竞争力；区域的核心竞争力，即区域的产业竞争力，是指区域内的产业在一定的经济体制和经济运行环境下，所表现出来的综合实力及其发展潜力强弱的程度；区域主导竞争力是指区域经济辐射与聚集能力的大小。

现代物流在三个层次的竞争力中均有着突出的贡献。首先，物流设施本身就是区域基础设施。其次，物流产业也构成一种产业竞争力，它对上下游产业的带动，对产业结构的

优化升级起着至关重要的作用，该产业不仅通过销售服务直接创造增加值，还可以促进各行业价值的创造和新增价值的实现。最后，现代物流还使得区域辐射力和聚集力得以发挥。

区域经济是一种聚集经济，是人流、商流、资金流等各种生产要素聚集在一起规模化生产，它以生产的批量化和连续性为特征。但是聚集不是目的，要素的聚集是为了商品的扩散，如果没有发达的商业贸易作保障，生产的大量产品就会堆积在狭小的空间里，商品价值和使用价值都难以实现，区域经济的运转就会中断。因此，在一个区域经济发展过程中，合理的物流系统起着基础性的作用（吴维昕，许强，2007）。区域物流竞争力研究的价值表现为：降低物流系统的运行成本，改变区域经济的增长方式；形成新的产业形态，优化区域产业结构；区域经济一体化促进现代物流的发展；整合社会现有零散资源，实现各种资源的优化重组。

区域物流是区域经济竞争力的重要组成部分。科学地评价区域现代物流发展水平，对科学决策、改善现代经济发展环境、促进物流企业的发展和其他企业的物流发展、提升区域现代物流竞争力和推动整个区域国民经济健康发展都具有十分重要的意义。竞争力本身是一个比较概念。目前，关于竞争力评估的文献多涉及城市、国家或区域的竞争力，但对于区域物流竞争力评价的文献较少。其中，一些文献仅对区域物流竞争力进行一般理论探讨；多数文献仅就区域物流竞争力进行了指标设计和测量方法说明，而缺乏实证。

在国内，吴维昕，许强（2007）探讨了发展城市物流对区域经济发展的影响以及城市物流核心竞争力的特点与构建；陶存新，陈定方（2006）编制并测算了物流能力指数，其计算的基本公式可表示为 $L_I=\sum_{i=1}^{n}(\sum_{j=1}^{m}p_{ij}w_{ij})W_i$，式中：$L_I$ 为城市的物流能力指数；n 为物流能力构成要素的个数；m 为物流能力第 i 个构成要素的指标个数；p 为影响物流能力指数的因素，p_{ij} 为第 i 个构成要素的第 j 项指标标准化后的值；W 为权重，w_{ij} 为第 i 个构成要素的第 j 个指标在该要素中的权重。权重的确定采用德尔菲法，即专家评价与打分法，将专家打的分数综合平均后作为权重；李旭宏，李玉民等（2004）结合了以定性为主的SWOT分析与基于定量分析的层次分析法和熵权法对区域物流发展竞争态势进行了分析，为制定区域物流发展战略提供了重要参考和依据；王振锋，王淮东等（2006）提出了基于非线性主成分分析法的区域物流发展综合评价模型，并对河南各个地区的物流发展综合实力进行评价；姜华，陈功玉（2006）提出基于物流的区域经济竞争力概念和理论依据，并加以剖析，研究并探讨了其所具有的理论和实践意义；谢如鹤等（2008）等根据物流产业的现状，提出了物流产业竞争力评价的多层指标体系并列举了主要的评价方法和具体步骤；姜华（2005）讨论了区域物流中心的“增长极”作用、区域物流产业的带动作用、区域物流网络的扩散效应以及区域物流对区域贸易的拉动作用；汪波等（2005）综合分析了区域物流发展的关键成功因素，采用AHP层次分析法制定了全面、合理的评价指标并采用模糊等判断方法对天津地区的区域物流发展水平进行了研究评价；冯凌云，王子龙（2004）运用雷达图对江苏区域物流网络主要节点的物流能力加以说明，并揭示了一个经济主体（区域）物流能力的相对优劣势；刘秉镰（2006）认为现代物流与区域竞争力之间具有相互促进的关系，现代物流尤其在降低区域经济增长成本、教育投资和技术进步等方面成为区域经济累积增长模型的重要因素。

在国外，针对区域物流竞争力的文献还较少。部分学者研究了一些其他具体产业竞争力情况和评价方法，如 Sirikrai 和 Tang（2006）运用基于层次分析法的评价模型对产业竞争力进行了详细分析；一些学者运用综合指标对区域（城市）竞争力进行了研究，如 Budd L. 和 Hirmis A.（2004）认为竞争力主要聚焦于长期繁荣的决定因素和动力，而不是局限于竞争资源和市场份额。一个有竞争力的城市或区域是公司和人都愿意投资和选址的地方；Kavaratzis M.（2005）对区域竞争力进行研究时，使用了一个区域竞争力三要素模型，对区域竞争力进行了测量。

三、湖南省区域物流竞争力评价指标体系的建立

评价指标的选择和量化是建立评价模型的基础，也是决定评价结果优劣的关键。要科学地分析地区物流发展，并建立评价体系，其评价指标的选择应遵循以下三大原则：

1. 客观性原则

评价的目的是为了决策，因此评价的质量影响着决策的正确性。所以必须弄清评价资料是否全面、正确、可靠，并注意评价人员的组成应该具有代表性。

2. 一致性原则

替代方案在保证实现系统的基本功能的基础上要有可比性和一致性。个别方案功能突出、内容有新意，也只能说明其相关方面。

3. 系统性原则

评价目标要包括系统涉及的一切方面，而且对定性问题应有恰当的评价指标，以保证评价不出现片面性。

在三大原则基础上，具体到区域物流竞争力的评价指标选取，应遵循以下几个小原则：①功能性原则，即指标要具有描述功能、评价功能和解释功能；②可获取原则，即指标数据要能从权威性刊物、媒体或其他途径获得；③可比性原则，指标在含义、统计口径和时空上要有可比性；④完整性原则；⑤非重叠性原则；⑥定量和定性指标相结合的原则。

根据区域物流产业竞争力的基本内涵，借鉴相关研究成果，本着以上评价指标选取的原则，报告结合湖南省物流业发展的实际情况建立了一套三级的区域物流竞争力评价指标体系。对于影响区域物流竞争力的解释性因素，我们把它分为物流基础设施、物流产业结构、物流人才、区域经济活力、地区政府管理能力五类，指标体系共包含 5 个一级指标，10 个二级指标以及 24 个三级指标。指标体系如表 2－1 所示。

表 2-1　　　　　　　　　　区域物流竞争力评价指标体系

一级指标	二级指标	三级指标	备　注
物流基础设施竞争力 A1	物流基础设施指数 B1	人均道路面积 C1	
		人均机动车数量 C2	
		境内高速公路里程数 C3	
		市州关于交通运输、仓储和邮政业的城镇新增固定资产 C4	
	信息技术指数 B2	每百人拥有移动电话数 C5	
		每百人拥有固定电话数 C6	
		电信业务总量 C7	
物流产业结构竞争力 A2	物流产业结构指数 B3	运输、仓储、邮政占 GDP 比重 C8	
		运输、仓储、邮政从业人员占比 C9	
	物流产业结构转化速度指数 B4	第三产业增长速度 C10	
		城市化增长速度 C11	
物流人才竞争力 A3	物流人才指数 B5	2007 年物流从业人员总量 C12	
		物流高技术人才占比率 C13	
区域经济活力 A4	地区参与国际市场程度化指数 B6	区域人均进出口总值 C14	
		对外经济合作 C15	
	区域经济规模指数 B7	区域人均 GDP C16	
		区域规模以上工业总产值 C17	
		消费品零售额 C18	
地区政府管理能力 A5	地区建设和仓储用地指数 B8	区域或城市规模 C19	
		仓储用地 C20	
	地区政府推销能力指数 B9	地区吸引外资能力 C21	实际利用外资
		地区吸引游客能力 C21	旅游收入
	地区财政水平指数 B10	人均财政收入 C23	
		人均财政收入增长率 C24	

四、指标数据的标准化及竞争力计量方法

1. 指标数据的标准化

由于各项指标数据的量纲不同，首先必须对所有指标数据进行无量纲化处理。本书主要采取指数化法和标准化法。

指数化法的公式：

$$Z_i=x_i/x_0\ (i=1,\ 2,\ \cdots,\ n)$$

其中，Z_i 为指标指数；x_i 为原始指标数据；$x_0=\max(x_i)$。

标准化法的公式：

$$Z_i=(x_i-\bar{x})/s\ (i=1,\ 2,\ \cdots,\ n)$$

其中，$\bar{x}=\sum_{i=1}^{n}x_i/n$；$s=\sqrt{\sum_{i=1}^{n}(x_i-\bar{x})^2/n}$。

2. 竞争力计量方法

（1）评价模型的选择

常用的客观评价模型包括线性评价模型、非线性评价模型和理想点模型等。本书采用要求均衡性较强的非线性评价模型，即

$$y=\prod_{j=1}^{m}x_j^{w_j}\ (j=1,\ 2,\ \cdots,\ m)$$

其中，y 为评价对象的综合评价结果；w_j 为指标 x_j 的权重。这种模型中，如果有一项指标偏低，那么这种情况会迅速地反映到综合评价结果当中。

（2）计量方法和权重的确定

①区域物流竞争力的指标分为三级，在三级指标合成二级指标时，采用先标准化再等权相加的方法；而在二级指标合成一级指标以及一级指标合成区域物流竞争力指数时均采用方差加权和熵值法结合的综合赋权方法，其公式为：

$$w_j=\rho w_{jd}+(1-\rho)\ w_{je}$$

其中，w_{jd} 为用方差加权法算出的权重；w_{je} 为用熵值法算出的权重；ρ 系数取 0.6。

②w_{jd} 的确定。

$$w_{jd}=\frac{s_j}{\sum_{t=1}^{m}s_t}\ (j=1,\ 2,\ \cdots,\ m)$$

其中，

$$s_j=\sqrt{\sum_{i=1}^{n}(x_{ij}-\bar{x}_j)^2/n}\ ;\ \bar{x}_j=\sum_{i=1}^{n}x_{ij}/n\ (j=1,\ 2,\ \cdots,\ m)$$

③w_{je} 的确定。

$$w_{je}=\alpha_j/\sum_{i=1}^{n}\alpha_i\ (j=1,\ 2,\ \cdots,\ m)$$

其中，$\alpha_j=1-e_j$ 为差异系数；而 $e_j=-\frac{1}{\ln n}\sum_{i=1}^{n}p_{ij}\ln(p_{ij})$ 为第 j 项指标的熵值；

其中，

$$p_{ij}=\frac{x_{ij}}{\sum_{i=1}^{n}x_{ij}}\quad x_{ij}>0\ 且\sum_{i=1}^{n}x_{ij}>0$$

五、湖南省14个市州区域物流竞争力2009年度排名及评价

根据上述方法，对湖南省14个市州的区域物流竞争力进行了计量（本书中的所需数

据全部来自《湖南统计年鉴，2010》)，如表2-2所示，得出了湖南省14个市州的区域物流竞争力的综合指数和排名，以及5个一级指标的分项排名，如表2-3～表2-7所示。

表2-2　　湖南省14个市州区域物流竞争力指数及排名

项目＼地点	长沙市	株洲市	湘潭市	衡阳市	邵阳市	岳阳市	常德市	张家界市	益阳市	郴州市	永州市	怀化市	娄底市	湘西州
区域物流总竞争力指数	0.9287	0.4356	0.4528	0.4191	0.3402	0.4188	0.3729	0.3002	0.3411	0.3601	0.3540	0.3252	0.3325	0.2637
区域物流总竞争力排名	1	3	2	4	10	5	6	13	9	7	8	12	11	14

表2-3　　湖南省14个市州物流基础设施竞争力指数及排名

项目＼地点	长沙市	株洲市	湘潭市	衡阳市	邵阳市	岳阳市	常德市	张家界市	益阳市	郴州市	永州市	怀化市	娄底市	湘西州
区域物流基础设施竞争力指数	0.9401	0.4413	0.4633	0.4287	0.3213	0.4400	0.3622	0.4326	0.3357	0.3869	0.2885	0.3652	0.2943	0.2568
区域物流基础设施竞争力排名	1	3	2	6	11	4	9	5	10	7	13	8	12	14

表2-4　　湖南省14个市州物流产业结构竞争力指数及排名

项目＼地点	长沙市	株洲市	湘潭市	衡阳市	邵阳市	岳阳市	常德市	张家界市	益阳市	郴州市	永州市	怀化市	娄底市	湘西州
区域物流产业结构竞争力指数	0.8766	0.7418	0.8523	0.8025	0.6089	0.6906	0.5777	0.5334	0.6277	0.6306	0.7576	0.7754	0.5949	0.5136
区域物流产业结构竞争力排名	1	6	2	3	10	7	12	13	9	8	5	4	11	14

表2-5　　湖南省14个市州物流人才竞争力指数及排名

项目＼地点	长沙市	株洲市	湘潭市	衡阳市	邵阳市	岳阳市	常德市	张家界市	益阳市	郴州市	永州市	怀化市	娄底市	湘西州
区域物流人才竞争力指数	0.7293	0.5437	0.5542	0.6958	0.7245	0.6142	0.6485	0.3002	0.6537	0.6942	0.6955	0.5163	0.5974	0.4551
区域物流人才竞争力排名	1	11	10	3	2	8	7	14	6	5	4	12	9	13

表2-6　　湖南省14个市州区域经济活力指数及排名

项目＼地点	长沙市	株洲市	湘潭市	衡阳市	邵阳市	岳阳市	常德市	张家界市	益阳市	郴州市	永州市	怀化市	娄底市	湘西州
区域经济活力指数	1.0000	0.3975	0.4122	0.2631	0.1437	0.2935	0.2015	0.0955	0.1305	0.2784	0.1624	0.1196	0.1426	0.1263
区域经济活力排名	1	3	2	6	9	4	7	14	11	5	8	13	10	12

表 2－7　　湖南省 14 个市州地区政府管理能力指数及排名

项目＼地点	长沙市	株洲市	湘潭市	衡阳市	邵阳市	岳阳市	常德市	张家界市	益阳市	郴州市	永州市	怀化市	娄底市	湘西州
地区政府管理能力指数	0.9732	0.4235	0.4569	0.3637	0.3025	0.4217	0.3265	0.2131	0.2865	0.3245	0.2573	0.2078	0.3216	0.2458
地区政府管理能力排名	1	3	2	5	9	5	6	13	10	7	11	14	8	12

从表 2－2 可以看出，长沙的区域物流竞争力仍远远超过其他市州，排名第 1；湘潭、株洲分别位列第 2 和第 3。长株潭是湖南省经济发展的金三角，是湖南重要的工业基地和物资集散中心。长株潭物流产业的建设，将加快长株潭的交通优势，并且将株洲的交通枢纽优势转化为流通优势，促进长株潭乃至全省经济的快速发展。对湖南省区域物流竞争力测算的结果进行分析，可以发现，湖南省区域物流产业发展具有如下特征：

1. 区域物流发展仍不平衡

根据我们的实证研究，湖南物流产业竞争力的地区差异非常明显。长沙市的竞争力最强，竞争力指数高达 0.9287，最弱的为张家界市，其竞争力指数只有 0.2637，远远落后于全省平均水平，差距非常大；竞争力高于平均水平的 7 个区域，其平均系数为 0.4840。即使在同样高于平均水平的 7 个区域内部，物流产业竞争力的地区差异也非常大，排在第 7 位的郴州市，竞争力指数只有 0.3601，其物流竞争力水平仅为长沙市的 38.8%；即使位居第二位的湘潭市，其物流竞争力指数也只有长沙市的 48.8%。最差的 7 个区域的物流产业竞争力指数平均值为 0.3224。可见，湖南省区域物流产业竞争力参差不齐，地区差异非常明显。

湖南省各市州区域物流竞争力的差距主要产生于物流基础设施竞争力、区域经济活力以及地区政府管理能力三项指标上。从表 2－2～表 2－7 的数据可以清楚地发现，长沙市在物流基础设施竞争力、区域经济活力以及地区政府管理能力三项指标上的数值明显高于其他市州。其中，物流产业竞争力指数与区域经济活力呈明显正相关关系。湖南省物流产业的竞争力基本上呈现东部、中部和西部的分布格局，与经济发展活力状况具有明显的正相关关系，竞争力最强的长沙、株洲、湘潭都是湖南经济相对发达的地区，尤其它们的工业经济在湖南省处于领先水平；而经济活力较弱的地区，其物流竞争力也相对落后，如怀化市、张家界市、湘西州。

2. 物流产业竞争力与经济发展状况呈正相关关系

湖南省物流产业的竞争力基本上呈现东部、中部和西部的分布格局，与经济发展，特别是工业发展状况具有明显的正相关关系；竞争力最强的长沙市、湘潭市和株洲市都是湖南经济相对发达的地区，其工业经济在湖南处于领先水平；衡阳市作为湖南承接产业转移的前沿，物流产业取得了长足的发展，在省内位居前列。相反，竞争力弱的地区，其经济和工业都相对落后，典型的如邵阳市、永州市、湘西州、娄底市、张家界市。可见，物流产业与经济发展彼此联系、相互促进，物流产业竞争力强，物流效率高、物流成本低，既能保证物流顺畅，又可以提高经济效益，从而促进经济发展；同时，经济快速发展，物流需求不断扩大，以此带动物流产业的进一步发展。

同时，物流产业竞争力的强弱与区位优势紧密相关。竞争力最强的长沙、株洲等都是交通枢纽城市，区位优势十分明显，拥有陆、水、空各种运输能力，为物流产业的发展提供了良好的条件。而竞争力较弱的，如郴州市、益阳市、邵阳市、永州市、湘西州、娄底市、张家界市，都为内陆偏远地区，地理位置差，自然环境恶劣，严重制约了物流产业的发展。

报告根据对区域物流竞争力的解释性因素的理解，建立了一套三级的区域物流竞争力指标体系，并运用基于方差加权与熵值法相结合的综合赋权法的非线性评价模型，对湖南省14个市州的物流竞争力指数进行了计量，所计算出的结果与湖南省物流发展现状非常吻合。这也说明了报告中所建指标体系及方法运用的有效性。该指标体系也可推广至其他省或区域，用来衡量当地的区域物流发展水平及进行区域物流竞争力的比较。

从数据分析来看，结合全国经济运行和物流发展的实际，总体上湖南省物流业将进入增长趋缓、结构调整阶段。湖南省必须抓住国家实施中部崛起战略及承接产业转移的机遇，从省实际情况出发，借鉴国外经验，依据各地区的区位特色、资源优势和基础条件，尽快制定出湖南省现代物流发展纲要，把发展现代物流作为主导产业和新的经济增长点来规划；各地区要积极发挥政府的引导和组织作用，围绕核心企业和资源优势构筑完善的产业链，并促进现代物流产业链的完整发展。

六、湖南省A级物流企业发展

1. 湖南A级物流企业的发展

A级物流企业评估工作是运用国家标准的技术手段，加强行业自律，引导行业健康快速发展的有益尝试和大胆创新。随着A级物流企业评估工作的不断深入开展，A级物流企业的数量不断增多，不同领域、不同专业的龙头骨干物流企业越来越多地加入A级物流企业行列，A级物流企业的知名度不断攀升，其正在成为物流企业的“金字招牌”；成为物流行业优质企业的代表；成为包括政府招商引资和企业招投标在内的市场选择物流供应商的重要取向；成为各级政府扶优扶强的主要对象和政策的受益主体。国家标准《物流企业分类与评估指标》（GB/T 19680—2005），也正在成为社会各界了解和评判一个物流企业的重要标准，发挥着国家标准引领、规范企业、行业发展的重要作用。

《物流企业分类与评估指标》发布和实施了近6年。目前，我国达到A级企业标准的已经超过1000家，并以每年400多家的规模增长。目前国内著名的物流企业多数已经成为A级企业，代表我国最高水平的5A级物流企业已经达到76家，一些著名的国外物流企业也开始参加到此项评估活动中来。

近年来，湖南省物流业发展风生水起。2009年，湖南省A级物流企业猛增22户，使全省A级物流企业总数达到34家，跃居中西部省份前列，来湖南省投资的境外物流企业达19家。随着湖南省国民经济快速成长，现代物流已经成为湖南省生产服务中的重点产业和新的经济增长点。截至2009年年底，全省物流企业达2910家，个体工商户48404家，从业人员约120万。2009年，全省物流业实现增加值721.83亿元，占GDP的6.47%，全省主营业务收入过亿元的企业22家。一批物流企业从专业市场进入，努力做专、做大、做精，其中“一力物流”去年以主营业务收入10.08亿元，居全省首位，挺进全国物流50强之列。

2. 湖南省物流企业参与A级评估的意义

近年来，随着经济发展，全国物流产业步伐也不断加快，占国民经济生产总值的比重逐年增加，市场经济的发展对物流业也提出了新的更高要求。2005年3月，国家出台《物流企业分类与评估指标》国家标准（GB/T 19680—2005），湖南省各大物流企业也在湖南省物流企业综合评估审核办公室指导下，认真贯彻执行国家标准，积极开展综合评估，按照国家标准建立新的企业管理理念，通过为顾客创造价值的同时，实现企业自身价值的增值，从而达到“双赢”或“多赢”的局面。

（1）A级评估是物流企业自身发展的内在需求。物流企业在改革和成长壮大的过程中，往往会遭遇诸多管理瓶颈，减缓或者影响企业的发展进程。企业实现物流认证，正是适应了企业发展的这种迫切需求，按照标准规范经营行为，提高物流服务质量，使企业立于不败之地，增强竞争力。物流企业综合评估工作，是在国家标准指导下的企业自我夯实基础建立现代理念的素质提升活动，也是面对产业发展市场竞争的客观实际，形成现代物流企业核心服务能力的过程，是企业自我诊断、自我整改、自我进步的过程，也是企业向社会各界开放自己，建立互助互利的战略同盟，追求社会认可，规范市场秩序的过程。

（2）A级评估有利于促进公司各项管理走向正规化、现代化、标准化，提升企业整体管理水平，不断满足客户需求。管理的目的就是养成良好的工作习惯，企业以《物流企业分类与评估指标》国家标准为基础建立起来的各项管理制度、业务流程和物流运作管理规定，具体阐明各项职能活动的内容和具体要求，对整个物流服务环节进行全面规范、法制式约束，将之程序化、标准化。为此，物流企业应建立认证工作小组，组织员工培训，并在企业内部大力宣传物流认证的意义和相关知识，让全体员工充分认识到认证的重要性，在日常运作中，让员工能够自觉、主动、积极地参与认证工作，改善工作态度，学习本岗位工作技能，以工作流程为准绳，严格按流程要求一丝不苟地执行，力争把管理制度和流程中的各种要求做成一种规范习惯，达到提高服务质量的目的。比如货物的堆码工作，看似简单，却是一项非常重要的基础工作。不同货物有不同的堆码要求，要将货位利用率控制在最佳状态，要求“稳固整齐、间隔适中、收拢成堆栈、大不压小、重不压轻”，及时在规定位置加注油标。堆码规范后，货场也整齐规范了，货场利用率提高了，保管员的工作效率成倍地提高了，货物入库、出库速度也明显加快，客户满意度也会逐年提升。

（3）A级评估有利于企业明确岗位职责、加强内部协调。按照国家标准建立企业内部管理制度，对各部门、各岗位员工的职责和权限都界定清楚、细化和明确。职责的界定无漏洞、不重复、权责分明。所有人员知道自己的职责是什么，任务是什么，相互之间的工作衔接怎样进行，线条一清二楚，结果是扯皮少了，领导用于协调的管理活动大大减少。贯彻物流国家标准，在某种意义上是一种经营观念、管理思想上的革命，对提高管理水平无疑是一个很好的促进，与企业整体能力的提高相得益彰。

（4）A级评估有利于树立和改善企业形象，增强市场竞争力，促进基础管理。工作效率的提高，使企业知名度与企业市场信任度也相应提高。2006年12月底通过《物流企业分类与评估指标》国家标准（GB/T 19680—2005）AA认证审核的湖南力邦物流有限公司，目前已与鞍钢、武钢、卢钢、大冶钢厂、涟钢、西宁特钢等钢厂形成战略合作伙伴关系，并成为其在长沙的物流基地。公司为三一重工、中联重科、远大空调、株洲电力机车厂、浦沅等生产厂家和钢材经营企业提供配送服务，在湖南省钢铁物流业起到了举足轻重的作用。现代企业在市场中的竞争，不仅是资本、技术和人才的竞争，更是企业品质和形象的竞争。物流企业取得国家标准认证资格，某种程度上看，是对企业商誉的增值，是企业的一种无形资产。对企业管理平台的提升、企业形象的打造，对企业服务市场份额的占有，无疑起着不可估量的积极作用，其效用和意义将是深远的。在日趋激烈的国际、国内市场上，面对流通领域平均利润趋减的局面，取得认证资格，等于取得了进入市场的通行证。

物流认证促进了企业在资产、经营、管理、服务、人员素质等方面的全面提升。首先综合评估工作促进规范物流市场。通过综合评估工作有力地促进并且规范湖南省物流市场，物流市场由传统的"小、散、乱"的无序状态，走向了"规范、有序、健康"发展的轨道。

（5）A级评估为政府出台扶持政策提供良好的政策环境，促进湖南省物流业快速发展。2009年，省政府出台的《湖南省物流业振兴规划》和国务院出台的《物流业调整和振兴规划》，使湖南省现代物流业发展环境进一步优化。与此同时，政府部门进一步加大对评估工作的支持力度。各地政府部门把评估工作列为落实规划的有力抓手，鼓励推动本地区物流企业通过贯标活动沿着规范化、规模化、专业化方向成长，将A级物流企业资质作为享受政策的条件。很显然，国家标准在物流行业中的地位日益凸显，物流企业以及全社会对标准的认同度显著提升。A级物流企业的范围正在逐步扩大，其示范作用日趋明显。目前，湖南省3A级以上物流企业均被省发展和改革委员会列为重点联系企业。A级评估还可以推进物流企业转型升级，创新经营模式的开展，特别体现在企业并购重组、联动发展、供应链组合与优胜劣汰四个方面，大力推进传统物流企业向现代物流企业的发展。国家标准引导物流企业快速成长，服务能力和服务质量显著提高。湖南省出现了一批具有一定规模，管理较强、理念模式较新的现代物流企业，而A级物流企业便是其先进企业的代表。

（6）A级评估可以促使企业信息化上台阶。一大批省内企业致力于物流管理软件的开发，目前的管理软件涵盖了物流企业业务管理的全过程，从合同数据维护、日常业务订单、车辆调度、出入库管理、回单管理、预计收入结算管理、应收账款管理、资金管理等每一个环节都较好地满足了企业业务管理的需求。例如，湖南天骄物流信息科技有限公司作为全省物流信息服务龙头企业，为近一半的零担专线物流企业、几乎所有的整车运输、货运代理和货运中介信息部，构筑了快捷的公共物流信息平台，通过物流公共信息平台配载，每台车比原来降低运费500元以上。"天骄快车"网每天网上配载成交量达5000多车次，每天即可为生产企业节约物流成本250万元以上。目前，该公司货运配载信息服务系统运营良好，业务范围已覆盖湖南、四川、重庆、云南等7个省市。此外，不少物流园区和物流企业也正在开发物流信息服务，金霞现代物流园信息平台、一力供应链一体化公共管理平台也正在研发之中。

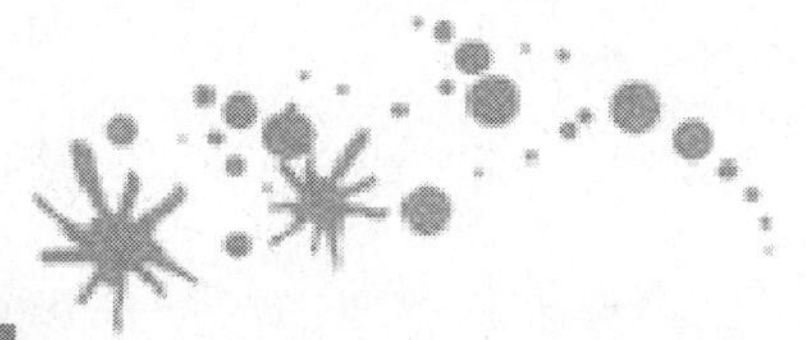

第二篇

行业发展篇

第三章　湖南省粮食现代物流发展研究

粮食物流是指粮食从生产布局到收购、储存、运输、加工、销售整个过程中的商品实体运动，以及在流通环节的一切增值活动，涵盖了粮食运输、仓储、装卸、包装、配送和信息应用的所有环节。因此，粮食物流现代化是一项涉及面广、复杂程度高、组织难度大，需要强有力的政策支持和资金保障的系统工程。我国是农业大国，粮食商品的生产、储存、流通、加工及销售在国民经济和社会发展中占有重要地位。粮食是关系国计民生的重要战略性商品，粮食流通产业是稳定国民经济的基础性产业。因此，2007 年 8 月，国家发展和改革委员会发布了国家级的《粮食现代物流发展规划》，在规划中提出要构建现代粮食物流体系，其核心是通过完善先进的基础设施、选择高效合理的运输方式、科学规范的管理方法、及时准确的信息服务，来优化粮食物流、商流、资金流、信息流，即不同需求，选择最佳运输路线、运输工具和组织方式实现粮食实体移动。搞好粮食物流规划工作，适应粮食购销市场化的新形势，在粮食行业基本建设中确立科学发展观，对于促进农民增收，促进粮食经济的健康发展，维护社会稳定，保障国家粮食安全，都起着十分重要的作用。当前受粮食生产流通及交通运输和物流技术发展的影响，我国粮食物流有了较大的变化，并呈现出一些新的发展趋势。

1. 粮食物流模式由横向递进向纵横并存转变

当前，粮食物流模式分为两种，横向递进模式和纵向直达模式。前一种模式注重物流组织在行政区内的横向发展，并按流通环节逐层传递。流通时间长、环节多，多次落地储存，层层传递加价。后一种模式注重纵向直达，由一个大粮食经销商来完成整个物流过程。纵向粮食物流模式不仅减少了中间环节，降低了物流成本，还有利于追根溯源，保证粮食质量。过去我国粮食物流属于第一种模式，近年来由于推行从田间到餐桌的纵向全产业链经营模式，我国粮食物流正由横向递进模式向纵横并存模式转变。

2. 粮食流通方式向四散化方向发展

随着现代物流的发展和对提高物流效率的要求，物流设施的技术改造投入将加大。国内东北区域和河南省等区域已经开始采用散粮运输。散粮运输具有提高粮食流通的效率、节约成本、降低损耗的优势。《全国粮食现代物流发展规划》提出，到 2015 年，全国原粮运输中散粮流通比例将由目前的 15%提高到 55%，跨省散粮流通比例由目前的 20%提高到 80%，基本实现主要跨省粮食物流通道的四散化管理。因此，“四散化”是粮食物流的发展方向。

3. 粮食市场体系和交易方式不断演化

近年来，我国粮食市场体系不断向纵深发展，在现货交易的基础上，粮食期货交易的品种逐渐增加，交割仓库也不断扩大覆盖空间。一些重要粮食品种的期货交易在电子商务的支持下，在流通领域发挥着重要作用，粮食现货交易也以“B2B”的形式在网上开展。

这些交易方式要求粮食物流提供更及时、灵活、有效的服务。

4. 粮食转化加工向产区转移明显

随着劳动力价格、土地价格和粮食运输价格的不断提高，东南沿海等销区粮食转化加工的优势减弱，出现了粮食转化加工由销区向产区转移的趋势。产地加工优势正在显现，它减少了物流环节和物流量，促进了副产品综合加工利用，也促使粮食运输形态和发运地点发生变化。原粮运输减少，成品粮流通比例增加，发运地点由原来的粮库向粮食加工厂转移，流通技术和物流设施也将随之发生变化。

一、湖南省粮食生产基本概况

湖南省是全国重要的商品粮生产基地，全年总产量在2900万吨左右，从1970年起至2009年，稻谷产量一直稳居全国首位，每年向省外调出粮食400万吨以上。但粮食的流通仍停留在较低水平的发展阶段，与现代物流要求差距较大。2009年年底，粮食物流中有90%是包装运输，除粮食装卸损失外，突出问题是流通效率低、流通成本高。发展以“四散”为主要内容的现代粮食物流，是摆在全省粮食人面前一项艰巨的任务。

湖南耕地面积占全国面积的3%，总面积基本保持稳定，保障全国4.5%人口的用粮。面对世界金融危机和粮食危机的严峻挑战，湖南一直把粮食安全放在重要位置，落实扶持种粮的优惠政策：2008年安排的三项种粮补贴超过45亿元人民币；连续九年实现耕地占补平衡；改进农田基础设施，每年改良100万亩中低产田；建设1000万亩无公害优质稻基地，超级稻稳步推广到1000万亩。

2006—2009年湖南省耕地面积情况如表3-1所示。

表3-1　　2006—2010年湖南省耕地面积情况

年　份	2006	2007	2008	2009
总计（万吨）	56814000	56835000	56836500	56841000

近几年来，在粮食生产方面，湖南省粮食综合生产能力不断增强，粮食总产量从2003年的2440万吨提高到2009年的2902.7万吨，产量每年以快速、稳定的增长率增长。作为粮食主产大省，湖南2008年粮食总产量达到2805万吨，比上年增加112.8万吨，实现连续五年增产，创历史新高，稻谷产量居我国各省区之首。2009年，湖南将粮食生产总量目标锁定为600亿斤。湖南粮食增产的潜力，主要在于扩大双季稻种植面积，因此今年优质稻、超级杂交稻分别扩大到4000万亩和1200万亩以上；实行粮食行政首长责任制，完善考核激励机制，千方百计坚守住粮食生产这根发展“底线”。

2007年，湖南省粮食总产量2692.2万吨。全年销往省外粮食322万吨，其中稻谷316万吨，占98.1%，从省外购进粮食279万吨，主要为玉米和小麦。截至2009年4月底，全省粮食库存总量238.6万吨（不含中央储备粮），食用油111万吨。粮油库存充裕，供应有保障。

2006—2009年湖南省粮食与水稻生产情况如表3-2所示。

表 3-2　　2006—2009 年湖南省粮食与水稻生产情况

年　份	粮　食		水　稻	
	播种面积（千公顷）	总产量（万吨）	播种面积（千公顷）	总产量（万吨）
2006	4807.3	2706.2	3777.2	2319.7
2007	4531.3	2692.2	3897.2	2425.7
2008	4588.8	2805	3932	2528
2009	4799.1	2902.7	4047.2	2578.6

二、湖南省粮食现代物流发展现状

（一）发展现状

改革开放以来，特别是近几年来，湖南省粮食仓储、运输、装卸、包装条件不断改善，技术水平不断提高，粮食年流通量逐步加大，发展现代粮食物流的客观条件已基本具备。

1. 粮食物流规模巨大

湖南素有“鱼米之乡”的美誉。历史上外调粮食较多，为全国粮食安全作出了重要贡献。截至 2008 年，播种面积稳定在年 500 万公顷以上，年总产量 2800 万吨左右。水稻播种面积和产量居全国首位，约占全国的 14%。有 42 个县（市、区）被列为全国优质粮食产业工程项目县。粮食商品量保持在 800 万～900 万吨，商品率 30%左右。近几年调出省外粮食年均 400 万吨，从外省购进小麦、玉米等粮食近 300 万吨，并有逐年增大的趋势。预计随着商品量的增加以及与外省粮食品种互补性的增强，到 2015 年，湖南粮食流通总量将增加到 1300 万吨。

2. 粮食运输流通建设体系有待改进

全省粮食调剂市场建设还比较落后，粮油交易仍以集贸市场为主，交易成本较高。从粮食流通方式看，火车运输占 70%，汽车运输占 25%，水路运输占 5%。出口粮食主要经湘江、长江到江苏张家港、南通港和上海港换船外运。在粮食加工业方面，已经初步形成了以米面油为支撑的加工体系，规模以上粮油加工企业 408 家，总资产逾 100 亿元；其中大米加工企业 377 家，年加工能力 450 万吨。

3. 粮食仓储设施较为完善

全省至 2008 年年底拥有国有、国有控股仓储企业 335 个，总仓容 1228 万吨，其中完好仓容 986 万吨。非国有企业总仓容在 300 万吨左右，基本上为完好仓容。有铁路专用线库点 24 个，仓容 185 万吨，年实际中转量 225 万吨。到 2008 年 4 月底，全省粮食库存总量 238.6 万吨（不含中央储备粮）。1998 年、2000 年、2001 年利用国债资金分三批建设了国储粮库项目 74 个，仓容 226.5 万吨，总投资 13.33 亿元，分布在全省 60 余个粮食主产县、市。散粮收发功能得到了加强，1998 年建设了容量 30 万吨的浅圆仓，具备了铁路、公路的散粮接收发功能。新建粮库项目均配置了机械通风、熏蒸杀虫、粮情检测及汽车衡等先进的储粮设备、检测管理系统。粮食进出库基本实现了机械操作，全省三批新建粮库配置机械设备共计5033台套，投资14638万元。1995—2000年建设的7个世行贷款粮食流通项目，总仓容78.5万吨，均按散粮装卸要求设计，有力地提升了湖南省粮食流通“四散化”水平。

2009年，59家大中型粮库的总仓容443.1万吨，占全省粮库总仓容的33.6%，其中完好仓容413.6万吨，占全省完好仓容的44.3%。分仓型情况：平房仓383.4万吨，占86.5%；其他仓型59.7万吨，占13.5%。按建设年限：1998年以前建的293.8万吨，占66.3%；1998年以后建的149.3万吨，占33.7%，其中3批国债投资新建仓容82.1万吨。59家大中型粮库中有铁路专用线的粮库20家，铁路专用线总长度20.4千米，其中有效长度10.4千米；有专用码头的粮库10家，拥有泊位19个，总吨位23500吨。59家大中型粮库共有从业人员4864人，其中保防人员1496人，检化验员218人。

4. 粮食物流配套设施建设情况

湖南粮食储藏技术处于全国先进行列，全省机械通风储粮达到90%，一批储粮科技成果得到推广应用。建立了“潇湘粮网”网站，各市、州粮食局和新建国储粮库按标准建立了局域网，有近300人的专业操作人员，及时发布粮食市场信息。省粮油产品质监站作为全国唯一的稻谷区域重点粮油产品质检站，拥有国家和湖南省粮油产品质量监测权，承检产品（参数）达到六大类173项。全省还有8个市州建立了粮油产品质监站，并通过了国家粮食局的验收和授牌。

（二）发展优势

1. 已形成覆盖全省，辐射周边的综合交通运输网络

湖南北靠长江，南接两广，邻近港澳，具有承东启西、南连北进的区位优势。交通运输网络不断完善。交通运输业是国民经济的先行官，也是现代物流业发展的基础，到2006年年底，湖南省已形成以铁路、公路为主干，民航、水运为补充的立体交通运输网络，2006年湖南省完成货运量84998万吨，货运周转量1781.11亿吨公里。各种物流基础设施初具规模。

（1）铁路布局渐趋合理，运输网络不断优化。湖南有京广、焦柳铁路纵贯南北，浙赣、湘黔、湘桂、石长铁路连接东西，截至2006年年末，省内铁路营运里程2806公里。境内还有地方铁路醴（陵）浏（阳）铁路、郴（州）嘉（禾）铁路、益阳铁路和专用铁路1200余公里，并与国家铁路相连接，在株洲、怀化建有大型货运编组站。2006年，铁路货运周转量达到951.66亿吨公里，增长2.3%；铁路客运周转量562.48亿人公里，增长5.8%。

（2）公路运输网络逐步完善。湖南现有4条纵向、3条横向国道经过省境与70多条省道和多条县、乡（镇）公路相连接。至2006年，公路线路里程达到171848公里（包括农村公路）；公路货运周转量592.37亿吨公里，增长10%；公路客运周转量512.24亿人公里，增长6.6%。2006年，全省民用载货汽车29.46万辆，比上年增长5.3%；农用运输车和拖拉机分别为15.04万辆和17.14万辆，分别增长8.3%和11.2%。在全年完成的货运量中，公路完成货运量7.25亿吨，占全省货运量的85.2%。

（3）民航和水运方面发展迅速。2006年年底，湖南省共建成千吨级泊位52个，全省通航里程11968公里，岳阳港城陵矶港区3个2000吨级泊位改扩建工程基本完工；机场

数量增加到5个，管道线路里程168公里。近年来，随着公路建设的快速发展，公路运输量大幅上升而水路运输量则逐年减少，由客运、货运并举，转变为货运为主。2006年水运完成货运量6894万吨，增长49.4%；货运周转量236.66亿吨公里，增长24.3%，分别占全省总量的8.1%和13.3%。民航货运周转量4200万吨公里，增长10.5%；民航货运量为3.74万吨，增长24.7%。2001—2009年湖南各种运输线路里程如表3-3所示。

表3-3　　2001—2009年湖南各种运输线路里程

年　份	铁路营运里程（公里）	公路里程（公里）	高速公路（公里）	内河航道（公里）
2001	2894	66593	585	10041
2002	2829	84808	1012	10041
2003	2771	85233	1218	11968
2004	2774	87875	1218	11968
2005	2802	88200	1403	11968
2006	2806	171848	1403	11968
2007	2799	175415	1764	11398
2008	2795	184568	2001	11398
2009	3693	191405	2226	11968

2. 粮源丰富，品种单一，双向物流量大

湖南素以“鱼米之乡”著称，历史上曾有过“湖广熟、天下足”的辉煌。改革开放以来，全省的粮食生产有了长足的发展，以全国3.2%的耕地，提供了全国6%的粮食，不仅养活了占全国5.6%的人口，还为国家提供了大量的商品粮。常年粮食播种面积约为500万公顷。水稻播种面积和产量居全国第一，年产稻谷2500万吨左右，商品量保持在800万吨左右，商品率30%左右。而玉米、小麦等其他粮食作物较少，年产量在200万～250万吨左右。近几年调出省外稻谷（大米折稻谷）年均400万吨，从外省购进小麦、玉米等粮食300万吨，因此，湖南粮食物流呈现出稻谷调出和玉米、小麦调入双向物流量大的特点。

3. 基础设施进一步完善，粮食物流的发展有一定基础

（1）湖南省现有国有、国有控股仓储企业335个、铁路专用线库点24个、专用码头粮库23个、泊位63个。1998—2001年利用13.33亿元国债资金建设了国储粮库项目74个，仓容226.5万吨。其中建设了容量30万吨的浅圆仓，具备了铁路、公路的散粮收发功能。新建粮库项目均配置了较先进的储粮设施和信息管理系统。

全省3批新建粮库共配置机械设备5033台套，投资14638万元。1995—2003年建设了7个世行贷款粮食流通项目，其中在岳阳城陵矶建设了3000吨直立式粮食专用码头1座，改造3000吨级散粮专用码头1座，延伸铁路专用线1.54公里，新建2万吨容量立筒库及2.5万吨平房仓，配置20辆散粮汽车及散粮接收、发放机械系统等设备，在长沙霞

凝粮库改造升级1000吨级散粮码头和500吨级包粮斜坡码头各1座。均按散粮装卸要求设计，世行粮食流通项目的建设有力提升了本省粮食流通“四散化”水平，标志着粮库管理迈上了一个新的台阶。

(2) 物流园建设快速发展。随着湖南工业化的提速，近几年，湖南已着手重点建设以长株潭、怀化、衡阳和岳阳为中心的四大区域物流中心，力争打造一支货畅其流、竞争力强的“物流湘军”，并已形成若干亮点：

①湖南现代粮食物流园已正式奠基。该园区毗邻长沙货运北站新址，南靠全国第三家B类保税物流中心，西南临长沙霞凝新港，水陆交通十分便利。该园区将集“加工、储运、检测、电子商务”四位一体，年货物吞吐量445万吨，码头年中转能力145万吨；规划总仓容60万吨，计划在五年之内年加工能力达到100万吨以上。湖南粮食物流园投入使用后，将改变以往单一的公路运输粮食方式，利用紧临湘江霞凝港的便利，加大水路运输，水陆联运后，粮食运价将会大大降低。

②新一佳“华中物流配送中心”已正式启用。该物流中心将为其华中地区的湖南、湖北、江西三省30余家大型综合超市，提供先进、快速、高效的物流配送服务。该物流配送中心总建筑面积达1万平方米，日均进出货品件数高达6万件，将使用无线手持终端收货，实现集中收货、集中配送、集中结算的一站式服务，可为供应商在运输成本、人力成本上创造大幅节约的空间，从而降低商品成本，实现顾客、供应商和零售商“三赢”的目的。

③中国首家仓储式连锁企业博港工业品超市已投入建设。该项目由美林（中国）控股集团有限公司和湘潭市政府共同合作，投资4.8亿元打造的现代化工业流通全新模式。地处长株潭的物流中心的圆心，辐射长、株、潭三市，由仓储式企业超市、品牌店、制造业博览馆、银行、商务会议中心、休闲餐饮中心、结算中心组成。

④作为怀化商贸物流规划控制圈中重要组成部分的湖南怀化粮油交易中心建设目前正紧锣密鼓进行。它以湖南怀化国家粮食储备库为载体，以粮油铁路专线为轴心，以整合国有粮食企业存量资产为目的，整合现有资源和优势，以粮油、饲料为主营，农副产品为补充，建设成为集储运、加工、批发、信息为一体，集仓储保管、运输配送、电子商务、质检、期货以及粮油高新技术产业等多功能为一体的综合性粮油物流园。

4. 粮食行业信息化、科技、质量检测体系建设已初具规模

(1) 信息方面，省粮食局电子政务网、省粮食中心批发市场、“潇湘粮网”是发布粮食政务信息及粮食市场信息的公共服务平台。全省14个市、州粮食局有8个建立起办公局域网，没有建立局域网的地市都配备了其他办公自动化设备。新建的国储粮库都按标准建立了局域网，大部分粮食储备企业都和省、市专门网相联，全省有近300名专业操作人员为之服务。

(2) 科技方面，科技成果的推广加速了粮食行业技术改造和产品结构调整，在促进国有大型粮库流通设施现代化，保障粮食储藏安全等方面，起到了重要作用。湖南省粮食安全储藏技术处于全国先进行列，全省机械通风储粮达到98%以上。湖南省少数企业稻米加工和副产品综合利用技术已达到国际先进水平，如湖南皇贡米业的保胚米，在市场卖到每500克几十元，在香港市场供不应求。

(3) 质量检测方面，湖南省粮油产品质监站作为全国唯一的稻谷区域重点粮油产品质检站，拥有国家和湖南省粮油产品质量监测授权，承检项目达到六大类173项。

5. 粮食物流企业初具规模

随着粮食流通体制改革的深入，市场竞争机制的引入，粮食物流企业发展较快，物流品种由单一的粮食覆盖到农副产品及其他类别，科学配送提高了运输效率，降低了物流成本，规模越来越大。截至2005年年底，全省规模以上的粮油加工企业286家，其中大米加工企业245家，面粉加工企业8家，食用植物油加工企业30家。全省粮食行业已拥有国家级龙头企业4家，省级农业产业化龙头企业20家，省级优质稻加工龙头企业45家，龙头企业年大米加工能力达160万吨，年精米生产能力61万吨，全省有31家企业的8大类产品被认定为“湖南名牌”产品，金健牌大米被认定为“中国名牌”，58家企业的178个产品获得“放心粮油”产品称号，品牌湘米已进入全国28个省（市、区）和香港地区。现在全省有仓容量5万吨以上的粮库59家，年周转量50万吨的企业20多个。如岳阳城陵矶粮库地处洞庭湖与长江交会处，是湖南唯一通江达海的口岸。水路北通川渝，南及潇湘，东达沪宁，西至沅澄，四季通航；往长江可行驶3000～5000吨级货轮，往内河可行驶1000吨级货轮。距107国道3公里，距京珠高速5公里，有3条自备铁路专线4股道，直通“京广”动脉，专线长5.34公里。两座3000吨级粮食专用码头，码头岸线385米，作业泊位6个，可同时停靠1000吨船舶作业，设计年吞吐量240万吨，现年实际中转各类货物100万吨。湖南粮食中心批发市场、长沙芙蓉北路国储库正在长沙金霞物流园区内新建粮食物流设施，打造面向市场、吞吐量大、快速高效的现代粮食物流中心。

当前，湖南省现有粮食仓储能力已基本满足粮食储存需要。今后一段时期，粮食流通基础设施建设的重点是构建现代粮食物流体系，降低流通费用，提高流通效率，保证粮食安全。湖南省计划在未来10年，经过努力，基本建成跨省（区、市）粮食物流通道，完善重要的粮食物流节点，初步建立现代化散粮流通体系，实现粮食流通散装、散卸、散储、散运和整个物流环节的无缝化连接，降低流通成本、提高粮食流通效率，确保国家粮食安全。具体实施如下：建设跨省粮食物流通道；完善重要粮食物流节点；发展无缝化的运输方式；发展汽车散粮运输方式；完善粮食批发市场体系；建立粮食物流公共信息平台；建立粮食物流标准体系；构建湘粮物流科技发展股份有限公司，实现资本突破。

6.“四散化”流通方式初步建立

实践证明，实现粮食“四散化”是提高粮食流通效益的必由之路，是粮食流通现代化的重要标志。1995—2003年，湖南省争取到7个世行贷款粮食流通项目，建设了以岳阳城陵矶粮库为代表的一批国有骨干粮库，改造了原有的设施，为各项目单位创造了较好的经济效益。

7. 大中型骨干粮库在粮食流通中发挥着主渠道作用

全省国有、国有控股粮库中仓容规模在5万吨以上（含5万吨）的大中型粮库59家，其中仓容在5万～10万吨（含5万吨，不含10万吨）的粮库48家，10万吨以上（含10万吨）的粮库10家。59家大中型粮库的总仓容443.1万吨，占全省粮库总仓容的33.6%，其中完好仓容413.6万吨，占全省完好仓容的44.3%。分仓型情况：平房仓383.4万吨，占86.5%；其他仓型59.7万吨，占13.5%。按建设年限：1998年以前建的

293.8万吨，占66.3%；1998年以后建的149.3万吨，占33.7%，其中3批国债投资新建仓容82.1万吨。59家大中型粮库中有铁路专用线的粮库20家，铁路专用线总长度20.4公里，其中有效长度10.4公里；有专用码头的粮库10家，拥有泊位19个，总吨位2.35万吨。近年来随着粮食流通体制改革的深入，湖南省国有大中型粮库在粮食流通中的主渠道作用得以有效发挥：承担全省中央和地方储备粮的代储任务，发挥着粮食储备的主体功能；在全省粮食宏观调控和应急保障体系建设中发挥着载体作用；作为指定库点承担最低价收购等政策性粮食购销业务。

8. 湖南物流业发展潜力大

（1）经济处于快速发展通道，物流需求不断扩大。20世纪90年代以来，湖南省经济步入了快速发展轨道，1991—2006年，全省GDP年均增长10.3%。2006年，湖南省GDP总量达到7568.89亿元，比上年增长12.2%。宏观经济的稳定增长，人民生活水平的提高，市场交易方式的不断创新，刺激了物流需求的扩大。工商企业作为物流市场的主要需求者，有效承接了不断扩大的物流规模。2006年湖南省独立核算工业企业产品销售收入为5968.67亿元，批发零售贸易业销售额为5302.11亿元，完成进出口总额73.53亿美元，分别比1991年增长8.39倍、6.68倍、4.34倍，年均分别增长16.1%、14.6%、11.8%。随着经济继续保持平稳较快地发展，这种需求仍将持续扩大。

（2）湖南社会物流总费用可节约的空间大。湖南省物流产业经过几十年的发展，目前初具规模，但总体上看，物流产业还处于由传统物流向现代物流转型的初级阶段，随着物流业的发展和技术水平的不断提高，湖南社会物流总费用仍有较大的下调空间。经测算，2006年湖南社会物流总费用1413.62亿元，与GDP的比例为18.68%，比2005年下降0.24个百分点，但仍比全国平均水平高0.38个百分点。

①从运输费用的构成结构来看：铁路运输费用为100.97亿元，占社会运输总费用的比例为12.74%；道路运输费用为680.22亿元，占总运输费用的比例为85.84%；水上运输费用比例仅为总运输费用比例的1.31%；管道运输费用只占到总费用比例的0.01%。

②从保管费用的构成来看：物流利息费用占总保管费用的比例高达57.59%，说明了流动资金流转速度慢、资金利用率较低；仓储费用占总保管费用的18.39%，主要原因是库存物资价值低，仓储工作人员劳动力成本较低，物资储存设施设备老化，现代化仓储设备少；物流配送、包装、流通加工费用之和占总保管费用的比例为14.06%，说明物流社会化程度不高。

（3）区域合作为物流业的发展提供了更为广阔的市场。泛珠大潮的涌入和中部崛起战略的实施，极大地推动了湖南与“9+2”地区和中部地区的区域合作。主要包括积极承接广东、中国香港、中国澳门等沿海地区产业转移；加强劳务合作；加强市场连接，消除各种体制性、机制性的障碍，创造更加有效、公平开放的市场环境，吸引更多的客商来湖南投资；加强金融领域的合作，主动对接中国香港、中国澳门、广东，鼓励更多的企业上市融资，吸引更多的私募资金来湖南投资。通过区域合作，为湖南物流业的发展提供了更广泛的平台和更广阔的市场。

（三）发展问题及瓶颈

由于长期受计划经济体制及其观念的影响，湖南省粮食物流仍停留在传统物流水平。

1. 对现代粮食物流认识不足

粮食物流是指粮食从生产、收购、储存、运输、加工到消费领域的整个流通过程以及其中的一切增值活动。它涵盖粮食生产布局、品种流向的确定、购销粮食的摆布、粮食实体运动所必需的装卸存运及加工增值的环节链系统。结构优化的产粮布局是合理组织粮食物流的基础，规范有序的粮食流向是提升粮食物流效率的前提。但长期以来，人们总是把粮食物流片面地当做粮食仓储、运输和装卸等，而把粮食生产布局、种植结构调整及粮食品种流向等看成是农业生产范畴，只重视粮食物流业务的表现形式，而忽视粮食物流的基础和前提，特别是稻米，物流成本高、组织难度大，给粮食物流的组织运输工作带来了较大的困难。

2. 市场化程度不高，竞争不充分

受粮食安全以及粮食流通体制改革等方面因素的影响，粮食物流体系中仍以国有骨干粮库为主，其他所有制企业进入少，市场竞争不充分，导致粮食物流企业的市场化程度低，经营机制不完善，经营观念落后，现代企业制度也没有完全建立，产品流通不能适应市场需求，未形成覆盖全省的强势企业。各物流企业的货场、仓库、装卸搬运队伍、包装厂、铁路专用线自成体系，独立运作，缺乏横向联系，物流设施设备很难得到充分利用。

3. “四散化”能力偏低

虽然湖南省通过世行贷款粮食流通项目建立了一批具备散卸、散存能力的码头和粮库，但现实情况与立项设计存在差异，如体制变化、交通状况变化以及全国散粮运输网络未形成等原因，以至于部分项目没有达到预期的功能和效益。同时由于散装设施不配套、功能不完善、运输技术不成熟，造成当前占主导作用的粮食物流方式仍然是“汽车加麻袋”，粮食装卸储运不能衔接配套，装卸环节多，人工拆包入库、灌包出库、人力装卸运输，劳动强度高、作业费用大、流通速度慢，运输中容易抛撒和污染，物流效率低下。全省粮食物流成本居高不下，与当前这种落后的物流方式关系很大。

4. 适应现代物流管理的人才匮乏

随着现代物流企业的发展，“订单式生产”、“零库存供应”等新的生产方式相继出现，对物流从业人员提出了更高的要求，没有现代物流人才就难以支撑生产方式的转变，难以顺利建成现代粮食物流体系。由于粮食流通体制改革和企业产权制度改革，大部分粮食企业职工被分流、下岗，很少接收和引进物流经营管理方面的人才，这已成为制约湖南粮食物流体系建设的一个重要因素。

5. 经营主体单一，增值能力不强，龙头企业缺乏带动力

湖南省粮食运输及其他物流企业改组、转型不成功，其他资本性质企业进入粮食物流领域的少，发展乏力，停留在“小规模、无计划、高频度、各自为战”的经营水平上。由于稻谷是深加工难度较大的粮食品种，在粮食深加工研发、产品物流增值等方面发展落后，现有的一些品牌由于投入不足，难以为继，缺少粮食产品、制品的品牌。粮食生产加工龙头企业少，对产业的带动激活能力不强，使全省粮食物流停滞在以原粮运输为主的低层次上。

6. 政府投入不足，市场推动力不强

湖南在粮食物流研究、设施设备更新改造、经营主体培育扶持等方面投入的政策资金

不多，粮食企业改制转体，提升发展缺乏必要的支持，在粮食产品推介、产销衔接等方面重视不够，对全省粮食流通的发展有一定的制约。

三、湖南省粮食现代物流服务体系的构建

（一）粮食现代物流系统

粮食物流是一个系统，它是以管理物流通道内粮食商品的合理流动为目的，把相关活动组合起来的一个网络，如图3-1所示。粮食物流，一端联系着生产者，另一端联系着消费者。粮食生产是粮食供给的基本来源，而粮食物流则是粮食供给的重要手段。在市场经济条件下，若是没有粮食物流活动，生产将无法进行，消费者的需求也无法得到满足，再生产更是无从谈起。所以粮食物流是粮食生产与消费联动发展的关键。

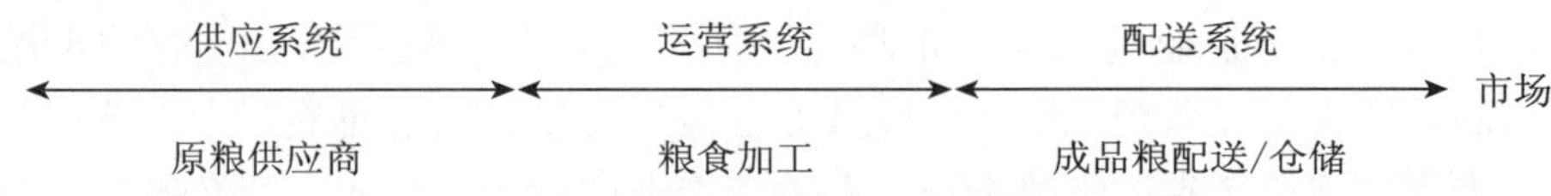

图3-1 粮食物流系统示意

在实际生产中，粮食物流系统受自然环境和社会条件的双重制约。自然环境主要是指气候条件、土地与粮食生产条件、地形与交通条件和自然灾害情况等，社会条件主要是指社会经济发展水平、市场因素、政府宏观调控和全球粮食物流形势等。

（二）粮食现代物流系统的构成

粮食现代物流系统主要由收购、运输、装卸、仓储、加工、包装、配送和信息8个环节构成。其中运输和仓储是两个支柱性环节，配送是粮食物流现代化的重要标志，信息是各环节协调进行的保证。例如运输，要由线、手段和节点组成，线是指公路、铁路、水路、空路等；手段是指汽车、火车、船舶、飞机等；节点是指车站、码头、机场、集散中心等设施。

（1）收购是采购分散生产的粮食，它是粮食进入流通领域的第一个环节，是粮食物流的起点。

（2）运输是利用车、船、飞机等手段使粮食发生位移，多采用“四散”的方式，即散装、散卸、散储、散运，以实现安全、迅速、准时、价廉的目的。

（3）装卸在粮食物流过程中是不断出现、反复进行的，是决定物流速度的关键之一，多利用机械化方式进行。

（4）仓储是对粮食进行有效的储存保管。粮食子粒是活的有机体，必须用科学方法，使之保持新鲜。仓储在粮食物流过程中起着“蓄水池”和“调节阀”的作用。

（5）加工是指对粮食的多层次加工，除了一般加工外，尤其特指精加工、深加工，能更有效地满足用户或本企业的需求，更好地衔接产需。这种加工能创造物流活动中的附加价值，实现增值。

（6）包装能起到对粮食食品的保护作用，能提高粮食的装运效率。

（7）配送是以配货、送货形式最终完成粮食物流活动，可视为一种运输形式，但作为

一种现代流通方式，集经营服务、社会集中库存、分拣、装卸、搬运于一身，已不是一种运输所能包含的，而是一种独立功能要素。

(8) 信息是指粮食物流的信息情报。将与上述7项活动有关的计划、预测、生产、市场、价格、费用等信息加以收集、汇总、统计、分析和使用，以保证其可靠性和及时性。

(三) 湖南粮食物流服务的现状

与全国粮食流通相同，湖南的粮食流通经历了新中国成立初粮食短缺时期实行的统购统销政策，粮食物流尚处于合理运输阶段；改革开放后，先后实行"双轨制"（计划调节与市场调节)、"两线运行"(政策性经营与商业性经营)、"两化三放开"(粮食商品化、经营市场化、放开市场、放开价格、放开经营) 等促进粮食流通的购销体制，粮食物流进入起步阶段；近几年，实行以"四分开、一完善"、"三项政策、一项改革"为主要内容的粮食流通体制改革，为了加快流通、减少费用、降低成本，政府和企业在探索粮食大物流和第三方物流模式方面进行了许多有益的尝试，并向集产、购、销、加工、电子商务为一体的粮食物流环境转变，粮食物流体系建设得到了长足的发展。

但是湖南的粮食物流体系建设还存在着诸多与全国稻米产量第一的全国粮食生产大省地位不相匹配的地方：

(1) 省际间粮食流通的产销对接、运输模式和方式对接有待加强。湖南地处全国粮食产销过渡带，省际间的粮食流通量比较大。"八五"期间全省年平均余粮在80万吨左右，"九五"时期年平均余粮上升到150万吨左右，但品种结构性余缺矛盾突出。近几年，每年要从省外调入（含进口）小麦30万吨，调入玉米60万吨，同时，全省每年输出省外（含出口）的稻谷有130万～160万吨，但在产销区粮源衔接、粮食物流运输模式和方式的对接方面存在产需对接不及时、粮食流向不合理、运输方式不经济、供需合同履约率低等问题。

(2) 粮食物流项目布局不尽合理，各市州粮食物流项目存在明显的雷同，甚至重复建设，在粮食物流规划中，各市州定位都是强调辐射周边地市，物流资源共享、合作共赢的意识不强。

(3) 粮食物流规模不大，设施不全，功能单调，机械化、自动化程度低，运行成本高、效率低，竞争力不强，缺乏现代物流的特征。

(4) 物流人才匮乏。近几年，由于粮食流通体制改革和企业产权制度改革，大部分粮食企业职工被分流、下岗，很少接收和引进物流经营管理方面的人才，这已成为制约湖南粮食物流体系建设的一个重要因素。

(四) 构建湖南粮食物流服务体系，提升行业竞争力

(1) 转变观念，增强对粮食物流体系建设的正确认识。粮食物流是一个完整的"环节链"，俗称"购、销、调、存、加"，这个环节链从生产开始一直延伸到加工增值和成品销售服务。要从粮食的生产布局、品种流向的确定、粮食收购及网点摆布、实体运动所必需的装卸、存储以及粮食加工增值和信息环节认识粮食物流，特别是要从保护农民利益，维护社会稳定和确保国家粮食安全的高度来认识粮食物流问题。现代物流服务把粮食物流看做是一种资源，不同的配置方式会产生不同的经济和社会效益，科学地配置粮食资源，能大幅度提高粮食物流社会效益和经济效益，也就意味着能用最省的时间、最好的方式、最优的服务实现粮食商品的实体运动，降低商品成本，增强企业竞争力。

（2）加强指导，强化政府对粮食物流体系建设的宏观调控。粮食是关系国计民生的重要商品。粮食物流体系建设必须有政府的指导和宏观调控，政府要通过反映商品流通规律、市场经济运行规律、运作要求的经济手段、行政措施、法律法规来指导、约束粮食市场主体行为，规范粮食商品的实体运动过程。一是要从粮食生产布局、品种流向及粮食库、厂、站、点的布局、规模上进行行业指导和宏观调控，从源头上为粮食物流的科学合理创造条件；二是要为粮食物流提供信息服务和政策支持，政府借助于粮食信息平台，有效地把握粮食的宏观调控，确保国家粮食安全。

（3）优化布局，加强粮食物流市场体系建设。粮食物流市场体系是粮食市场交易的载体。完整的现代粮食市场应包括现货市场和期货市场。就现货市场而言，要综合考虑粮食商品流向、地理区位、物流设施、交通条件等。湖南粮食物流体系的基本构架是：依托京广线，加强岳阳境内的城陵矶粮库及专用码头、长沙金霞粮食物流园、株洲中南粮油批发市场、湘潭现代粮食物流中心、郴州义捷粮食物流园建设；依托洛湛线，加强益阳兰溪米业现代物流园、永州粮油综合批发交易大市场建设；依托枝柳线，加强常德湘北粮食批发大市场、怀化粮食物流中心、自治州湘西粮食现代物流中心建设。同时，利用期货市场价格发现和套期保值的功能，充分发挥国家粮油交易中心和电子商务平台的作用，设立稻谷期货交割平台，鼓励粮食购销、加工企业根据自身实际，采用期货市场的套期保值交易手段，搞活经营，降低风险，争取更大效益。

（4）突出重点，抓好粮食现代物流园区建设。要按照区域优势、产业优势和企业优势，建立安全、快捷、低耗、高效的区域性粮食现代物流园区，不仅能够实现粮食资产的有效整合，而且能够提高粮食产业化的水平和综合竞争力。要充分利用掌握粮食资源的优势，引进战略投资者，将湖南现代粮食物流园建设成为集粮食收购、仓储、检验、加工、批发、销售、配送为一体，设施一流、功能齐全、服务优良的现代粮食物流园，提高整体竞争力，实现湖南粮食企业的快速发展。

（5）不拘一格，培养和引进粮食物流人才。现代粮食物流是一项涉及多学科、多领域的系统工程，粮食物流工作者的知识水平和业务能力对物流绩效有直接影响。粮食企业应加强对物流人才的培养，政府有关部门也应给予相应的支持和帮助。近几年来，由于粮食流通体制改革，大部分职工被分流、下岗，原有的一些粮食流通管理办法，与中国加入世贸的新形势和现代粮食物流运作的要求形成巨大反差，迫切需要培养一大批熟悉现代粮食物流的专业人才，以适应入世后国内外粮食市场竞争的需要。要采取岗位理论和业务培训为重点，加大对现有人员的培训力度，符合条件的可选送到高等院校学习深造，同时也应注意从外部引进急需的物流人才，为提高粮食物流企业的整体竞争力提供技术支持。

四、湖南省粮食现代物流发展的对策与措施

当前，借鉴发达国家和外省粮食运输体系建设的成功经验，结合湖南骨干粮库粮食物流的现状和粮食运输的实际情况，搞好粮食运输体系建设，需从以下几个方面采取对策措施：

1. 提高对购销市场化条件下粮食运输体系建设重要性的认识

粮食合理运输是科学地组织粮食流通，加速产品市场实现的客观要求。粮食购销市场化条件下，骨干粮库的市场主体地位得到明确和加强，但市场化条件下也需要各经营主体重视社会财富的节约。合理组织粮食运输不仅可以节省运力、节约社会财富，也是企业提高经济效益的重要途径，因为运杂费开支占整个粮食商品流通费用的较大比重，骨干粮库要想应对国际、国内粮食市场的竞争，必须把相对较高的粮价降下来，所以在农业生产成本降低空间不大的情况下只能从流通费用的节约上多做文章。这样，合理组织粮食运输，减少运杂费开支就成为应对竞争的“力量源泉”。

2. 促使骨干粮库从传统的粮食储运企业向现代物流企业转变

目前湖南省骨干粮库大多是仓储型物流企业，功能单一，需要按照粮食现代物流发展的要求加以改造，完善服务功能，提升竞争力，以其适应现代粮食流通特别是发展散粮流通的需要。

提升竞争力，需要企业做大、做强，打造粮食现代物流“航空母舰”。企业做大、做强，除注入资金进行项目建设外，需要资源整合。湖南省粮食物流资源总量已有一定基础，关键问题是“小、弱、散”，缺乏有效的整合，因此，把资源整合起来比建项目要来的快，同时也避免了重复建设，避免了企业之间的恶性竞争造成的粮食无序流通。资源整合，要充分利用当前粮食企业进行战略性重组的有利时机，加快联合兼并、重组的步伐，资金、资产向优势企业流动和聚集，在全省骨干粮库中建设一批实力雄厚、机制灵活的粮食物流“中心航母”以及与之配套的物流体系网络，促使骨干粮库向粮食物流企业发展。

3. 努力发展粮食散装运输

发展粮食散装运输是我国粮食运输发展的必然趋势，结合目前湖南省骨干粮库粮食散运状况，开展散装运输当务之急要做好以下工作：

(1) 粮食主管部门应加大对散粮运输的宣传力度，并制定、出台有利于散粮运输发展的相关政策，在政策层面对散粮运输给予有力支持。

(2) 争取国家对散粮运输设施建设资金投放的倾斜力度，以解决好湖南省骨干粮库粮食散装运输设施不足的问题。

(3) 加强湖南骨干粮库物流信息网络建设，并在一定程度上解决好散粮运输中专用车船回空的问题，提高散粮运输设施的经济效益和社会效益。

从国际上看，粮食散装运输在美国、加拿大、澳大利亚等粮食主产国得到了普及性发展。这些国家粮食从包装运输向散装运输的过渡，大致经历了三四十年的时间，发展到现在，不仅实现了粮食散装运输，而且整个粮食流通全部实现“四散”。我国粮食散装运输及散粮流通随着“四散”设施的建设和完善，随着相关激励政策和措施的推动，在“十一五”时期将会出现一个大的发展。集装箱运输在美国、加拿大、澳大利亚等国基本处于同一状态，仅限于某些粮食品种的使用，且比率不高。我国粮食运输中诸如豆类和加工成品粮等也开始使用集装箱运输，中国是世界集装箱生产大国，这对粮食集装箱散运提供了物质条件，相信这一运输方式将更加受到关注和重视。

4. 强化粮食运输的组织协调功能，减少或避免粮食的不合理运输

通过协调可减少或避免迂回、对流等不合理运输现象，并能做到对各种运输工具的有

效利用，使粮食及时发运。按粮食运输的有关规定，外运的粮食应就地就近装车（船）发运，这需要粮食部门与运输部门加强联系，相互间经常沟通信息，做好组织协调工作。同时，骨干粮库也应尽可能早一些将运输计划提供给运输部门，以便运输部门及早做出计划安排。对于粮食发运存在的困难和问题，骨干粮库应及时向主管部门和当地政府反映，以便政府和主管部门出面帮助协调解决目前粮食运输的无序状况，强化组织协调功能。可以通过市、县一级粮食购销公司，统一对外经营，实行分购联销和统购分销方式，通过面上的规划、协调，防止迂回、对流、重复装卸等不合理运输现象的出现。粮食购销公司运作既可以解决推销员、采购员满天飞，粮食经营费用开支增大的问题，又可以避免粮食多时低价竞销、粮食少时高价抢购的经营大起大落等非正常波动现象，促进粮食流通健康、有序地运转。此外，应充分发挥粮食行业协会的作用，通过行业自律，落实国家有关法律制度，管理、规范粮食运输企业的经营活动，引导、建立规范的粮食运输秩序，加强与相关部门的联系和协调，帮助解决粮食运输业务纠纷，及时为企业提供市场信息、咨询服务。

5. 积极发展电子商务

电子商务（EC）是运用现代计算机通信技术尤其是网络技术来实现整个贸易活动的电子化，是电子化的商务，其本质依然是商务，其根本目的是通过提高效率来降低经营成本、优化资源配置，从而实现社会财富的最大化。骨干粮库可在互联网上制作自己的网页，并辅以多媒体技术，用文字和声像的形式将需要购买粮食的信息或拟销售粮食的有关情况在网上发布，内容可包括粮食品种、价格、品质、质量等，也可将自己企业的情况在网上作些介绍以便于客户的了解。通过网上沟通，骨干粮库可以选择与在粮食品质、质量、价格、运输费用等方面相对比较理想的客户进行交易，这比通过采购员、推销员进行粮食买卖要节省大量的时间和费用，特别是可以避免对流、迂回、过远运输等不合理现象，从而有助于提高粮食流通效率。

6. 加强对粮食运输从业人员的业务技术培训

骨干粮库应从自身生存和发展的角度重视和加强对职工进行新观念、新知识、新技术的培训，使他们迅速适应新时期粮食运输工作出现的新变化、新情况，努力做好自己的工作。培训方式主要是岗位培训，有条件的可安排某种形式的脱产学习。培训内容应包括市场经济及 WTO 的有关知识，粮食国内、国际贸易知识，粮食物流管理知识，粮食运输规章制度，铁路、交通运输部门的有关制度规定，车站、港口码头对粮食收发的要求，粮食运输业务知识，还有粮食理化性质、检测手段等相关知识以及各种运输工具的特点和比较优势等。经过必要的培训，使骨干粮库从事粮食运输工作的员工能有条不紊地办理粮食运输的各项事务，娴熟地处理商务纠纷，并能增强工作责任感、使命感，减少或避免运输事故和违规行为，提高粮食运输质量，及时、准确、安全、经济地完成粮食运输任务。

第四章　基于物联网的长株潭城市群现代服务业发展研究

一、物联网研究综述

（一）物联网概念提出

物联网被称为继计算机、互联网之后，世界信息产业的第三次浪潮。1995 年，比尔·盖茨在出版的《未来之路》中首次提到“物联网”，2005 年，正式提出“物联网（传感网）”概念，认为物联网是在计算机互联网的基础上，利用各种信息传感设备，按约定的协议，把任何物品与互联网连接起来，进行信息交换和通信，以实现智能化识别、定位、跟踪、监控和管理。2009 年，温家宝总理指出：“要尽快突破核心技术，把传感技术和 TD 的发展结合起来。”同年，中国移动总裁王建宙高调表示将进军物联网领域，由此，物联网成为国内外抢占的科技制高点。

（二）国内物联网产业发展动态

1. 多省市制定物联网发展规划

近年来，北京、江苏、浙江、上海、福建、广东、山东、四川、重庆、黑龙江等省市非常重视物联网产业的发展，注重发挥政府推手作用。其中，江苏省编制《江苏省传感网产业发展规划纲要》；北京正着手编制《北京市物联网产业规划》；浙江省将物联网产业作为战略性新兴产业予以培育；浙江省省经信委已着手开展物联网产业发展规划编制和扶持意见制定工作；上海市开展《上海市物联网产业三年行动计划（2010—2012 年）》编制工作等。

2. 营造了较好的物联网发展技术环境

各级部门注重营造良好技术环境，支撑物联网产业的发展。其中，江苏省建设有中国物联网研究发展中心、中国传感网创新研发中心；北京市与中科院以及北京邮电大学签署战略合作协议；嘉兴市成立了中科院嘉兴无线传感网工程中心；广东省成立 RFID 标准化技术委员会。

3. 物联网技术标准的加紧制定

2011 年将加快制定符合我国发展需求的物联网技术标准，建立健全标准体系。依托应用示范工程，加大对创建国际标准、国家标准、行业标准的资金支持力度，鼓励和支持企业、大专院校和研究机构积极参与物联网标准制定，加强关键技术标准研究，建设标准验证、测试和仿真等服务平台，保障掌握核心技术、主导标准制定。目前《国家物联网“十二五”发展规划》已形成初稿，“十二五”期间，工信部将加快突破物联网核心关键技术，支持无锡市建设国家传感网创新示范区工作，推动物联网技术研发、应用和产业化。

（三）未来物联网产业链发展趋势

物联网的产业链结构主要包括芯片与技术提供商、应用与软件提供商、系统集成商、网络提供商、系统集成商、运营及服务商、用户七个环节，未来物联网产业链发展趋势体现在以下三个方面：

（1）物联网产业链主要面向三大层面的发展：第一是传感网络层面，以二维码、RFID（射频识别技术）、传感器、芯片及智能卡为主的实现“物”的识别层面；第二是传输网络层面，通过已有的互联网、广电网络、通信网络等实现信息的传输与计算；第三是应用网络层面，即输入输出控制终端，可通过现有的手机、PC等终端进行。

（2）物联网产业的发展将带动新兴行业的崛起。主要有三大信息行业：信息生成领域、信息传递领域、信息集中处理和应用领域。

（3）物联网产业链的合作发展趋势。物联网所涉及范围非常广泛，承担的历史重任也很大，没有哪一个企业能够独立承担，因此，需要进行物联网产业链以及跨行业质检的合作。另外，物联网的用途非常广，需要各行各业的合力协作。当前，无锡市的物联网合作伙伴数量及合作领域覆盖的范围就非常之多。

二、物联网对现代服务业发展影响分析

1. 物联网将推动商业模式变革

经过多年的发展，从最初的互联网到现在的“物联网”，技术发生了极大的变化，因此推动了商业模式的变革。物联网技术促进了原来的互联网、宽带高速通信技术、终端技术成熟发展，这种变化中的商业模式变革主要体现在四个方面：第一，从只重视前项发展到重视如商家、交易等后项发展；第二，从单媒介向多媒介发展，其中非常重要的变革就是物联网；第三，预订类型业务发展速度与空间大；第四，商家之间越来越注重联盟，同时，电子银行、手机银行等电子支付方式得到发展。

2. 物联网发展将引领电子消费变革

随着社会的发展，消费方式也在不断的发展，近年来，网上购物等电子消费方式逐渐被消费者认可，物联网的发展将引领电子消费的进一步变革。物联网产业的发展，将促使物流产业的发展，推动配送网络、配送体系、配送服务的完善，在电子消费环节中的三流将实现有机结合，交易双方的信息将实现共享，物联网将起到保障、监控供应链体系中各环节状况，解决当前电子消费发展面临的问题，提高整条供应链的时效性、安全性等。

3. 物联网技术促进现代物流的智能化发展

物联网相关技术最有现实意义的应用领域有：物流领域，物流智能化、信息化、自动化和信息化水平的提升、物流功能的横向和纵向的整合。物流服务各操作环节服务质量和服务水平的提升，需要借助物联网的建设来推动实现，具体来说，物联网对于物流业的影响主要体现在以下几个方面：

（1）在生产物流领域，利用物联网的相关技术、软硬件而构建的物流体系，可以对生产企业整条生产线上的原材料、零部件、半成品、在制品、产成品等物品实现全过程的识别和跟踪管理，减少人工识别成本和出错率。

（2）在运输环节领域，物联网技术在运输环节的运用可以使运输过程的物品管理更加

透明化，而且可以实现可视化管理。

(3) 在仓储管理中如果应用了物联网技术，能够实现对仓库中的入库管理、盘点管理、出库管理、在库保管保养等自动化管理与操作，在提高仓储操作效率的同时达到降低作业成本的目的。

(4) 在配送环节，采用物联网技术能准确了解货物存放位置，大大缩短拣选时间，提高拣选效率，加快配送的速度。

(5) 在销售物流领域，当贴有 EPC 标签的货物被客户提取，智能货架会自动识别并向系统报告。通过网络，物流企业可以实现敏捷反应，并通过历史记录预测物流需求和服务时机，从而使物流企业更好地开展主动营销和主动式服务。

三、当前物联网在长株潭城市群服务业应用中问题浅析

虽然物联网会给长株潭城市群现代服务业带来很多积极的影响，但总体来说，物联网的应用还处于初级阶段，还存在着一些问题，主要体现如下：

1. 技术方面

物联网促进了长株潭城市群现代服务业的智能化发展，但物联网属于通用技术，而现代服务业个性需求多、很复杂，有可能在一些领域，应用要求比技术开发难度要大。因此，要充分考虑物联网通用技术如何满足现代服务业的个性需求。

2. 标准化方面

物联网长株潭城市群现代服务业的实现需要建立一个标准体系，实现技术的互通应用。但是，目前由于各领域独立进行所在领域的标准制定，还没有一个统一的标准体系，各个领域所制定的标准之间没有沟通和协调，也没有使用统一制式的编码，物联网各种技术之间的融合难以顺利实现，阻碍了物联网在长株潭城市群现代服务业的推广。

3. 安全方面

技术越先进、越发达，越可能存在着严重的安全隐患。因此在物联网技术应用中，也存在着信息泄露的问题。如 RFID 技术存在的最大问题就是信息的泄露，一些未经授权的机构或者个人通过远程对 RFID 电子标签的读取和写入，对货品信息进行非法获取以牟取私利，同时，病毒和黑客也有可能对物联网进行攻击，导致物联网系统瘫痪，给企业和个人造成重大损失。

4. 成本方面

物联网技术在长株潭城市群的普遍应用，需要有强大的财力作为支撑。因为需要对融入物联网中的所有人、物进行识别，所以需要大量的 RFID 系统。目前，RFID 系统的成本还比较高，同时，对物联网系统的操作人员进行培训也需要一大笔费用。因此，在长株潭城市群中利用物联网技术的行业，主要集中在利润较高和单件物品价值较高的领域，这种局面的改变，需要物联网产业整个软硬件成本的下降作为基础。

5. 政策问题

有关物联网的政策问题不是一个区域的问题，甚至不是一个国家的问题，因为现代物流的标准化与物联网体系的构建都是一个跨国界的商务活动，因此，需要全球合作建立一个统一的电子商务规则，以保证电子商务及其相关工程的顺利开展。现代物流标准化与物

联网体系的发展无论是在国内还是在国外，都处于起步状态，包括中国在内的很多国家都在探索政府在电子商务中的作用，制定推动物联网发展的政策，希望尽快解决现代物流标准的制定与物联网体系的构造问题。

四、物联网技术在长株潭城市群应用过程中的模式创新

（一）物联网技术在长株潭城市群应用过程中的技术扩散模式

1. 物联网技术扩散的模式与途径

物联网技术在长株潭城市群中的应用，可以通过搭建三种模式的平台，建立、健全面向长株潭现代服务产业的物联网技术转移扩散体系。

（1）雁阵式转移扩散平台。在长株潭城市群各产业集群内企业之间，或者在长株潭城市群物联网技术相关的产业之间、长沙与株洲湘潭之间、长株潭城市群物联网技术的龙头企业或产业或区域，借助已经掌握的物联网技术轨道、技术标准和技术关联进行物联网技术转移扩散，带动其他企业、其他产业、其他区域技术进步的平台。作为扩散源的龙头物联网企业就好比头雁，接受转移扩散的企业好比随雁，二者构成一幅不断升高的雁阵式扩散图。

（2）蜂窝式转移扩散平台。这种模式指由国家或长株潭城市群各级政府为推动、扶持物联网技术的应用，根据长株潭城市群中的企业、产业和国民经济发展的需要，搭建的以转移扩散为目的的长株潭城市群物联网技术公共研发平台，主要进行一对多的转移扩散，覆盖面广、辐射性强，受体犹如蜂窝般密集，对普遍提升长株潭城市群的经济素质效果明显。

（3）中介式转移扩散平台。这种模式是指作为商品的物联网技术，在长株潭城市群市场主体间进行的多边、交互转移扩散的市场交易平台。中介式转移扩散，就是物联网技术在长株潭城市群市场上的买与卖，位于物联网技术经营的流通环节。

上述三种转移扩散模式的划分，不是绝对的，长株潭城市群在进行物联网技术的应用过程中，可以根据技术规律、经济规律、实际情况的需要同时采取两种或两种以上模式。

2. 长株潭城市群物联网技术扩散过程中的模式选择

对于长株潭城市群来说，应该大力发展中介式平台，这些平台可以是长株潭城市群级别的，也可以是全国级别的，可以是一个产业的，也可以是多个产业的，并且要对各平台之间进行市场细分，通过相互之间的交流沟通，达成合作与推广。物联网技术扩散中介机构首先要解决在物联网技术交易上存在的技术持有方与技术使用方信息不对称的问题，中介机构通过对物联网技术商品信息汇集、识别、整理，向全社会发布，提供一个供需双方实现无障碍进行信息交流的平台，从而实现大幅度增加技术交易的数量，提高物联网技术交易的质量，改善物联网技术市场功能和商品结构。但从总体看，以技术转移扩散为目的的中介机构功能还比较单一，服务还不够全面，特别是尚未形成完整配套的体系，缺乏统筹协调。这些都是需要改进和加强的。

在市场经济条件下，物联网技术转移扩散平台要大力开展物联网技术经营，通过市场机制转移扩散物联网技术。所谓物联网技术经营，就是市场主体把物联网技术作为商品进行生产和交易，从而优化企业资源配置，改善物联网技术结构和产品结构。物联网技术经

营的核心是市场机制，包括供求机制、价格机制、竞争机制，通过市场机制实现物联网技术商品的价值，完成技术的转移扩散，以便更好地发挥物联网技术的作用，从而产生良好的经济效益和社会效益。

（二）长株潭城市群物联网技术应用过程中的商业模式

由于市场竞争日趋激烈和全球化的发展趋势，商业模式的重要作用越来越受到长株潭城市群全社会特别是产业界的高度重视。物联网产业在长株潭城市群未来的发展需要通过探索与实践，创造一个新的商业模式。物联网产业的商业模式要指明长株潭城市群物联网产业各参与者及其角色、潜在利益和收入的来源。长株潭城市群物联网技术应用过程中的商业模式必须明确，向顾客提供什么样的物联网服务价值、价值的受众有哪些、以何种价格提供、采用哪种方式提供以及如何在提供的价值中保持优势。实际上，商务模式是连接技术开发和经济价值创造的一种媒介，其功能包括：明确价值主张、确定市场分割、定义价值链结构、估计成本结构和利润潜力、描述其在价值网络中的位置、阐明竞争战略。商业模式调和价值创造过程的构造，阐明价值以合适的成本交付给顾客的经济逻辑。

长株潭城市群物联网技术应用的商业模式由众多构成要素组成，包括：物联网技术的价值体现，企业通过物联网技术与服务向消费者提供的价值；市场机会，企业确定的目标市场，消费者目标群体市场的容量；赢利方式，企业通过各种收益获得财富的途径；营销渠道，企业接触消费者的各种途径，市场的拓展；客户关系管理，企业同其消费者群体之间所建立的联系；价值配置，企业资源和活动的配置；核心能力，企业执行物联网技术应用商业模式所需的能力和资格；管理团队等。长株潭城市群物联网技术应用的商业模式采用通道型、合作型、自营型、定制型、混合型等几种类型。

1. 通道型

该种模式提供网络连接服务，物联网技术运营商提供网络连接，收取流量费用，系统集成服务商在其网络上运行业务。

2. 合作型

该种模式的物联网技术运营商在应用领域挑选物联网系统集成商，由系统集成商开发业务和售后服务，而运营商负责检验业务运行情况，并代表系统集成商推广业务，以及计费。目前，这种运营商占主导地位的模式可能成为今后长株潭城市群物联网运营商进入物联网市场的主流模式。

3. 自营型

物联网技术运营商直接提供给已经使用了物联网业务的企业所需的数据流量，而不通过物联网服务商。这种模式适合一些有实力自行定制物联网业务的大企业。

4. 定制型

定制型运营商根据客户的具体需求特殊制定 M2M 业务，运营商为客户量身定制业务。物联网业务范围非常广，电信运营商提供的业务往往不能满足客户需求，这就需要运营商根据客户的具体需求而特殊制定物联网业务。目前国内实行这种模式的还比较少。

5. 混合型

混合型是指以一种模式为主，结合其他模式。

（三）国外物联网技术应用过程中的商业模式

虽然物联网概念出现的时间不长，但其相关产业一直在持续发展。目前，国外相关技术发展比较成熟，已经开始大力发展物联网业务应用，并建立了较完善的商业模式。目前美国在物联网技术基础方面占有绝对的优势，欧盟和日韩电信运营商对于物联网业务的关注度较高。

1. 日本物联网应用的商业模式

物联网应用领域非常广泛，并不存在普遍商业模式，不同领域和个案有非常大的差别。目前，日本物联网的发展模式可以分为两个部分，一是总物省推出示范项目，相对于企业开发利用。往往由政府出费，企业参与开发，最后政府进行评估，其中技术先进性、实施性比较强的，对民生和社会以及经济推动有利的项目政府往往优先加以推广，大部分实现了商业化的领域，最终都实现了包含最终用户的整个产业链的共赢。二是企业常常会将示范项目中所积累的一些技术和经验，或者示范项目中的某一个部分拿出来进行商用尝试和测试，评判的标准是其是否具有商业利益。

日本物联网商业模式对中国运营商有极大的启示意义。未来物联网非常复杂，竞争非常激烈，对于运营商而言，核心仍然在产业。运营商受管道提供商限制，但是应该立足于管道提供商，首先要做的是强化网络建设，提高网络能力，日本运营商 E-Japan 就提供了非常好的覆盖，能够为各种业务的接入提供最优化的选择。在提升网络质量上，积极地向平台层和应用层进行拓展，这种拓展不应该是全方位的，而应该是选择性的，选择那些运营商的传统优势可以延展到的领域，如认证、计费等。运营商利用手机被用户随身携带的特点，通过随处覆盖的网络，可以随时进行查询、上传，这样既为运营商带来了基础的收益，同时也带来了某些增值业务方面的收入，实现业务双重拉动。另外，即使网络优势能够延伸，拓展领域也不一定完全为运营商所熟知，这种情况下，就需要获得相应的业务以及运营能力来进行支撑。能力的获得无外乎三种方式，自然增长、兼并收购、战略合作，这三种方式各有利弊，国外企业往往通过兼并收购相互获得，但这样的方式相对而言对能力的获得较为缓慢，但是控制力也是最强的。我们看到运营商越来越多的尝试和相关领域企业合作结盟，方式选择并没有完全的统一标准化模式，不同运营商应根据自身的情况以及市场竞争位置进行模式选择，拓展领域时还应该注意，获得收益对物联网发展前景做前瞻性的判断和展望，选择的模式得到用户的认可时，运营商才能获得收益。

2. 美欧物联网应用的商业模式

目前，国外物联网产业布局情况如下：领先的 RFID 和传感网企业主要集中在美国，尤其是加利福尼亚州北部的硅谷地区集中了大量的基础芯片和设备企业。美国电信运营商早期不是很重视物联网业务，直到 2008 年以后才纷纷关注相关领域，因而产生了很多全球领先的物联网 MVNO 企业。欧盟在基础通信芯片方面也具有一定的基础，由于欧盟的电信运营商开展物联网业务较早，目前拥有较多的 M2M 通信模块企业，为 M2M 提供设备支撑。国外 RFID 市场、传感网市场和 M2M 市场比较独立，商业模式也有所不同，目前存在三种主要的商业模式。

（1）系统集成商为客户提供服务。系统集成商、采购设备制造商提供的物联网设备，加上自己或者第三方的软件应用，组合成完整的解决方案提供给客户。这种模式是目前

RFID和传感网业务的主要模式，很多企业集系统集成商、设备制造商于一身，同时生产设备和提供服务；还有一些企业（比如IBM）通过将采购的标签和读写器设备，用自己的软件组合，达成解决方案。

（2）物联网MVNO为客户提供服务。物联网MVNO租用电信运营商的网络为客户提供M2M服务。通常物联网MVNO拥有自己的软件平台，需要购买终端等设备来制订解决方案，因此也起到系统集成商的作用。这种模式在美国较多，因为发展初期美国电信运营商对于物联网业务重视程度不高，所以产生了一批物联网MVNO企业。

（3）物联网电信运营商为客户提供服务。电信运营商作为价值链的核心，集成设备及软件直接为客户提供服务。这种方式在欧洲比较常见，比如Orange、沃达丰都采用这种模式，垄断整个产业链，直接为客户提供物联网业务。

形成这三种不同的商业模式的原因，主要是电信运营商在M2M业务中很少涉及RFID、传感网、短距离通信技术，缺乏此类业务基础。目前除蜂窝移动通信技术以外的物联网通信技术主要由原先各领域的其他企业提供。

（四）长株潭城市群物联网技术应用过程中的商业模式创新

1. 物联网技术的发展需要商业模式的创新

物联网商业模式创新的重要性主要是标准领先及关键技术的突破，只有如此，长株潭城市群物联网产业才能走上一条兴旺之路。当前我国物联网产业发展比较快，各级政府都制定了相关规划，物联网产业园区也在兴建，物联网技术相关论坛会议在各级召开，但真正进入实质性领域的还比较少，对于从事物联网的有关各方，尤其是那些从事着具体技术或应用开发的链条从业者来说，并没有感觉到太大的变化，其原因是地方政府出台的当地物联网产业发展模式，都是站在自身利益的角度来考虑的，比较封闭和排外，为物联网技术创新性应用的推广和资源的顺畅流动造成了一定阻碍。当前物联网技术应用存在最大的问题就是其模式缺乏顶层设计。

在“三网合一”和“两型社会”建设的国家战略背景下，物联网发展受到了政府、产业、资本等各层面的高度关注。相对于人际间交流的互联网，物联网是物与物之间的网络。建设庞大的物联网，具有拉动新投资，提高原有经济运行效率的双重效应。物联网不是一种新技术，而是多种无线技术的融合，也是商业模式的创新。物联网所涉及的技术包括无线射频识别、二维码、智能识别、智能传感、无线通信以及云计算等。如何充分认识和利用这些技术各自的优劣势来组建一个高性价比的物联网是当前物联网产业的首要问题。此外，原理不同、频段不同、应用领域和环境不同、安全要求等级不同等各种技术的不同都使得物联网的分业标准很难建立，这是产业界需要深入探讨的热点难题。

要建立一个完善的物联网，需要产业界在商务模式上不断创新。第一，物联网的应用领域涉及社会的方方面面，各个领域的应用环境都是不同的，对应的客户需求也不尽相同。从产品生产到物流追踪，从环境监控到智能家居，从食品安全到智能医疗，从票证防伪到手机支付都是物联网技术大显身手的舞台。第二，物联网涉及行业链长，涵盖了芯片设计和制造、感应模块研发生产、中间件提供、软件集成、运营管理、平台服务等一系列环节。以手机支付为例，运营商、金融机构和设备提供商三方的利益各不相同，要争取一个各方都认可的商业模式仍需要多方努力协调。第三，物联网运营涉及政府部门多，物联网的共享程度越高，价值也越大。一个覆盖全国甚至全球的物联网必然要由政府多个部门进行监管。因此要加快物联网的推进，关键是要真正建立一个多方共赢的商业模式，让物联网真正成为一种商业的驱动力，而不是一种行政的强制力。让所有参与物联网建设的各个环节都从中受益，获得相应的商业回报，让物联网得以持续快速地发展。

另外，随着互联网的发展以及移动通信技术的进步，使得新的应用不再局限于时空限制，这使得物联网的发展获得了新的技术基础。因此，对于相关的技术和业务，其关键并不在于自身核心技术的突破，而在于因扩大应用规模和新的应用领域所带来的新机会。因此，没有大规模的物联网应用的发展，不论是核心技术还是标准的制定，都将成为无源之水，从而失去市场驱动力。很明显，无论是规模的扩张还是领域的扩展，其深层次影响在于，利益结构在同一行业的上下游之间以及不同行业之间的重构。这种重构的有效性将直接影响物联网的某一项应用或整个物联网产业的发展前景。从这个意义上说，物联网最大的价值在于，其本质是一项重构各相关方利益成本结构的系统性工程，或者更直接地说，物联网的发展，最为关键的是商业模式的创新。

可见，要想加快物联网的推进，就需要建立一个多方共赢的商业模式。让所有参与物联网建设各个环节的企业都从中受益，获得相应的商业回报。让物联网产业链的所有企业，包括终端用户都受到商业利益的驱动，使物联网具有真正的实现价值。成功的商业模式是在用户需求和自身资源之间找到平衡点，没有这一种多方共赢的商业模式，仅仅靠一种行政的强制力，物联网的发展是无法快速发展也是无法保持持续性的。如何找到属于自己的商业模式并不容易。目前RFID技术应用模式严格算来都不是真正的物联网商业模式，功能单一的闭环使用也不是物联网的目标。物联网必然是一个开放式、多元化的平台，一切公共信息资源，包括交通情况、停车场的车位、医疗信息、食品安全信息、产品的质量信息等都将汇集于此。平台也会提供各种信息终端的接口和业务通信的通道，提供层层数据节点和信息终端之间的联动控制的逻辑，实现不同的业务和不同的终端设备之间的融合和统一管理。

2. 长株潭城市群物联网技术应用过程中的商业模式创新阶段

长株潭城市群物联网商业模式的创新与长株潭城市群物联网的产业发展阶段密切相关，在不同的阶段，应创造不同的商业模式，只有这样，才能适应整个物联网产业的发展。以物联网需求的驱动模式为依据，将长株潭城市群物联网的发展分为政府驱动和市场驱动两个阶段。长株潭城市群物联网技术应用过程中的商业模式也只能在这两个阶段进行创新。

（1）政府驱动创新阶段。在政府驱动阶段，物联网商业模式创新主要通过加强公共管理机构社会管理的行政效率、解决经济管理的成本及赢利问题来实现；政府驱动阶段物联网的发展必须经历第一阶段，也就是由公共管理部门作为最大的物联网应用需求方和购买方，或者说，在此阶段，长株潭城市群的政府是物联网产业发展的第一驱动力。在这个阶段，物联网的应用将主要集中在政府对矛盾突出的社会领域的监管应用，以及经济领域需求突出的行业监管应用，比如环境保护、食品药品安全、城市管理等领域。在这个阶段受益最明显的就是基础设施供应商。当前长株潭城市群物联网的商业建设尚处于萌芽阶段，产业下游受益具有相当的不确定性，投资者应该将注意力转向确定性较高的产业上游，即设备商。

在这个阶段，物联网的商业模式创新具有三个特征：第一，对资本的需求规模以及资本投入所引起的投资倍增效应，能够吸引地方政府足够的兴趣；第二，能实现公共管理部门行政管理成本的大幅度降低，或者在管理者和被管理者之间成本显著转移的同时不会引起被管理者的明显性压力过大；第三，能够增强公共管理部门的行政执法力度，促进当地政府或者本部门的行政执法效果的显著改善。可见，在这个阶段，物联网的应用也将聚焦在公共服务应用模式。只有那些顺应公共服务管理模式变革的组织和地方政策，才能在此阶段获得物联网产业发展的显著性收益。

(2) 市场驱动创新阶段。在经历了政府是第一驱动力的阶段，随着政府经济和社会管理模式的变革，物联网应用的发展将进入市场需求驱动阶段。在这个阶段，大型经济和社会组织的需求将成为物联网产业发展的第一驱动力，物联网的应用将集中在大型经济组织的低成本化运营、基于泛在感知信息聚合的产品和技术创新，以及社会管理中介组织的高效率运行上。

在这个阶段，物联网的商业模式创新具有三个特征：第一，在同一行业的上下游产业链条上，以总行业成本降低或者总行业利润增加的模式，实现了行业成本或者利润的无损性分配；第二，在不同行业之间，以信息聚合的模式实现了低门槛性的关联，促进了各自的技术进步和产品创新；第三，在大型经济和社会组织内部，以其管理模式的创新，极大地改善了内部控制的管理成本，降低了组织内部因信息不对称所导致的系统风险。可见，在这个阶段，物联网的应用将聚焦在以信息聚合实现产品和服务创新、改善自身经营状态的领域。同时，也将是互联网、物联网、移动通信网络从技术到业务到商业模式的完整融合阶段。

3. 长株潭城市群物联网技术应用过程中的商业模式创新

物联网商业模式创新作为一种新的创新形态，其重要性已经不亚于技术创新。加快物联网的发展，关键是要真正建立一个多方共赢的商业模式，这是推动物联网发展的核心和关键。所谓多方共赢的商业模式，就是必须让物联网真正成为一种商业的驱动力，而不是一种行政的强制力。也就是说，在政府驱动阶段，要体现出政府的公共利益主体的要求，也要考虑让市场驱动阶段中所有参与物联网建设的各个环节都从中受益，获得相应的商业回报，才能够使物联网得以持续快速地发展。从物联网广泛的应用看，发展物联网产业将会形成以下几种类型的商业模式。

(1) 政府埋单模式。我国目前大部分物联网示范应用都是由政府埋单，而用户自发建设的却比较少。政府为关系物联网发展具有战略性、全局性、示范性的一些公共服务、民生工程买单，有助于产业化过程中加强各行业主管部门的协调与互动，能有效地保障物联网产业的顺利发展。从市场的角度来讲，任何商业模式的确立都需要参与主体的主动性，在物联网领域亦应如是。后续的发展埋单，示范工程在全国的推广应用，这些应该是企业关注的问题。

(2) 免费模式。在全球最大的 100 家公司中，有 60 家的大部分收入都源于这样一种商业模式：公司通过向某一类客户收取少量费用或提供免费服务，来吸引足够数量的同类客户，然后再依靠他们来大量吸引另一类客户，而后者带来的收入将大大超过公司获取和服务前者的成本。“免费”就是这样的一种商业模式，它所代表的正是数字化网络时代的商业未来。因此，当今的网络商业模式中免费策略仍不失为一种好的选择，如谷歌和百度。在物联网的产业发展初期，可以先通过免费服务吸引大量用户的关注和使用，并逐渐将其中的一部分升级为付费的 VIP，以更好的增值服务作为交换。

(3) 运营商推动模式。运营商包括电信运营商和软件服务运营商，他们依据定位的客户市场和客户群体共性需求特征，充分利用传感技术和运营商的运营服务能力，形成智能终端或其他智能应用，广泛服务于大规模的用户群体，直接带动社会化的应用创新和生活方式改变。

(4) 用户与厂商联合推动模式。这类应用的推动力量来自行业（领域）用户的业务需求，系统集成商或软件产品厂商作为系统的实施方，充分发挥自身技术优势，针对用户需求形成满足行业（领域）需要的智能化服务方案（如环保领域的碳足迹监控系统、智能化城市交通系统等），这类应用将在促进两化融合、保障民生、促进社会生活健康发展方面发挥重要作用。

(5) 垂直应用模式。这种模式高度标准化，与企业流程紧密结合，专业性强，业务门槛特别高。在这种模式下物联网应用推进速度非常快，同时若想有效推进，需要跟企业实施战略合作。电力、石油、铁路等行业领域都可采取此种模式。共性是一个行业内往往存在一个或几个大型企业，具有非常强的执行力。

(6) 行业共性平台模式。这个行业内的企业碎片化，存在很多大大小小的企业，因此该行业的物联网难以规模发展，需要公共平台的支持和服务。另外，这样的行业标准化推进难度非常大，需要政府、行业、企业共同合作推进，运营商提供的相应行业共享平台服务才会有市场。

（五）长株潭城市群物联网商业模式创新的立足点

物联网技术应用于长株潭城市群的销售发行、信息配送、道路与交通、食品、医疗、药物、环境保护、老年人与残疾人保护、灾难预防、娱乐与生活以及自动感知和监控等，各个领域都沉淀了大量的信息资源，为了更好地发挥这些信息资源的作用，应加大对这些信息资源的开发利用，建立各类信息资源服务于应用平台，探索信息资源开发利用的有效模式，提高物联网应用系统的信息资源的共享水平，促进新的产业形态形成。

1. 强力推进物联网在长株潭城市群各个领域的应用

重点突破物联网应用技术中，面向服务的中间件技术和软件研发技术、个性化标签集成技术、应用系统工程建设技术（工程化技术）、应用系统运营技术等；继续努力推进物联网在各个传统领域的应用，以社会物流和企业物流为核心，推进物联网在物流、制造、流通、海关、检疫、医药等领域的创新应用；以车辆为载体，推进交通运输、交通管理、物流跟踪等领域的创新应用；以第二代身份证为载体，推进公安、工商、税务等政府领域的创新应用；以动物耳标为载体，推进动物检疫、跟踪等领域的创新应用。

2. 构建能够实现物联网数据大范围共享的综合信息服务平台

物联网大核心应用价值在于能够将物品信息实现大范围共享。要建立广域的信息交换平台，推动不同物联网信息系统的信息交流，实现由单一系统信息共享向多系统信息共享的转变；重点推进基于不同网络和系统间跨平台信息共享，加强跨平台的物联网信息服务体系和机构的建设，建立行业应用的物联网信息“分散存储、统一交换”的共享体系，加强物联网信息共享基础研究，重点开发基于不同系统的跨平台交换技术，推进物联网应用。建立广泛的物联网信息采集体系和信息共享体系；在行业物联网应用信息便捷处理和共享的同时，重点建设跨行业、跨区域的物联网应用信息共享体系的信息平台，重点推进跨区域、跨行业的物联网应用信息交换体系的建立。

3. 加强信息资源的深度开发利用

大力推进不同系统的物联网应用的开发和利用，促进信息资源的全社会开发利用和共享，为创新物联网应用商业提供基础和保障。建立和完善物联网应用信息采集与共享的责任制，推进不同应用系统之间的信息共享与交换，促进物联网应用信息资源的广泛应用和社会化增值开发；鼓励和引导企业深度开发并充分利用物联网信息资源，建立有利于物联网信息资源开发利用的体制与机制；积极培育和发展物联网信息资源产业，推动物联网信息资源的开发和服务。提高物联网信息资源的商品化和产业化程度；营造公平的市场竞争环境，促进物联网信息商品和服务的流通，发展有竞争力的物联网信息服务企业；鼓励物联网信息消费，扩大有效需求。

4. 创新物联网项目的投融资模式和运行模式

物联网技术之所以没有像人们预期的那样发展迅速，关键是还没有找到一种可行的商业运行模式，使得物联网应用单位几方共赢。只有创新物联网项目的投融资模式和商业运行模式，才能够帮助物联网应用单位真正解决问题，提高效率，物联网才能够真正得以推广和普及；也只有这样，物联网技术、产品、系统集成和设备提供商才能够提供好的服务和产品；也只有这样，物联网产业才能够实现快速发展。加强物联网应用创新、管理创新、模式创新，探索和建立由 IT 企业、通信运营企业、银行部门等多方参与、互利共赢的投融资模式和商业运作模式。

5. 加大物联网信息资源的开发利用深度

物联网技术应用的最终目的是人人共享信息资源，而物联网技术实现了人们对各类物体或设备（人员、物品）信息在不同状态（移动、静止或恶劣环境）下的自动识别和管理，传感器不仅会被嵌入几乎所有物体中，还会集成在“无处不在”的传感网络之中，物联网应用与无线传感网（WSN）的相互融合为深度开发利用信息资源提供了可能。

五、物联网背景下长株潭城市群现代服务业的发展研究

（一）发展基础、目标与思路

1. 发展基础

长株潭城市群在物联网背景下发展现代服务业，在产业基础、研发条件和市场需求等方面有着诸多优势。

（1）产业基础优势。软件和信息服务业是极富竞争力的先导性战略性产业，对于推动现代服务业发展、促进“四化两型”建设，具有十分重要的意义。近年来长沙市软件和信息服务业取得长足的进展，日益成为新的增长点，2008 年实现软件技工贸总收入 180 亿元，服务外包业出口额突破 1 亿美元。

服务业发展规模迅速扩大，集聚程度不断提高。“十一五”期间，长株潭三市服务业

年均增长超过了14%；2010年服务业增加值预计突破3000亿元，占GDP的比重提升到45%以上。长沙服务业集聚程度不断提高，2009年长沙现代服务业占全省服务业的比重为31.7%，比2005年的29.3%提高2.4个百分点，在中部六省省会城市中排第二位。长株潭服务外包产业发展势头强劲。到2008年年底长株潭已有100余家企业开展外包业务，内容有医疗卫生、动漫游戏、创意设计等，服务市场涵盖日本、欧美和东南亚。

（2）研发条件优势。长沙是国家高新技术产业基地，拥有物联网前沿研究和技术创新的科技优势。湖南大学、中南大学是教育部批准的设立物联网工程专业的首批院校，它们在光纤传感技术、MEMS传感技术、自组网技术、传感器核心芯片与RFID芯片设计、应用软件、中间件等领域具有较强实力；国防科技大学在云计算技术方面国内领先。这些都为基于物联网的现代服务业的发展提供了技术支撑。

（3）市场需求优势。长株潭城市群三网融合是国家试点区域之一。近年来，长株潭按照建设"国际先进、国内一流"通信枢纽要求，开展了骨干传输网、3G（第三代移动通信）网络、无线城市、互联网网际同城直联、数据存储设备、高性能云计算等重大基础工程建设，初步形成了满足数据可靠传输和智能处理的基础体系，为物联网产业及现代服务业的发展提供了必要的基础和一定的市场条件。"十二五"期间，长株潭城市群将进一步增强凝聚力和辐射力，这为商贸、旅游、房地产、金融保险、中介咨询、社区服务等现代服务业的发展提供了有效载体。

同时也应看到长株潭城市群现代服务业发展仍面临着不少问题：

一是生产性服务业发展滞后。"十一五"期间，长沙生产性服务业明显滞后于服务业整体发展速度。2009年，长沙市交通运输、仓储邮政和金融保险业等生产性服务业实现增加值292.6亿元，占整个服务业的比重为17.5%，低于生活性服务业20.2个百分点，生产性服务业发展明显滞后。其中，金融保险业占服务业的比重仅为9.53%，在除去郑州的中部六省省会城市中排第5位，14个大中城市中排最后一位。审计、咨询、会计、法律等中介现代服务业发展不足。湘潭、株洲生产性服务业则更加滞后。

二是服务业企业普遍缺乏核心竞争力。长株潭具有较大规模和竞争力的企业集团较少。无论是从规模水平，还是从品牌影响来看，在各类服务行业的全国综合排名中，能进入百强的企业并不多，且大多处于中等和中等偏下水平。

三是物联网技术应用分散、集成度不高，缺少现代服务领域的综合应用。

2. 战略目标

（1）基于长株潭城市群发展现代服务业的指导思想及现代服务业基本特点，面向农业、制造业、传统服务业产业升级改造、结构优化的主要需求，以解决共性服务的模式创新、服务产品研究开发、标准规范制定、人才培养等关键问题和形成现代服务业发展的核心能力为切入点，面向农产品流通、能源、装备制造、大宗物品、耐用消费品、教育、医疗、保险、社会公共管理等行业，重点发展研究开发及产品设计服务、电子商务服务、现代物流服务、在线支付与金融服务、信息系统外包服务、科技信息与知识服务、在线专业服务、在线数字内容服务。

（2）构建具有国际竞争力的基于物联网技术的现代服务业发展集聚区。引进一批具有很强影响力的物联网创新型服务企业，培育一批具有国际竞争力的物联网技术现代服务业骨干企业，形成以龙头企业带动、区域协同发展的良好态势，打造具有较强国际竞争力的现代服务业产业集群。

(3) 构建具有全国影响力的应用示范先导区。创建以物联网应用、示范为牵引的发展方式，探索物联网规模应用的商业模式，形成一批具有推广价值的物联网技术现代服务业示范工程，加快物联网与现代服务业的联动发展。

3. 发展思路

(1) 指导思想。坚持科学发展观，以集聚规模、优化结构、产业创新升级为主线，以产业化、市场化、社会化为方向，以物联网技术应用由新兴服务业产业的发展为培育重点，通过现代物流、金融保险、专业品牌会展、电子商务和服务外包等生产性现代服务业大力发展湖南“四化两型”建设，通过生活性现代服务业的转型升级来提升城市国际化品位，努力形成产业融合互动、现代服务业与先进制造业协调发展的新格局，把长株潭建设成为服务中西部、面向全国、走向世界的现代服务业基地。

(2) 发展原则。一是坚持政府引导、企业主体的原则。遵循现代服务业发展的规律，既要强化政府对现代服务业宏观政策的引导，加大对现代服务业的投入和扶持；也要充分发挥市场机制作用，让企业成为现代服务业发展的真正主体。通过政策引导和产业扶持，引导生产要素向物联网产业高端流动，支持物联网企业和物联网技术应用服务企业做大做强、加快发展。二是坚持产业联动、统筹发展的原则。顺应产业融合的趋势，充分发挥基于物联网技术的现代服务业支持一、二产业的流通融通、智力等功能，形成一、二、三产业相互促进、协调发展的格局。三是坚持“两型”引领、创新驱动的原则。抓住经济全球化、产业转移和全国“两型”社会建设的契机，不断深化体制改革，在更广领域参与更深层次国际分工与合作，以国际化带动现代服务业发展。以开放促创新，以创新促发展，加快制度创新和产业创新步伐，营造良好的外部环境与内在动力，扎实推进物联网技术和现代服务业快速发展。四是坚持优化布局、集聚发展的原则。充分发挥市场配置资源的基础性作用，根据各产业功能区的特点和优势，加快形成有利于企业快速聚集、生产要素配套、产业协作便捷的产业空间布局。

(3) 战略思路。第一，品牌驱动策略。我国物联网产业起步较早，与欧美发达国家处于同一发展水平，是当前制定物联网国际标准的主导国之一。在物联网产业领域，国内新一代宽带无线通信、高性能计算与大规模并行处理技术、光子和微电子器件与集成系统技术、传感网技术、物联网体系架构及其演进技术等研究与开发取得重大进展。目前，北京、上海、江苏、浙江、无锡、成都、深圳等地都在开展物联网发展战略研究，制定物联网产业发展规划，出台扶持产业发展的相关优惠政策。从全国来看，物联网产业的发展，江浙沿海地区已获得先动优势。长株潭城市群在物联网产业领域只有独辟蹊径，在物联网技术应用方面做文章。

长沙市作为长株潭的核心城市，生活服务业目前在全国颇有名气。长沙的文化创意、休闲、娱乐、餐饮、旅游、会展、医药卫生、农产品流通等在国内都有着良好的口碑。如果在这些生活服务领域广泛运用物联网技术，能够促进生活服务业的转型升级。

长株潭的先进制造业发展强劲。工程机械领域，中联重科、三一、山河智能等企业已在全国乃至世界处于领先地位；汽车制造产业，北汽福田、吉利、比亚迪等国内名企落户长株潭。此外，冶金化工也发展很快。制造业的发展需要发达的生产性服务业，而长株潭城市群恰恰在这方面成为制造业发展的瓶颈，如果长株潭城市群率先把物联网技术广泛应用于生产性服务业，不但能促进湖南制造业的腾飞，也能使长株潭城市群的现代服务业跃上新的台阶。

区域品牌就是特指某个地区的特色“产业集群”，它象征着该产业集群的历史与现状，是区域产业集群的代表；同时，区域品牌也是一个识别系统，这个识别系统是由区域（地名）和产业（产品）名称为核心构成的。作为产业集群的品牌，区域品牌在性质上既具有产业集群的属性，又具有品牌的属性。其中，产业集群属性表明区域品牌包含的内容比较广泛，区域自然与人文特征、产业集群内部的结构、产业发展的政策环境等都成为区域品牌的构成要素，都对区域品牌营销产生影响。而品牌属性则表明区域品牌具有品牌的一切属性，其中最主要的是其识别性、资产性、竞争性和目标客户与消费者特征等 。

长株潭城市群在物联网背景下，大力发展现代服务业，在该领域形成一个强势区域品牌是完全可能的。这也是湖南在物联网产业发展方面，发挥后发优势的最佳选择。

第二，实现产业对接与合理产业布局。物联网产业属国家重点培育和发展的新型战略性产业。江苏、上海等地的物联网产业发展已先声夺人。面对新的形势，湖南应主动对接，奋起直追。一是通过对物联网平台的管理、控制与应用，使其更好地提供可靠、安全、连续的全方位服务，形成一个有效、良性的价值链体系和业务生态系统，推动整个信息产业的可持续发展。二是进一步利用云计算智能计算技术，实现对海量的数据、信息的分析、处理，制订物联网关键技术应用解决方案，努力实现技术成果在不同领域的应用和产业化、规模化发展，推动资源共享，有效促进产业与行业发展。

在产业对接方面，运用物联网技术改造提升传统服务业，发展现代服务业。物联网技术在现代服务领域的应用，要通过市场机制对产业进行合理布局。湖南在长株潭城市群率先进行物联网应用示范，条件成熟再扩展至“3＋5”城市群；在长沙建设物联网产业基地，形成物联网应用示范区和产业集聚区，展示物联网应用技术和示范工程，集聚长沙物联网优势企业，发挥产业集群优势，发展技术创新、应用方案创新和商业模式创新的合力。

在产业布局方面，发展“一核心二重点”。“一核心”就是全力打造长沙以生活服务业为主和生产性服务业并举的物联网应用核心区；“二重点”就是在湘潭和株洲分别建立基于物联网技术的生产性服务业基地。

在“一核心二重点”的打造中，重点建设物联网特色产业园区，长沙麓谷大力发展物联网嵌入式系统软件和应用软件，拓展产业链，集聚一批技术创新能力强、市场前景广阔的行业系统集成和特殊应用的研发、制造、服务企业。加快物联网操作系统和数据库软件的研发和产业化步伐，加强适用于分布式复杂环境的物联网中间件、协同处理和应用抽象技术研发，大力发展低成本和支持多功能的物联网系统集成技术，重点支持城市安防、智能医疗、智能交通、环境监测、电力管理、智能工业等物联网应用的嵌入式控制器和嵌入式应用软件开发，为长株潭城市群基于物联网技术发展现代服务业提供全面的软件技术及产品支撑。

在长株潭结合部，大力培育、引进物联网产业发展所需的金融、保险、物流、电讯、信息、服务、中介、认证、业务咨询和工程监理等机构以及跨国企业的地区总部、研发中心、结算中心和分销中心，大力发展物联网总部经济和应用服务增值业务。长沙要重点围绕“一江（湘江）一山（岳麓山）”做文章，打造“沿湘江文化产业带”与“环岳麓山文化产业圈”，形成“一带一圈多点，四城五区六街”的文化产业格局。“一带”是指“沿湘江文化产业带”；“一圈”是指倾力打造“环岳麓山文化产业圈”；“多点”包括芙蓉区的马王堆汉墓遗址建设以及由此衍生的古汉文化与创意产品、岳麓区的曾国藩文化园开发以及由此衍生的湖湘文化与创意产品、望城铜官窑遗址开发以及由此衍生的陶瓷文化及创意产品等。“四城”包括河西麓谷动漫游戏城、星沙金鹰影视文化城、长株潭“绿心”创意商贸城和金霞信息与智能产业城；“五区”是指芙蓉新闻出版产业发展区、星沙特色创意产业发展区、雨花版权交易及创意体验区、麓山创意设计与文化旅游区以及青竹湖文化休闲旅游区；“六街”是以田汉大剧院为中心的劳动路演艺娱乐休闲文化街，解放西路酒吧休闲一条街，从坡子街到太平街的美食民俗文化旅游一条街，以定王台为中心的文化创意出版物交易一条街，清水塘路古玩街延伸至韭菜园南路形成长沙市的“淘宝街”，以望城的铜官镇、丁字镇、靖港镇与乔口镇为中心，形成“四古镇”文化旅游休闲创作交易一条街。

第三，开展物联网示范应用工程。现代服务业是利用了信息通信技术和现代管理理论改造、提升传统服务业和创新模式发展新的业态。物联网是从传感器、传感网技术和产业逐步发展而来。它包含了器件、网络、传输到应用的一种新的技术和应用领域。它的应用和服务内容即为采用高新技术而产生的新的服务业态——现代服务业。从发展服务产业角度看，物联网也是我国发展现代服务业的重要组成部分。因此，现代服务业的发展，要求物联网产业的同步发展，而且二者相互联系，相互促进。

面向生产制造、社会管理和民生领域，积极引导和组织开展物联网示范应用工程，着力打造物联网技术体系、应用体系和服务运营体系。2011 年，重点将在以下 6 个领域开展物联网示范应用：

①智能交通。采用浮动车、视频识别、地感线圈、微波等感知技术，搭建交通信息综合采集系统技术环境、数据应用共享平台和交通运输管理控制系统，推动物联网技术在交通信息采集、信号控制、指挥调度、交通诱导等方面的示范应用，实现交通管理智能化。

②食品安全。在生猪等食品安全溯源示范应用的基础上，扩大基于 RFID 标签的食品安全可追溯物联网体系建设，建成全市统一的综合食品溯源管理基础平台、数据资源平台和呼叫服务平台，实现对食品生产、流通过程的全程追溯和安全监管。

③现代物流。推进 RFID、视频识别和传感技术在企业生产、配送、仓储、供应链管理等物流主要作业环节的示范应用，实现物流信息的自动采集、标识与识别以及货物可靠配送、安全保管和可视化跟踪。建设物流信息平台和公共信息交换机制，实现货物、运输、仓储、堆场等物流资源的统一协调和优化配置。

通过 RFID 技术在多式联运、大型物流园区、城市配送、冷链物流等方面的应用，探索利用物联网技术对物流环节的全流程管理；开发面向物流行业的公共信息服务平台，开发适用于各种物流环境的特种电子标签、物流装备、读写器、中间件、管理系统等产品。

④城乡管理。围绕市容环境、城市安防、社区以及物业管理等领域，利用物联网技

术，强化监管部门对管理服务对象的信息采集、传输、处理、分析和反馈，实现物联化的实时监测、数字化追踪和智能化管理。

⑤医疗。采用无线射频技术，对医务人员、患者和医疗物品进行管理，带动RFID标识装置的研发及产业化。利用无线遥感技术，实现远程医疗服务功能，带动远程医疗产品和服务的研发和产业化。对社区居民试行健康监控，通过随身携带的健康监控仪，及时将居民的心率、血压、体温等基本健康数据反馈到社区卫生中心，使社区医生及时掌握重点人群的健康状况。

⑥安全监管。综合应用RFID、视频识别、定位追踪、传感器组网等技术，在重大危险源、城市燃气管网、电力高压走廊和其他危险环境等领域建立安全监测信息体系，实现对危险源的自动识别、定位、追踪和状态监控。在此基础上，逐步推广到其他特种设备、设施的安全监控应用。

第四，进行服务模式创新。

物联网技术的发展使得任何人、任何物，在任何时候、任何地点顺畅无缝地通信。社会中的主要角色，即政府、企业、个人依靠智能化数字化终端，通过物联网可以完成所有经济与社会活动。未来的信息社会将是以各类综合型、专业化第三方交易与服务平台为枢纽，以政府、企业、个人为节点，产品与服务个性化更强、政府与企业规模更小、分工更细、协作程度更高的网络化信息社会形态。因此，依托电子信息网络、融合信息技术及领域服务技术，通过第三方服务方式及数字化服务过程为产业链及产业间相关方提供业务关联服务的服务模式将是现代服务产业的主流模式。

长株潭城市群在发展现代服务业中，要创新服务模式，选择以基于物联网的第三方服务模式为主要模式，为生产制造业发展和人们生活提供增值服务。

（二）稳步推进实施基于物联网的长株潭城市群物流业发展

2007年12月，经国务院同意，批准武汉城市圈和长沙、株洲、湘潭（简称长株潭）城市群为全国资源节约型和环境友好型社会建设综合配套改革试验区，要根据资源节约型和环境友好型社会建设的目标，来全面推进各个领域的改革。因此，长株潭城市群资源节约型、环境友好型社会实验区创建在物流领域的要求就是要实施和开展绿色物流。

在“十二五”科技、信息产业、信息化三个专项规划中都有与物联网相关的规划，物流师是最早接触物联网理念的行业，从当前的有关物联网的研究规划、标准体系建设、需求、上下层连接、基础设施建设、市场发展状况等各方面看，物流领域的物联网将最先形成。

因此，绿色物流并且是应用物联网技术的绿色物流将成为长株潭城市群物流业的发展方向。长株潭城市群物流领域应用物联网技术日益迫切：其一，长株潭城市群物流基础设施规模的迅速扩大为物联网在区域内的发展提供了良好的设施基础，优先推进物联网在长株潭城市群物流领域的应用具有行业优势，可以迅速的提升物流业的服务水平、降低货物流通费用。其二，长株潭城市群乃至整个湖南省现正处于“四化两型”社会建设的关键时期，经济形势看好，随着其他行业的迅速发展，发展基于物联网技术的物流业，对于提升货物的流通速度、服务水平和促进其他行业的发展有间接的推动作用。

物联网环境下长株潭城市群物流业要把握如下发展思路：首先，长株潭城市群物流业要适应“两型”社会建设需要，走绿色化发展之路。其次，加强与无锡等物联网产业园、行业领头企业的交流与合作，注重物联网技术与长株潭城市群物流业“两型”社会建设、绿色物流需求的无缝链接。最后，扶持一批物联网技术应用，示范物流企业、商贸流通企业、生产制造企业，给予财政、税收等支持，从而推动长株潭城市群“两型”建设和“绿色物流”发展。

（三）创新长株潭城市群金融服务

1. 长株潭商业银行供应链金融服务

（1）长株潭城市群商业银行金融服务发展现状

①供应链融资产品逐渐成为长株潭城市群商业银行业务发展的新领域。经调查发现，长株潭城市群中企业主动实施供应链管理的比较少，对上游供应商和下游客户的管理主要表现在两个方面：一方面强势的核心企业对其上游供应商设置准入管理，挤占其资金；另一方面，由于信息不对称而缺乏有效的手段，从而导致对下游客户或经销商的管理、拓展方面存在较大的问题，越是靠近终端销售的领域其销售政策的制定越是谨慎。但是，不少企业特别是处于供应链的核心企业已经发现这样操作所带来的后果，而逐渐的开始关注供应链管理，也采取了一些措施来解决这样的问题，如通过缩短结算周期解决减缓供应商资金占用问题，但这样的措施往往伤害到自身的利益以及核心企业的利益。因此，长株潭城市群中商业银行从供应链的角度来设计融资产品，作为对策其他银行纷纷推出了自身的供应链融资产品，为未来业务的发展提前做好准备。

②目前供应链金融产品的应用与推广的特点。第一，主要以融资产品为主，主要集中在基于应收账款的保理与存货质押领域，且可用于存货质押的资产必须具备易变现、物理性质稳定、易于监管的特性，如钢材、有色金属、橡胶；第二，以服务核心企业上游客户为主，而对处于核心企业下游客户，特别是越靠近最终消费端的下游客户产品开发不足，形成此种现象的原因主要在于信息的不对称，无法对资产的使用情况进行跟踪、监控；第三，非融资类产品使用不足；第四，电子化程度不足，作为供应链金融产品，其核心在于通过利用核心企业供应链中相对长期的、稳定的交易关系所形成的物流、信息流作为控制交易风险的手段，频繁的交易及众多的环节使金融机构如果仅依靠手工或零散的系统进行产品运用的大面积推广受到限制。

（2）长株潭城市群物联网环境下金融服务发展趋势

①随着物联网的发展将形成新的产业、构建新的供应链，从而为商业银行供应链金融带来巨大的商机。物联网将成为信息化带动工业化的现实载体，依靠这一网络技术将生产要素和供应链进行深度重组，以实现投入更少、成本更低和效率更高的发展。如果说发达国家基本是在完成了工业化以后，才先后进入后工业化即服务业化进程的，商业银行的供应链金融服务领域必将得到更深入、更广泛的拓展。

②物联网核心技术手段所实现的对物品的“可视跟踪”技术将有效实现核心企业下游客户销售信息及时性、有效性。物联网核心技术手段可以使核心企业下游客户利用存货融资的范围大大拓展，如药品、医疗器械、农产品。同时，除了发挥供应链融资中介的作用外，金融机构在财务供应链管理方面还可以提供若干中间业务服务，包括财务管理咨询、现金管理、应收账款清收、结算、资信调查和贷款承诺等，在涉及国际贸易的领域还可以

提供货币和利率互换等金融创新服务。借助人力资源优势，商业银行的财务管理咨询既可以专门针对作为供应商的中小企业，帮助它们合理安排应收账款账期结构与数量，缓解它们通过赊销扩大销售规模的冲动；也可以针对供应链上的核心企业，帮助它们分析供应链不同环节企业的资金需求和融资能力，从而提出降低整体供应链财务成本的最优方案并协助其实施。

③加快“电子供应链金融”平台建设，提高 IT 系统柔性服务水平。“电子供应链金融”就是银行通过互联网服务平台，以一系列电子化金融衍生产品及与外部合作机构数据交换系统紧密联结以服务供应链核心企业及其上下游企业的模式与方式。电子供应链金融通过充分运用电子票据、网上国内保理、网上国内信用证、电子仓单等新型电子金融工具与手段，全面实现供应链核心企业与上下游中小企业间资金流与信息流的有效衔接，并有效解决供应商、制造商与零售商等供应链成员在采购、生产、销售等各环节之间的信用缺失、结算复杂等难题，极大加快资金流转效率，全面降低供应链总成本，为供应链上企业在以“链”为核心的市场竞争中带来全流程的金融支持，有效缩短了银行和企业在供应链流动过程中的反应速度、增加可用资金头寸、减轻财务管理负担和成本、提高企业财务运营和控制能力①。

2. 物流金融服务

（1）长株潭城市群物流金融服务现状

质押监管作为一种新型的物流金融服务产品在长株潭城市群中已经发展起来，主要的业务模式有以下几种：

①仓单质押。借款企业、物流公司和供应商达成三方协议，借款企业把质物寄存在物流企业的仓库中，然后凭借物流公司开具的仓单向银行申请贷款融资。银行根据质物的价值和其他相关因素向借款企业提供一定比例的贷款。风险控制点：跟踪质押物的变化情况(数量是否充足、状况是否良好、货物价值波动状况并及时做好价差补齐)、仓单的出入与交接。

②动产质押逐笔控制。指出质人以银行认可的合法的动产作为质押担保，银行给予融资，且在授信期内可以分阶段还款，并可以通过银行审批更换所质押的动产的授信业务，监管人的控货方式为逐笔控制。风险控制点：质物更换频繁，质物出入库管理给银行等金融机构的监管带来困难。

③动产质押总量控制。指出质人以银行认可的合法的动产作为质押担保，银行给予融资，且在授信期内可以分阶段还款，并在满足银行核定的最低库存基础上可更换所质押的动产的授信业务。质押的标的为监管人仓储保管的货物，银行委托监管人不间断的占有质物，但监管的质物是不断更换的，在不同的时间表现为不同批次、种类，故称为“动态质押总量控制”。风险控制点：动产质押总量控制与动产质押逐笔控制类似，只是银行将审批权限委托给监管方，由监管方代为控制，作为监管方也会承担相应风险。动产质押逐笔控制和动产质押总量控制亦可统称为融通仓。

④买方信贷。金融机构向借款企业开具银行承兑汇票，借款企业凭借银行承兑汇票向

①李旸，李芬萍．“物联网”对商业银行供应链金融产品的几点影响［J］．西部金融，2010（5）：29－30.

(3) 供应链级信息增值服务。最高层面的信息增值服务是利用物联网，服务企业可以对供应链级信息进行整合，满足企业对于全供应链级信息服务的需求。该供应链级信息增值服务建立在前面两个级别的信息增值服务的基础上，主要依靠物联网的网络化和个性化的管理软件系统来实现全供应链的监控，提供满足企业所需要的信息服务和整个供应链资源优化配置的信息服务①。

(五) 基于物联网技术的长株潭新型工业化发展研究

1. 长株潭城市群新型工业化发展的总体要求和发展目标

(1) 总体要求。以邓小平理论和“三个代表”重要思想为指导，深入贯彻落实科学发展观，坚持走新型工业化道路，促进结构调整和产业升级，进一步加大技术改造力度，增强自主创新能力，促进信息化与工业化深度融合，推进节能降耗减排，提高资源综合利用水平，加快构建低投入、高产出，低消耗、能循环，少排放、可持续的工业发展模式，形成以战略性新兴产业为先导、优势特色制造业为支柱、生产性服务业为支撑的产业发展新格局，使长株潭城市群成为湖南在中部地区崛起的重要战略支点。

(2) 发展目标。按照“两型”社会建设的要求，完善有利于资源节约、环境友好和绿色增长的体制机制，加快形成全国的现代装备制造基地、高技术产业基地、优质农产品生产加工基地、中西部地区现代物流中心和现代服务业中心，成为全国“两型”社会发展典型示范区，实现长株潭区域经济一体化，并形成长株潭与岳阳、衡阳、常德、益阳、娄底等周边城市协调发展的产业一体化格局。支持湖南省提出的长株潭城市群发展目标：到2015年，长株潭城市群产业发展初步形成布局合理、分工明确、资源配置效率较高的空间布局；工业增加值年均增幅达到15%以上；万元GDP能耗比2009年下降15%以上；规模以上工业万元增加值能耗比2009年下降20%；工业固体废物综合利用率比2009年提高5个百分点；信息通信基础设施建设和推进“两化”融合走在全国前列。

2. 湖南物联网产业呈现良好的发展态势

湖南物联网发展的基础条件已经具备。2009年全省在物联网研发、生产和服务领域实现销售收入170亿元，涉足传感器、芯片设计、电子标签与读写机具、智能终端等物联网产业链的多数环节；物联网网络运营基础良好，2009年全省互联网接入用户286.11万人，基础电信企业互联网宽带接入端口384.47万个。

在2011年湖南省“两会”上，由民建湖南省委提交的四号提案《关于加快湖南省物联网建设的建议》，得到了湖南省委省政府的高度重视。省委副书记、省长徐守盛对此作出批示：“加快湖南省物联网建设，对建设数字湖南，促进经济结构的调整，推动湖南省工业化与信息化深度融合具有重要促进作用。请省政府会同经济和信息化委员会等相关部门研究，提出加快湖南省物联网建设的实施意见。”

在物联网技术研究开发方面，物联网关键技术在湖南取得突破。由湖南两型办主抓的长株潭节能减排在线监测平台正在紧张建设之中，其中的关键核心技术提供商是湖南新崛起的一家公司，该公司通过几年的艰苦技术攻关，攻克了无线传感网的关键技术，解决了无线网基础接入部分的技术瓶颈，大规模设备联入公网之前建立了一个可靠性高、稳定性

①潘金生．基于物联网的物流信息增值服务［J］．经济师，2007 (9)：241.

比较强、免入网费用的短距离无线网络，将大量设备数据通过这样一个短距离网络集中起来，用少量的网关设备入网，这样就可以减少入网的运营费用。而这个短距离高可靠的无线局域网络就是核心技术，开发难度比较高，它需要高可靠性、低成本化，同时需要低功率，能将类似水表、电表、家用电器这种更大用量的设备联入互联网，同时成本较低的技术方案，才能称之为真正物联网的技术。

3. 基于物联网技术的长株潭新型工业化发展对策

（1）建立新型工业化物联网技术推进组织，合力推进其发展

建议成立以发改委、经济贸易和信息、科技等部门主要领导组成的“长株潭城市群新型工业化物联网技术推进领导小组”，从宏观战略层面提出长株潭城市群新型工业化物联网技术研发与应用方向，组织制定相关发展规划和相关扶持政策，积极推进物联网技术的应用和推广。

（2）依托技术研发成果，打造物联网产业链

长株潭城市群物联网产业链的打造要考虑两个方面的因素，①对全国乃至全球物联网技术研究的进展和应用情况的把握；②要充分挖掘湖南省在物联网技术研发方面的优势，结合长株潭城市群新型工业化的产业特点、建设要求，重点做好两件事情：第一，当前如果有相对成熟的物联网技术并且能够直接应用于长株潭城市群新型工业化建设中，则采用技术引进的方式进行应用；第二，如果当前没有相对成熟的技术可以直接引进的话，可以采取独立开发与联合开发的技术开发模式，开发出适合长株潭城市群新型工业化发展的物联网技术，继而形成技术研发、产品应用、市场推广的物联网产业链。当前实现无线传感网广泛应用的核心技术——自组织无线网络技术的研发应用已经在湖南获得革命性的突破，并开始在能耗智能监测领域应用。这意味着湖南将迎来发展物联网的绝佳时期，如果能抢抓机遇，不仅能为湖南创造又一个千亿产业，成为我国物联网产业的引领者和先行者，还能为数字湖南、两型社会、新型工业化等重大战略的有效推进提供强有力的技术支撑。

（3）物联网技术在长株潭新型工业化建设中的推广与应用

长株潭城市群拥有中部地区唯一一个综合性国家高技术产业基地。长株潭国家高技术产业基地将重点发展信息、生物、民用航空航天、新材料、新能源 5 大产业，除了发展高新技术产业，长株潭城市群还将围绕具有区域优势和湖湘特色的物流、文化、旅游 3 大领域，发展现代服务业。因此物联网技术在长株潭城市群新型工业化建设中一定要充分考虑长株潭城市群新型工业化建设的方向与重点，进行有针对性的开发和应用。在推广应用的前期，最好开展示范企业与示范项目的建设，以点带线带面，逐渐实现普及。

①应用物联网系统，完善供应链系统。流程制造企业的供应链系统包括原、材料的采购和产成品的销售，这期间，物品要经过仓储、运输和交付等若干环节。长株潭城市群有众多的流程制造企业，而且这些企业在整个供应链中的地位很突出，因此建立以长株潭城市群核心制造企业为中心的，包含上、下游厂商的物联网系统非常重要。它将实现上、下游企业的紧密联合，使整个供应链上的物品得到全程跟踪，上、下游及企业的生产信息得到充分利用。

②建设新型工业化生产环境，打造智能厂区。新型工业化的建设需要拥有一个新型的

智能化的生产环境，企业智能厂区环境包括企业的智能安防、人员管理、车辆管理、环保监测、危险物品监控等。通过对企业智能厂区环境物联网的建设，确保厂区安全、绿色；通过对人员和车辆采用电子标签技术和GPS技术，可进行有效的跟踪和调度；通过对网上智能安防传感器信号的采集，能杜绝非法物品的出入。

③广泛运用RFID等物联网技术，实现优势新型制造企业的智能生产。物联网技术的应用提高了企业生产车间的信息感知能力，它可使长株潭城市群优势制造企业生产效益得到更大的提高，使企业的生产在全局上作出更合理的安排。同时它也可以提高企业生产过程中在线过程检测、实时参数采集生产设备监控、材料消耗监测的能力和水平，并使生产过程的智能监控、智能诊断、智能决策水平不断提高，从而提高产品质量，优化生产流程。

六、基于物联网的长株潭城市群现代服务业发展保障策略研究

（一）加强物联网建设和发展的规划

长株潭城市群应抓紧制定物联网发展规划，而这种规划一定要在考虑长株潭城市群实际情况的基础上与省级层面规划、国家层面规划相配套，与相关部门统筹协调、系统推进、提前谋划，将加快推进物联网产业发展列入到长株潭城市群发展规划中，与省政府正在制定的“十二五”规划以及“十二五”信息产业、信息化和科技发展专项规划相互配合，将其作为现代服务业重大战略产业的重要内容来谋划，并与现有的产业形成良性互动，实现产业的协同放大效应，进一步指导和推进长株潭城市群物联网产业的有序发展，跟上全国物联网产业发展的步伐。

（二）整合高校相关专业，培育物联网人才

物联网行业的发展与任何一个新兴产业的发展一样，离不开专业人才的支持，加之长株潭又是教育强市，因此，需要对当前高校相关的专业进行整合，培育高素质的物联网人才。

1. 目前高校专业设置与物联网的关系

湖南省乃至全国任何一所高校的人才培养方案、人才培养目标与规格等都是按照产业和行业的发展需要进行制定的，为此，按照物联网产业体系的分布情况，对于高校主要专业设置的基本要求是：在当前高校已经开设的专业中能够覆盖到物联网方向，因此不用新增新物联网专业，只需要对原有的专业根据物联网产业的整合情况而进行专业的调整；对于物联网发展影响深远的某些领域如感知层技术的研究，可有针对性地设定其专业方向，进行重点人才培养；对于一些人才培养饱和的专业，需要进行专业方向的调整等。

2. 物联网涉及的高校主要专业及专业设置调整

高校涉及物联网相关的专业大概可以分为物联网产业感知层、物联网产业通信层、物联网产业应用层三个层面的专业，具体的专业设置与调整如下：物联网感知层以电子类为主，为感应设备的研发、生产和制造企业培养人才，在专业设置方面以电子类专业为主，主要涉及专业有：微电子类专业、电子工程类专业、电子信息类专业、嵌入式专业；物联网产业通信层所涉及的高校专业主要有网络技术专业和通信技术专业；物联网产业应用层所涉及的高校专业是原有的软件技术类专业、具体应用型专业两部分。所有与物联网有关

的专业可在原专业的基础上设定物联网方向，无须进行新专业设置。

3. 物联网涉及的高校专业课程设置调整

在对现有专业进行物联网方向专业整合时，可以对主要课程进行部分调整，满足其发展需要，三个产业层所对应专业增设的基本课程包括：物联网原理与应用、感应器生产制造原理、感应器原理、IPv6 技术课程、物联网网络规划与设计、无线微通信、C＋＋课程中增加感应设备控制类内容，增加数据存储、压缩、分析和挖掘方面的课程。

4. 针对物联网产业发展如何开展专业方向

物联网产业发展迅猛，而物联网相关专业的设置与调整有一定的延迟性，当年开设的专业一般要四年后才正式走向市场，但人才需求却随着产业的发展而急剧增加，因此，还需采取一定的措施加快物联网人才的培养：一方面要针对紧缺人才开设短期培训班，满足目前在专业人才培养还不到位情况下的人才供应；另一方面通过进行调整现有专业方向，通过开设选修课程等方式来满足后续人才需要。

（三）制定支持物联网建设发展财税政策

财税政策作为政府进行宏观调控的重要手段之一，对促进现代服务业的发展起着重要的作用。现代服务业既包括伴随新技术高速发展而产生的新兴服务产业，如网络通信、数字影视、网络传媒、IT 信息服务、现代物流、远程教育、电子商务等，也包括运用新技术改造和经营模式更新的传统服务领域，如交通运输、邮电通信、金融保险、信息咨询、中介业务、商品零售、物业管理、社区服务等，还包括义务教育、公共卫生、市政公用行业等。

1. 现有服务业财税政策及其存在的问题

（1）现有服务业财税政策的基本情况

①财政支出通过多渠道增加服务业投入，促进服务业高速发展。中央和地方政府财政支出中，适当安排了一定数量的投资，作为加快服务业发展的引导资金，主要用于政府鼓励的服务业建设项目的贴息或补助，以更多地吸引银行信贷资金和社会投入。财政支出政策的直接支持与间接导向，有力地促进了服务业的高速发展。

②建立了涵盖整个服务领域的复合税制体系，初步形成了以营业税和所得税为主体的服务业税收制度框架。在我国现行 23 种工商税收中，除消费税等个别税种外，大多数税种的课征范围都与服务存在着一定的关系，现行税制几乎囊括了整个服务业的经营领域。就服务业的资金流而言，形成了加工及修理修配服务适用增值税、其他服务行业适用营业税的流转税体系；就服务业的利润流而言，确立了企业所得税和个人所得税并行征收的所得税体系。

③确立了促进服务业发展的专项财税政策。在我国现行税制中，对文化、教育、金融保险、交通运输、房地产开发等服务领域规定了专门的税收政策。例如对托儿所、幼儿园、养老院、残疾人福利机构提供的育养服务、婚姻介绍、殡葬服务等免征营业税；为支持和鼓励第三产业发展，可以根据产业政策在一定期限内减征或免征所得税，等等。这些专项税收政策的制定，在一定程度上促进了我国服务业的蓬勃发展。

④涉及服务业的税种逐渐成为地方税体系的重要组成部分。根据我国新一轮税制改革的总体思路，建立以财产税和行为税为主体税种的地方税体系尽管已成为今后一段时期的

改革方向，但财产税和行为税的发展与成熟仍须假以时日。从地方税收的结构分析，在个人所得税改为共享税以后，以服务业为主要课税对象的营业税已成为我国地方政府的主体税，营业税税收政策的总体取向与结构调整，成为影响服务业发展的主要税收政策因素。

（2）现有服务业财税政策存在的主要问题

①财政对公共服务业投入缺位造成现代服务业发展的基础环境不够理想。公共服务业作为公共产品的一部分有纯公共服务和准公共服务之分，长期以来，由于政府职能尚未转变，财政供养范围过大，包揽过多，特别是对应由市场承担的一些经营性和竞争性领域干预过多，大大超出了政府职能范围和财力承受水平，与此同时，应由政府承担的一些社会公共需要和服务却得不到应有的资金保障，推给市场竞争主体去承担，如企业办“社会”等。这种状况不仅造成财政资金的严重短缺，也使得政府无力顾及应由政府提供的纯公共服务和一部分准公共服务，从而造成财政投入的严重缺位，公共服务业基础薄弱，造成现代服务业发展的基础环境不够理想。

②财税政策倾斜角度不同，影响了现代服务业内部的均衡发展。在我国，政府垄断着金融保险、邮电通信等现代服务业的主要行业，在财税政策上也逐渐形成了对这些行业的倾斜政策，从而造成行业间、企业间、地区间竞争机会不均等，扩大了行业差距，也逐渐使得服务业本身的产业结构趋向不合理。比如，财政部、国家税务总局“财税〔2006〕47号”文件规定：“自 2006 年 1 月 1 日起，对国家邮政局及其所属邮政单位提供邮政普遍服务和特殊服务业务（具体为函件、包裹、汇票、机要通信、党报党刊发行）取得的收入免征营业税。享受免税的党报党刊发行收入按邮政企业报刊发行收入的 70%计算。”某种程度上说，诸如邮政这样的一些特殊行业在优惠政策的保护下又进一步巩固了其垄断地位，从而造成这些行业的发展难以适应市场，也难以得到快速发展。与此同时，对某些服务性行业又实行了严厉的税收政策，直接加重了其税收负担，如国家对金融业一贯实行严厉的税收政策，也使得金融保险业难以抗拒 2006 年全面开放后，我国金融市场带来的外资金融企业的冲击，金融业发展出现了许多困难。正是由于诸如此类的财税政策倾斜角度不同，使得现代服务业内部各行业之间发展极不平衡，服务业产业结构趋向不合理。

③财税政策对新兴产业缺乏支持，影响新技术、新产业的发展。从我国以往实行的引资政策看，税收优惠主要偏重于生产型外资企业，因此，外资在我国的投资主要集中在技术含量较低的加工业，交通运输、环保产业、高新技术产业和技术服务业中外资所占比重较小。结果是在生产性行业大力发展的同时，服务性行业却没有得到快速发展，外资进入很少，科技含量较高的现代服务业以及农村现代服务业发展依旧缓慢。

④不完善的税制，抑制了现代服务业的发展。第一，增值税范围偏窄，阻碍了物流业、交通运输业的发展。现阶段，我国增值税的征收范围在劳务方面只包括提供加工和修理、修配劳务，因此，一些现代服务业，如物流业及交通运输业等一般是按收入全额缴纳营业税。但由于物流业及交通运输业固定资产投入大，按照现行增值税规定：外购固定资产的进项税不能抵扣，导致流转环节抵扣链的中断，因此上述行业不仅要交 3%的营业税，而且还承担了外购固定资产价款中不能抵扣的增值税进项税额，税收负担较重，这直接影响了现代物流业、交通运输业的发展。

第二，营业税不健全，造成了现代服务业内部各行业的税负不公。现行营业税税目采用行业列举的形式，但随着现代服务业的发展，出现许多新兴服务业，如会展业、物流业、教育服务业、物业管理业、信息服务业、经纪业等，而原税目却涵盖不了，不能适应现代服务业发展的需求。同时，营业税税率设计没有突出应该鼓励发展和抑制发展的现代服务行业。一些市场经济的支撑行业税负偏重，而一些仍然属于奢侈性服务的行业税负偏轻。金融业、物流业以及科学研究、技术服务业都是我国应该着力发展并努力提升其竞争力的行业，但是这些行业税负偏重。我国金融业营业税税率为5%，与其他服务性行业相比仍然偏高，也偏高于其他国家金融业营业税税率，且其总体税收负担率在20%左右，并且，金融机构还要以其计征的营业税为税基，缴纳城市维护建设税及教育费附加。此外，现代服务业中包罗万象，即使是同业之间也会因设备档次、收费标准差距较大而产生较大的利润差距，但按现行营业税制，凡是服务业都适用5%的税率，对暴利行为缺乏有力调控，从而在现代服务业内部也产生了税负不公的问题。

第三，消费税税率设计未能起到引导现代服务业发展的功效。我国2006年4月1日调整后的消费税制，对经济的发展和社会的良性发展起到了一定的调节和导向作用，但是，也存在一定的局限性。就其税率而言，由于设计比较单一，未能采用高税率对高消费性纳税事项和行为进行有针对性的调节，使得消费税达不到引导社会资源向人民急需的消费性服务业（如养老、教育、社区服务）投入的目的，不能更好地起到引导生产和消费的功效。

2. 物联网背景下长株潭城市群现代服务业创新发展的财税对策

（1）财政支持政策

①完善公共财政体系，增加对现代服务业的投入。发展现代服务业，主要依靠市场机制配置资源，同时也要注意发挥政府投资的引导和带动作用。这就需要完善公共财政体系，建立财政专项基金，增加对现代服务业的投入。具体说来，长株潭在发展现代服务业过程中，要大力调整财政支出结构，加大对公共产品支付力度，减少经济建设支出比例，加快长株潭基础设施和公共服务建设，以相对完善的基础设施和良好的公共服务为长株潭现代服务产业的发展创造条件。

②对在长株潭新设立的总部或地区总部，按注册资本金的不同给予一次性资金补助，对其购建的自用或租赁的办公用房给予一定的补助，总部或地区总部聘任的境外、国外高级管理人员，按其缴纳的个人所得税地方分享部分的50%给予奖励。

③应设立现代服务业发展引导资金，主要用于对影响大、带动作用强、具有示范效应的服务业重点项目的贴息或补助，重点扶持现代服务业集聚区、现代物流、金融业、商务服务业、信息服务业等领域的重点项目建设。

（2）税收优惠政策

①对在长株潭新设立的金融企业，大型分拨、配送、采购、仓储、包装类物流企业，国际、国内知名律师事务所、会计师事务所、咨询公司、人才中介机构等专业服务机构等，自开业当年起的一定期限内，减半返还营业税，自赢利年度起的一定期限内减半返还企业所得税地方分享部分。对其新购建的自用办公房产，给予免征契税，并免征一定期限房产税的优惠。

②对从事研发、设计、创意等现代技术服务的企业可认定为高新技术企业，享受相应

的高新技术企业税收优惠政策。

③进一步扩大增值税的征收范围。目前，对物流、金融等现代服务业征收营业税的做法，在很大程度上阻碍了物流、金融等服务业的发展。因此建议国家将增值税范围扩大到交通运输业和物流业，减轻交通运输和物流业的税收负担，然后在条件允许时将增值税扩大到其他现代服务业。同时，应妥善处理服务购入的抵扣问题。如果将生产型服务业（物流配送、交通运输、技术服务等）纳入到增值税的征收范围，那么制造企业购买这些服务就不用负担税收，这些服务投入的抵扣问题就不会存在。如果不能将所有的制造业纳入到增值税征税范围，则建议对制造企业在购买诸如专利等高端生产型服务时，可允许其按照一定的比例抵扣进项税额，以鼓励这些服务项目从制造企业中分离出来，促进现代服务业快速有序地发展。

④进一步完善营业税制。首先，建议调整营业税的税目。按现代服务业划分税目，将新兴的服务业列入相应的税目。为了增加营业税对经济发展的前瞻性和适用性，应在营业税暂行条例中增设一个概括性税目——“其他”，将不断出现的新兴应税项目及时纳入营业税的征税范围，这样既可以避免税法的滞后效应，也能保持现代服务业不同经营者之间的税负公平。其次，建议科学合理地设计营业税税率，按照目前的税收体系，现代服务业所涉及的各个行业主要征收营业税，实行行业差别比例税率，这种做法基本上与行业的经济发展水平和经济效益相适应，但是由于一些税基与税率配置不合理，出现了名义税负与实际税负相脱节的现象，因此，应根据不同行业的具体情况，区别对待。如对电讯业等高利润行业适当调高税率，对金融保险业等行业适当降低税率，将娱乐业的税率恢复改进为区间较为合理的幅度税率，将音乐茶座改按饮食业征税，等等。

⑤进一步完善消费税。从现代服务业的角度来看，消费税的征税范围应扩展到高档的消费性服务业（娱乐业），如高尔夫、网吧、保龄球、洗浴等项目。从局部均衡的角度来看，对这些项目征税会阻碍产业的发展，但是从一般均衡的角度来看，对这些项目征税可以引导社会资源向人民急需的消费性服务业（如养老、教育、社区服务）和生产型服务业流动，促进这些产业的发展，同时征税可以获得财政收入，政府可以用这些收入提供公共服务和公共产品。

（四）进行物联网信息安全防护研究

物联网给人们的生产和生活带来便利的同时也带来了有关信息安全方面的烦恼，甚至有些消费者会因为对于物联网信息安全方面的不信任而拒绝融入物联网，给城市群物联网产业的发展带来了不利的影响。因此需要加强对于物联网信息安全方面的研究，为物联网产业的发展保驾护航。具体的措施有以下几个方面：

（1）需要强化对感知器和设备操作环境的安全控制。感知器和物品设备操作环境作为物联网应用中容易受控制和破坏的终端环节，其安全控制对于整个物联网来说都非常重要，因此，需要花大力气来控制，首先从感知器本身功能方面进行完善，其次进行严格的用户访问权限设置，最后通过对操作人员的培训、安防人员的监控、有效控制机制的建立等方面来实现。

（2）需要加强对物联网信号安全的防护。不断对安全防护技术进行研发，可以通过一方面进行加密技术的升级，另一方面通过干扰信号的干扰，建立对信号处理和传递不断刷新的全过程监控体系，强化安全审计，确保安全。

（3）需要加强对物联网信息交换节点的防护。物联网中重要环节之一是信息交换节点，在信息交换节点出现信息安全问题的情况比较多，因此，在该环节需要建立有效的认证机制来确保节点与会聚点之间信息的安全传递，另外可以采用第三方认证法来识别和排除非法节点及非法设备，还可以通过对节点设置封锁或自毁程序的设计来进一步确保安全。

（4）需要加强对数据传送的安全防护。在物联网中，信息无时无刻不在进行着传递，而传递过程中同样存在着风险，云计算技术和增加或改进路由安全机制是其中非常有用的安全防护方法①。

①刘件，侯毅．物联网时代的信息安全防护研究［J］．微计算机应用，2011（1）：15－19.

第五章　湖南省商贸物流发展研究

商贸物流是指与批发、零售、住宿、餐饮、居民服务等商贸服务业及进出口贸易相关的物流服务活动。商贸物流属产业物流，是商品流通的重要组成部分。构建高效、安全、通畅的商贸物流服务体系，有利于降低物流成本，提高流通效率和效益；有利于促进商贸服务业转型升级，提升流通产业竞争力；有利于扩大就业，改善民生，维护社会稳定与繁荣；有利于减轻资源和环境压力，促进经济发展方式转变，更好地为建设小康社会、构建和谐社会服务。

商贸流通产业是三产服务业的重要组成部分，是增加财政收入、壮大财政实力的有效途径，也是增加就业、改善民生的重要渠道。同时，商贸物流还具有能耗低、污染小、效益高等特点，有利于突破资源约束瓶颈，减轻环境压力，是湖南省全面落实科学发展观，加快“两型社会”建设，实现富民强省必须重点加快发展的产业。

《长沙市 2010 年政府工作报告》中明确提出将长沙市着力打造成长株潭“半小时消费圈”、“3+5”城市群“一小时消费圈”、省外周边城市“两小时消费圈”，使其成为在全国有影响力的区域消费中心。研究湖南省商贸物流发展环境要从湖南省中部地区的作用来研究，从中部地区商贸物流发展环境、湖南省商贸物流发展环境分析入手，重点研究了湖南省商贸物流发展中存在的相关问题，并提出对策。

一、中部地区商贸物流发展环境分析

（一）中部地区 GDP 增长势头强劲，发展动力足

1. 中部地区各省 GDP 现状分析

中部地区 GDP 统计分析如表 5－1 所示。

表 5－1　　2001—2009 年中部六省 GDP

地区 年份	湖南	湖北	山西	江西	河南	安徽	合计
2001	3831.9	4662.28	1774.6	2175.68	5645.02	3290.1	21379.58
2002	4151.54	4975.63	2001.8	2450.48	6163.15	3569	23311.6
2003	4659.99	5395.91	2445.6	2830.46	7025.93	3973.2	26331.09
2004	5641.94	6320.48	3042.4	3495.94	8815.09	4812.7	32128.55
2005	6511.34	6484.5	4121.2	4056.76	10535.2	5375.8	37084.8
2006	7568.89	7497.17	4746.5	4670.53	12464.09	6141.9	43089.08
2007	9200	9150.01	5733.4	5469.3	15058.07	7345.7	51956.48

续 表

年份＼地区	湖南	湖北	山西	江西	河南	安徽	合计
2008	11156.64	11330.38	6938.73	6480.33	18407.78	8874.2	63188.06
2009	12930.69	12831.52	7365.7	7589.2	19367.28	10052	70136.39

数据来源：各省统计年鉴，2010。

将中部地区各省 GDP 占总和比例求出，如表 5－2 所示。可以发现：湖南省 GDP 在中部地区的比例基本稳定在 18％左右，处于第三的地位。中部地区各省 GDP 在总量中的比例如图 5－1 所示。

表 5－2　2001—2009 年中部六省 GDP 在总和中所占比例分析　单位：％

年份＼地区	湖南	湖北	山西	江西	河南	安徽
2001	17.9	21.8	8.3	10.2	26.4	15.4
2002	17.8	21.3	8.6	10.5	26.4	15.3
2003	17.7	20.5	9.3	10.7	26.7	15.1
2004	17.6	19.7	9.5	10.9	27.4	15.0
2005	17.6	17.5	11.1	10.9	28.4	14.5
2006	17.6	17.4	11.0	10.8	28.9	14.3
2007	17.7	17.6	11.0	10.5	29.0	14.1
2008	17.7	17.9	11.0	10.3	29.1	14.0
2009	18.4	18.3	10.5	10.8	27.6	14.3
平均值	17.8	19.1	10.0	10.6	27.8	14.7

数据来源：各省统计年鉴，2010。

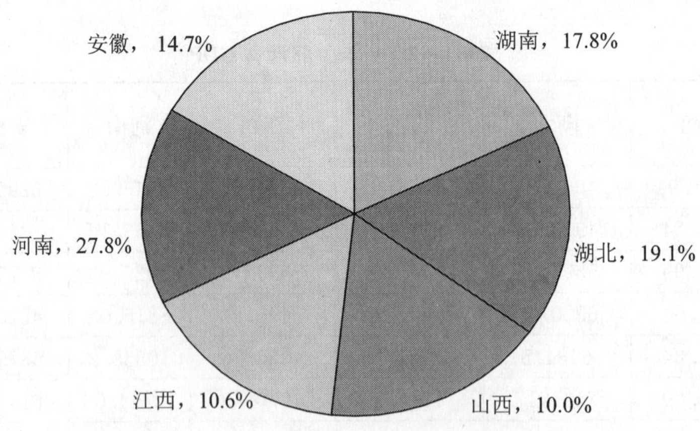

图 5－1　中部地区各省 GDP 在总量中的比例

2. 中部地区各省 GDP 发展预测

为评估未来中部地区各省经济发展潜力，采用线性预测方法对未来中部地区各省 GDP 进行预测如下：预计 2010—2020 年，中部地区 GDP 平均年增幅为 11.47%；湖南省 GDP 将有望达到 5 万亿元，居中部第二，仅次于河南省。如表 5-3 所示。

表 5-3　**2010—2020 年中部地区各省 GDP 发展预测**　单位：亿元

年份＼地区	湖南	湖北	山西	江西	河南	安徽
2010	14751	14373	9113	8748	23165	11566
2011	16705	16219	10284	9872	26142	13052
2012	18919	18304	11605	11140	29501	14729
2013	21425	20656	13097	12572	33292	16622
2014	24179	23310	14780	14187	37570	18758
2015	27286	26305	16679	16011	42398	21169
2016	30792	29685	18822	18068	47846	23889
2017	34718	33470	21222	20372	53946	26934
2018	39144	37738	23928	22969	60824	30369
2019	44135	42549	26978	25897	68579	34241
2020	49718	47932	30391	29173	77255	38572

数据来源：各省统计年鉴，2010。

（二）中部地区社会消费品零售总额增长势头良好

自 2004 年 3 月中部崛起战略正式提出和实施以来，中部地区统筹城乡发展的进程逐渐加快，出现了新的变化和特点，同时也暴露出一些新的问题。中部六省中除山西以外都是农业大省，农业人口众多，农村地区发展速度和水平低于城市，城乡发展中的不平衡和不协调问题严重制约了中部崛起战略的实施。但从社会消费品零售总额数据分析来看，中部地区消费潜力和消费能力增长势头良好，未来将继续保持稳定增长。

预计 2010—2020 年，中部地区社会消费品零售总额将保持 11.5%左右的匀速增长；到 2020 年，湖南省社会消费品零售总额将有望达到 17053 亿元，居中部第三，落后于湖北省和河南省。

1. 中部地区各省社会消费品零售总额现状分析

湖南省社会消费品零售总额在中部地区的比例基本稳定在 19%左右，处于第三位。中部六省的社会消费品零售总额数据分析、消费品零售总额与总和比例如表 5-4、表 5-5 所示，中部地区名省消费品零售总额在总量中的比例如图 5-2 所示。

表5-4　2001—2009年中部六省社会消费品零售总额　单位：亿元

年份＼地区	湖南	湖北	山西	江西	河南	安徽	合计
2001	1511.07	1975.16	679.9	763.34	1979.8	1142.8	8052.07
2002	1678.86	2198.42	755.4	832.71	2189.79	1228.7	8883.88
2003	1816.3	2358.9	729.3	923.2	2426.41	1331.2	9585.31
2004	2069.84	2667.48	884.8	1059.9	2808.17	1503.1	10993.29
2005	2459.12	2964.58	1401.2	1236.2	3358.43	1765	13184.53
2006	2834.22	3412	1613.4	1428	3880.47	2029.4	15197.49
2007	3356.49	4028.53	1914.1	1683.1	4597.54	2403.7	17983.46
2008	4119.66	4965.82	2356.5	2082.8	5662.55	2965.5	22152.83
2009	4913.75	5928.41	2809	2484.4	6746.38	3527.8	26409.74

数据来源：各省统计年鉴，2010。

表5-5　2001—2009年中部六省社会消费品零售总额在总和中所占比例分析　单位：%

年份＼地区	湖南	湖北	山西	江西	河南	安徽
2001	18.8	24.5	8.4	9.5	24.6	14.2
2002	18.9	24.7	8.5	9.4	24.6	13.8
2003	18.9	24.6	7.6	9.6	25.3	13.9
2004	18.8	24.3	8.0	9.6	25.5	13.7
2005	18.7	22.5	10.6	9.4	25.5	13.4
2006	18.6	22.5	10.6	9.4	25.5	13.4
2007	18.7	22.4	10.6	9.4	25.6	13.4
2008	18.6	22.4	10.6	9.4	25.6	13.4
2009	18.6	22.4	10.6	9.4	25.5	13.4
平均值	18.7	23.4	9.5	9.5	25.3	13.6

数据来源：各省统计年鉴，2010。

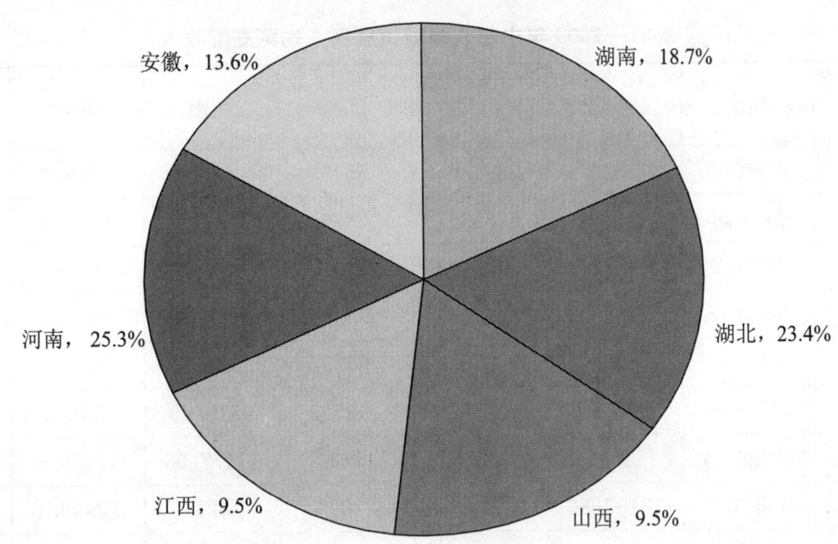

图 5-2　中部地区各省社会消费品零售总额在总量中的比例

2. 中部地区各省社会消费品零售总额发展预测

对中部地区各省社会消费品零售总额预测如表 5-6 所示。

表 5-6　2010—2020 年中部地区各省社会消费品零售总额发展预测　单位：亿元

年份＼地区	湖南	湖北	山西	江西	河南	安徽
2010	4914	5928	2809	2484	6746	3528
2011	5565	6595	3181	2814	7640	3995
2012	6302	7337	3603	3186	8653	4525
2013	7137	8163	4080	3609	9713	5124
2014	8083	9081	4621	4087	10902	5803
2015	9154	10103	5233	4628	12238	6572
2016	10367	11441	5926	5241	13737	7443
2017	11740	12957	6711	5936	15420	8429
2018	13296	14674	7601	6722	17309	9546
2019	15058	16618	8608	7613	19602	10811
2020	17053	18820	9748	8622	22199	12243

（三）城镇居民可支配收入增长趋势明显，城乡收入差距减小

1. 中部地区各省城镇居民可支配收入现状分析

2001—2009 年，中部六省城镇居民人均可支配收入呈现明显上升趋势。相关数据统计如表 5-7 所示。

表 5－7　　2001—2009 年中部六省城镇居民人均可支配收入　　单位：元

年份＼地区	湖南	湖北	山西	江西	河南	安徽	合计
2001	6780.56	5856	5391.05	5506	5267	5668.8	34469.41
2002	6958.56	6789	6234.37	6336	6245.4	6032.4	38595.73
2003	7674.2	7322	7005.03	6901	6941.6	6778	42621.83
2004	8617.48	8023	7902.9	7338	7704.9	7511.4	47097.68
2005	9523.97	8786	8913.9	8620	6038.02	8470.7	50352.59
2006	10504.67	9803	10027.7	9551	9810.26	9771.1	59467.73
2007	12293.54	11485	11565	11222	11477.05	11473.6	69516.19
2008	13821.2	13152.86	13119.05	12866	13231	12990.4	79180.51
2009	15084.31	14367	13996.55	14022	14371.56	14085.7	85927.12

数据来源：各省统计年鉴，2010。

将中部地区各省城镇居民可支配收入占总和比例求出，如表 5－8 所示。可以发现：湖南省城镇居民可支配收入在中部地区的比例基本稳定在18%左右，处于第一位。中部地区各省城镇居民可支配收入在总量中的比例如图 5－3 所示。

表 5－8　　2001—2009 年中部六省城镇居民可支配收入比例　　单位：%

年份＼地区	湖南	湖北	山西	江西	河南	安徽
2001	19.7	17.0	15.6	16.0	15.3	16.4
2002	18.0	17.6	16.2	16.4	16.2	15.6
2003	18.0	17.2	16.4	16.2	16.3	15.9
2004	18.3	17.0	16.8	15.6	16.4	15.9
2005	18.9	17.4	17.7	17.1	12.0	16.8
2006	17.7	16.5	16.9	16.1	16.5	16.4
2007	17.7	16.5	16.6	16.1	16.5	16.5
2008	17.5	16.6	16.6	16.2	16.7	16.4
2009	17.6	16.7	16.3	16.3	16.7	16.4

数据来源：各省统计年鉴，2010。

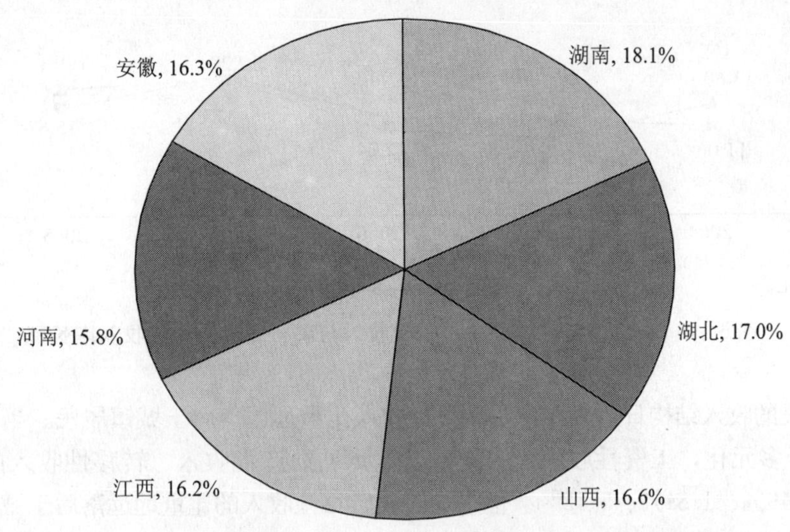

图 5-3 中部地区各省城镇居民可支配收入在总量中的比例

2. 中部崛起战略实施以来中部地区统筹城乡发展的现状剖析

在研究国内外众多学者统筹城乡发展水平的评价体系基础上（于文俊等，2007；段娟等，2007；龙方等，2005；李晓燕，2007），拟从收入水平、消费水平、社会发展水平三个维度对统筹城乡发展的现状进行评价，以 2004 年中部崛起战略开始实施为起点，分析其实施以来中部地区统筹城乡发展的进展。

（1）城乡居民收入的绝对差距和相对差距逐步扩大。中部崛起战略提出以来，中部地区农村人均纯收入从 2004 年的 2692.77 元提高到 2009 年的 4786.67 元，增长 64.76%，高于东部地区 6.23 个百分点。同时，城乡居民收入的绝对差距由 2004 年的 5193.74 元扩大到 2008 年的 8760.16 元，相对差距一直在 3 倍左右，大于东部地区的 2.5 倍，更远远高于同一发展阶段的其他国家和地区平均水平的 1.7 倍，如韩国、中国台湾等在经济起飞时期城镇居民收入一般是农民收入的 1.4～1.6 倍（戴宏伟等，2005）。如表 5-9 所示。

表 5-9 中部地区城乡居民收入的绝对差距和相对差距

年　份	2004	2005	2006	2007	2008	2009
绝对差距（元）	5193.74	5872.35	6631.32	7787.78	8760.16	9564.12
相对差距（倍）	2.93	2.99	3.02	3.03	2.97	2.95

数据来源：各省统计年鉴，2010。

（2）农村居民收入增长速度有超过城镇居民的趋势。从图 5-4 可以发现，近年来中部地区农村居民纯收入和城镇居民可支配收入基本上保持了同步增长，在 2008 年甚至超过了城镇居民 2.14 个百分点，农村地区收入增长速度有超过城镇居民的趋势。

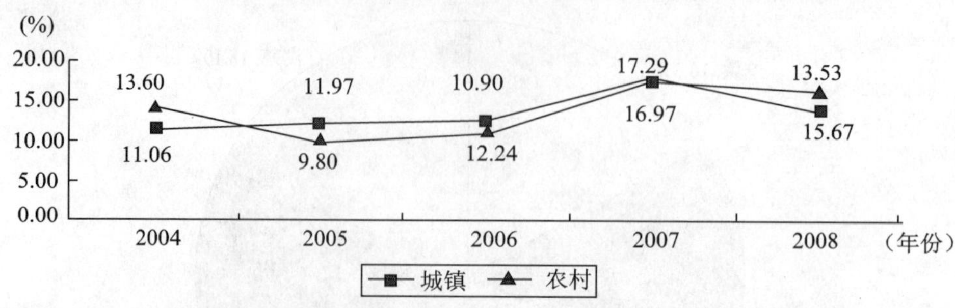

图5-4　中部地区城镇居民可支配收入与农村居民人均纯收入增长率

（3）农民的收入结构日益多元化，转移性收入比重远远落后于城镇居民。当前，农民的收入结构已趋于多元化，工资性收入、家庭经营收入、财产性收入、转移性收入的比例分别为39.54%、53.49%、1.84%、5.12%。但是，农民转移性收入的比重远远落后于城镇，相对差距甚至达到了5倍多（见表5-10），这说明国民收入的二次分配对农民的回报远远不够。

表5-10　　2004—2009年中部地区城乡居民转移性收入占人均收入比重　　单位：%

年份	2004	2005	2006	2007	2008	2009
城镇	21.97	23.01	22.88	23.18	26.20	28.44
农村	2.75	3.12	3.49	4.01	5.12	7.23

数据来源：各省统计年鉴，2010。

（4）城乡居民储蓄仍然悬殊较大。城乡收入差距逐渐扩大导致城乡居民所掌握财富的巨大差别。2004年，中部地区36.54%的城镇人口占有了79.45%的居民储蓄，截至2008年年底，这种社会财富集中于城镇的状况并没有改变（刘炜等，2004），中部地区38.96%的城镇人口占有78.05%的居民储蓄。

（5）城乡居民消费支出差距逐渐缩小。中部崛起战略提出以来，农村居民购买力明显增强，中部地区城乡居民消费水平差距逐渐缩小。如图5-5所示，2008年中部地区城乡居民消费支出的绝对差距为5852元，相对差距为2.74，是2004年以来相对差距最小的一年。

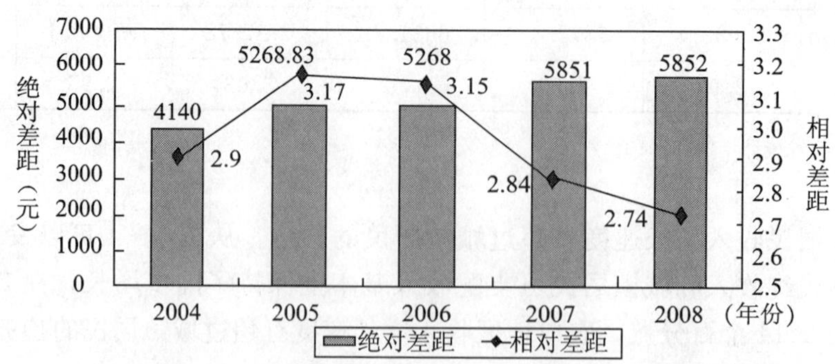

图5-5　2004—2008年中部地区城乡居民消费的绝对差距和相对差距的变动趋势

（6）城乡居民消费结构差异显著。2008 年，中部地区农村居民用于食品的消费比例为 45.16%，高出城镇居民 6.18 个百分点；同时，农村居民在家庭设备及服务、衣着方面支出仅占总支出的 10.96%，比城镇居民低 7.19 个百分点。总体上说，城乡居民消费支出的分布呈现明显的城镇居民消费结构向享受型过渡而农村居民消费结构向发展型过渡的特点。

（7）农村居民平均消费倾向高于城镇。平均消费倾向是指居民消费支出占收入的比重（宋洪远等，2004）。2008 年中部地区农村居民消费倾向高于城镇居民 6 个百分点。

（8）农村固定资产投资的增长速度明显滞后。2004 年中部地区城镇固定资产投资为 10525.5 亿元，农村 2003.6 亿元；到 2008 年，城镇为 32218.5 亿元，农村为 4476.8 亿元，4 年内城镇增长了 206.10%，而农村仅增长了 123.44%，相差 82.66 个百分点。这反映出社会投融向城市倾斜，农村固定资产投资的增长速度明显滞后的特点。如图 5-6 所示。

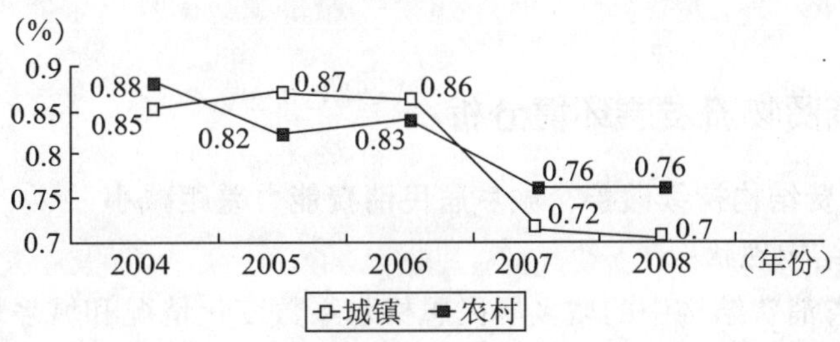

图 5-6 2004—2008 年中部地区城乡居民平均消费倾向变化趋势

（9）城乡家庭拥有的耐用消费品差距明显。中部崛起战略提出至今，中部城乡居民在普通耐用消费品上的差距越来越小，2004 年每百户城乡居民洗衣机拥有量的差距为 67.99 台，到 2008 年缩小到了 48.81 台；但是高档耐用品的差距却在拉大，城乡居民空调器的差距从 61.58 台扩大到了 90.68 台。这表明在耐用消费品的消费档次上，农村落后城镇一个档次，在城镇为中档的洗衣机和电冰箱等到了农村成了中高档品；城镇中的中高档品，如家用小汽车、电脑、摄像机、抽油烟机等在中部大多数农村还比较少见。

3. 中部地区各省城镇居民可支配收入发展预测

为评估未来中部地区各省经济发展潜力，采用线性预测方法对未来中部地区各省城镇居民可支配收入进行预测，如表 5-11 所示。到 2020 年，湖南省城镇居民可支配收入将有望达到 2.5 万元，居中部最后。

表 5-11 2010—2011 年中部地区各省 GDP 发展预测 单位：亿元

地区 年份	湖南	湖北	山西	江西	河南	安徽
2010	15139.2	15470.3	15119.9	15142.7	15580.7	15227.4
2011	16192.7	16573.6	16243.3	16263.5	16789.8	16369.1
2012	17246.2	17676.9	17366.6	17384.2	17999.0	17510.8
2013	18299.7	18780.1	18490.0	18504.9	19208.1	18652.5

续 表

年份＼地区	湖南	湖北	山西	江西	河南	安徽
2014	19353.2	19883.4	19613.3	19625.6	20417.3	19794.2
2015	20406.7	20986.7	20736.7	20746.4	21626.4	20935.9
2016	21460.2	22090.0	21860.0	21867.1	22835.5	22077.5
2017	22513.8	23193.3	22983.4	22987.8	24044.7	23219.2
2018	23567.3	24296.6	24106.7	24108.5	25253.8	24360.9
2019	24620.8	25399.9	25230.1	25229.3	26463.0	25502.6
2020	25674.3	26503.1	26353.4	26350.0	27672.1	26644.3

二、湖南省商贸物流发展环境分析

（一）湖南省消费结构持续改善，城乡居民消费能力差距减小

1. 湖南省消费结构现状

通过分析湖南省消费结构中的城乡居民恩格尔系数变化情况和城乡居民家庭人均消费情况发现：湖南省城乡居民恩格尔系数呈现波动下降趋势；人均消费支出呈现明显上升趋势，且城镇居民增长速度明显高于农村居民消费支出增长速度。为深入研究项目所在地居民消费结构，2002—2009 年湖南省居民消费结构统计如表 5－12、图 5－7、图 5－8 所示。

表 5－12　　湖南省 2002—2009 年消费结构分析

年　份	恩格尔系数		城镇居民家庭平均每人全年消费性支出（元）	农村居民家庭平均每人全年消费性支出（元）
	城市（%）	农村（%）		
2002	—	—	5574.72	2068.74
2003	35.80	51.90	6082.6	2139
2004	36	54.10	6884.61	2472.29
2005	35.80	52.00	7504.99	2756.43
2006	34.90	48.60	8169.3	3013.05
2007	36.10	49.60	8990.72	3377.38
2008	39.90	51.20	9945.5	3805
2009	38.60	48.90	10828.23	4020.87

数据来源：湖南省统计局数据，2010。

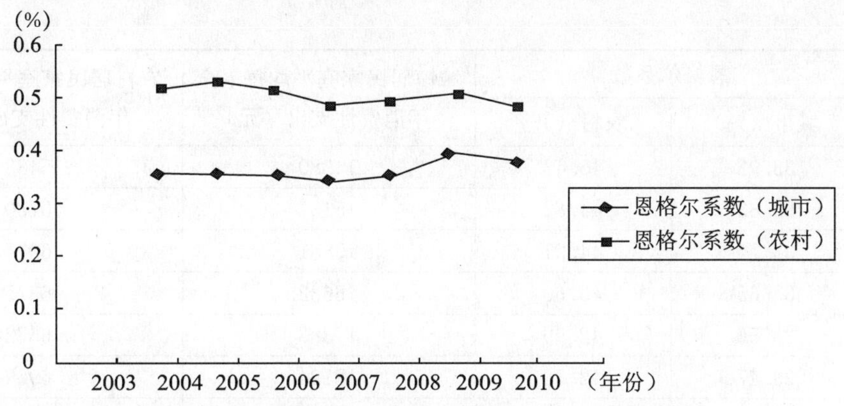

图 5-7　2003—2009 年湖南省城乡居民恩格尔系数变化

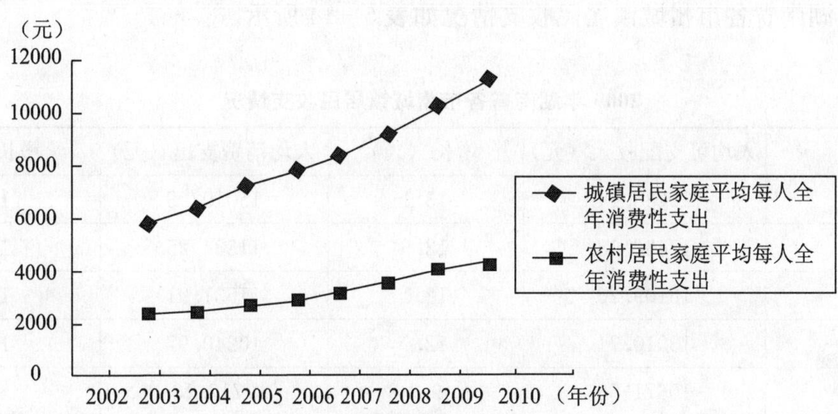

图 5-8　2002—2009 年湖南省城乡居民人均消费支出

2. 湖南省消费结构预测

采用回归预测方法，对湖南省 2010—2020 年消费结构进行预测：到 2020 年，湖南省城镇居民和农村居民的恩格尔系数将分别下降到 33.38％，41.77％，分别达到富裕和小康水平；城镇居民和农村居民家庭平均每人全年消费性支出将分别达到 18885 元、7266 元。如表 5-13 所示。

表 5-13　　湖南省 2010—2020 年消费结构预测

年　份	恩格尔系数		城镇居民家庭平均每人全年消费性支出（元）	农村居民家庭平均每人全年消费性支出（元）
	城市（％）	农村（％）		
2010	34.28	47.87	11376	4294
2011	34.19	47.26	12127	4591
2012	34.10	46.65	12878	4889
2013	34.01	46.04	13629	5186

续　表

年　份	恩格尔系数		城镇居民家庭平均每人全年消费性支出（元）	农村居民家庭平均每人全年消费性支出（元）
	城市（%）	农村（%）		
2014	33.92	45.43	14380	5483
2015	33.83	44.82	15131	5780
2016	33.74	44.21	15881	6077
2017	33.65	43.60	16632	6375
2018	33.56	42.99	17383	6672
2019	33.47	42.38	18134	6969
2020	33.38	41.77	18885	7266

2009 年湖南省各市州城镇居民收支情况如表 5－14 所示。

表 5－14　　2009 年湖南省各市州城镇居民收支情况

地　区	人均可支配收入（元）	增长（%）	人均消费支出（元）	增长（%）
长　沙	20238.14	13.1	15019.98	18.8
株　洲	17432.98	12.5	11334.25	13.8
湘　潭	16109.26	12.1	11531.91	14.0
衡　阳	13910.71	12.0	10240.97	14.5
邵　阳	10671.58	9.1	7717.13	9.8
岳　阳	15679.96	12.4	11404.89	13.5
常　德	13859.24	10.0	9861.26	10.7
张家界	11514.23	9.0	8698.17	9.5
益　阳	13802.15	10.9	10275.15	9.5
郴　州	13727.3	9.9	9476.21	8.7
永　州	13425.2	12.0	8737.27	12.4
怀　化	11113.89	10.9	8535.05	11.2
娄　底	13422.31	8.9	8920.29	15.3
湘西州	10947.03	10.5	7771.77	8.7

（二）长沙市消费能力快速提升，消费结构稳步改善

1. 长沙市消费结构现状分析

为研究长沙市消费结构变迁，对长沙市 GDP、社会商品零售总额和城镇居民可支配收入进行统计，如表 5－15、图 5－9～图 5－11 所示。

表 5－15　　2002—2009 年长沙市消费结构宏观数据统计

年　份	GDP（亿元）	社会商品零售总额（亿元）	城镇居民可支配收入（元）
2002	812.9	401.10	9021
2003	928.22	452.00	9933
2004	1108.85	525.13	11021
2005	1519.90	743.43	12434
2006	1790.66	865.61	13924
2007	2190.25	1037.03	16153
2008	3000.98	1273.87	18282
2009	3744.76	1524.9	20238

数据来源：湖南省统计年鉴，2010。

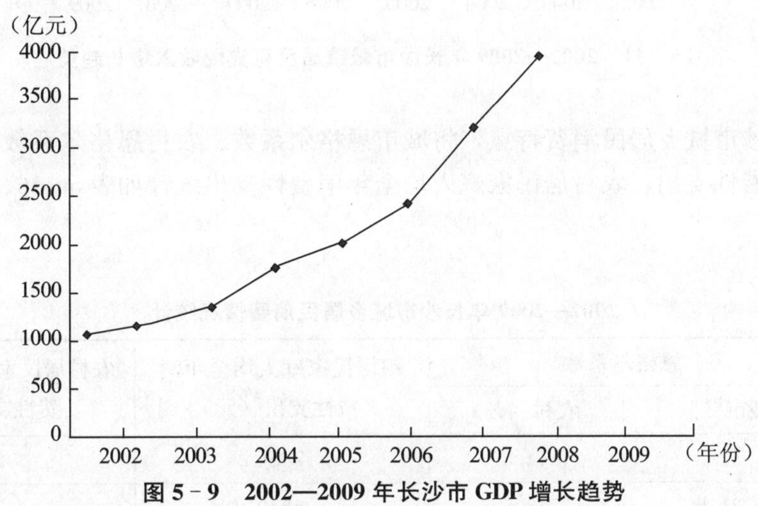

图 5－9　2002—2009 年长沙市 GDP 增长趋势

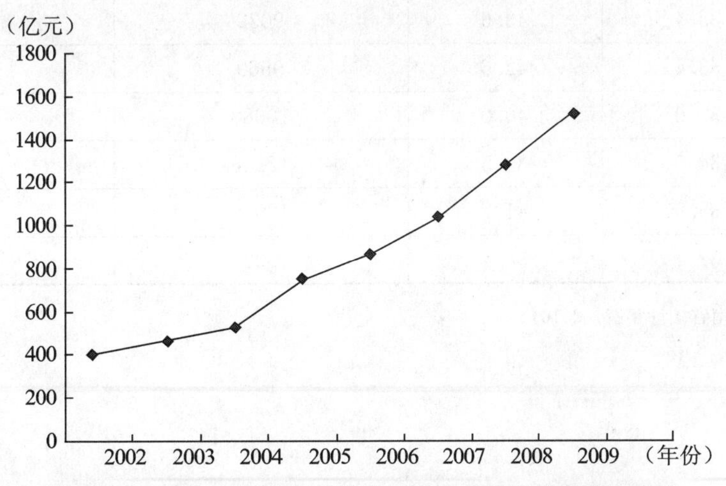

图 5－10　2002—2009 年长沙市社会商品零售总额增长趋势

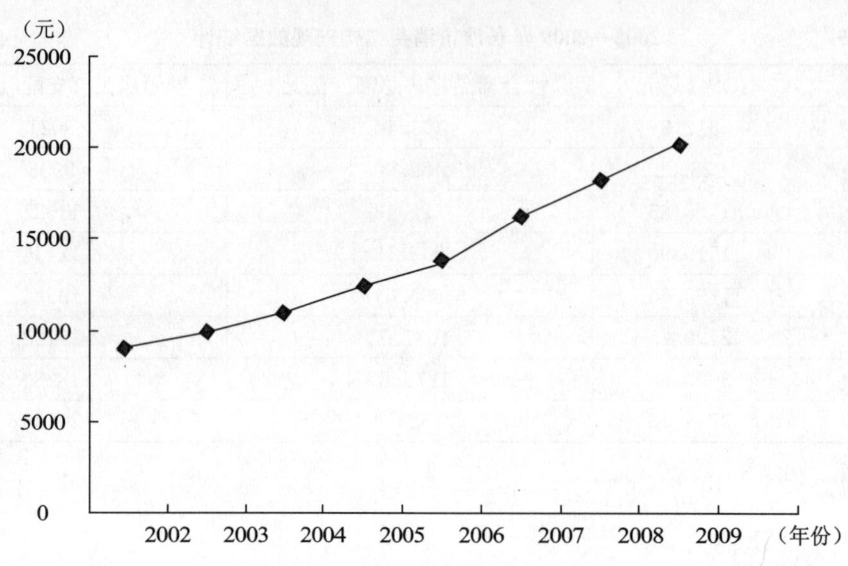

图5－11　2002—2009年长沙市城镇居民可支配收入增长趋势

为分析长沙市城乡居民消费特点，将城市恩格尔系数、农村恩格尔系数、城镇居民家庭人均全年消费性支出、农村居民家庭人均全年消费性支出统计如表5－16、图5－12～图5－15所示。

表5－16　　2002—2009年长沙市城乡居民消费情况统计

年　份	恩格尔系数		镇居民家庭人均全年消费性支出（元）	农村居民家庭人均全年消费性支出（元）
	城市（%）	农村（%）		
2002	32.3	44.5	7854	2972
2003	31.6	43.5	8330	3172
2004	33.4	43.6	9032	3647
2005	33.4	42.6	9660	4166
2006	32.6	40.0	10680	4574
2007	34.9	39.5	12288	5414
2008	36.9	41.7	12960	6212
2009	32.4	38.4	15020	6826

数据来源：湖南省统计年鉴，2010。

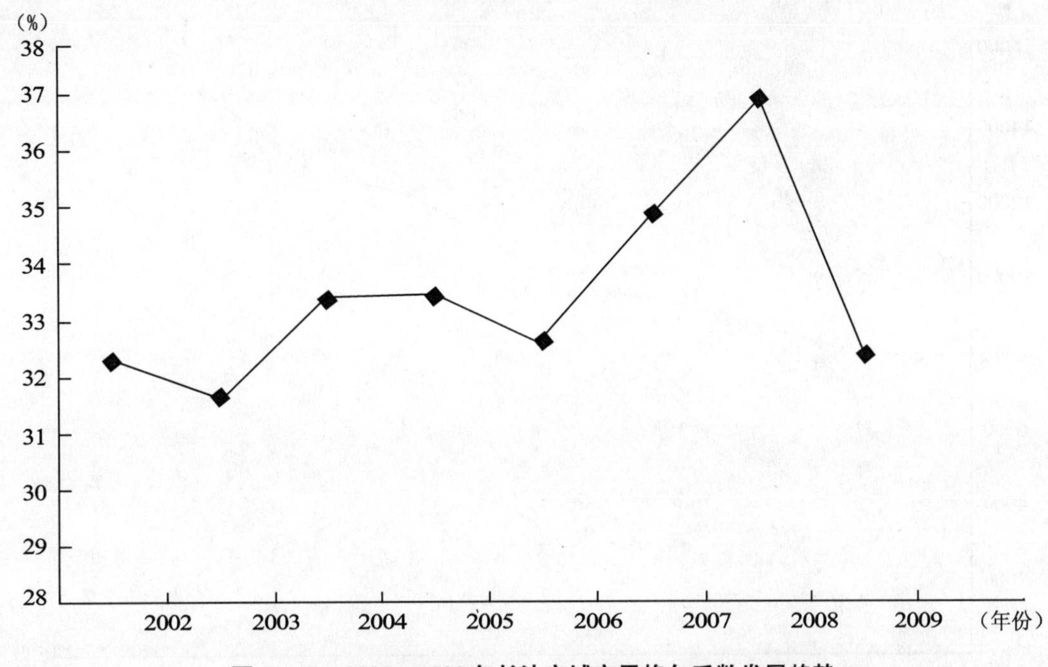

图 5-12　2002—2009 年长沙市城市恩格尔系数发展趋势

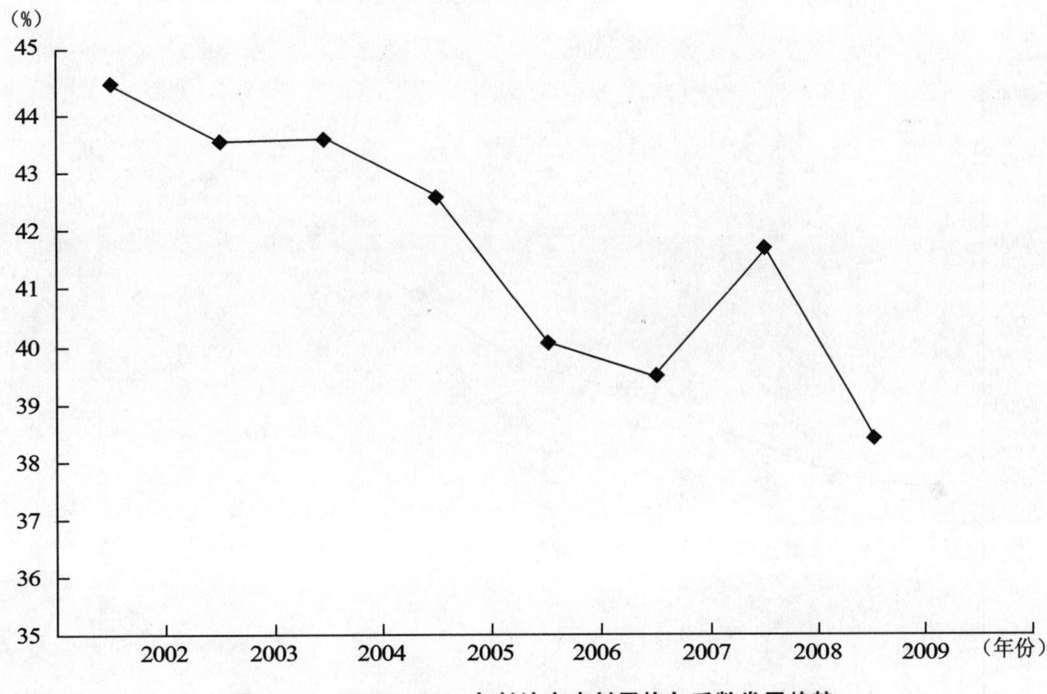

图 5-13　2002—2009 年长沙市农村恩格尔系数发展趋势

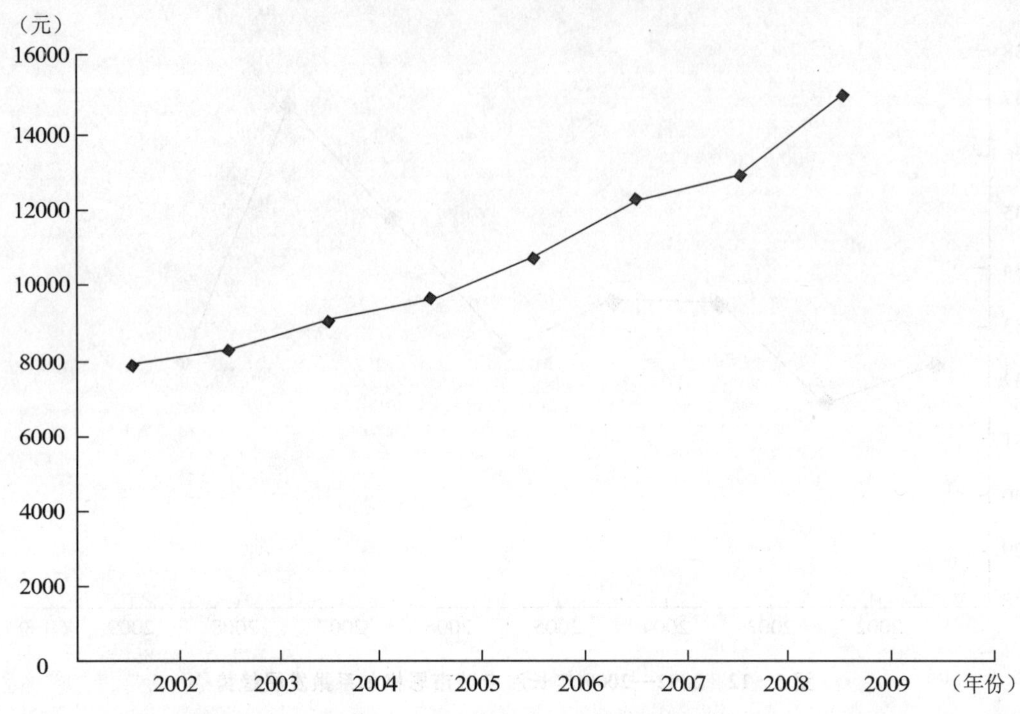

图 5－14　2002—2009 年长沙市城镇居民家庭人均全年消费性支出发展趋势

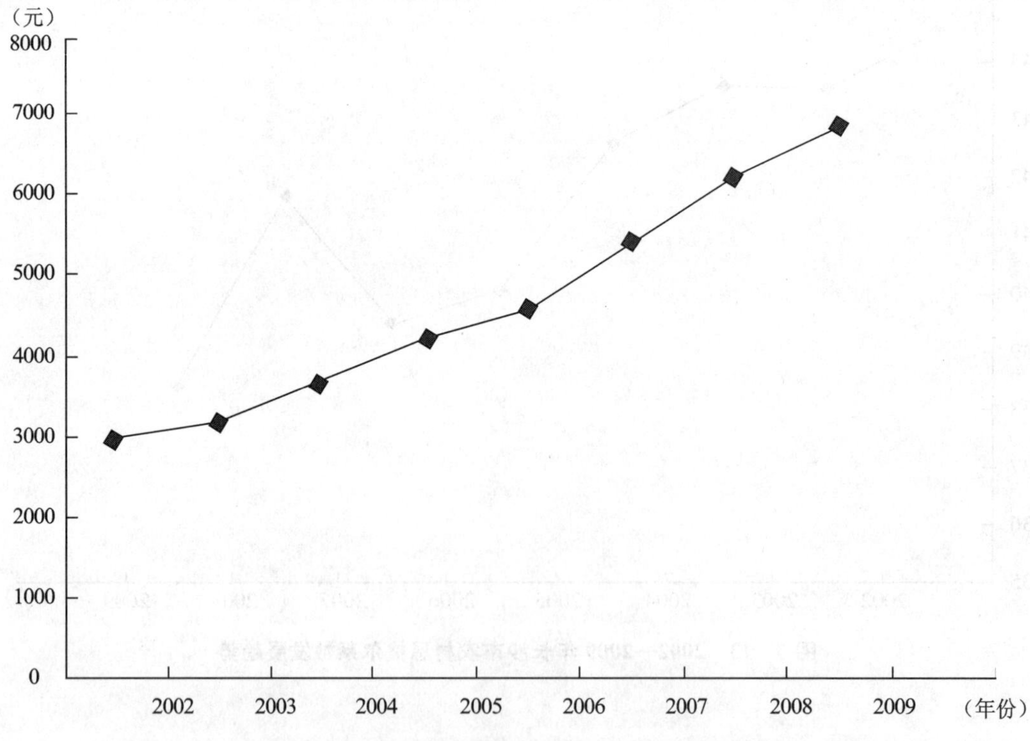

图 5－15　2002—2009 年长沙市农村居民家庭人均全年消费性支出发展趋势

2. 长沙市消费趋势预测

为研究长沙市消费结构变迁，对长沙市 GDP、社会商品零售总额和城镇居民可支配收入进行统计，如表 5－17 所示。

表 5－17　　2010—2020 年长沙市消费结构宏观数据统计

年　份	GDP（亿元）	社会商品零售总额（亿元）	城镇居民可支配收入（元）
2010	4640	1874	24183
2011	5313	2146	27689
2012	6083	2457	31704
2013	6965	2813	36302
2014	7975	3221	41565
2015	9131	3688	47592
2016	10455	4223	54493
2017	11972	4835	62395
2018	13707	5536	71442
2019	15695	6339	81801
2020	17971	7258	93662

到 2020 年，长沙市 GDP 将达到 17971 亿元，社会商品零售总额将达到 7258 亿元，城镇居民可支配收入将达到 93662 元，各项指标呈现明显上升趋势。如图 5－16～图 5－18 所示。

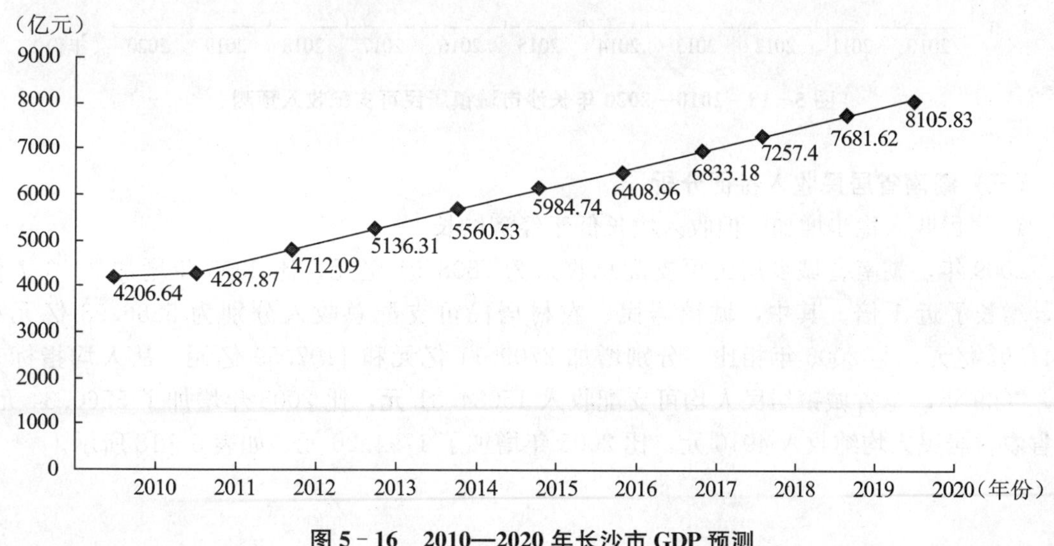

图 5－16　2010—2020 年长沙市 GDP 预测

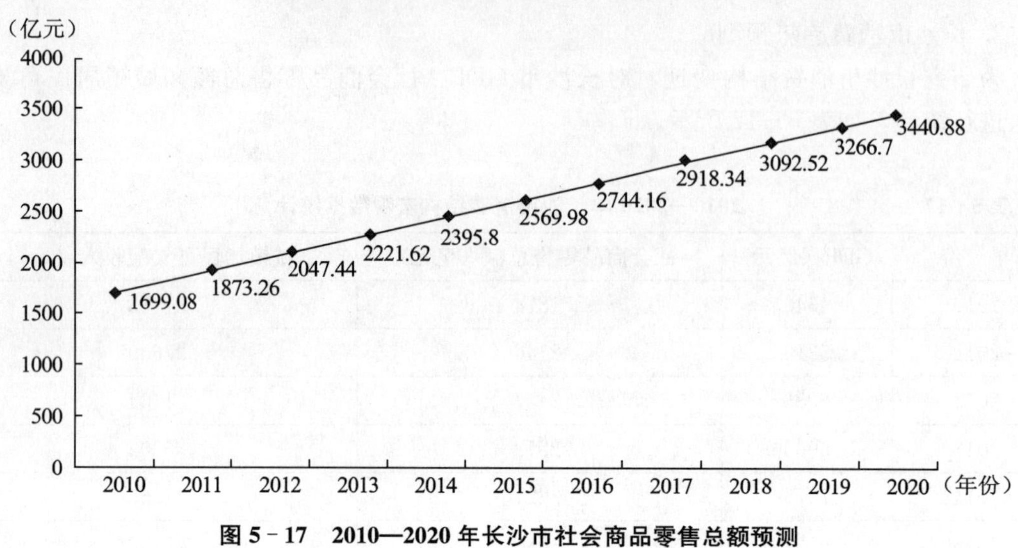

图 5 - 17　2010—2020 年长沙市社会商品零售总额预测

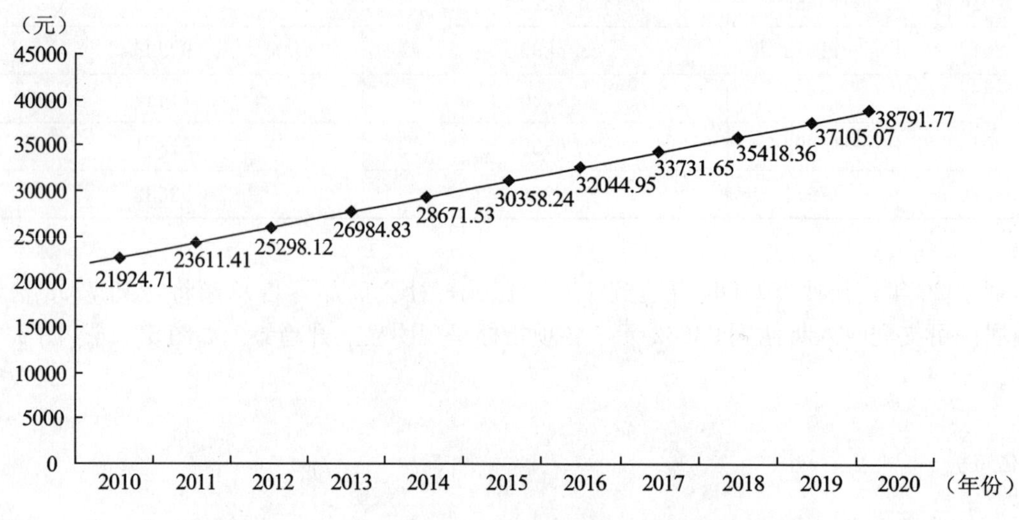

图 5 - 18　2010—2020 年长沙市城镇居民可支配收入预测

（三）湖南省居民收入特征分析

1. 居民收入稳步增加，但收入增长低于经济增长

2009 年，湖南省城乡居民可支配总收入为 7808.91 亿元，比 2005 年增加 3816.7 亿元，增长了近 1 倍。其中，城镇居民、农村居民可支配总收入分别为 5266.98 亿元和 2541.93 亿元，与 2005 年相比，分别增加 2709.11 亿元和 1107.59 亿元。从人均指标来看，2009 年，全省城镇居民人均可支配收入 15084.31 元，比 2005 年增加了 5560.34 元；全省农村居民人均纯收入 4910 元，比 2005 年增加了 1794.26 元。如表 5 - 18 所示。

表 5-18　　湖南省城乡居民可支配总收入变化情况　　单位：亿元

年 份	居民收入		
	合 计	城 镇	农 村
2005	3992.21	2557.87	1434.34
2006	4810.04	3272.85	1537.19
2007	5990.68	4180.34	1810.34
2008	7031.76	4701.25	2330.51
2009	7808.91	5266.98	2541.93

数据来源：湖南省统计局，2010。

在城乡居民可支配收入得到一定程度提升的同时，居民收入的增幅却明显低于GDP增长速度。“十一五”前四年，城镇居民人均可支配收入和农村居民人均纯收入年均增长8.9%和8.3%，比同期GDP年均增长13.8%的速度分别低4.9个和5.5个百分点。居民收入增幅低于经济发展速度的格局，意味着再次分配中的资金更多流向了住户部门以外的其他部门。通过对资金流量表的分析发现，主要流向了政府部门。2005年湖南省政府部门可支配收入为1629亿元，2009年增长到3495.77亿元，年均增长21%，远高于同期GDP年均增长速度。政府部门可支配收入增长过快限制了住户部门可支配收入的增长速度，对居民潜在消费力的释放起到了一定程度的遏制作用。如图5-19所示。

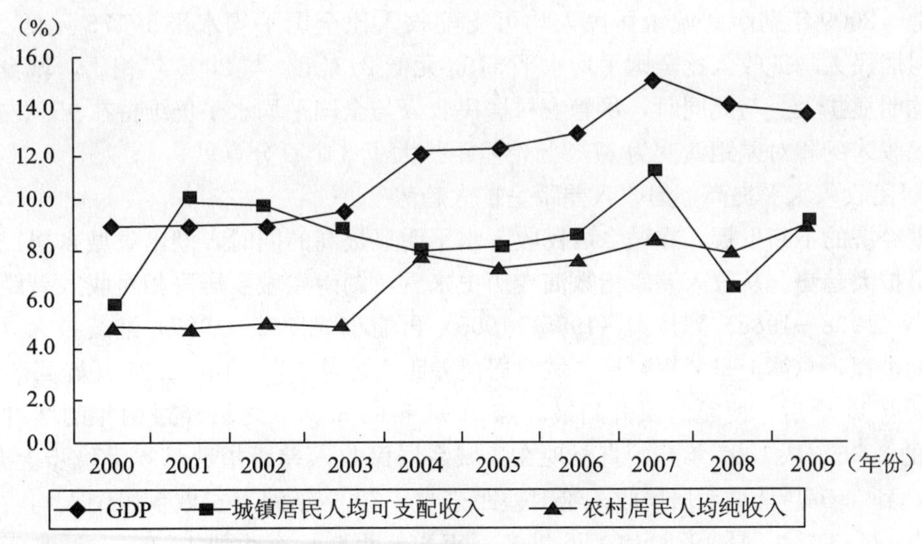

图5-19　湖南省城乡居民收入与GDP发展对比

2. 居民收入结构日趋多元化，但收入水平低于全国平均水平

一是城镇居民收入结构日趋多元化。2009年，湖南省城镇居民人均收入中工薪收入、经营净收入、财产性收入和转移性收入分别为9854.09元、1744.37元、419.17元和

4060.49 元，与 2005 年相比，工资性收入比重下降 6.1 个百分点，经营性收入、财产性收入和转移收入占比分别上升 2.2 个、0.7 个和 3.2 个百分点。城镇居民收入由单一工薪收入为主逐渐向多种收入渠道共同拓展转变。二是农村居民人均纯收入中工资性收入、转移性收入所占比重提升。2009 年湖南省农村居民人均工薪收入、经营净收入、财产性收入和转移性收入分别为 2234.01 元、2257.33 元、81.19 元和 337.51 元，与 2005 年相比，工薪收入、转移性收入占总收入比重分别提高了 6.1 个和 2.6 个百分点，财产性收入提高 0.4 个百分点，而经营净收入比重下降了 9 个百分点。如表 5-19 所示

表 5-19　　2005—2009 年湖南省城乡居民收入构成变化情况　　单位：元

结构＼年份	城镇居民人均可支配收入					农村居民人均纯收入				
	2005	2006	2007	2008	2009	2005	2006	2007	2008	2009
总收入	100	100	100	100	100	100	100	100	100	100
工薪收入	67.3	66.4	60.9	62.2	61.3	39.4	42.8	43.9	44.1	45.5
经营净收入	8.6	8.3	16.6	10.8	10.8	55.0	51.4	50.3	48.7	46.0
财产性收入	1.9	2.6	1.2	2.2	2.6	1.3	1.3	1.0	1.3	1.7
转移性收入	22.2	22.7	21.3	24.8	25.3	4.3	4.5	4.8	5.9	6.8

数据来源：湖南省统计局，2010。

在湖南省城乡居民收入结构发生调整变化的同时，居民收入水平与全国平均水平比呈扩大趋势。2009 年湖南省城镇居民人均可支配收入比全国平均水平 17175 元低 2090.69 元，农村居民人均纯收入比全国平均水平 5153 元低 243 元，与 2005 年相比，城乡居民绝对差额均明显扩大。与此同时，尽管农村居民收入与全国平均水平仍维持在 95%左右，但城镇居民收入的相对差距演变为 87.8%，差距扩大了 3 个百分点。

3. 居民收入水平提高，但收入差距呈扩大趋势

随着经济的不断发展，在城乡居民收入水平明显提高的同时，湖南省城乡居民之间收入差距呈扩大趋势。从收入差距指数演变历史来看，湖南省城乡居民相对收入差距经历了一个缩小（1978—1985）到扩大（1985—1995）再缩小（1995—1997）继续扩大（1997—2009）的过程，总体上呈“W”形。城乡居民差距指数从 1978 年的 2.27 开始回落到 1985 年的最低点 1.92 后，便震荡回升到最高点 1995 年的 3.30，之后经过两年的缓冲回落到 1997 年的 2.56。从 1997 年开始直至现在，城乡居民收入差距指数基本呈稳步上升态势，2009 年达到 3.07。从城乡居民收入绝对差距来看，2009 年湖南省城乡居民人均收入绝对差距为 10174.31 元，是 1978 年的 56 倍多，年均差距增长率达到 13.9%，远高于改革开放以来湖南省地区生产总值年均 9.7%的增长速度。城乡收入差距已大大高于国际标准，如果加上城市居民享受的各种实物福利和补贴等隐性收入，城乡差距可能更大（图 5-20）。

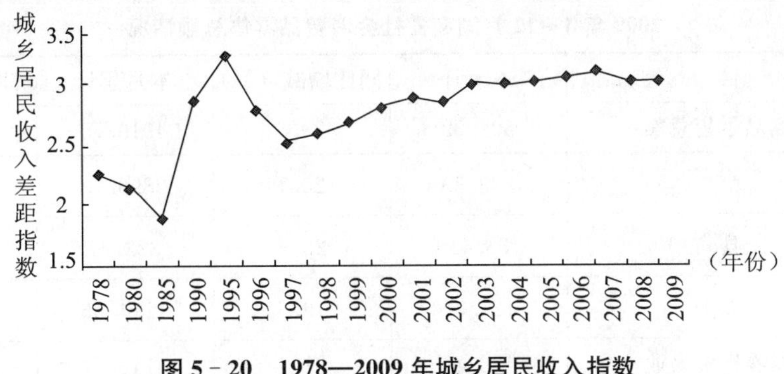

图 5-20 1978—2009 年城乡居民收入指数

城乡居民内部的收入差距呈扩大之势。2009 年湖南省城镇居民最高收入户与最低收入户收入比为 4.81∶1，比 2005 年的 5.66∶1 有所下降，但比 2007 年的 4.66∶1 却呈上升态势。2009 年湖南省农村居民最高收入户与最低收入户收入比为 6.08∶1，而 2005 年为 4.49∶1，呈持续扩大之势。

三、湖南省商贸物流需求分析

（一）消费品市场规模持续扩大，市场运行质量明显提高

1. 消费品市场规模持续扩大

“十一五”时期，全省消费品市场面对国内外众多不确定、不稳定因素，成功应对 2008 年年底爆发的国际金融危机的冲击，保持了平稳较快发展态势。“十一五”前四年全省累计实现社会消费品零售总额 15424.87 亿元，比“十五”时期净增加 5681.74 亿元，“十一五”前四年社会消费品零售总额平均增长 18.9%，比“十五”时期提高 6.7 个百分点，并且提前两年实现省委省政府“十一五”4160 亿元的目标；2010 年 1～9 月全省不含其他零售额的社会消费品零售总额已经达到 4117.70 亿元，预计 2010 年全年将突破 5000 亿元，消费品市场规模扩张进入了一个新阶段。

全省消费品市场在保持较快增长的同时，市场运行质量明显提高，主要表现在两个方面：一是剔除价格因素后实际增幅明显提高，消费品市场发展平台提高。“十一五”前四年，全省社会消费品零售总额实际增幅范围由“十五”时期的 9.5%～12.5%提高到 14%～18.5%，其中 2009 年高达 18.2%，最低的 2007 年为 14.3%。二是人均消费品的消费量得到显著提高。2009 年全省城乡居民人均消费品零售额为 7121.17 元，比 2005 年的 3675.42 元提高 93.8%，四年间人均每年净增加消费品零售额 861.44 元。如表 5-20 所示。

表5-20　　2009年1～12月湖南省社会消费品零售总额情况　　单位：亿元

项目			本月	同比增减（%）	本月累计	同比增减（%）
全省社会商品零售总额			501.02	20.5	4913.75	19.3
按销售所在地分	市		289.30	20.1	2896.73	19.2
	县		88.41	23.6	822.67	19.9
	县以下		123.31	19.6	1194.36	18.9
按行业分	批发零售贸易业		418.40	21.4	4146.57	19.4
	其中	限额以上	124.92	39.5	1196.65	22.9
		限额以下及个体户	293.47	15.1	2949.91	18.0
	住宿餐饮业		76.09	16.6	706.37	18.7
	其他		6.53	13.4	60.82	16.7
按市州分	长沙		139.01	23.4	1524.91	19.7
	株洲		47.04	19.6	364.39	19.6
	湘潭		19.21	19.9	223.24	19.6
	衡阳		41.89	20.1	399.23	18.9
	邵阳		26.68	20.5	235.45	19.6
	岳阳		41.95	19.4	431.16	19.5
	常德		48.53	21.1	405.26	18.6
	张家界		7.86	19.9	70.26	19.3
	益阳		22.04	20.0	223.11	18.7
	郴州		33.28	19.7	349.93	19.3
	永州		19.65	20.1	203.60	19.5
	怀化		24.37	20.3	199.38	20.1
	娄底		19.07	21.6	185.59	18.7
	湘西		11.28	19.0	102.07	18.3

数据来源：湖南省商务厅，2010。

2. 农村市场消费增幅多年来首次超过城市

2009年年初，受国际金融危机的冲击，湖南省消费品市场一度出现了大幅波动。1月受节日因素影响，消费品零售额增幅延续了上年高速增长的势头，处于全年最高点；2月开始出现明显回落，下降到18%以下，3月仅增长16.9%，增速为全年最小的月份。为贯彻落实国家促消费、保增长的方针政策，湖南省出台了《关于搞活流通促进消费的实施意见》，省级财政在年初预算基础上增加1亿元资金用于搞活流通扩大消费。一系列促消费政策的相继出台，极大地刺激了城乡居民消费，迅速扭转了消费下滑的状况，社会消费品零售额增幅自 4 月开始稳步回升，5～9 月稳定在 18%以上，10 月开始再次加速回升，四季度增幅都在 19%以上，12 月达到 20.5%，为全年次高点。社会消费品零售额全年同比增长 19.3%，高出全国平均增幅 3.8 个百分点。

为了刺激农村消费，国家先后启动了家电下乡、汽车摩托车下乡和以旧换新，继续实施“万村千乡”市场工程，完善农村市场体系。目前，湖南省农家店已覆盖 1643 个乡镇、9915 个行政村，所有农家店销售总额 76.6 亿元。截至 12 月 31 日，在全省 14 个市州设立了 10476 个家电下乡销售网点，家电下乡产品销售量 222 万台，销售额 40.6 亿元，已补贴到户 189.92 万台，补贴金额 4.66 亿元，销售量、销售额在全国第二批启动的 9 个省市中排名第一。汽车、摩托车销售量 55.79 万台，销售额 67.68 亿元，已补贴到户 51.76 万台，补贴金额 5.96 亿元。2009 年，全省县及县以下农村市场实现社会消费品零售额 2017.03 亿元，同比增长 19.3%，增幅多年来首次超过城市市场。如图 5－21 所示。

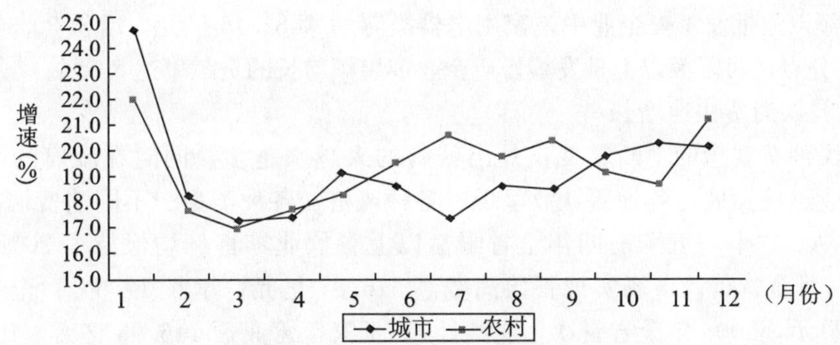

图 5－21　2009 年 1～12 月湖南省城乡消费品市场增速趋势

(二) 消费结构升级明显加快，消费热点频现

“十一五”时期，随着全省综合经济实力的日益增强和城乡居民收入不断增长，消费结构升级明显加快，消费热点商品频现。“十一五”前四年，全省限额以上批发和零售业吃、穿、用类商品年均分别增长 23.1%、33.5%、28.3%；吃、穿、用类商品所占比重由 2005 年的 13.8∶8.4∶77.8，调整为 2009 年的 11.8∶9.9∶78.4。如图 5－22 所示。

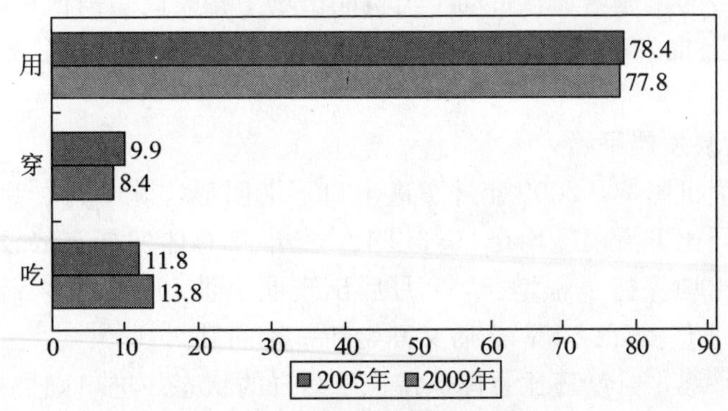

图 5－22　湖南省居民消费结构变化

1. 汽车进入家庭速度明显加快

在国家相继推出的燃油税改革、汽车产业调整和振兴规划、购置税减征等一系列鼓励汽车消费政策的推动下，汽车价格下降、汽车消费贷款增加，湖南省车市在“十一五”期间出现井喷增长，汽车消费成为亮点。2009 年年底全省民用汽车保有量达 178.22 万辆，“十一五”前四年平均每年增加 28.4 万辆；2009 年，限额以上批发零售业企业中，汽车类零售额 273.40 亿元，增长 45.3%，比 2008 年高 22.2 个百分点，对限额以上批发零售业企业零售额增长的贡献率达 38.2%，比 2005 年增长 2.4 倍，年均增长 36.2%，是“十一五”时期所统计的 25 个商品中增长幅度最快的。

2. 家用电器热销

随着住房需求的增长和家电更新换代的加快，特别是国家为应对金融危机的冲击，相继实施“家电下乡”、“以旧换新”、“节能产品惠民工程”等促消费政策，拉动了家电销售快速增长。“十一五”前四年，全省限额以上批发和零售业家用电器类零售额年均增长 26.8%；2009 年，限额以上批发零售企业中，家用电器类零售额 82.46 亿元，增长 30.3%，比 2008 年高 15 个百分点，对限额以上批发零售业企业零售额增长的贡献率达 8.6%。

3. 大众餐饮消费快速增长

随着居民消费观念的不断转变，外出就餐的人越来越多，同时在政府的引导与鼓励下，湘菜产业迅速发展，各地餐饮业呈现出各种风格、各种类型、不同消费档次的适应居民需求的格局。“十一五”前四年全省限额以上餐饮业零售额均保持了 20%以上增速；2010 年 1～9 月全省餐饮市场实现餐饮消费额 516.81 亿元，增长 17.6%；全省第二次经济普查数据显示，2008 年全省餐饮企业共计 4071 家，营业额 116.93 亿元，比 2004 年分别增长 215.1%和 210.7%。

4. 享受型商品消费持续升温

“十一五”前四年全省限额以上批发和零售业化妆品类、金银珠宝类零售额年均增幅分别为 27.3%、40.8%；2009 年，限额以上批发和零售业企业中，服装鞋帽针纺织品类、化妆品类、金银珠宝类零售额合计 152.14 亿元，增长 29.5%，对限额以上批发零售业企业零售额增长的贡献率达 15.5%。

5. 住房热销带动相关产业快速发展

住房需求和销售的迅速增加，带动了消费品市场中相关商品销售持续升温，“十一五”前四年全省限额以上批发和零售业居住类、建筑及装潢材料类零售额年均增幅分别为 41.2%和 43.4%。

（三）国内外贸易发展平稳

受全球性金融危机影响，2009 年外贸进出口下滑明显，除 9 月、11 月、12 月外，其余月份单月外贸额同比下滑幅度均在 20%以上。上半年总体发展态势较平稳，除 2 月外，其余月份贸易额环比均保持小幅增长，7 月后出现明显波动，9 月达到 11.3 亿美元峰值后，10 月又回落至 8 亿美元以下，之后又开始新一轮回升。

出口波动相对平缓，月度环比总体保持稳中缓升的状态，进口则展现出强劲动力，增长幅度较大，在全国 8 个进口增长省市中，湖南省增幅列全国第 4 位。

纺织品等劳动密集型产品出口降幅小于出口总体降幅，烟花、爆竹等具有刚性需求产品出口稳定增长（全年出口3.2亿美元，增长9.2%）。高新技术产品进出口来势较好，其中出口3亿美元，同比增长6.2%，进口4.3亿美元，同比增长56%。高新技术产品出口占全省出口总额的5.5%，比2008年增加2.2个百分点（见表5-21～表5-27）。

表5-21　　2009年1～12月湖南省商务情况统计　　单位：亿美元

商务业务＼增长情况		全年	同比增减（%）	全年累计	累计同比增减（%）	备　注
对外贸易	进出口总额	10.6	10.9	101.5	-19.1	全国同比下降13.9%
	出口额	5.9	-7.6	54.9	-34.7	全国同比下降16%
	进口额	4.7	48.6	46.6	12.9	全国同比下降11.2%
利用外资	新批项目（个）	67	5.23	547	5.8	—
	实际使用外资	2	4.49	46	14.8	全国同比下降2.6%
外经合作	新签合同额	2.4	—	15.61	-36.9	—
	完成营业额	1.23	—	10.78	2.24	—
	外派劳务人数	1952	—	34204	35.32	—
	境外中方合同投资额	0	—	11.93	200	—
国内贸易	社会消费品零售额（亿元人民币）	501.02	20.5	4913.75	19.3	全国同比增长15.5%

数据来源：湖南省商务厅网站，2010。

表5-22　　2009年1～12月湖南省各市州进出口情况　　单位：万美元

市州＼增长情况	全年		全年累计		累计同比增减（%）		1～12月进出口总额
	出口	进口	出口	进口	出口	进口	
长沙	22752	15281	244577	167394	-29.72	-0.86	411971
株洲	5683	5918	47405	67334	-32.36	48.81	114739
湘潭	5210	7782	52625	90245	-53.19	23.79	142870
衡阳	6607	295	58919	18430	-33.77	-1.1	77349
邵阳	2270	270	19822	2514	-1.03	29.69	22336
岳阳	853	2465	11532	20425	-16.45	25.75	31957
常德	1109	504	12064	7274	-11.85	-46.48	19338
张家界	382	0	1811	550	104.71	0	2361

续 表

市州＼增长情况	全年		全年累计		累计同比增减（%）		1～12月进出口总额
	出口	进口	出口	进口	出口	进口	
益阳	2669	296	19728	2795	—1.66	—40.73	22523
郴州	6657	1222	42957	12220	—18.87	241.81	55177
永州	888	97	6608	1009	—49.2	—69.96	7617
怀化	114	16	1502	2363	—38.3	706.37	3865
娄底	2383	12895	12878	72191	—72.1	13.57	85069
湘西州	1649	0	16764	76	—56.57	—78.76	16840
合计	59226	47041	549192	464820	—310.36	851.9	1014012

数据来源：湖南省商务厅网站，2010。

表5-23　　2009年1～12月湖南省分企业性质进出口情况　　单位：万美元

企业分类	全年		全年累计		累计同比增减（%）		累计占全省份额（%）	
	出口	进口	出口	进口	出口	进口	出口	进口
合　计	59226	47042	549193	464821	—34.7	12.48	100	100
国有企业	19030	22019	177684	230544	—45.04	23.05	32.35	49.6
民营企业	30420	16794	284468	138132	—30.91	0.44	51.8	29.72
三资企业	9700	8228	86065	96143	—18.07	8.82	15.67	20.68
其他企业	76	0	975	3	—4.83	—91.22	0.18	0

数据来源：湖南省商务厅网站，2010。

表5-24　　2009年1～12月湖南省分贸易方式进出口情况　　单位：万美元

贸易方式	全年		全年累计		累计同比增减（%）		累计占全省份额（%）	
	出口	进口	出口	进口	出口	进口	出口	进口
合　计	59226	47042	549193	464821	—34.7	12.48	100	100
一般贸易	51356	40835	476676	412429	—36.92	12.75	86.8	88.73
加工贸易	7829	5711	68196	40203	—16.95	27.44	12.42	8.65
其他贸易	40	497	4321	12189	32.54	—23.39	0.79	2.62

数据来源：湖南省商务厅网站，2010。

表 5－25　　2009 年 1～12 月湖南省主要进出口市场情况　　单位：万美元

按进出口国家和地区	全年		全年累计		累计同比增减（%）		累计占全省份额（%）	
	出口	进口	出口	进口	出口	进口	出口	进口
美国	6074	2205	62612	23100	－41.56	－14.64	11.4	4.97
中国香港	9341	36	60634	1542	－19.78	－64.18	11.04	0.33
韩国	4105	593	43395	8349	－49.44	－23.26	7.9	1.8
日本	4103	6182	34085	74045	－21.86	17.85	6.21	15.93
印度	3720	1550	29332	18149	－29.37	－43.69	5.34	3.9
荷兰	2193	1057	19347	7209	－46.66	29.92	3.52	1.55
越南	1408	44	18790	1180	－2.84	1718.44	3.42	0.25
阿尔及利亚	851	0	17566	63	59.01	484.43	3.2	0.01
德国	972	5759	15847	76905	－24.96	44.39	2.89	16.55
加拿大	1521	2317	13028	12027	－35.84	47.07	2.37	2.59
俄罗斯联邦	1374	266	10438	2529	－52.8	－11.29	1.9	0.54
英国	791	1689	9413	10043	－28.19	7.51	1.71	2.16
按洲际市场								
亚洲合计	36821	10672	295820	127809	－30.96	－5.25	53.86	27.5
欧洲合计	9073	14808	102098	149593	－40.65	25.29	18.59	32.18
北美洲合计	7595	4522	75640	35127	－40.65	－0.32	13.77	7.56
非洲合计	2668	3243	42883	40486	－12.85	117.36	7.81	8.71
拉丁美洲合计	2401	3367	25301	39850	－48.25	9.79	4.61	8.57
大洋洲合计	667	10429	7451	71956	－50.52	4.57	1.36	15.48
按集中市场								
APEC	35265	25707	306197	237464	－35.93	8.48	55.75	51.09
欧盟	7430	12443	85139	137058	－39.66	27.46	15.5	29.49
北美自由贸易区	8001	4637	78581	38023	－40.63	2.85	14.31	8.18
东盟	6491	1089	61217	9565	－19.1	3.01	11.15	2.06
中东	6359	89	44461	1587	－41.73	－14.15	8.1	0.34
俄东	2831	2298	27949	10621	－34.13	23.05	5.09	2.28

数据来源：湖南省商务厅网站，2010。

表 5－26　　2009 年 1～12 月湖南省主要出口商品情况　　单位：万美元

	增长情况 商品名称	全年	全年累计	累计同比增减（%）	占总量比重（%）
主要出口商品	机电产品	19374	167064	－34.11	30.43
	钢材	9161	83546	－56.11	15.21
	农产品	4874	41565	－1.44	7.57
	烟花、爆竹	1686	31938	9.15	5.81
	高新技术产品（97）	3450	29703	6.24	5.41
	服装及衣着附件	2546	26566	－4.96	4.83
	未锻造银	3123	20875	－44.93	3.80
	纺织纱线、织物及制品	1963	19721	－17.41	3.59
	汽车和汽车底盘	1339	19039	－48.26	3.46
	家用陶瓷器皿	1582	17253	－13.42	3.14
	未锻造的锰	1481	13635	－65.79	2.48
	锑的氧化物	1339	9221	－25.69	1.67
	通断及保护电路装置及零件	2547	7542	255.15	1.37
	鲜、冻猪肉	564	6910	－3.48	1.25
	黏土及其他耐火矿物	985	6742	－16.81	1.22

数据来源：湖南省商务厅网站，2010。

表 5－27　　2009 年 1～12 月湖南省主要进口商品情况　　单位：万美元

	增长情况 商品名称	全年	全年累计	累计同比增减（%）	占总量比重（%）
主要进口商品	机电产品	18068	214069	28.46	46.03
	铁矿砂及其精矿	17528	124828	5.14	26.84
	高新技术产品（97）	3894	42920	56.03	9.23
	汽车和汽车底盘	2937	33344	－7.76	7.17
	变压、整流、电感器及零件	2157	22739	139.7	4.89
	农产品	2174	20523	29.66	4.41
	锌矿砂及其精矿	1369	13589	8.24	2.92
	铅矿砂及其精矿	421	13538	－10.14	2.91
	计量检测分析自控仪器及器具	1784	12592	64.78	2.70
	汽车零件	716	9131	31.81	1.96
	电动机及发电机	706	8749	163.12	1.88
	金属加工机床	296	7191	3.51	1.54
	纸浆	442	7168	60.08	1.54
	钢材	592	6245	－59.68	1.34
	机械提升搬运装卸设备及零件	131	5234	567.48	1.12

数据来源：湖南省商务厅网站，2010。

回顾“十一五”，湖南省积极实施扩大内需的消费政策，消费品市场不断发展壮大。但是，消费品市场发展同时也面临一些制约因素，主要表现为：一是全省消费率偏低且呈下降的态势，2009年全省最终消费率为50.9%，首次低于投资率1个百分点，比2005年降低10.1个百分点；二是居民消费倾向不断下降，2009年城乡居民平均消费倾向分别为0.72、0.83，比2005年下降0.07、0.05；三是居民收入分配差距不断扩大，2009年城乡居民人均收入绝对差距达到10174.31元，城乡居民收入差距指数为3.07；四是农村市场启动难度大，“十一五”前四年县及县以下实现零售额平均增速为16.5%，比市零售额平均增速低3.9个百分点；五是市场竞争能力不强，规模效应较差的限额以下企业和个体经营户仍然是市场主体，零售额份额占据70%左右，比全国和中部六省平均水平高；六是市场规范化程度不高，市场秩序比较混乱，食品安全保障不够，公共消费设施不配套，市场规划布局还不够规范等。

近年来，尽管湖南省社会消费品零售总额保持了较快的增速，但是消费依然是经济社会发展中的弱项，扩大内需依然有较大的发展空间和潜力。从人口规模、增量及结构看，刚性需求很大。2009年湖南省总人口为6900.2万人，比2008年净增55万人，净增率为0.8%，其中城镇人口为2980.89万人，城镇化率为43.2%，城镇化率比上年提高1.05个百分点。随着人口基数的不断扩大，新增人口数量逐年增加，城镇化率不断提高，生活水平不断提升，这种刚性拉动消费增长的幅度呈逐年加大的趋势。

从人均消费品零售额看，人均提升空间大。2009年湖南省人均消费品零售额7670.47元（按常住人口算），为全国平均水平的79.6%，仅为广东的49.6%，人均消费品零售额相对较少，提升空间较大。从城乡居民的消费倾向来看，消费意愿较强。2009年，湖南省城乡居民平均消费倾向分别为0.72、0.83，城乡居民人均消费支出的收入弹性系数分别为0.74、0.80，按照居民消费倾向变动标准和弹性理论，湖南省城乡居民消费倾向较高、消费水平总体偏低、消费缺乏弹性，消费具有很大的市场容量。

从城乡居民每百户拥有耐用消费品看，汽车、家电等耐用品仍然是消费热点。2009年年末，湖南省城镇居民每百户拥有家用汽车、彩色电视机、空调、电脑、移动电话、洗衣机、电冰箱分别为5.51辆、124.39台、102.81台、47.77台、163.57部、94.5台、93.22台，乡村居民每百户拥有彩色电视机、空调、电脑、移动电话、洗衣机、电冰箱分别为93.54台、7.32台、3.00台、106.27部、37.59台、32.03台。数量分析表明，湖南省城乡居民每百户拥有耐用消费品水平还不高，城乡差距大，耐用品市场发展空间大，同时耐用品升级换代速度不断加快，特别是汽车、家用电器等耐用消费品在形成消费热点后将持续较长一段时间。

四、湖南省商贸物流发展现状与问题分析

商贸物流是现代服务业的重要组成部分，是反映一个地区经济发展和社会繁荣的重要窗口，也是启动市场、促进需求和消费不断升级的助推器。国际金融危机爆发以后，商贸物流的发展面临重大机遇和挑战。为全面持续地拉动内需，湖南省商贸物流必须抢抓机遇，加快结构调整，促进商品市场升级。

（一）商贸流通规模不断增大

1. 商贸物流成为经济社会发展的重要推力

一是对经济增长贡献比较突出，2009年全省批发和零售业增加值突破千亿元，达到1221.2亿元，分别占GDP、第三产业的9.4%、22.6%；二是实现扩内需的主要载体，2009年批发和零售业实现零售额4146.57亿元，占社会消费品零售总额的84.4%，2010年1～5月实现零售额1627.78亿元，占社会消费品零售总额的87.7%；三是大量吸纳劳动力就业，2009年限额以上批发零售业企业从业人员13.44万人。

2. 商贸物流体系整体实力不断增强

2009年，湖南省限额以上批发零售贸易企业2158个，比2004年增加1153个，法人企业资产、销售额、批发额、零售额分别为1224.73亿元、2969.98亿元、1730.81亿元、1239.17亿元，比2004年增长99.0%、110.2%、65.1%、239.67%。2010年1～5月，限额以上批发和零售业企业（单位和个体户）实现销售额、零售额分别为1379.12亿元、593.11亿元，增长36.2%、36.4%。在商业网点布局上，湖南省初步形成了省级商业中心、市县级商业中心和社区商业中心与特色商业街相结合的布局结构，初步形成了业态完备、特色突出、设施现代化的多层次的流通网络。

3. 多元主体、多种经济成分共同发展的商贸物流格局

随着买方市场的巩固，湖南省流通领域在经历了以数量扩张为特征的高速发展之后，迅速进入以结构调整为主的发展时期，多元主体、多种经济成分的流通组织得到了充分的发展，港澳台和外商投资企业加快抢滩进入，内资企业中私营企业迅速崛起。2009年，湖南省限额以上批发和零售业企业中，港澳台和外商投资企业数、从业人员、销售额分别为40个、1.47万人、100.84亿元，分别占限额以上批发和零售业企业的1.9%、7.5%、3.4%，比2004年提高0.8、5.8、1.5个百分点；在内资企业中，私营企业单位数、从业人员、销售额分别为1259个、7.38万人、856.07亿元，分别占全省批发和零售业企业的58.3%、37.6%、28.8%，比2004年提高31.2、18.8、19.0个百分点。

4. 新的业态和经营方式竞相发展

近几年，随着国际零售巨头的入驻以及国内特大零售商的抢滩，各大中城市相继出现了大型超级市场、便民连锁店、专卖店、购物中心、仓储式商场等新型零售业态，自动售货、电子商务、网上购物等无店铺销售形式和经纪、代理制等现代营销方式，也随着信息技术的飞速发展而不断涌现。从零售业态看，专业店、专卖店、超市三种零售业态是零售企业的主要业态，2009年限额以上企业网点数占比分别为39.2%、18.7%、26.4%，合计占84.3%，销售额占比分别为21.2%、20.8%、12.7%，合计占54.7%，另外，无店铺零售企业2家，销售额达16.70亿元。从经营方式看，限额以上企业中独立门店、连锁总店、连锁门店分别为1085个、89个、38个，分别占81.3%、6.7%、2.8%，连锁性质的企业数只占9.5%，但是连锁总店、连锁门店的销售额分别为550.38亿元、17.94亿元，分别占41.5%、1.4%，合计占42.9%，连锁企业规模效应较好。电子商务也初具规模，2008年湖南省应用电子商务的批发零售企业489个，占全部批发零售企业的1.8%；实现电子商务采购金额16.28亿元，占其全部购进额的9.1%，占全省批发零售企业购进额的0.5%；实现电子商务销售金额36.34亿元，占其全部销售额的17.2%，占全省批发

零售企业销售额的0.9%。

5. 大中型商贸物流企业集聚效应显著

湖南省商贸企业在激烈的市场竞争中不断做大做强，显示出较强的实力和蓬勃的发展生机，涌现出了友阿集团、步步高等一批规模较大、竞争力较强的骨干企业。2009年全省大中型批发和零售企业406个，资产、销售额分别为765.92亿元、1711.16亿元，单位数仅为限额以上批发和零售业企业的18.8%，资产和销售额却占62.5%、57.6%。其中，大型企业单位数、资产、销售额分别为72个、431.87亿元、961.18亿元，占限额以上批发和零售业企业的3.3%、35.3%、32.4%。资产过百亿元企业从无到有，资产过10亿元企业17家，比2004年增加12家。2010年1～5月，大中型企业实现销售额873.53亿元，增长36.1%。

6. 商品交易市场繁荣兴旺

湖南省商品交易市场已形成了遍布城乡的市场网络，商品市场体系日趋完善。2009年，湖南省商品交易市场2518个，总摊位数54.02万个，营业面积1620.27万平方米，实现成交额2173.89亿元。其中亿元以上商品交易市场数、总摊位数、营业面积、成交额分别为267个、18.39万个、843.62万平方米、1714.51亿元，分别占全部商品交易市场的10.6%、34.0%、53.4%、78.9%。市场覆盖范围和领域相当宽泛。各类生产资料、工业消费品、农产品、其他综合市场1473个，实现成交额775.33亿元；各类生产资料、农产品、食品饮料烟酒、纺织服装鞋帽、日用品、文化用品、黄金珠宝玉器首饰、电器通信器材、电子设备、医药医疗用品、家具五金装饰、汽车摩托车及零配件、花鸟鱼虫、旧货、其他专业市场1044个，实现成交额1398.50亿元。

（二）城乡商贸物流体系初步建立，服务水平不断提高

1. 商贸物流体系建设日益拓展

“十一五”时期，湖南省积极实施“万村千乡”工程，不断加大投资，加强商贸物流体系建设。第二次经济普查结果显示，到2008年年底，湖南省批发和零售、住宿和餐饮业法人企业3.44万个，网点（包括个体户）发展到129.57万个，分别比2004年增加1.89万、39.35万个；从业人员为436.71万人，比2004年增加218.82万人；其中，批发和零售业网点108.81万个，住宿和餐饮业网点20.75万个，分别比2004年增加30.28万、9.07万个；经营网点密度由2004年的每万人134.7个发展到2008年的每万人189.3个；2009年，湖南省商品交易市场2518个，出租摊位数46.84万个，营业面积1620.27万平方米，成交额2173.89亿元。湖南省形成了门类齐全、遍布城乡的商业和饮食网络。

2. 经营业态不断发展

“十一五”时期，多种业态经营的零售企业不断发展，如超级市场、便民店、专业店、专卖店、购物中心、仓储式商场、无店铺销售等。2008年，全省专业店、专卖店、超市三种零售业态网点数分别占比47.8%、19.7%、11.7%，合计占79.2%；销售额分别占比45.5%、21.8%、10.6%，合计占77.9%。湘潭的步步高建成湖南省最大商业Mall，并率先在国内推出平价百货这种全新的零售业态；长沙的快乐购依托湖南省卫视品牌，整合电视、网站、目录的“三合一”无店铺销售通路，创国内第一家全国连锁、全新形态的现代电视购物公司，至2009年年底，快乐购在全国拥有1500多家供应商合作伙伴及300万会员，日均营业收入500万元，成为湖南省零售市场新型业态的超级航母。

同时，湖南省连锁经营规模不断扩大。2009 年湖南省共有零售和餐饮业连锁总公司（总店）99 家，比 2005 年增加 37 家；从业人数为 6.6 万人，比 2005 年增加 4.09 万人，营业面积为 382.24 万平方米，比 2005 年扩大 4.85 倍；连锁门店总数达 3847 个，比 2005 年净增 3076 个，平均每天新开 2 个门店；实现营业收入 286.13 亿元，比 2005 年增长 6.5 倍。2009 年步步高、家润多被评为中国连锁百强企业。另外，电子商务也初具规模。2008 年湖南省应用电子商务的批发零售企业 489 个，占全部批发零售企业的 1.8%；实现电子商务采购金额 16.28 亿元，占其全部购进额的 9.1%，占全省批发零售企业购进额的 0.5%；实现电子商务销售金额 36.34 亿元，占其全部销售额的 17.2%，占全省批发零售企业销售额的 0.9%。

3. 不同经济成分共同发展

随着买方市场的巩固，湖南省迅速进入以结构调整为主的发展时期，多元主体、多种经济成分的流通组织得到了充分的发展，港澳台和外商投资企业加快抢滩进入，内资企业中私营企业迅速崛起。第二次经济普查资料显示，2008 年，湖南省批发和零售业企业中，港澳台和外商投资企业数、从业人员、销售额、资产合计分别为 143 个、1.5 万人、89.11 亿元、40.87 亿元，分别占湖南省批发和零售业企业的 0.5%、3.0%、2.1%、2.5%，比 2004 年提高 0.2、2.2、0.7、0.7 个百分点；在内资企业中，私营企业单位数、从业人员、销售额、资产合计分别为 21508 个、29.67 万人、1942.27 亿元、674.31 亿元，分别占全省批发和零售业企业的 77.3%、60.5%、47.5%、40.6%，比 2004 年提高 33.1、34.5、29.1、25.8 个百分点。2009 年湖南省大中型批发和零售、住宿和餐饮业企业 446 家，营业收入为 1654.16 亿元，资产合计为 868.74 亿元。

（三）商贸物流基础设施不断完善

近年来，湖南商贸物流基础设施投资稳步增长，配套设施不断完善。

1. 仓储业固定投资稳步增长，商贸仓储条件逐步改善

2006—2008 年，湖南交通运输、仓储和邮政业固定资产投资稳步增长，其中交通运输、仓储和邮政业总投资额从 2006 年的 297.56 亿元提升到 2008 年的 614.44 亿元，其中地方投资额增长了 1 倍；道路运输业投资额从 2006 年的 175.22 亿元提升到 2008 年的 360.26 亿元，增长幅度超过 2 倍；仓储业投资额从 2006 年的 7.07 亿元增长到 2008 年的 29.79 亿元，增长幅度超过 4 倍（见表 5 - 28、图 5 - 23、图 5 - 24、图 5 - 25）。

表 5 - 28　2006—2008 年湖南交通运输、仓储和邮政业固定资产投资情况　单位：亿元

年份 指标	2008			2007			2006		
	投资额	中央	地方	投资额	中央	地方	投资额	中央	地方
交通运输、仓储和邮政业	614.44	187.36	427.08	414.76	143.81	270.95	297.56	75.76	221.8
铁路运输业	188.67	182.47	6.20	146.95	141.88	5.07	77.08	73.9	3.18
道路运输业	360.26	3.95	356.31	230.76	0.44	230.32	175.22	—	175.22
城市公共交通业	17.24	0.00	17.24	7.64	—	7.64	28.24	1.08	27.16
水上运输业	8.59	0.25	8.34	3.27	0.44	2.83	6.5	—	6.5

续　表

指标＼年份	2008			2007			2006		
	投资额	中央	地方	投资额	中央	地方	投资额	中央	地方
航空运输业	4.01	0.00	4.01	6.44	—	6.44	0.28	—	0.28
管道运输业	0.76	0.00	0.76	0.49	—	0.49	1.96	—	1.96
装卸搬运和其他运输服务业	4.48	0.00	4.48	2.25	—	2.25	0.69	—	0.69
仓储业	29.79	0.53	29.26	16.84	1.05	15.79	7.07	0.74	6.34
邮政业	0.64	0.16	0.48	0.12	—	0.12	0.52	0.04	0.47

资料来源：湖南省历年统计年鉴.2010。

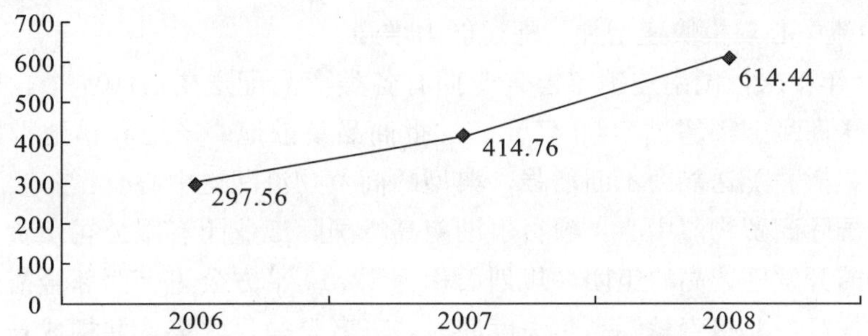

图 5－23　2006—2008 年湖南交通运输、仓储和邮政业投资额

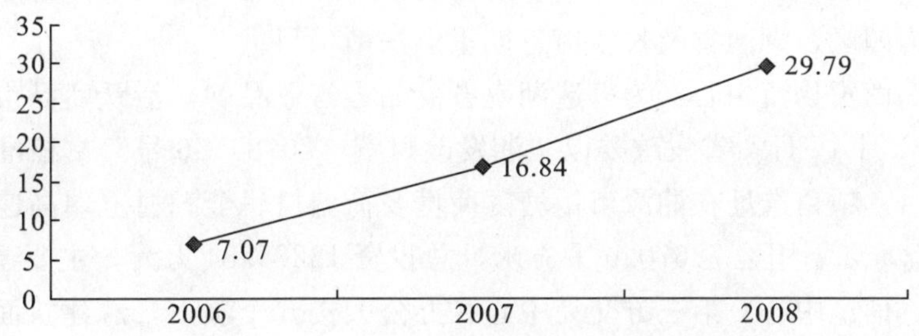

图 5－24　2006—2008 年湖南仓储业投资额

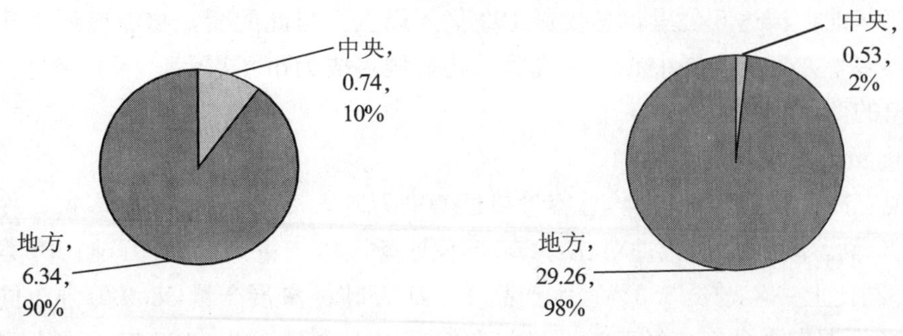

图 5－25　2006 年、2008 年仓储业投资结构

如图 5－26 所示：湖南立体仓库面积占仓库总面积的 13.66%，形成了通用仓储与专业仓储、常温仓储与低温仓储、普通仓储与立体仓储共同发展的格局，如图 5－26 所示。

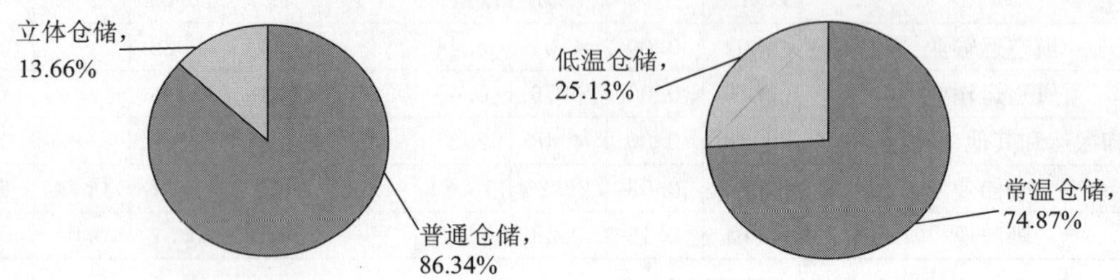

图 5－26　2009 年湖南仓库结构

2. 商贸物流中心规模快速增加，配送能力增强

截至 2009 年年末，湖南连锁零售企业拥有各类商品配送中心 104 个，通过配送中心向连锁企业配送商品金额超过 5000 亿元。一批商品集散地、产地和销地批发市场经过建设改造，货物集散、配送能力不断增强，典型的商贸物流配送中心有：

（1）湖南国际商贸物流中心：项目由湖南高岭国际工业园有限公司负责开发建设，项目（长沙市金霞开发区，高岭组团）规划面积为 12.11 平方公里，西邻金霞保税物流园区和鹅秀生态居住区，北接青竹湖高尔夫度假村，三者呈鼎足之势，并构成长沙市区向城北延伸快速发展过程中一个极为重要的新版块。湖南国际商贸物流中心是经国务院批准的，长沙市城市总体规划（2003—2020）中确定的近期重点发展项目之一，也是长沙市金霞经济开发区的主力园区，湖南省及长沙市近期重点扶植项目。

（2）步步高商贸物流中心：为打造湖南省商品零售业品牌，活跃商品市场，促进经济发展，2008 年 1 月 18 日，省发改委以“湘发改财贸〔2008〕66 号”文核准建设步步高物流配送中心项目。项目选址在湘潭市岳塘区荷塘乡荷塘村、金湖村上瑞高速公路连接线与 107 国道交叉口。规划用地 78670.6 平方米，总投资 13285.84 万元，主要建设生鲜加工中心、恒温仓库、信息中心、第三方交易中心和办公大楼 5 个项目，总建筑面积 80690.8 平方米，建设期 2 年，目前已投入使用。

（3）长沙大河西商贸物流城：将建设 400 万平方米的十大商品批发市场和 200 万平方米的现场仓储基地，长达 5 公里，总投资 100 亿元以上。与此配套，物流城还将建设商务大厦以及 6 万多平方米的会展中心。建成后，物流城将成为市场展示、网上交易、电子支付、货送到户的商品集散中心。

3. 冷链商贸物流设施逐步增加

湖南省现有冷库接近 1000 座，总容量接近 600 万吨，冷藏企业 1000 多家，冷藏运输车辆接近 2000 辆。湖南农副产量对比：2009 年湖南谷物产量 2902.7 万吨；肉类总产量 476.3 万吨，同比上一年增长 3.3%；水产品 188.1 万吨、禽蛋产量 88.9 万吨，同比上一年增长 1.23%。湖南食品生产经营类：目前有规模以上食品企业 1125 家，中大型批发和零售法人企业 2567 家，农副产品批发市场 129 家，各类生鲜品年总产量约 4000 万吨，全国绿色食品生产总量达到 700 万吨，冷冻食品年产量在 100 万吨以上。冷链体系缺陷损耗严重：湖南每年果品腐烂损失 60 万吨左右，蔬菜腐烂损失 650 万吨，平均按每公斤 1 元计算，经济损失超过 70 亿元，湖南冷链物流设施面临的形势十分严峻。

目前，湖南在建的大型冷链物流项目有：

国药控股冷链物流中心：2010 年 9 月，中国医药集团投资 1.5 亿元的湖南省最大的医药物流中心——国药控股长沙物流中心在长沙金霞开发区开工奠基。国药控股湖南有限公司 2004 年 11 月加入中国医药集团，是中国医药集团在湘设立的唯一大型综合型医药经营、物流配送服务商，注册资金 5000 万元。根据中国医药集团“十一五”规划及未来战略，湖南市场在 2015 年要基本实现区域垄断，完成销售超 50 亿元，创利税 3 亿元，到 2017 年实现销售达 70 亿元，创利税 5 亿元。为此，湖南省有关单位批准在长沙市开福区金霞开发区征地 40 亩（2667 平方米），兴建国药控股湖南长沙物流中心及国药控股湖南总部综合办公楼，计划分两期投资 1.5 亿元。满足未来年 100 亿元的销售规模。国药控股湖南有限公司第一期物流中心投资 1 亿元建设包括 5 巷道自动化高架立体库、自动分拣系统等，综合办公楼投资 3000 万元建设 5 层，面积达 5000 平方米，因此完成湖南公司总部整体搬迁。综合楼主要是企业营销中心、采购中心、运营中心、管控中心、利润中心的营运办公场地，满足 300 人整体办公。第二期建设主要集中在运输，成立湖南最大的医药专业运输中心，添置各类运输车辆近 50 台，引进先进的运输 TMS 信息系统及 GPS 货物跟踪系统。预计 2010 年 10 月国庆节前完成整体搬迁，投产使用。

长沙大河西先导区现代冷链物流园：项目正式开工建设。湖南食品产业有了冷储、加工、配送旗舰企业。该项目总投资 2.5 亿元，选址在依托铁路货站而规划扩建的经开区物流园内，拟建设总容量达到 5 万吨的多温层可调式冷库以及其他冷链物流配送设施。

4. 商贸物流信息技术得到广泛应用

物流信息管理系统在商贸物流活动中得到广泛运用。现代化的商贸物流基础设施对促进传统物流模式转变、提高城市和城际配送效率发挥了积极作用。

物流信息平台迅猛发展。依托湖南物流行业强大资源，物流行业搜索查询平台发展迅速。这类物流信息平台以专业、全面、简易、自助为平台标准，旨在打造成全国最大的中文物流搜索查询平台。

物联网被视为互联网的应用扩展，应用创新是物联网发展的核心，以用户体验为核心的创新是物联网发展的灵魂。近年来，商贸流通领域的物联网技术开发与应用在湖南初现端倪。湖南电信和百果园农业集团共同打造的物联网农业示范园成立并投入运营。

（四）商贸物流市场主体迅速成长

1. 市场主体规模扩大

随着商贸物流社会需求的不断扩大，多种所有制、多种服务模式、多层次的现代商贸物流企业群体迅速发展。商贸企业、物流企业积极推广应用越库配送、共同配送、供应商管理库存等服务模式，满足现代零售企业小批量、多频次、快周转的物流服务需求，限额以上连锁超市商品统一配送率达到 31.4%。

2. 典型行业物流发展水平较高

汽车、家电、医药、烟草等专业物流形成一定规模。信息科技的广泛应用，大大提高了商贸企业和物流、配送企业的服务能力和供应链管理水平。各地建设的公共物流信息服务平台，有效地改善了物流信息的共享服务，促进了物流资源的供需衔接。

（五）商贸物流发展环境明显改善，各种支持和配套政策日臻完善

1. 政策环境优化

近年来，各级政府部门通过制定规划、出台政策、设立专项资金，从多方面支持商贸物流发展。中央财政通过设立促进服务业发展专项资金、农村物流体系建设专项资金，引导商贸物流健康发展。

促进商贸物流业发展的政策措施：

一是实行财政扶持政策。对培育流通领域的企业集团，连锁经营、物流配送、电子商务、“万村千乡市场工程”建设和专业特色大市场建设，重要商品储备，应急调控和市场监测给予相应支持。二是对现代物流业进行资金扶持，促使其加快发展。在“十一五”期间，依据“长株潭”一体化，特别是中心城区现代物流业发展规划要求，以交通运输枢纽为依托，建设物流基地。三是优化市场管理服务。对商贸流通企业及连锁经营企业的各种管理、检查，应严格依法行政，加强协调，推行多部门组织的联合检查，行政执法部门按规定收取的各种费用（包括罚没收入），要严格实行“收支两条线”。

2. 融资环境宽松

金融机构通过建立支持流通业发展专项贷款，支持商贸物流业进行基础设施改造。供应链金融创新和贸易融资快速发展，有效缓解了中小企业融资难问题。行业组织开展物流企业信用评级和综合评估工作，推动了物流市场信用体系建设。

商贸物流业快速发展对促进商贸繁荣、服务民生、改善消费环境、推进流通方式升级和转变经济发展方式发挥了积极作用。然而，我国商贸物流整体水平不高，物流效率偏低，难以满足商贸服务业快速发展和居民消费升级的需求，主要表现在：商贸物流企业普遍规模较小，组织化程度不高；专业化的第三方物流发展滞后，运作方式、运行模式不能适应工业和商贸企业精细化服务的要求；商贸物流基础设施落后，配送能力不强；商贸物流缺乏统一规划和布局，融资难、税负重、基础设施投入不足等，在一定程度上制约了商贸物流业发展。

（六）商贸物流发展水平有待提高

国际经验证明的基本规律是，现代化城市的特征表现为商业的高度发达和成熟，名列世界竞争力前茅的新加坡，主要不在于其生产优势，而在于其强大的商贸物流发展水平，我国香港也是靠“商”成为国际大都市。因此，提升商贸物流发展水平是商贸物流发展的基本方向，商贸物流发展水平也是商贸物流发展水平的重要表现。

1. 商贸物流发展水平评价模型

商贸物流发展水平就是流通领域的生产力，即社会把产品从生产领域运送到消费领域的能力，主要包括规模水平、商流水平、物流水平、信息流水平、资金流水平、贡献水平、发展潜力水平七个方面的能力。结合商贸物流发展水平的内涵，根据全面性、灵活可操作性、指标数量适中性、规模指标基础性等原则，我们构建了湖南省商贸物流发展水平综合评价指标体系，如表5-29所示。以综合评价全省的商贸物流发展水平，分析商贸物流发展存在的问题。

表 5－29　　湖南省商贸物流发展水平综合评价指标体系

	评价层	指标编号	指标层
商贸物流发展水平评价指标体系	规模水平	X1	批发和零售业增加值（亿元）
		X2	社会消费品零售总额（亿元）
		X3	批发和零售业从业人员（万人）
		X4	批发和零售业年年末固定资产净额（亿元）
	商流水平	X5	交通运输、仓储及邮电通信业个数（个）
		X6	批发和零售业个数（个）
		X7	超级市场个数（个）
		X8	百货商场个数（个）
	物流水平	X9	货物周转量（亿吨公里）
		X10	公路里程（公里）
	信息流水平	X11	应用电子商务的批发零售企业数（个）
		X12	批发零售企业电子商务销售和购进额（万元）
	资金流水平	X13	市场成交额（亿元）
		X14	城镇居民人均消费性支出（元）
		X15	城乡居民储蓄存款余额（亿元）
	贡献水平	X16	批发和零售业地区经济贡献率（%）
		X17	批发和零售业地区就业贡献率（%）
		X18	批发和零售业地区经济拉动率（%）
	发展潜力水平	X19	批发和零售业专业技术人员比 2004 年的增长率（%）
		X20	批发和零售业增加值比 2004 年的增长率（%）
		X21	批发和零售业营业利润比 2004 年的增长率（%）
		X22	批发和零售业增加值在第三产业中的比重（%）

资料来源：湖南省统计局，2010。

利用 2008 年全省第二次经济普查数据，基于因子分析，我们将上述 22 项指标综合成公共因子 F1、F2、F3、F4 和 F5。公共因子 F1 在 X1、X2、X3、X4、X5、X6、X8、X10、X11、X15 有较高的载荷量，主要是反映了商贸物流发展水平总规模的因子，将 F1 称为“规模因子”；公共因子 F2 在 X16、X18、X21、X22 上有较高的载荷量，主要是反映了对地区经济的影响，将 F2 称为“贡献和效益因子”；F3 在 X7、X9、X13 上有较高的载荷量，主要是反映了市场与商贸物流发展水平的关系，将 F3 称为“市场因子”；公共因子 F4 在 X12、X14、X19 上有较高的载荷量，主要是反映了商贸物流发展水平所需要的消费支持和技术人员支持，将 F4 称为“消费及技术因子”；公共因子 F5 在 X17、X20 上有较高的载荷量，主要是反映了就业和增加值的增长情况，将 F5 称为“增长因子”。通过方差最大正交旋转法后，可计算得到各公共因子得分和排名，见表5－30。

表5－30　湖南省14个市州商贸物流发展水平综合评价结果

地　区	规模因子得分	贡献和效益因子得分	市场因子得分	消费及技术因子得分	增长因子得分	综合得分	综合排名
长　沙	1.584372	0.785209	0.922449	0.668410	0.590323	1.197932	1
岳　阳	0.988376	0.554762	0.649346	0.421602	0.619065	0.800995	2
衡　阳	0.890427	0.442583	0.598843	0.397555	0.499653	0.710556	3
常　德	0.944311	0.506855	0.530757	0.373186	0.268453	0.699717	4
株　洲	0.813578	0.431123	0.650452	0.428929	0.453091	0.668245	5
郴　州	0.785437	0.580770	0.481426	0.358614	0.302268	0.617386	6
湘　潭	0.564388	0.283347	0.477813	0.436409	0.581225	0.520855	7
邵　阳	0.595674	0.457973	0.551488	0.292044	0.219770	0.489728	8
益　阳	0.573747	0.449259	0.411938	0.368849	0.276803	0.478793	9
永　州	0.465789	0.233715	0.505211	0.330650	0.353767	0.418600	10
怀　化	0.413579	0.322672	0.509396	0.322997	0.431786	0.409696	11
娄　底	0.367424	0.205439	0.356368	0.337576	0.371300	0.349752	12
湘　西	0.246789	0.396748	0.463362	0.294112	0.433216	0.316826	13
张家界	0.195478	0.295598	0.316377	0.329170	0.375262	0.258480	14

2.商贸物流发展水平评价结果分析

由综合评价结果表5－30可知：湖南省14个市州的商贸物流发展水平总体较高。从综合排名看，长沙、岳阳、衡阳分列前三位，张家界、湘西、娄底分列倒数第三，其中长沙竞争优势显著，表明中心城市商贸物流发展水平优势明显。在规模方面，长沙、岳阳、常德分列前三位，区域差异较大，湘北明显好于湘西南；在贡献和效益方面，长沙、郴州、岳阳分列前三位，区域差异不明显；在市场方面，长沙、株洲、岳阳分列前三位；在消费及技术方面，长沙、湘潭、株洲分列前三位，区域差异较大，一点一线地区优势明显；在增长方面，岳阳、长沙、湘潭分列前三位，各地发展速度较快，差异明显。

通过对湖南省各市州商贸物流发展水平普遍特征分析，湖南省商贸物流还存在一些结构性问题，主要表现为：

（1）规模水平不强。在因子分析中，规模因子权重较大，但是各市州的得分贡献较差。目前，湖南省商贸流通现状面临“专业批发市场虽大不强，传统百货业不大不强，现代流通业既小又散”的局面。现有的大部分专业市场亟待整合、提升，以实现与现代商贸的接轨。传统百货业总体发展速度较慢，除了少数几家百货商场外，销售规模和赢利能力多数增长缓慢。以连锁经营为代表的现代流通业规模小，组织化、集约化程度低，2009年湖南省连锁经营销售额只占同期社会消费品零售额的8%，而上海等发达地区的这个比重已经达到40%以上。与一些发达省市和中部六省相比，湖南省商贸流通企业的规模普遍较小，尤其缺乏国际、国内知名的大型和特大型商贸流通企业。2010年1～5月，湖南省限额以上批发和零售业实现零售额595.76亿元，占社会消费品零售总额的27.1%，比全国平均水平低9.1个百分点，在中部六省中仅比江西高3.8个百分点，分别比安徽、山西、湖北、河南低3.9、3.4、2.6、0.7个百分点。

(2) 物流水平不足。在因子分析中，物流水平的3个因子乏力是规模因子得分贡献较差的重要原因。主要表现为物流成本过高，商品周转速度较慢，连锁发育不全，规模效益难以发挥。2009年湖南省社会物流总费用2391.41亿元，占GDP的18.49%，远高于发达国家10%的水平；湖南省商贸流通企业的流动资本平均周转速度为每年3～5次，而日本为15～18次，沃尔玛、麦德龙等企业高达20～30次；全省零售业连锁总店89个，拥有连锁门店3694个，销售额为579.8亿元，连锁企业销售规模普遍偏小，无法形成规模优势，销售额比重低，与现代化水平差距甚大。

(3) 信息流水平建设滞后。在因子分析中，“消费及技术因子”得分最低，主要是信息流水平比较落后。目前从湖南省流通业整体情况看，多数企业的基础信息化建设还处于较低水平，与流通现代化要求存在较大差距，尤其是中小企业，计算机管理的普及率还很低，制约了电子商务的发展，2008年全省只有1.8%的批发企业有电子商务交易活动，相比之下，美国有60%的小企业、80%的中型企业、90%的大企业借助互联网广泛开展商务活动。

(4) 贡献水平不大。在因子分析中，“贡献和效益因子”得分普遍低于最后综合得分。从贡献水平看，根据湖南省2007年投入产出表，批发和零售业的影响力系数分别只有0.54、0.64，贡献水平较弱。影响力系数是指国民经济某一个部门增加一个单位最终产品时，对国民经济各部门所产生的生产需求波及程度。当影响力系数大于1时，表示该部门的生产对其他部门所产生的波及影响程度超过全社会的平均影响力水平，影响力系数越大，该部门对其他部门的拉动作用也越大。而批发零售贸易业的影响力系数小于1，说明对湖南省经济的影响作用还相对较弱。

五、湖南商贸物流发展对策

发展商贸物流，对合理配置资源、调整经济结构、扩大消费需求、引导生产发展、增加财政收入、创造劳动就业、增强城市功能等都具有十分重要的意义。湖南省商贸物流要通过构建现代流通体系，加快结构调整，促进商品市场升级，提高商贸物流发展水平。

(一) 提升传统商贸物流业态

1. 改造提升传统零售业

湖南省连锁经营起步于20世纪90年代，但由于在流通企业改制过程中缺乏有效的引导，没有形成发展连锁经营的合力，导致整体规模较小。湖南省本地的连锁经营企业普遍存在单店规模小、门店数量少和知名度低等方面的问题。随着零售领域的开放，国内外一些知名连锁企业加快了进入湖南省的步伐，挤压了湖南省本地企业的发展空间。对此，我们要正视现实，根据全省各地的实际，避强拓弱，明确发展重点。当前，应把发展农村连锁作为工作重点，构筑县城、中心集镇和经济发达村的农村连锁网络，在城市则主要发展连锁便利店。在支持发展直营连锁的同时，鼓励以商品、品牌、商号、配送、管理技术为纽带，发展特许经营，进一步拓宽发展连锁经营的行业范围，鼓励和支持生鲜食品、清洁蔬菜进入超市、便利店，逐步减少和规范城区内的农贸市场，形成“超市＋菜市场”或“便利店＋菜市场”等新型销售渠道和方式。鼓励医药、烟草、音像制品等行业实施连锁经营，推动连锁经营向多领域、深层次发展。支持省内连锁企业采取集中采购等方式，降低进货成本。力争经过几年的努力，确立连锁经营在湖南省商品零售业中的主导地位。

支持大型连锁企业建设、改造现代物流配送中心，完善物流配送功能，发展统一配送，提高连锁企业物流配送精细化水平。大力发展第三方物流，支持商贸服务业与物流业对接，发展专业化、网络化、全流程的物流服务，促进供应链各环节有机结合。鼓励中小企业加强合作，创新物流合作方式和服务模式，发展共同配送。支持品牌生产企业与物流企业密切合作，建立专业化的城际和国际物流配送网络。支持家电、服装、医药、烟草、图书、汽车、钢材、散装水泥、再生资源回收、粮食以及餐饮主食等专业化物流发展，满足流通专业化发展的需要。

支持各类批发市场完善物流服务功能，逐步形成集展示、交易、仓储、加工、配送等功能于一体的批发交易型配送模式。建立以现代物流配送中心和高效信息管理系统为支撑的电子商务物流基地，形成覆盖主要城市、辐射农村的快捷、便利、畅通的网络购物配送体系，满足网络购物快速发展的需要。加快物流电子交易平台建设，在中心城市引导建立一批以网络平台为依托、以第三方物流服务为主体，集信息发布、交易结算、跟踪、信用评价等功能于一体的网络物流资源交易中心，促进传统、分散的中小企业物流服务模式变革。

2. 增强商品交易市场功能

完善以现代物流配送中心为节点、以服务于商贸服务业和居民消费为目标的城市配送体系，实现城市配送与商贸服务网点、居民居住区的有效衔接。

在继续推进“万村千乡市场工程”、“新农村现代流通网络建设工程”、“双百市场工程”和农产品“农超对接”的基础上，推进农村日用消费品和农资配送中心建设，大力发展城乡一体化物流服务体系。充分运用社会物流资源，建立工业制成品、农产品、生产资料等大宗商品跨区域运输的城际配送网络，实现干线运输与城市配送有效衔接。以国际商品交易中心、重点进出口口岸为依托，通过完善货物储存、配送功能，提高进出口货物集散能力，形成连接内陆、贯通全球的国际物流通道。

从商品交易市场的发展和功能看，今后要按照压缩总量、整合资源、强化功能、规范管理的原则，依据全省现有专业市场的发展状况、区位，以及当地及周边地区的产业基础，合理确定各类专业批发市场的职能分工，推进商品交易市场组织、经营和管理的创新。重点要提高其信息化程度，以信息化推动专业市场的现代化。采取散户经营与公司制经营相结合的模式，提高经营的组织化程度；探索利用专业市场的优势，增加会展功能，举办知名会展；延伸服务内容，增强配送功能，推动商品交易市场从商品集散地向物流配送中心转变，带动市场升级。

在全省大中城市、商贸业聚集地、大型批发市场、进出口口岸，统筹规划建设和改造一批现代物流中心、配送中心。加强农副产品冷链物流建设，完善产地预冷、销地冷藏和保鲜运输、保鲜加工等设施。建设、改造一批仓储、分拣、流通加工、配送、信息服务等功能齐备的商贸物流园区，促进商贸物流产业适度集聚。加强仓储设施建设，推进传统仓储向现代物流配送中心转变，促进全社会物流设施资源利用效率的提高。适应互联网和物联网发展趋势，大力推进商贸物流公共信息化基础设施建设。

3. 积极培育龙头企业

大型商贸流通企业是推进商贸流通现代化的主要载体，发达的商贸物流的一个重要标志就是拥有一批具有较强国际竞争力的大型商贸流通企业，如经济发达的美国拥有沃尔玛，法国拥有家乐福，德国拥有麦德龙。培育大型民族商贸流通企业既是国际的成功经验，也符合湖南省的实际。湖南省应抓住机遇，按照建立现代企业制度的要求，大力推进产权制度改革，加快大型商贸流通企业的培育，鼓励省内大型商贸流通企业以参股、控股、承包、兼并、收购、特许经营、托管等方式，快速实现规模扩张，培育一批拥有自主品牌和知识产权，主业突出、核心竞争能力强的大型商贸流通企业。

4. 引导中小企业发展

湖南省商贸物流在抓“大”的同时，还要扶“小”。中小型流通企业是湖南省商贸流通领域的重要组成部分和社会就业的重要渠道，从湖南省商贸物流发展的实际情况看，大型商贸流通企业较少，绝大多数是中小商贸流通企业，销售规模不大。因此，要提高商贸流通行业的整体水平，就要积极推动广大中小商贸流通企业与大型商贸流通企业共同发展。根据中小商贸流通企业的特点，着重发展特许加盟和自由连锁，采用联合采购等办法，进一步提高中小商贸流通企业的组织化程度。加大对中小商贸流通企业的信贷支持，帮助其解决融资难等问题，创造有利于中小商贸流通企业发展的外部环境。同时，要加强个体经营户的管理，积极为个体经营户创造良好的经营环境。

（二）扶持新兴商贸物流业态

1. 加速建设现代物流配送体系

物流配送是现代商贸物流的重要组成部分，被称为“第三利润源”，配送的完善和快捷成为实现连锁经营的重要保证。目前，湖南省大多数连锁企业尚无独立的配送中心，即使有，也是规模较小，技术落后，自动化水平和配送比例较低。

提高物流配送效率，降低经济运行成本成为湖南省发展现代物流配送的关键。要着重做好以下几个方面工作：一是加强连锁企业内部物流配送中心的建设与管理；二是整合物流资源，建设专业化、社会化的物流企业；三是抓好商品交易市场配送中心的建设，提高市场的商品集散功能；四是积极组织生产资料分销企业完善服务功能，为生产企业提供原辅材料及零部件的配送业务；五是设立流通现代化人才培养基金，为加快现代物流配送体系建设提供人才保障。

2. 积极推动电子商务的广泛应用

电子商务是现代流通业的发展趋势，它具有无时空限制、便捷、互动等优势，有利于降低交易成本，提高交易效率，在经济活动中将得到越来越广泛的应用。总的来看，湖南省电子商务的发展要从实际出发，坚持以企业为主体，以市场为导向，并需要政府的努力推动。

通过综合政府的产业政策、企业的市场需求、行业的发展趋势、消费的变动情况等信息，提高各类网络资源的集聚度和利用率。在实际工作中，要突出重点，注重实效，着重抓好六方面的工作：一是抓紧研究电子交易、信用管理、安全认证、在线支付、税收、市场准入、隐私权保护、信息资源管理等方面的法律法规问题，逐步完善电子商务的法律法规建设。二是以支柱产业为依托，培育一批集信息发布、价格指导、网上交易、资源配置等功能于一体的行业门户网站，发挥无形市场的优势。三是鼓励大型百货商场、购物中心、连锁超市建设网上商城，增强配送功能，扩大网上消费，发展电子商务。四是发展服务业的网络业务，拓宽电子商务覆盖面。五是建设湖南省公共商务平台，发挥和完善商务信息集聚功能。六是打击电子商务领域的非法经营以及危害国家安全、损害人民群众切身利益的违法犯罪活动，保障电子商务的正常秩序。

3. 推进商贸物流业技术升级

鼓励企业加强物流装备更新和设施改造，采用先进物流技术，实现物流作业机械化、自动化，提高作业效率。加大信息技术在商贸物流领域的推广应用力度，鼓励商贸物流企业广泛采用条码、智能标签、无线射频识别等自动识别和标示技术、电子数据交换技术、可视化技术、货物跟踪技术等，实现商品来源可追溯、去向可查证、物流流程可视化。支持商贸服务企业与物流企业、生产企业通过共用信息系统，实现数据共用、资源共享、信息互通，提高企业对市场变化的反应能力和供应链管理水平。加大物联网技术在商贸物流中的推广应用，提高湖南商贸物流现代化、智能化水平，推动智慧物流发展。

（三）加强商贸物流基础工作

1. 加快区域商贸流通资源的整合

要优化商贸业态布局，调整市场结构，创新消费服务方式，改善商贸流通服务功能，促进现代流通方式发展，提高资源配置效率，满足市场需求，为湖南省先进制造业基地建设和产业发展发挥先导作用并提供有力支撑，通过工贸联动，实现传统商贸物流向现代商贸物流的跨越式发展。制订《湖南省“十二五”商贸物流发展规划》，进一步明确商贸物流发展目标、布局、重点以及产业政策，切实抓好商业网点的布局规划。

2. 加快农村流通市场建设

按照省政府的统一部署，有序推进农村现代流通网建设，重点做好经济欠发达地区乡镇村的连锁经营网络建设。乡镇主要发展中小型连锁超市和便利店，同时要增强城市流通对农村腹地的扩散力和区域内外的双向辐射力。把发展农村流通市场作为提高农民消费水平，推动农村经济发展的新的增长点。

3. 健全商贸物流行业统计制度

健全商贸物流统计分析制度，建立行业数据库，监测、分析商贸物流运行状态，提供行业服务、指导行业发展。

4. 推进实施商贸物流行业标准

加强仓储、配送各环节及物联网应用等相关技术和管理标准的实施工作，规范商贸物流服务行为、促进供应链各环节有效衔接，重点做好蔬菜、禽肉、水产品、速冻食品低温运输、装卸、仓储、加工配送等冷链物流相关标准的推广应用和衔接工作。

5. 商贸物流人才培养

加强商贸物流职业技能教育，开展商贸物流领域职业资格培训工作，协调相关部门与行业组织推动建立和完善多层次复合型商贸物流人才培养体系，及时输送市场急需的商贸物流专业人才。

(四) 改善商贸物流发展的市场环境

1. 加强商贸物流发展的组织协调和引导

各级商务主管部门、发展改革委、供销合作社要根据商贸物流发展特点，加强对商贸物流工作的规划指导和组织协调，建立相关工作机制，落实工作责任。在湖南现代物流工作综合协调机制下，调动各方面的积极性，形成推动商贸物流发展的合力。行业社团组织要充分发挥政府与企业间的桥梁与纽带作用，做好行业自律，完善从业规范，推进行业制度建设，加强国际交流与合作，为行业健康发展提供全方位的服务。

2. 加强商贸物流行业法制化

加强对商贸物流领域的立法研究，制定适合商贸物流发展需要的法律法规。推进市场化改革和体制创新，增强商贸物流业发展活力。打破地区封锁，构建公平、规范、有序的商贸物流市场体系，促进物流资源的自由流动。加强城乡物流服务体系的整体规划，通过地方立法和制定相关政策，解决干线运输、城市物流配送车辆通行难问题。加强对商贸物流产业的宏观调控和运行监测，加强物流产业安全评估及竞争力评价，完善物流行业产业损害预警机制。加强商贸物流信用体系建设，增强企业信用意识和风险防范意识。

3. 加大商贸物流发展的政策支持

各级商务主管部门、发展改革委、供销合作社要积极研究出台相关政策，协调相关部门运用财政、金融、税收、土地等手段支持商贸物流业发展。认真做好商贸物流发展规划，现代物流配送中心、仓储设施、快速转运中心、商贸物流园区等物流基础设施项目需符合土地利用总体规划，并纳入当地城乡建设规划。加大对重点商贸物流项目的财政资金支持力度，推动、引导商贸物流企业“走出去”，符合条件的企业可以申请对外经济技术合作专项资金支持。拓宽融资渠道，鼓励金融机构加大对商贸和物流企业的融资支持力度，按照企业需求，加强金融产品和服务方式创新，积极探索多种形式的抵押或质押贷款担保方式。

第六章　湖南省钢铁物流发展研究报告

一、湖南省钢铁物流的 SWOT 分析

钢铁工业的发展对湖南省的经济发展起着重要的推动作用，同时，湖南省经济的持续高速发展对钢铁的需求量也逐渐增加。经过“十一五”期间的高速发展，湖南省钢铁工业正站在一个新的历史起点与转折点上面向未来。

2009 年，湖南省钢铁产量约为 1800 万吨，占全国钢铁总产量的 3.17%。生产 1 吨钢材大约需要 6 吨货物来配套，据此计算，湖南省钢铁物流市场的物流总需求货运量将高达 1.08 亿吨，甚至更多。据分析，未来几年，湖南省钢材需求量将以每年 10%左右的发展速度递增，并且这种增速还会持续到 2020 年以后。

“十一五”期间湖南省规划经济发展的目标是向建设低投入、高产出、低消耗、少排放、能循环、可持续的国民经济体系和资源节约型、环境友好型社会迈进。当前，从整体上看，湖南省钢铁物流的现状还不容乐观，在一定程度上阻碍着国民经济的发展，而一切的阻碍和不足都要在发展过程中逐渐解决，所以，有必要对湖南省钢铁物流的发展态势进行定性与定量相结合的系统分析，从而明确湖南省钢铁物流今后的发展方向，制定相应的导向性措施。

（一）湖南省钢铁物流的 SWOT 定性分析

所谓 SWOT 定性分析，即态势分析，就是将与研究对象密切相关的内外部环境所形成的竞争优势、劣势、机遇（机会）和威胁（挑战）四个方面的情况结合起来进行分析，为制定研究对象的经营战略和发展策略提供必要的理论依据。SWOT 分析模型最初运用于企业制定战略规划中，但随着对此模型的进一步研究和推广，越来越多的专家学者尝试着把它运用到各种领域。因此把湖南省钢铁物流作为一个宏观的研究对象，用 SWOT 分析模型来解析其相关问题也是十分可行和有效的。

1. 优势分析

（1）国民经济的持续快速发展促进了钢铁生产，进而拉动钢铁物流的发展。湖南省国民经济的持续快速发展为湖南省钢铁物流的发展提供了强有力的保障，是钢铁物流发展的助跑器。总的来说，促使湖南省钢铁消费量和产量增长的原因基本可以归结为三个方面：一是大规模的基础建设和重大装备的投入；二是城市化拉动了线材的需求，工业化拉动了板材的需求；三是整个钢铁产业的技术进步。

从中可以看出钢铁生产与整个国民经济建设是息息相关的。另外，钢铁消费量和产量的增长必然要有相关的流通服务来配套，这些配套设施的完善反过来会进一步刺激钢铁物流业的发展。

（2）钢铁物流自身有着独特的行业优势。从运输上看，钢铁的载重量较大，易于大件运输，钢铁成品不易变质，又大都采取机械化吊装，运费结算也相对容易；从市场销售上看，钢铁价格波动大、变化快，利润空间大，为从事钢铁物流的人员提供了利用信息打价格差的可能；从发展空间上看，由于钢铁物流属于资金、技术、信息密集型行业物流，因而无论是资金的融合、技术的改进，还是信息的获取，都为钢铁物流的创新与拓展提供了广阔的空间。

2. 劣势分析

（1）行业缺乏整体规划、物流成本过高。虽然湖南省钢铁生产行业产业结构调整、产业布局都有了清晰的发展规划，但钢铁物流却始终没有完整成熟的方案，主要表现在湖南省钢铁物流各环节没有理顺，布局不合理，物流市场无序竞争，从而导致整体效益不佳。据统计，湖南省物流行业运输货物的空载率达37%以上，同时因包装问题而造成的货物损失每年达5亿元，而货物运输每年损失则更是高达8亿元。就本行业来看，湖南省钢材流通企业已有几十家，但大部分都是中小企业，导致商流业务和物流业务分散，难以形成规模经济。另外，销售方式单一，操作方式、服务对象雷同，没有形成销售网络，也是物流成本过高的一个重要原因。

（2）企业经营条块分割，资源浪费严重。很多湖南钢铁企业始建时就有自己的运输部门、仓储部门，但物流资源却“一盘散沙”，不能够集中整合，导致资源大量浪费，综合效益十分低下。钢铁物流在流程中仍然是“你播你的种，我插我的秧”，在这种狭隘的经营模式下，企业内部的产、供、销部门大多是分别设置，产供销过程中的生产物流、供应物流和销售物流也被人为地切割开来。物流过程中的运输、仓储、回收和加工等职能部门也是各自为政，使得单项物流无法形成系统物流，不利于整体效益的发挥。

（3）物流专业化程度不高，效率相对低下。目前湖南省钢铁企业的“大而全”、“小而全”现象使得企业的物流专业化程度偏低，无法适应现代物流的要求，这主要表现在两个方面：一是钢材物流技术装备水平低。当前，湖南省绝大部分“钢材物流中心”的技术装备大多处于传统物流管理水平上，与现代钢材物流要求相去甚远。二是与钢材相关的第三方物流的信息化水平相对较低。如SCM、ERP、CRM资讯提供商，其管理方案虽在一定程度上提升了企业信息化管理水平，但由于开发的系统缺少个性化服务，常常不能满足和达到企业的预期要求。

（4）相关专业人才短缺，物流管理滞后。无论是钢铁生产企业还是钢材流通企业，高级工程师、会计师、博士生、研究员为数不少，而从事物流的专业人才几乎没有。一些钢材贸易公司不惜投资数百万元建立条板材剪切加工配送生产线，却聘用一些不懂电脑、不会管理的退休工人或民工来进行操作。目前，某些钢材仓库的管理人员大部分没有经过现代物流知识培训，导致物流管理水平整体不高，严重滞后于生产环节的管理。

3. 机遇分析

（1）湖南将加大交通基础设施的建设，为钢铁物流的发展提供重要的交通基础。至2009年，湖南公路总里程191403公里，其中高速公路总里程突破2227公里。铁路总里程3486公里，居全国第十位、中部第三位。水运基本形成了以洞庭湖为中心、以湘资沅醴四水干流为主干，沟通全省、通江达海、物流全球的基本航运条件。航空拥有5个机场，其中长沙黄花机场有航线70余条。至2009年年底，全国公路通车总里程达到了360万公里，高速公路达6万公里。预计到“十一五”末的2010年，全国铁路运营里程将由2005年的7.5万公里增加到9.2万公里以上。发达完善的铁路网初具规模，铁路“瓶颈”制约状况将明显缓解。在未来的十几年里，将全面建成发达完善的铁路网，铁路运输能力适度超前，重要港口设施、管理水平以及生产效率将基本达到国际领先水平，交通专用卫星长途通信网建成并实行全国联网，内河航道落后面貌明显改善，这些都将会为湖南乃至全国钢铁物流的快速发展奠定必要的物质基础。

（2）湖南省内整个物流业的蓬勃发展将带动钢铁物流的快速进步。纵观湖南省现代物流业从1993年起步至今的成长轨迹，短短十几年间就已打破部门、行业、地区的界限，向社会化、专业化、现代化、信息化方向发展，并越来越受到各级政府的重视。目前，各市州的地方政府已将物流业的发展问题列入政府工作议事日程，大幅提高物流的产业地位，制定相应优惠政策，积极加大基础建设力度。在这样的大背景下，钢铁物流业自然将受到推动，获得发展机遇。

4. 威胁分析

（1）湖南钢铁冶炼原料紧缺，钢铁生产配套要求提高。按照目前全球经济走势，钢铁冶炼原料如铁矿石、炼焦煤、焦炭、电力、废钢铁等资源供应短缺，给钢铁企业带来严峻考验。由于生产规模扩大，国外矿石的使用比例正在迅速提高，而矿石的长距离、大运量的运输特点对钢铁物流提出了很高的要求。制约钢铁企业物流发展的另一个突出因素是，由于目前我国铁路基础设施的制约，钢铁生产企业不得不更多地依赖公路，而公路又受到治理超载超限的制约，这将导致运输成本的进一步提高。

（2）国外钢材企业对国内钢铁企业的冲击。国外很多钢铁生产厂商的介入，其良好的产品质量和完善的营销管理模式必将对国内企业产生极大的冲击。湖南钢铁企业重视现代物流管理技术，完善物流组织模式，增强服务意识，提高核心竞争力已是刻不容缓。

5. SWOT定性分析的结论

通过对湖南省钢铁物流发展的SWOT定性分析，应当看到，湖南钢铁物流业的发展前景总的来说是机遇与挑战并存。由此可见，发展湖南钢铁物流，必须充分利用现有的内部优势，抓住外部机遇，迎接挑战，规避或解决威胁，避免或弱化劣势带来的不良影响。值得重视的是，从发展的角度来看，在SWOT分析的基础上，还要结合钢铁物流一些新的发展趋势，诸如EDI技术、互联网等信息技术的应用，钢材加工配送中心的兴起，独立的钢铁物流企业的涌现等，然后再有所侧重地站在持续发展的战略高度制定相应的措施，进而促进湖南钢铁物流又好又快地健康发展。

（二）湖南省钢铁物流的SWOT定量分析

对湖南省钢铁物流的SWOT定性分析时，本身加入了主观因素，势必影响钢铁物流发展的决策质量。因此，如何运用定量的方法，最大限度地剔除主观因素，得到更加合理、有效、客观的SWOT分析结论就成为一个亟待解决的问题。

1. 评价体系的建立

对湖南省钢铁物流的SWOT定量分析，基础性的工作就是建立与SWOT分析中四个方面相对应的影响因素评价体系，为定量分析获得相应的数据。针对任何一方面，都有具体的影响因素。

根据上面的定性分析，为了研究的需要，针对 SWOT 分析中包含的每一个方面，主要选取四个最主要的影响因素，这样就可以建立如表 6－1 所示的湖南省 SWOT 定量分析影响因素评价体系。

表 6－1　　湖南省钢铁物流的 SWOT 定量分析影响因素评价体系

评价项目	评价因素			
优势（S_i）	湖南省基础建设力度加大	湖南省城市化进程加快	湖南省工业化进程加快	湖南省钢铁产业自身发展优势
劣势（W_i）	湖南省钢铁物流发展规划不足	物流成本过高	条块分割，资源浪费	相关专业人才缺乏
机遇（O_i）	公路基础设施建设前景较好	铁路网建设日趋完善	水运港口建设加快	物流行业环境整体趋好
威胁（T_i）	湖南炼钢原材料缺乏	国际物流运输困难	钢铁物流发展资金不足	行业竞争加剧

2. 单因素影响力度

对于单因素影响力度，我们采用五级相对评分制的办法通过专家打分来确定，即将各单因素的影响力度统一量化到［0，5］区间内，如表 6－2 所示。

表 6－2　　单因素影响力度的五级相对评分制

分　值	5～4	4～3	3～2	2～1	1～0
内　容	特高	稍高	中等	稍低	特低

相对地，单因素的重要性的值可以量化到区间［0，1］，并且满足$\sum a_i=1$，其量化值的大小可以采用 AHP、比较矩阵等方法确定。对于每一个方面，其影响强度即是各单因素的影响强度进行相加，如优势强度，$S=\sum S_i$，S_i 表示第 i 个因素的优势强度。其余三个方面的计算方法可以以此类推。

建立了评价体系明确了计算打分方法后，下一步就采用德尔菲法，组织有关专家对这些评价指标填写咨询表，根据有关专家所反馈的信息，为我国钢铁物流的优势（S）、劣势（W）、机遇（O）、威胁（T）进行综合打分。

通过发放专家调查表进行调查，经过数据处理和计算，得知湖南省钢铁物流发展的优势（S）、劣势（W）、机遇（O）、威胁（T）影响强度的平均值分别为 1.88、3.01、2.96、2.75。

二、湖南钢铁物流发展趋势

（一）双企联动发展趋势

随着湖南钢铁物流产业的发展，越来越多的湖南钢铁生产企业选择与专业化第三方物流服务提供商结成战略联盟，实施双企联动的发展模式。利用专业化第三方物流服务，如利用综合物流集成商提供的网络资源、专业化技术设备和标准化业务操作流程等一体化的物流服务；功能性物流服务提供商提供的专业化服务和个性化解决方案等专而精的物流服务，更好地实现钢铁流通链条的集散功能，满足终端用户对不同品种、不同材质、不同规格的用钢需求。通过双企联动发展模式，可以使钢铁生产企业集中精力专注于自身核心业务，提高钢铁产成品的技术含量，更好地保持竞争优势，同时降低钢铁生产企业的物流成本、减少资金占用。而第三方钢铁销售物流企业通过与钢铁生产企业合作也可扩大自身的市场占有率，拓展自身营业空间，创造新的利润增长点。

（二）新一代供需双方交易平台——钢铁物流园区的出现

基于传统钢材市场依靠差价的低端竞争模式，市场机制不完善，与进出场客户无隶属关系，个别交易商“坑蒙拐骗”的行为等原因，新一代供需双方交易平台——钢铁物流园区应运而生，成为现代钢铁销售物流产业发展的一个新趋势。现代化钢铁物流园区汇集订单与分销、综合运输、仓储、加工配送、分拨、信息处理、物流金融、保税物流八大功能，通过对区域内整体钢铁销售物流资源的统一规划和多元化服务手段等优势，降低钢材运输仓储成本、剪切加工成本和中间交易成本，从而拓展钢铁销售环节中的物流增值服务，实现商流、物流、资金流和信息流的整合，最终优化整体钢铁销售物流产业链。目前湖南的钢铁物流园极度缺乏，横向比较，处于全国发展前沿的钢铁物流园区有：中国规模最大的钢铁贸易集散地，在专业市场唯一设有保税仓的乐从华南（国际）钢铁物流中心；发展多式联运为特色的青岛澳龙港国际钢铁物流城；打造钢铁物流产业集群、总体经济为目标的上海国际化钢铁物流总部基地。此外还有西北最大的陕西红光钢铁物流园；华中最大的华中钢铁交易中心；华北最大的天津北辰钢铁物流园等。

（三）钢铁物流信息化步伐加快

电子商务等新的营销模式异军突起，现代钢铁物流已成为跨部门、跨行业、跨地域的以现代管理科技和信息技术为支持的社会化、专业化、现代化和信息化的综合性物流服务。其中，信息已成为提高营运效率、降低物流和交易成本、提高客户满意度的核心因素，以快速响应（QR）、条码和射频技术（RFID）等信息技术和产品采购/销售系统、智能化运输/仓储系统、售后服务系统等信息系统为支持搭建起来的信息平台，逐渐成为钢铁企业与钢铁物流企业提高管理水平、增强市场竞争力的重要手段。同时随着互联网技术和电子银行的不断发展，电子商务等新的钢材营销模式也逐渐得到推广和普及。其中，电子商务将在促进湖南钢铁大物流的形成、活跃钢材流通市场、增加信息透明度等方面发挥巨大的作用。据估计，2009 年湖南钢材交易会有 6%、约 100 万吨的钢材通过网络实现交易。

（四）钢铁深加工等延伸服务需求上升

随着全球市场由“卖方市场”向“买方市场”的过渡，激烈的市场竞争使企业之间的竞争逐渐演变为企业所在供应链之间的竞争。钢铁行业作为汽车、造船、石化、家电等下游产业的供应商，下游企业基于“零库存”的准时制（JIT）等先进生产模式客观上导致新型的物流服务模式——钢材加工配送等延伸服务需求的逐渐上升。其功能体现为：加工配送中心按照最终用户的要求，通过对型材的锯切、弯曲、焊接等；板材的矫正、剪切等或零部件成型等工序，把钢材加工成终端用户所需的半成品或零部件，并通过仓储和运输系统配送给终端用户，不仅可以使终端用户方便用料、提高成材率、减少钢材库存量和节约成本，而且可以提高钢铁流通和物流企业产品附加值、增加效益和优化资源配置，如通过加工配送中心提供准确的剪切、加工、配送服务。

三、湖南钢铁物流业发展的对策建议

（一）加快推进湖南省钢铁物流园及产业集群的建设

各市州政府部门应高度重视钢铁物流产业集群对提升钢铁产业、物流产业乃至整个区域经济竞争力的作用和意义，并通过政府部门规划、引导和规范过程，帮助和促进钢铁销售物流产业的形成和发展。

（1）积极规划钢铁物流产业集群建设。首先，各地政府部门应把打造钢铁销售物流产业集群列入当地物流业振兴规划中，制定钢铁物流产业集群的发展战略。其次，各地政府部门应积极推动各类公共物流基础设施建设、规划集群用地资源安排等，为钢铁物流产业集群发展提供硬件支持。

（2）发挥政府部门对行业发展的引导作用。对具有一定产业基础和发展后劲的钢铁物流企业予以关注，并给予资金、税收、用地等政策上的支持和优惠，鼓励钢铁销售物流企业间兼并重组，培养一批钢铁销售物流龙头企业。

（3）规范集群内行业秩序，优化集群经营环境。一方面各地政府部门应制定钢铁物流企业的准入标准，对进入企业设置自有资金、经营场地等限制条件，消除皮包公司倒卖钢材的现象；另一方面对布局混乱、无序竞争和恶性竞争等现象予以严厉处罚，优化钢铁销售物流产业集群的经营环境。

钢铁物流是钢铁流通中的重要环节。钢铁物流园区作为重要的生产资料流通平台，越来越受到各地、各级政府和相关企业的重视，几乎在各个钢铁商贸物流的节点城市都建设了一个或者多个钢铁物流园区。钢铁物流园区，与一般意义上的物流园区相比较，有其独特的经营业态。钢铁物流园区往往不局限于实现单一的物流功效，而是通过对钢铁物流的规划，运用多元化服务手段，使得商流、物流、信息流和资金流紧密融合，从而产生钢铁流通的规模效益，成为钢铁产业链上、下游之间的桥梁和纽带。运作规范、经营成规模的钢铁物流园区，通常都具备钢材交易、运输仓储、剪切加工、配载配送、物流金融、信息处理等多种现代物流功能，都拥有一定的物流运作资源。以湖南一力股份有限公司为例，由公司投资兴建和运营管理的湖南一力物流园，就是典型的集多种现代物流功能于一体的钢铁物流园，物流基础设施的规模较大。园区建有4股道、总长4.8公里的铁路专用线；建有69万平方米的仓库和货场，36万平方米的加工、制造和配套区，以及18万平方米的交易区；拥有128台（辆）各类吊装设备和13条钢材开平剪切加工线，园区商品年交易量近200亿元人民币。

为了满足不同层次的客户需求、适应不断变化发展的市场形势，钢铁物流园区的功能必须不断进行拓展和完善。实现钢铁物流的信息化、开展供应链金融等各类高端的物流增值服务、将园区的剪切加工能力从单一化向全面化和精细化发展等，是当前拓展和完善钢铁物流园区功能的几个主要途径。近年来，湖南一力物流园在延伸和拓展园区功能方面努力探索，取得了显著的成效。一力物流园开发、建设和推广的“供应链一体化公共信息管理平台”，2008年被信息产业部列入国家信息技术应用“倍增计划”；园区为广大中小钢贸企业提供仓单质押服务，由于运作规范，发展势头非常迅猛，目前已与8家银行开展合作，每年的融资额累计达30亿元人民币，其中仅中国工商银行总行批准给一力物流园的监管商品融资额就达10亿元/年。

随着钢铁物流专业化分工的不断深入和强化，钢铁物流园区的功能不断得到延伸和拓展，在政府的规划与引导下，各个钢铁物流园区的经营业态也不断提质升级，并催生了钢铁物流产业集群。钢铁物流产业集群作为一种产业组织形式，是钢铁物流专业化分工与协作水平不断提高的产物。在对比钢铁生产领域，钢铁流通领域的集中度很低。向集群化发展将成为钢铁物流产业的主流。

钢铁物流产业集群是一个大的区域性的概念，不应局限在一个或几个物流园区。此外，钢铁物流产业集群包含的相关企业和机构，行业跨度很大，除贸易、物流、加工等传统钢铁流通企业之外，也包括相关联的生产制造、金融保险、信息技术、广告会展、三产服务等企业和科研、教学、咨询、行业协会等机构。这些企业与机构之间，分工专业化的态势明显，在本质上具有既竞争又合作的关系。

（二）湖南钢铁生产企业向下游延伸拓展自身产业链，实施供应链管理

随着钢铁产能的不断扩大，钢铁物流成本居高不下，激烈的市场竞争使得钢铁企业纷纷选择向下游延伸、拓展物流产业链，完善钢铁营销体系。其中，延伸的途径有：

（1）与终端钢铁用户结成战略合作伙伴关系，一方面参与终端用户产品开发，如汽车、造船、石化、家电行业，根据终端用户需求设计、生产特殊用途的钢铁产品，精确剪切加工钢材、成型零部件等；另一方面为终端用户提供钢铁产品的使用方法、成交价格等信息资讯，提高钢材使用和交易过程中的信息透明度。

（2）投资建设针对性的加工配送中心。目的是延伸产品规格范围，提高钢铁产品的直供比例，提升产品的附加值，如宝钢目前拥有覆盖华东、华南、华北、东北、西北、西南六大区域18个重点用钢城市的各类剪切加工配送中心27家。湖南目前还没有这样的钢铁加工配送中心。

（3）钢铁企业拓展自身网络建设。在国内网络建设方面，不仅重点用钢城市设立了贸易公司和物流公司，而且利用国家西部大开发战略和小康村建设的机遇积极推动西部地区和农村地区的网络建设；国外网络方面在设立国外钢材贸易公司的同时，还应加强与国外物流企业、金融机构等合作，不断扩大企业的市场份额，提升湖南钢铁企业的国际市场竞争力。

钢铁企业物流管理的目标一般有五点：一是降低物流成本，提高产品的市场竞争力；二是保障正常的生产供给和产品销售渠道畅通；三是通过规范进厂物流、厂内物流、出厂物流，全面提高企业投入、产出的总体运营效率，降低库存、盘活资金；四是通过供应链物流管理提高企业的市场反应速度，提升企业的市场竞争力；五是树立企业良好的内、外部物流形象。可见，规范、理顺物流如同疏通了企业的“血脉”，是企业充满生机与活力、保持健康发展不可缺少的管理举措。

钢铁工业是能源、水资源、矿产资源消耗的密集型产业，这些宝贵资源在湖南乃至全国数量有限，特别是矿产资源，在今后相当长的时期内，湖南省依赖进口矿石的局面不会改观。所以湖南钢铁企业的物流管理应提倡供应链物流管理的管理思想。

供应链物流管理的范围不仅包括采购/销售物流和生产物流，还包括回收物流、退货物流、废弃物流等反向物流。并且，采购/销售物流不仅是单阶段的物流（如供应商到制造商、制造商到批发商、批发商到零售商、零售商到消费者的相对独立的采购/销售物流活动），而且包括供应链渠道内成员从原材料获取到最终客户产品分销整个过程的采购/销售物流活动。供应链物流管理指的是用供应链管理思想实施对供应链物流活动的组织、计划、协调与控制。作为一种共生型物流管理模式，供应链物流管理强调供应链成员组织不再孤立地优化自身的物流活动，而是通过协作（Cooperation）、协调（Coordination）与协同（Collaboration），提高供应链物流的整体效率，最终达到供应链成员整体获益的目的。供应链物流管理的战略思想就是要通过成员间的有效合作，建立低成本、高效率、响应性好、敏捷度高的经营机制，从而获得竞争优势。这种战略思想的实现需要供应链物流系统从供应链战略的高度去规划与运筹，并把供应链管理战略通过物流战略的贯彻实施得以落实。

按照供应链物流管理的战略思想，对于湖南的钢铁企业来讲，强化供应链物流管理，须从三方面入手：一是打造全球性的物流供应链，多角度打入国际市场，参与国际化经营，拓宽企业的原料供给和产品外销渠道。二是建立相对稳定的国内物流供应链，并加强企业进厂物流、厂内物流、出厂物流的运输调度管理，优化企业内部的物流业务流程，并充分利用物流信息系统，提高物流运输的计划性和可控性。三是强化企业内部的供应链物流管理，建立企业内部的物料循环系统，充分利用回收物流、退货物流、废弃物流等反向物流，发展循环经济，建立资源节约型、环境友好型企业。

（三）培养专业的第三方钢铁物流服务提供商

对于钢铁物流前景，根据现在的发展状况来分析，其发展去向无非集中在两个问题上：钢铁企业物流是否应该外包？钢铁物流是否会走向集约化道路？

是否外包要看企业自身的物流实力。在原燃料成本和人力成本越来越高而销售价格上升空间逐渐有限的情况下，物流成本的降低对企业的利润影响将越来越大，未来钢铁企业的物流前景将取决于钢铁企业对自身经营方向的定位，这种定位越早越好。大型的钢铁公司可以发展自身的物流力量，使之具备强大的竞争力。从目前钢铁物流基本框架搭建的情况来看，将来湖南乃至全国钢铁物流毫无疑问将是若干具备仓储、加工优势的大型钢铁企业和依托仓储、铁路、商船的大型物流企业的天下。这些企业凭借其强大的资金实力、配送网络和特有的交通工具，将逐渐整合冶金物流市场，占据先机的钢铁企业将拥有新的经济增长点，而大型物流企业将拥有更多的定价话语权。这种判断的依据来自两方面：一是钢铁生产的特性。根据美国供应链管理协会驻中国代表王国文博士的观点，由于钢铁产品的市场是一个非柔性市场，即钢铁生产企业不同于其他制造业，可以较轻松地根据市场变化调节产量，钢厂只能通过渠道设计来节约成本。这时，仅靠多产多销粗放经营来发展企业显然行不通。所以，渠道设计所涉及的配送中心的区域选择、运输工具的选择、线路选择、信息系统的实施、包装方式和物流工具的选择、库存量和库存时间的最小化等都是企业必须考虑的因素。这显然不是附属于钢厂的那些分散的采购、运输与营销部门所能够独力完成的。反之，则与实力雄厚的物流企业建立长期的合作关系，以达到长远效益的最大化。反面的例子也可以说明这一点，一些钢铁企业针对目前铁矿石供应紧张所采取的建立合资车队、船队的应付性措施，正在显示出越来越多的弊端：效率低下、成本过高等。那么，如何培养湖南专业的第三方钢铁物流服务提供商呢？

（1）加快湖南钢铁物流产业兼并重组步伐，培养一批现代化大型龙头钢铁物流企业。目前湖南还没有一家物流企业能独家承接大型钢厂全部物流业务，导致省内钢铁产成品物流流通环节多、集中度低、成本居高不下。鼓励钢铁物流企业通过参股、控股、兼并、联合、合资、合作等形式进行资产重组，培养一批现代化大型钢铁物流企业，不仅提高钢铁物流环节产业集中度、促进产业健康发展；而且与湖南钢铁行业兼并重组步伐相适应，有利于湖南钢铁产业发展的良性循环。

（2）与钢铁生产企业结成战略联盟，一方面建立和完善钢铁贸易企业和钢铁生产企业的钢材代理关系，明确和强化双方的责任权，建立风险共担、利益共享管理机制；另一方面改变钢铁物流企业与生产企业间传统物流服务“买卖契约”关系，建立真正的战略伙伴关系，提高钢材深加工比率，共同开拓钢铁物流市场。

（3）推广钢铁物流新兴信息技术的应用程度，培养专业化的钢铁物流运输公司、仓储公司和加工配送中心等。首先要尽快提升物流硬件设施水平，提高物流设备半自动化、全自动化操作能力；其次要积极推进企业信息技术和信息系统等软件设施建设，发展B2B（企业与企业间）、B2C（供应商与客户间）电子商务等新型营销模式。

（4）加强钢铁物流企业与金融、担保机构合作，促进相互之间信息交流，建立和完善担保机制，鼓励金融机构开发适宜钢铁物流企业特点的金融产品，解决钢铁物流行业的融资难题。

（四）加快钢铁物流产业人才培养

目前，湖南钢铁物流产业面临着严重缺乏物流专业人才和管理人才的人力资源困境，同时物流产业本身作为跨部门、跨行业的综合产业也对我国钢铁物流产业从业人员的知识和技能提出很高的挑战。面对我国钢铁物流产业人力资源短板，湖南钢铁物流产业领导人员和管理人员应认识到物流专业人才和管理人才对企业乃至整个产业减低成本、提高核心竞争力的战略意义，借助我国政府提高劳动力素质发展契机（预计未来20年间，熟练劳动力储备量将平均年增长2.4%，最终达到4500万人，25～29岁的熟练工人总数将于2015年超过美国），提高企业物流人员的文化、技能等方面综合素质。

首先，在企业兼并重组时不仅做到合并后在人员方面的整合，如员工在留任、岗位和升迁上的变革；而且力争在岗位设计、招聘和甄选、培训开发、薪酬管理、员工关系等管理实践上做到人力资源管理整合。其次，企业发展过程中，一方面提高员工的招聘和甄选要求，对物流方面的高级人才和专业人才予以特别关注，如物流方面硕士、博士或高级技工等；另一方面加强企业物流人员的培训力度，企业可以选择与高校合作，选择不脱产、半脱产或短期集中授课的培训模式。

湖南钢铁物流业的高速发展，需要一支优秀的物流管理队伍。世界先进国家钢铁工业都建立了多层次物流专业教育的在职培训教育。美国建立了物流业和职业资格认证制度。日本物流协会也有两种在职培训。加入 WTO 后，湖南钢铁物流业需要大批懂得业务知识、拥有业务技能、受过专业训练的物流管理人才。因此，大力引进和普及国外先进物流理论和操作方法，并在省内钢铁企业的教育培训机构和相关的国民教育院校设立物流专业，培养具有专业素养的物流人才，以实践推动研究，以研究指导实践，达到产、学、研的有机结合也是非常必要的举措。

四、结论

应该说，近年来湖南钢铁业的现代物流建设取得了长足进展，但与国际上真正意义的现代物流相比，还存在很大的差距，各企业的发展很不平衡，不少企业在物流的专业化上还存在经营定位不清晰的缺陷，在集约化上存在粗放经营管理的缺陷，在现代化上存在传统观念、手段和方式滞后的缺陷，在国际化上存在目标市场狭窄、信息闭塞的缺陷等，这些无疑阻碍了湖南钢铁现代物流建设的进程。

风险和机遇往往并存，严峻的形势下，湖南的钢铁物流业同时又面临着最好的发展时机。如何抓住机遇，使湖南钢铁物流业的发展跃上新的台阶？

湖南的钢铁物流业应该随着世界物流朝着供应链整合方向转移，加快钢铁企业物流的信息化、自动化、网络化建设，使库存、装卸、运输、采购、订货、配送等各个环节都实现电子信息化，使商流、物流、信息流、资金流都畅通融合起来。对于大型钢铁流通企业，本身拥有物流方面的资源，目前要做的就是整合物流资源。大型的钢材流通企业更要把精力放在客户服务上，发展深加工，为市场化、专业化发展提供配套服务，建立现代化钢材分销模式，走集约化道路，做强做大企业。中小型流通企业要扩大生存空间，就必须从夹缝中求生存，积极开展第三方物流服务业务，在局部品种服务上形成优势。

总之，湖南传统的钢铁企业目前正面临产业环境的巨大变化，面临着巨大的风险和挑战。这种变化是根本性的，风险和挑战也是长期的，每一个钢铁企业对此应该有清醒的认识，对未来形势的严峻性有充分的思想准备。但同时，又孕育着极大的机遇。湖南的钢铁物流业应抓住机会，积极地应对，注重人才的培养和知识的学习。相信不久的将来，真正意义上的现代物流体系必将在湖南钢铁行业和钢铁贸易业上实现。

第七章　长株潭公路绿色货运模式及策略研究

一、长株潭城市群公路货运业物流发展现状分析

（一）长株潭城市群绿色物流发展现状

1. 长株潭城市群绿色物流发展机遇

长株潭作为湖南经济发展的龙头，加快发展绿色货运业，不仅有助于拓展自己新的经济增长空间，推动湖南经济发展，还对提高城市经济的市场化、信息化、国际化水平具有十分重要的战略意义。事实上，长株潭城市群拥有发展绿色货运业的经济社会环境和自然地理条件。

（1）经济总量的持续扩大，为公路货运业的发展提供了巨大的市场需求

长株潭城市群是我国京广经济带、泛珠三角经济区、长江经济带的接合部，区位条件优越。包括长沙、株洲、湘潭3个地级市及所辖区域。区域总面积2.81万平方公里，2009年年末人口1320万，经济总量4565.31亿元，分别占湖南省的13.3%、19.3%和40.9%，是湖南省经济发展的核心增长极。2009年前三季度长株潭城市群实现地区生产总值达3501.34亿元，占全省的比重由2008年全年的40.9%上升为41.8%，提高0.9个百分点；长株潭城市群地区生产总值增速为14.2%，高于全省增速1.1个百分点。

从经济总量看，长沙实现地区生产总值2325.89亿元，稳居榜首，占长株潭城市群的比重为66.4%，比2008年全年提高0.7个百分点；株洲实现地区生产总值686.51亿元，占长株潭城市群的比重为19.6%，比2008年全年下降0.3个百分点；湘潭实现地区生产总值488.94亿元，占长株潭城市群的比重为14.0%，比2008年全年下降0.3个百分点。

依托长株潭“3+5”城市群的发展目标预测，2010—2020年，长株潭城市群将保持年均12.2%的经济增长速度，到2020年GDP将达到3.53万亿元，10年GDP总计达23万亿元，经济总量的快速增长，将为长株潭城市群公路货运业的发展提供巨大市场需求。

（2）交通基础设施的改善为长株潭现代物流业发展提供了坚实的依托

长、株、潭三市围绕交通同环、电力同网、金融同城、信息同享和环境同治的目标，加快了五个网络规划的一批重大项目建设，城市发展的基础平台日臻完善。

目前，湖南境内有京广、湘黔、湘桂、浙赣、石长、焦柳、洛湛7条铁路干线连接东西南北，公路有106、107、207、209、319、320、320等九条国道公路贯通全省腹地，形成了以长沙公路主枢纽、长沙主枢纽港、黄花空港和株洲铁路枢纽为中心，以公路干线、铁路干线、湘江干流航道、黄花机场为骨架，由公路、铁路、水运、航空等多种运输方式构成的布局合理、快速便捷的综合交通运输系统。

到2012年年底，随着在建项目的建成通车，全省将形成“五纵七横”高速骨架网络，通车里程达5720公里，现有国家高速公路网规划湖南境内项目将全部建成，25个高速出省通道将全部打通，长株潭城市群将形成半小时通勤圈，全省92%以上的县市半小时可上高速。

“十二五”期间，全省高速公路初步设想投资2290亿元，建设总规模4095公里。到2015年年底，全省高速通车总里程将达到6600公里，实现省内相邻市州间以高速公路连接，所有县市半小时上高速。

(3) 流通体系的日趋完善为长株潭货运业的发展提供了广阔的空间

改革开放以来，长株潭商贸发达，商贾云集，曾以“五虎闹长沙”而闻名于全国商界。近几年来，随着长株潭一体化的推进，长株潭商贸业已成为最具活力的优势产业，流通体系日趋完善，市场辐射能力不断增强。2009年前三季度，长株潭城市群实现出口总额25.39亿美元，同比下降35.7%，降幅比一季度和上半年分别提高15.3和4.2个百分点，长株潭城市群出口额占全省的比重为64.6%，比一季度和上半年分别下降3.6和2.1个百分点。其中，长沙实现出口总额18.20亿美元，下降31.1%，降幅比一季度和上半年分别扩大9.8和2.5个百分点。株洲实现外贸出口3.40亿美元，下降35.2%，增幅与一季度持平，比上半年回升1.7个百分点；2009年前3季度长株潭城市群实现社会消费品零售总额1514.39亿元，增长19.2%，增速比上半年提高0.1个百分点。其中，长沙完成社会消费品零售总额1101.57亿元，增长19.0%，增速比一季度和上半年分别提高0.3和0.1个百分点，长沙社会消费品零售总额占长株潭城市群的比重由一季度的71.7%上升到72.7%；株洲、湘潭实现社会消费总额增幅均为19.7%，高于全省0.7个百分点。

(4)“两型社会”实验区的建设为长株潭公路货运企业发展带来了新的机遇

国家批准设立长株潭城市群综合配套改革实验区，给长株潭现代物流业发展带来难得的历史机遇。首先，长株潭城市群具备了发展现代物流业的政策优势。一方面可以对发展现代物流业的体制进行大胆的探索和尝试；另一方面能够在更大范围内整合省内外、国内外的各种生产要素和创新资源，为湖南省推进新型工业化注入强大的动力和活力。其次，长株潭可以为全省区域发展树起一个标杆，对激发各方面积极性和形成竞相发展态势，有强烈的示范和带动作用，以推动湖南在中部地区率先崛起。再次，长株潭新的投资热点将以生态建设、“两型”产业、两型技术为主，其标杆和示范效应将极大地提升长株潭城市群在国内外的知名度和影响力。此外，国家促进中部崛起、统筹区域发展和加强泛珠三角地区的合作，以及推动长江经济带建设等的相关政策措施，也将为长株潭城市群发挥比较优势和促进现代公路货运企业的发展提供新的机遇。

2. 长株潭城市群物流发展要求

(1) 长株潭城市群区域综合交通体系不断完善的要求

长株潭城市群区域需要建立“高速、高效、高智能”的现代综合交通运输体系，统筹城乡物流通道建设，协调发展铁路、公路、水运、航空和管道运输，逐步形成“城（乡）际—省级—国际”三级运输网络合理布局以及各种运输方式分工合理、多层次、多方式衔接的一体化现代物流综合运输网络体系，以便于长株潭城市群公路货运企业的发展。

(2) 长株潭城市群经济可持续发展的要求

经济高速增长往往以能源的过度开采、环境的污染、生态系统的破坏等为代价，为了使经济能够保持长期快速增长的势头，大力发展绿色运输势在必行。绿色运输作为可持续发展的一个重要环节，与绿色生产、绿色消费共同构成了一个节约资源、保护环境的绿色经济循环系统。

可持续发展的原则之一，就是使今天的商品生产、流通和消费不至于影响未来商品的生产、流通和消费的环境及资源条件。将这一原则应用于现代物流管理活动中，就是要求从环境保护的角度对现代物流体系进行研究，尤其是该体系中的运输环节，使之形成一种与环境共生的绿色运输系统，改变原来经济发展与物流之间的单向作用关系，抑制运输对环境造成危害，同时又要形成一种能促进经济和消费生活健康发展的现代运输系统。

（3）长株潭城市群环境改善的要求

物流活动离不开交通工具的使用，交通网的新建和交通工具的大量使用无疑大大增强了企业的物流能力，提高了全社会的物流速度，但作为物流载体的这些交通工具本身产生了较为严重的环境污染，现在大部分运输工具的使用都需要消耗燃料，如内燃机的大量使用，在使用石油获得了大量能量、实现人类快速运输的同时，排放出来的一氧化碳、二氧化碳以及各种氮硫氧的化合物，不但直接影响大气的质量，对人类及各种动物的呼吸系统造成巨大的伤害，而且破坏臭氧层、造成酸雨、"温室效应"，对整个生态圈造成了前所未有的威胁。大气污染中的一氧化碳、碳氢化合物和氮氧化合物主要来源于运输工具的尾气。运输还会产生噪声污染，损害人类的健康，加剧生态平衡的破坏。此外，在运输过程中如果因储存和运输不当而发生泄漏，将对环境造成更为严重的破坏。公路绿色货运恰恰可以解决传统公路货运给环境带来的诸多弊端，我们通过对物流节点的科学设置，优化运输路线，选择合理的运输工具和运输方式，构建有利于环境的运输系统，在运输为社会经济发展做贡献的同时使之给环境带来的不利影响降到最低，促成环境运输共生型的绿色货运，它是经济可持续发展的重要方面，与绿色制造、绿色消费共同构成了一个节约资源、保护环境的绿色经济循环系统。

（4）公路绿色货运有利于满足人们不断提高的物质和文化生活的需要

运输作为生产和消费的中介，是满足人们物质和文化生活的基本环节。而绿色货运则是伴随着人们生活需求的进一步提高，尤其是随着绿色消费的提出应运而生的。试想绿色的生产和产品，如果没有绿色无污染物流的维系，绿色消费就难以进行。

（5）公路货运企业获取新的竞争优势的需要

日益严峻的环境问题和日趋严厉的环保法规，使公路货运企业为了持续发展，必须积极解决经济活动中的环境问题，改变危及企业生存和发展的生产方式，建立并完善绿色运输体系，通过绿色货运来追求高于竞争对手的相对竞争优势。随着全球经济一体化的发展，一些传统的关税和非关税壁垒逐渐淡化，环境壁垒逐渐兴起，为此，ISO 14000 成为众多企业进入国际市场的通行证。ISO 14000 的两个基本思想是预防污染和持续改进，它要求企业建立环境管理体系，使其经营活动、产品和服务的每一个环节对环境的影响最小化。长株潭城市群公路货运企业，要参与国际物流市场竞争，必须加快物流的绿色化建设，一旦国外在物流业的绿色化上设置准入壁垒，物流业将遭受打击。绿色货运的实施，将改变传统企业的运作模式以及其在公众中的形象，这必将使企业能够获得原来没有的竞争优势。

(6) 资源节约型社会对节约物流资源的要求

根据两型社会创建的要求，公路货运企业在运行过程中，要尽可能地减少物流资源浪费，形成对资源、能源的减量化需求。即在生产和消费过程中，用尽可能少的资源、能源，或不断寻求新的更高利用效率的替代资源，提高物流资源利用效率，优化配置物流资源，以最小的资源消耗获得最大的经济、社会和生态收益，保障物流业、经济、社会、资源和环境的协调和可持续发展。其目的在于追求更少的资源消耗、更小的环境代价、更大的经济和社会效益，实现社会的可持续发展。

(7) 环境友好型社会对公路货运企业营运的要求

环境友好型社会的创建意味着公路货运企业营运的各个环节遵从自然规律，节约资源、保护环境，以最小的环境投入达到社会经济的最大化发展，不仅形成人类社会与自然界和谐共处、可持续发展，而且形成经济与自然相互促进，建立人与环境良性互动的关系。

3. 长株潭城市群物流发展基础

随着长株潭城市群区域发展战略的实施以及新一轮空间发展模式的确立，城市发展以及连接城市与城市之间发展的核心纽带物流产业也逐步形成了以长株潭“3＋5”城市群为中心和引擎器的区域发展格局，尤其是处于城市群核心圈的长沙、株洲、湘潭三个城市，在湖南省的物流发展过程中起着越来越重要的作用。

早在2002年，根据湖南省政府《关于加快推进现代物流业发展意见的通知》，长、株、潭三市以道路运输、客货站场主枢纽和区域性物流中心等物流设施建设为重点，加快了构建现代物流产业集群的步伐，积极规划建设各类物流园区、物流中心、配送中心，大力发展现代物流企业，为长、株、潭经济一体化构筑良好的物流平台。2009年，《湖南省物流业振兴实施规划（2009—2011年）》中，明确提出湖南建设的四大物流区域，其中以长株潭物流区域作为全省物流业发展的区域中心，提出利用长株潭城市群“两型社会”建设综合配套改革试验区的政策优势，重点发展商贸物流、制造业物流和国际物流。高标准建设一批现代化物流园区和物流中心，培育一批在国际国内具有竞争力的龙头物流企业。在新一轮的湖南省物流业发展崛起中，长株潭城市群将继续主导和引领湖南省的物流产业发展，其区域物流发展的水平直接影响着湖南省物流产业的发展。

(1) 长株潭城市群物流业固定资产投资现状（见表7-1）

表7-1　长株潭城市群物流业固定资产投资（2008年）　单位：万元

项　目	交通运输、仓储和邮政业	总投资	物流业固定资产投资占总投资的比例（%）
全省合计	4147552	37491381	11.06
长沙市	530332	13099959	4.05
株洲市	52373	2545435	2.06
湘潭市	58931	2258217	2.61

（2）长株潭城市群物流基础设施发展现状

截至2010年8月长株通车，湖南高速公路通车总里程已达2262公里，在建37个高速公路项目，总投资2471亿元。今后几年，湖南高速公路仍将处于一个大建设时期，计划到2015年年底，全省高速公路通车总里程达到6600公里。2008年长株潭三市物流基础设施情况见表7-2～表7-5。

表7-2　　长沙、株洲、湘潭三市公路长度　　单位：公里

地　区	里程总计	等级公路					等外路
		高速公路	一级公路	二级公路	三级公路	四级公路	
全省总计	175414.73	1764.38	626.40	5941.73	6000.26	77120.20	83961.75
长沙市	11880.57	255.14	80.12	740.30	624.26	4017.80	6162.94
株洲市	10152.62	113.94	55.22	324.89	168.27	5736.04	3754.26
湘潭市	6318.00	144.52	20.10	246.06	3.60	2049.30	3854.43

表7-3　　长株潭城市群公路长度　　单位：公里

地　区	里程总计	等级公路					等外路
		高速公路	一级公路	二级公路	三级公路	四级公路	
全省总计	175414.73	1764.38	626.40	5941.73	6000.26	77120.20	83961.75
长沙市	11880.57	255.14	80.12	740.30	624.26	4017.80	6162.94
株洲市	10152.62	113.94	55.22	324.89	168.27	5736.04	3754.26
湘潭市	6318.00	144.52	20.10	246.06	3.60	2049.30	3854.43

表7-4　　长株潭城市群民用车辆拥有量　　单位：辆

地　区	合　计	汽　车		摩托车	拖拉机	其　他
		载　客	载　货			
全省总计	4192486	752568	318487	2771488	192069	3424
长沙市	533291	239870	45384	218738	12112	3410
株洲市	359871	53386	22667	266390	12924	14
湘潭市	329466	36890	14157	258615	6096	

（3）长株潭城市群物流产业竞争力现状（见表7-5）

表7-5　　2007年湖南省各区域物流产业竞争力指数

地　区	F1	排　序	F2	排　序	F3	排　序	F	排　序
长沙市	26.12	1	−1.24	11	0.02	8	20.11	1
株洲市	1.52	2	2.72	1	1.63	2	1.69	2

续 表

地　区	F1	排　序	F2	排　序	F3	排　序	F	排　序
湘潭市	0.56	6	0.595	6	1.33	3	0.63	5
衡阳市	0.46	7	1.69	3	−0.19	9	0.57	6
邵阳市	−3.39	10	−1.24	11	−1.02	11	−2.89	10
岳阳市	0.72	4	0.597	5	−1.10	12	0.54	7
常德市	0.75	3	0.96	4	0.11	5	0.72	4
张家界	−5.75	14	−2.33	12	2.17	1	−4.58	14
益阳市	−2.43	9	0.42	7	−0.76	10	−1.90	9
郴州市	−0.56	8	−0.25	9	−1.34	13	−0.59	8
永州市	−3.94	11	−0.10	8	0.62	4	−3.01	11
怀化市	0.69	5	1.77	2	0.04	7	0.78	3
娄底市	−4.42	13	0.42	7	−1.47	14	−3.50	13
湘西州	−4.25	12	−0.34	10	0.10	6	−3.33	12

注：F1——第一主成分：区域物流产业基础竞争力；F2——第二主成分：区域物流产业发展竞争力；F3——第三主成分：区域物流产业现实竞争力；F——综合主成分：区域物流产业综合竞争力。

资料来源：《2008 年湖南物流发展报告》。

从上述排名来看，在区域物流产业基础竞争力中，长沙作为一个省会城市，以其庞大的消费市场、便利的交通条件、完善的物流产业基础排名 2007 年湖南省物流产业竞争力的首位。从三个主成分可以看出，长沙的第一成分，即区域物流产业基础竞争力最为显著，说明长沙发展物流产业的基础条件优越。事实上也确实如此，长沙是中国中部地区重要的交通枢纽城市，陆、水、空交通皆较发达、便利。

（二）长株潭城市群公路货运业发展现状

1. 长株潭城市群公路货运企业现状

2010 年 3～6 月，对长株潭城市群部分公路货运企业进行调研，我们可以从其物流服务内容、业务辐射范围、业务网点、企业地位、远景规划等方面来分析，具体情况见表 7－6至表 7－10。

（1）物流服务内容

表 7－6　　企业的物流服务内容

项　目	运　输	仓　储	流通加工	包　装	合　计
小　计	60	10	2	3	75
百分比（%）	80.0	13.3	2.7	4.0	100.0
有效百分比（%）	80.0	13.3	2.7	4.0	100.0
累计百分比（%）	80.00	93.30	96.00	100.00	—

从表7-6中我们可以发现物流企业提供的服务水平不高，公路运输企业除了主营业务公路运输服务外，排在第二的为仓储服务，而其他的流通加工、包装等服务很多企业都没有涉及，由此可以看出当前长株潭公路货运企业物流服务内容比较单一。

（2）物流业务辐射范围

表7-7 物流业务辐射范围

项　目	长株潭	本　省	周边省份	合　计
小　计	25	10	40	75
百分比（%）	33.33	13.33	53.33	100
有效百分比（%）	33.33	13.33	53.33	100
累计百分比（%）	33.33	46.67	100.00	

从表7-7中我们可以发现长株潭的公路货运企业业务辐射范围较广，有53.3%的企业业务辐射到了周边省份，这也充分说明长株潭地区较好的交通区位优势和基础设施条件。

（3）企业业务网点

表7-8 企业业务网点覆盖的地级市数量

项　目	1～5个	6～10个	11个以上	合　计
小　计	40	21	14	75
百分比（%）	53.33	28.00	18.67	100
有效百分比（%）	53.33	28.00	18.67	100
累计百分比（%）	53.33	81.33	100.00	

从表7-8中我们可以发现长株潭城市群公路货运企业网点不太多，公路运输企业之间的联合较少。

（4）企业对于绿色货运的理念认知程度

表7-9 企业对于绿色货运理念的认知程度

项　目	从来没有听说过	听说过	比较关注	合　计
小　计	19	41	15	75
百分比（%）	25.33	54.67	20.00	100
有效百分比（%）	25.33	54.67	20.00	100
累计百分比（%）	25.33	80.00	100.00	

由表7-9分析可以看出很多公路货运企业对于什么是绿色货运都不太清楚，大部分企业只是听说过，只有20%的公路货运企业比较关注。由此看来对于绿色货运理念的宣传还需加大力度。

从该表中我们可以发现物流企业主要处于始发站的位置，占到了71.4%，这说明物流企业凭借处在长株潭城市群的位置，能够较好地辐射到周边市州。

（5）企业远景规划

表7-10　　企业是否拥有前景规划

项　目	没　有	有	合　计
小　计	57	18	75
百分比（%）	76.0	24.0	100.0
有效百分比（%）	76.0	24.0	100.0
累计百分比（%）	76.00	100	

从表7-10中我们可以发现只有24%的公路货运企业有前景规划，说明多数物流企业满足于现状或者由于规模小提供服务单一而同质化。随着经济的发展物流企业必须要提供更多更好的服务，必将要求物流企业有相应的前景规划。

2. 湖南省公路货运总量及其周转量现状分析与预测

（1）湖南省公路货运量及其周转量现状分析

自1998年以来，湖南经济进入了一个跨越式发展的阶段，2009年地区生产总值达到了12930.69亿元，在经济总量上是1998年的3倍，每年生产总值增长率在8%以上（见表7-11，图7-1）。区域经济的快速发展，推动了公路货运总量和公路货物周转量的快速增长。2009年湖南省公路货运总量为111358.00万吨，总量同比增长了12.76个百分点，是1998年41610.00的2.5倍；2009年省内公路货物周转总量为1259.91亿吨公里，总量同比增长16.11个百分点，是1998年256.60亿吨公里的4.9倍。

表7-11　　湖南省公路货运量与周转量情况以及与地区生产总值增长对比

年　份	地区生产总值		公路货运量		公路货物周转量	
	生产总值	增长率（%）	货运量（万吨）	增长率（%）	周转量（亿吨公里）	增长率（%）
1998	3025.53	6.19	41610.00	0.65	256.60	4.78
1999	3214.54	6.25	43298.00	4.06	272.70	6.27
2000	3551.49	10.48	42868.00	−0.99	297.80	9.20
2001	3838.90	8.09	41823.00	−2.44	316.00	6.11
2002	4151.54	8.14	42982.00	2.77	356.00	12.66
2003	4659.99	12.25	51136.00	18.97	455.50	27.95

续 表

年 份	地区生产总值		公路货运量		公路货物周转量	
	生产总值	增长率（%）	货运量（万吨）	增长率（%）	周转量（亿吨公里）	增长率（%）
2004	5641.94	21.07	60291.00	17.90	513.50	12.73
2005	6511.34	15.41	67040.00	11.19	538.60	4.89
2006	7568.89	16.24	72457.00	8.08	592.40	9.99
2007	9200.00	21.55	85432.00	17.91	682.70	15.24
2008	11156.64	21.27	98759.00	15.60	1085.10	58.94
2009	12930.69	15.90	111358.00	12.76	1259.91	16.11

数据来源：湖南统计年鉴（1999—2009）。

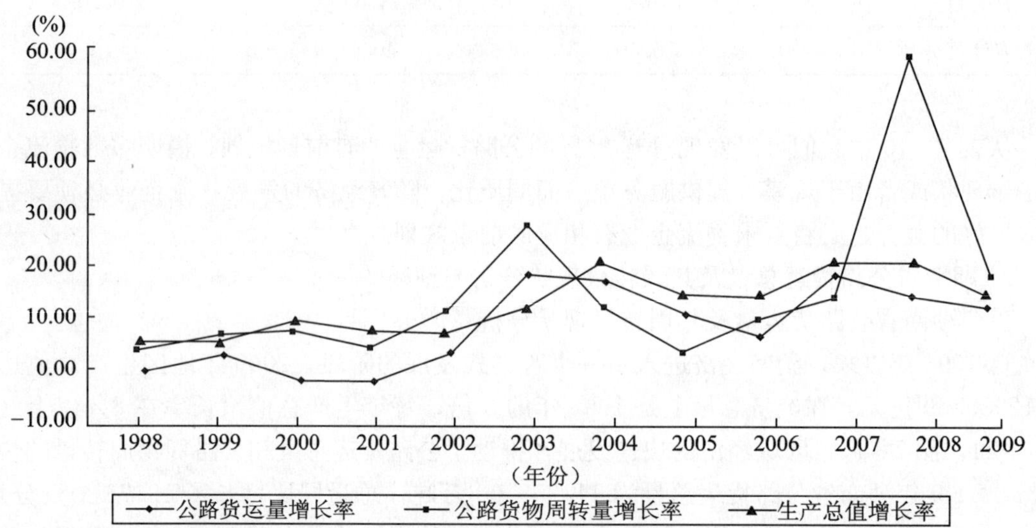

图 7-1 湖南省 1998—2009 年公路货运总量、货物周转量与生产总值增长趋势

（2）湖南省“十二五”期间公路货运量及其周转量的预测分析

根据表 7-11 湖南省 2002—2009 年公路货运量及其货物周转量的基础数据，首先描绘货运量与地区生产总值关系图（图7-2）、货运周转量与地区生产总值关系图（图7-3）。通过观察发现两者呈线性相关。

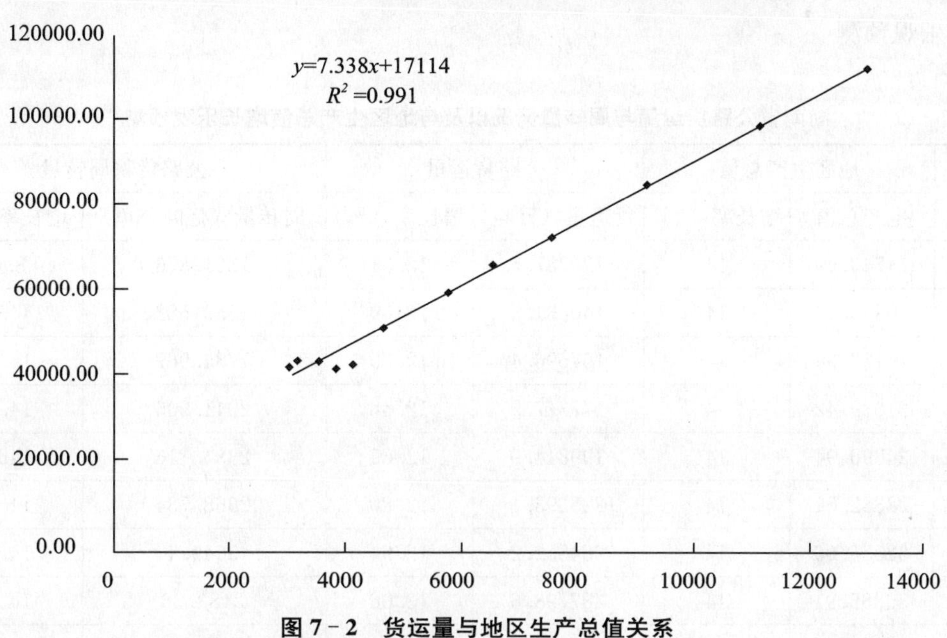

图 7－2　货运量与地区生产总值关系

y=0.095x-50.31
R^2=0.961

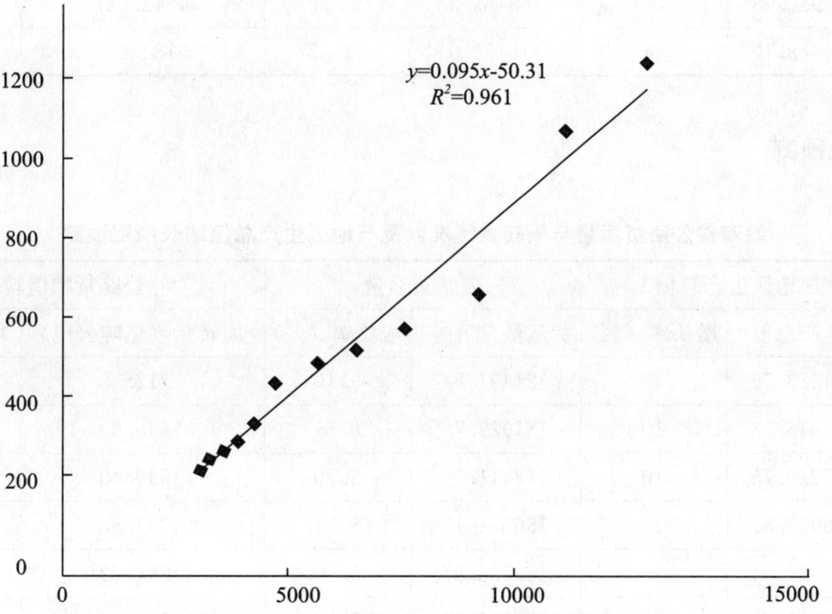

图 7－3　货运周转量与地区生产总值关系

将其进行一元线性回归预测，得到如下结果：

HYL＝7.3383×GDP＋17113.7269

ZZL＝0.0958×GDP－50.3106

按照目前经济发展的态势，对国民生产总值的发展按照乐观、中观、悲观进行预测，即按照 14%、10%、8%左右的速度增长，预测出不同条件下的国民生产总值，并以此为依据对湖南省 2010—2020 年进行货运量的预测，结果如表 7－12、表 7－13、表7－14所示。

①乐观预测

表 7－12　　湖南省公路货运量与周转量情况以及与地区生产总值增长乐观预测

年　份	地区生产总值		公路货运量		公路货物周转量	
	生产总值	增长率（%）	货运量（万吨）	增长率（%）	周转量（亿吨公里）	增长率（%）
2010	14740.99	14	125287.5	12.51	1361.876	8.09
2011	16804.72	14	140431.8	12.09	1559.582	14.52
2012	19157.39	14	157696.4	12.29	1784.967	14.45
2013	21839.42	14	177377.9	12.48	2041.906	14.39
2014	24896.94	14	199814.9	12.65	2334.816	14.34
2015	28382.51	14	225393.1	12.80	2668.734	14.30
2016	32356.06	14	254552.2	12.94	3049.4	14.26
2017	36885.91	14	287793.6	13.06	3483.36	14.23
2018	42049.94	14	325688.8	13.17	3978.073	14.20
2019	47936.93	14	368889.3	13.26	4542.047	14.18
2020	54648.10	14	418137.9	13.35	5184.977	14.16

②中观预测

表 7－13　　湖南省公路货运量与周转量情况以及与地区生产总值增长中观预测

年　份	地区生产总值		公路货运量		公路货物周转量	
	生产总值	增长率（%）	货运量（万吨）	增长率（%）	周转量（亿吨公里）	增长率（%）
2010	14223.76	10	121491.94	9.10	1312.33	4.16
2011	15646.13	10	131929.76	8.59	1448.59	10.38
2012	17210.75	10	143411.36	8.70	1598.48	10.35
2013	18931.82	10	156041.13	8.81	1763.36	10.31
2014	20825.01	10	169933.87	8.90	1944.72	10.29
2015	22907.51	10	185215.88	8.99	2144.23	10.26
2016	25198.26	10	202026.09	9.08	2363.68	10.23
2017	27718.08	10	220517.33	9.15	2605.08	10.21
2018	30489.89	10	240857.69	9.22	2870.62	10.19
2019	33538.88	10	263232.09	9.29	3162.71	10.18
2020	36892.77	10	287843.92	9.35	3484.02	10.16

③悲观预测

表 7－14　　湖南省公路货运量与周转量情况以及与地区生产总值增长悲观预测

年　份	地区生产总值		公路货运量		公路货物周转量	
	生产总值	增长率（%）	货运量（万吨）	增长率（%）	周转量（亿吨公里）	增长率（%）
2010	13965.15	8	119594.15	7.40	1287.55	2.19
2011	15361.66	8	129842.19	8.57	1421.34	10.39
2012	16897.83	8	141115.04	8.68	1568.50	10.35
2013	18587.61	8	153515.17	8.79	1730.38	10.32
2014	20446.37	8	167155.32	8.89	1908.45	10.29
2015	22491.01	8	182159.48	8.98	2104.33	10.26
2016	24740.11	8	198664.05	9.06	2319.79	10.24
2017	27214.12	8	216819.08	9.14	2556.80	10.22
2018	29935.53	8	236789.62	9.21	2817.51	10.20
2019	32929.08	8	258757.21	9.28	3104.30	10.18
2020	36221.99	8	282921.56	9.34	3419.76	10.16

根据表 7－12 至表 7－14 预测结果显示，即便是按照悲观预测，到 2020 年公路货运量也能达到 282921.56 万吨，公路货运周转量能达到 3419.76 亿吨公里，相比今天的公路货运量和货运周转量会有很大幅度的增加，这也意味着将来公路货运的需求量非常大，存在非常大的发展空间，这为长株潭城市群公路货运企业的发展奠定了良好的发展基础。

3. 长株潭城市群货运量分析

根据历年湖南省统计年鉴以及长沙、株洲、湘潭的统计年鉴数据，1998—2008 年长株潭三市货运量及其构成分别如表 7－15、表 7－16、表 7－17、表 7－18 所示。

表 7－15　　长沙市货运量及其构成

年　份	货运量（万吨）				比重（%）		
	合　计	铁　路	公　路	水　运	铁　路	公　路	水　运
2008	17151	164	14651	2336	0.96	85.42	13.62
2007	16177	244	13994	1939	1.5	86.5	12
2006	12778	371	11213	1194	2.9	87.8	9.3
2005	10530.1	218	9833.5	478.6	2.1	93.4	4.5
2004	11062	196	9831	1035	1.8	88.9	9.4
2003	10627	189	9572	866	1.8	90.1	8.1

续 表

年份	货运量（万吨）				比重（%）		
	合计	铁路	公路	水运	铁路	公路	水运
2002	8762	162	7929	671	1.8	90.5	7.7
2001	7547	188	6668	691	2.5	88.4	9.1
2000	5906	205	4972	729	3.5	84.2	12.3
1999	5716	202	4823	691	3.5	84.4	12.1
1998	5592	238	4729	625	4.3	84.6	11.1

表 7-16 株洲市货运量及其构成

年份	货运量（万吨）				比重（%）		
	合计	铁路	公路	水运	铁路	公路	水运
2008	9768	684	8521	563	7	87.2	5.8
2007	10865	742	9302	821	6.8	85.6	7.6
2006	9730	1004	8428	298	10.3	86.6	3.1
2005	7294	518	6510	266	7.1	89.3	3.6
2004	6449	632	5587	230	9.8	86.6	3.6
2003	3979	575	3256	148	14.5	81.8	3.7
2002	3432	526	2771	135	15.3	80.7	3.9
2001	3731	508	2892	331	13.6	77.5	8.9
2000	5539	1090	4034	415	19.7	72.8	7.5
1999	4720	352	4100	268	7.5	86.9	5.7
1998	5159	553	4365	241	10.7	84.6	4.7

表 7-17 湘潭市货运量及其构成

年份	货运量（万吨）				比重（%）		
	合计	铁路	公路	水运	铁路	公路	水运
2008	—	—	4315	—	—	—	—
2007	—	—	—	405	—	—	—
2006	5824	1875	—	—	—	—	—
2005	4211	795	3082	334	18.9	73.2	7.9
2004	3867	713	2930	224	18.4	75.8	5.8
2003	3497	614	2644	239	17.6	75.6	6.8

续　表

年　份	货运量（万吨）				比重（%）		
	合　计	铁　路	公　路	水　运	铁　路	公　路	水　运
2002	3037	585	2088	364	19.3	68.8	12
2001	2810	534	1961	315	19	69.8	11.2
2000	2104	433	1503	168	20.6	71.4	8
1999	1905	398	1140	367	20.9	59.8	19.3
1998	3354	431	2768	155	12.9	82.5	4.6

表 7-18　　　　长株潭三市货运量及其构成

年　份	货运量（万吨）				比重（%）		
	合　计	铁　路	公　路	水　运	铁　路	公　路	水　运
2006	—	3250	—	—	—	—	—
2005	22035.1	1531	19425.5	1078.6	6.9	88.2	4.9
2004	21378	1541	18348	1489	7.2	85.8	7
2003	18103	1378	15472	1253	7.6	85.5	6.9
2002	15231	1273	12788	1170	8.4	84	7.7
2001	14088	1230	11521	1337	8.7	81.8	9.5
2000	13549	1728	10509	1312	12.7	77.6	9.7
1999	12341	952	10063	1326	7.7	81.5	10.7
1998	14105	1222	11862	1021	8.7	84.1	—

从上面表中数据可以看出，公路货运量在长株潭三市的货运量构成中占有绝对的优势，水路货运量和铁路货运量的比例相当，但两者所占比例都比较小；长沙、湘潭货运量近年持续上升，而株洲货运量却在下滑，但铁路货运量仍较为稳定。从整体上来讲，长株潭三市货运总量较大且较为稳定，特别是公路货运市场前景较为乐观。

4. 长株潭城市群公路绿色货运发展瓶颈

长株潭城市群近些年尽管在发展物流产业上加大了投入力度，也取得了一些成绩，但与沿海发达省市相比，却有较大差距，形成物流产业与国民经济发展的不适应和滞后状态。造成长株潭城市群公路绿色货运发展瓶颈原因不少，除了政府部门、公路货运企业、公路货运服务需求者之间在绿色货运方面没有达成共识，相互之间的衔接和配合不够之外，还存在以下几方面原因：

（1）资源问题。长、株、潭三市现代物流资源匮乏，原有的物流资源分散与浪费现象也相当严重。一方面，计划经济时期形成的商业、物资、粮食、供销、外贸等系统自办储运的状况至今没有根本改变，铁路、公路、航空、水运等部门都有各自的物流企业；另一方面，长沙、株洲、湘潭三市在物流基础设施建设方面联系不够，甚至暗中竞争，相同功能的设施在小区域范围内重复建设。

（2）信息化问题。三市物流企业经营方式还比较落后，信息技术水平低。许多物流企业信息化水平偏低，应用计算机管理系统、自动识别和条码技术、GPS全球定位系统等先进的信息技术更是处于学习和起步阶段。特别是标准化建设严重滞后，缺乏与国际接轨的物流标准化体系。这些都严重地阻碍了长株潭物流一体化的进程。

（3）体制问题。物流是一个系统化的活动，无论哪个环节受阻，都将直接影响物流的服务水平和效率，从政府来讲，三市物流产业仍有待进一步的统一规划和协调发展。湖南省虽然于2002年下发了《关于加快推进现代物流业发展意见的通知》，政府对物流业发展的推动力明显加大，但没有一个清晰的整体发展规划及明确的实施步骤，尤其是在大力推进长株潭经济一体化的背景下，政府还没能负起区域和行业统筹的责任，需要一个综合的协调机构和一套利益协调机制来统筹调整和优化区域物流产业的发展。三市中的长沙，现代物流业发展最好，但与株洲、湘潭之间缺乏沟通和交流，没有协调发展的精神。地区效率的不一致，导致长株潭整个地区物流效率降低，因此，长株潭经济区在“经济一体化”的建设中，现代物流业的建设还远远达不到“共同化”、“一体化”。

（4）服务水平和能力问题。作为服务属性的公路货运物流的竞争，其实质是服务水平的竞争。但现阶段城市群中公路货运企业无论在服务理念、服务方式、服务质量等方面，均与沿海发达市场有较大差距。这主要表现在服务的目的性和功利性太强，服务的延伸性不够，合同终止，服务也戛然而止，供需双方难以实现相互促进的良性循环。应该说这种状况，反映出湖南物流产业还处于由传统物流向现代物流转型的初级阶段。而长株潭城市群中公路货运企业绝大部分都是个体企业，处于“小”（经营规模小）、“少”（市场份额少、服务功能少、高素质人才少）、“弱”（竞争能力弱、融资能力弱）、“散”（货源不稳定且结构单一、网络分散、经营秩序不规范）的状态，具有现代物流意识的企业并不多。这些企业出于自身的局限，大多缺乏现代物流的发展意识，其在经营管理上缺乏明确目标，粗放运营，加之有些企业还背有沉重的历史包袱，因此，经营模式原始落后，呈现出先天不足。

二、长株潭城市群公路绿色货运模式的构建

根据上文对于长株潭城市群货运系统绿色度的评价可以看出，目前长株潭城市群货运系统绿色度只接近于一般水平，需要大力提升。而公路货运系统绿色度的提升不是单一依靠某一个企业、某一个行业或者是单一的行政部门的推动就可以实现的，它必须依赖于政府及行业主管部门、公路货运企业、公路货运服务需求者等多方面相互配合、相互协同。因此，本书提出绿色物流环境下长株潭城市群公路货运模式为——基于“GSD”协同长株潭城市群公路绿色货运模式。

（一）公路绿色货运的内涵

一般情况下，我们认为公路绿色货运的概念源于绿色物流的公路绿色运输，同时兼顾绿色交通中的货物运输部分。公路绿色货运的概念是指尽量节约资源、保护环境的公路货物运输活动，以及为达到此目的对公路货运交通运输系统进行合理设置与改进。公路绿色

货运的概念涵盖了从绿色物流角度来看的绿色运输全部内容和绿色交通中的货运相关内容。

公路绿色货运的内涵主要体现在以下两个方面：

第一，作为一个跨学科的新概念，我们一般认为公路绿色货运与绿色交通中的货运部分存在较多的共同点。这些共同点主要表现在进行公路货运活动的时候必须以资源节约和环境友好为目标，在终极目标方面，是一致的，这也是最大的共同点。当然资源节约和环境友好的目标也是为了实现经济的可持续发展。

第二，企业和政府是公路绿色货运的行为主体。公路货运活动的目标主要是为了实现一定的经济利益，如通过不断地提高市场占有率和满足消费者的需求来实现。但公路绿色货运除了要实现一定的经济利益以外，还以资源节约和环境友好为目标。

（二）公路绿色货物运输推进步骤

长株潭城市群公路绿色货运的实施，首先需要政府的有效引导，在政府有效引导的基础上，企业应该迅速跟进，而具体在推进过程中，需要按照一定的步骤进行：

第一阶段，运输效率的提高。需要政府部门通过加强公路货运管理来实现。政府可以通过制定引导性的政策来推进，引导发展污染轻、能耗省的公路货运方式。

第二阶段，引导和管理货运需求。从较长时间的趋势看，公路货运需求会随着经济发展而持续增长。而持续增长的货运服务需求必须得到及时性的满足，否则就会造成客户满意度的下降，但与之相对应的是运输能力的供应情况可能不会和运输需求同步。这种矛盾靠政府的引导已经不能解决问题，只有通过第三方物流企业的资源整合和加强管理来实现。

第三阶段，使用适应公路绿色货运发展的科技手段。为进一步巩固上两个阶段的成果，更好地实施绿色货运，需要在有条件的地区以适当的货运方式合理使用先进的科技手段。

通过以上三个阶段的实施，公路绿色货运将实现其绿色化的目标。

（三）基于“GSD”协同长株潭城市群公路绿色货运模式的内涵

1. 协同理论

20 世纪 70 年代以来，协同理论作为一门新兴学科是在多学科研究基础上逐渐形成和发展起来的，它是系统科学的重要分支理论。协同的概念是在 1971 年由著名物理学家哈肯提出，并且五年后他系统地论述了协同理论。

协同理论认为，在整个环境中，千差万别的系统之间存在着相互影响而又相互合作的关系。已经取得的研究成果通过应用协同理论的方法，不仅可以拓宽其他学科，而且可以找出影响系统变化的控制因素，通过对这些因素的分析，可以实现其协同作用。伺服原理、协同效应、自组织原理是协同理论的主要内容。

2. 长株潭城市群公路绿色货运模式的内涵

本书所提出的基于“GSD”协同公路绿色货运模式总体框架见图 7－4。

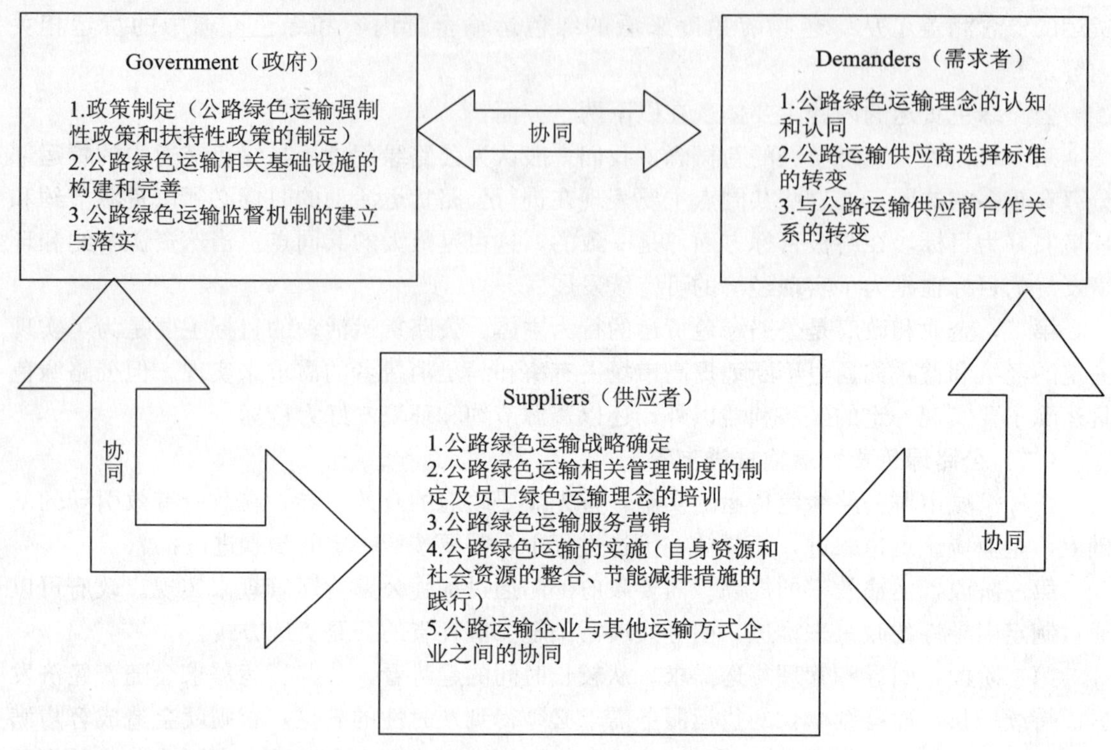

图 7－4　基于"GSD"协同公路绿色运输模式总体框架

在基于"GSD"协同公路绿色运输模式中，政府等行政部门主要通过制定与公路货运提供商、公路货运需求者需求相协同的政策和完善基础设施，从而推动公路绿色货运的发展；公路货运服务需求者通过对绿色货运理念的认知和认同，会在公路货运提供商的选择标准上与合作关系上发生转变，从而实现与政府相关绿色货运推动、公路货运企业绿色货运服务提供的协同，同时公路货运需求者的转变会对绿色货运的实施起到拉动作用；公路货运企业是绿色货运的实施主体，在发展战略、各项管理制度的制定与政府的推动及客户需求实现协同的基础上，并且企业自身在"计划"与"实施"之间要实现协同，与其他不同类型公路运输企业以及其他运输方式的运输企业之间的协同、绿色货运服务与其他绿色物流服务之间的协同。

Government（政府）的协同推动策略、Suppliers（供应者）协同实施策略、Demanders（需求者）协同拉动策略共同构建了公路绿色货运模式，在这三者的协同运作下，公路绿色货运将实现可持续发展。

（四）基于"GSD"协同公路绿色货运模式参与者

在本文研究中，我们对公路绿色运输中三个主要的参与者进行研究，其一是对公路货运行业起到重要影响作用的政府部门等行政机构（Government），对公路货运业起到推动或者制约的作用；其二是长株潭城市群中公路货运服务提供商（Suppliers）——公路货运企业，也是公路货运中的实施主体；其三是公路货运需求者（Demanders）——所有公路货运服务需求的工、农、商业企业以及个人。

(1) 政府部门及行业组织 (Government)。湖南省发展与改革委员会牵头负责全省物流发展工作，拟订现代物流业发展战略、规划和政策，协调物流业发展重大布局。在长株潭城市群中涉及的物流管理相关的政府部门主要有长株潭城市群三市的发展与改革委员会、长株潭城市群三市的经济管理委员会、长株潭城市群三市的商务局、交通局、财政局等政府部门。长株潭城市群物流行业组织主要有湖南省物流与采购联合会，是经省人民政府批准设立的全省唯一的物流与采购行业的综合性社团组织，总部设在省会长沙，业务主管部门为省发改委和省商务厅。其前身是 1994 年组建的湖南省物资流通协会，2001 年与中国物流与采购联合会对接，物资流通协会更名为物流与采购联合会，并于 2004 年 11 月重新组建。现有 200 多名会员，主要由全省规模较大的现代物流企业、商贸流通企业、相关大专院校和科研机构，以及部分专家学者组成。它具有独立社会团体法人资格，是跨地区、跨部门、跨行业、跨所有制的全省综合性、非营利性社会团体。

(2) 公路货运服务供应者——公路货运企业 (经营户，Suppliers)。长株潭城市群中有数量众多的从事公路货运服务的经营户，这些经营户是指经过道路运输管理部门给予行政许可后从事营业性道路货物运输的组织、团体和个人，包括公路货物运输企业、公路货物运输个体运输户。这些公路运输供应者需要具备以下几个方面的条件：①要求公路货运供应者必须具有法人资格、独立核算、从事经营活动的单位或个人；②必须经综合性能检测达二级车况等级，并且持有有效的车辆行驶证；③有固定的办公场所或联络地点，停车场地较坚实平整，不小于投影面积的 1.5 倍，如果租用他人房屋和场地应有租用合同；④公路货运供应者应有固定资产，流动资金数量不少于车辆原值的 5%，除车辆外，还应有 2 万元或 2 万元以上的事故赔偿保证金，具有有效的资信证明或资金担保书；⑤公路货运业供应者、经营管理人员和驾驶人员应熟悉货运有关政策、法规和业务知识，遵守职业道德和职业纪律，必须持经营资格证上岗，驾驶员应持有驾驶相应车辆的驾驶证，聘用人员应有聘用合同；⑥有合法的法人代表，根据《公司法》有较完善的企业章程和经营管理机构，有生产经营管理制度。

(3) 公路货运需求者 (Demanders)。从物流需求主体来看，长株潭城市群公路货运服务的需求者主要有以下几类：①长株潭城市群中工业企业。长株潭城市群有非常多的工业企业，这些工业企业原材料的供应物流、产成品的销售物流都有可能需要公路运输服务，而且需求量非常大，是长株潭城市群公路货运服务的需求主体。②长株潭城市群中商贸流通企业。商贸流通企业特别是连锁商业企业对于公路货运服务的需求迫切，公路货运的优势在短途运输中表现得非常明显，而连锁商业企业的配送范围一般比较小，因此公路运输是其最佳的运输方式。③一般消费者。随着居民生活水平的提高，消费者对运输服务需求的比重也将逐渐增大。例如一般消费者对于公路运输服务的需求主要有搬家服务、包裹快运、商品配送等。

(五)“GSD”协同公路绿色货运模式中协同的内容

“GSD”协同长株潭城市群公路绿色货运模式中协同的内容主要包括两个层面的协同，其一为公路货运参与主体内部的协同，其二为参与主体之间的协同。

1. 公路绿色货运参与者内部的协同

(1) 政府层面内部协同。在长株潭城市群中涉及物流的政府管理部门众多，因此第一，要在政府部门与部门之间建立物流管理的协调机制，实现部门与部门协同；第二，由于长株潭城市群中涉及三个不同城市的政府部门，因此，三市的政府部门之间也要建立相应的物流管理协调机制，实现三市政府部门之间的协同；第三，政府部门的作用主要通过一系列的政策或者法规的制定来推动绿色货运的发展，但当前社会也存在着政策的制定与执行、监督脱节的现象，因此，还必须要实现政策制定与政策的执行与监督相协同。

(2) 公路货运服务供应者内部的协同。公路货运服务供应者内部的协同主要可以分为公路货运企业自身内部的协同、公路货运企业与公路货运企业之间的协同、公路货运企业与其他物流服务提供商之间的协同。

(3) 公路货运服务需求者内部的协同。公路货运服务需求者内部的协同主要是不同的需求者之间建立联盟或者合作关系，以便与公路货运服务供应者协同物流的开展。

2. 公路绿色货运参与者之间的协同

(1) 政府部门与公路货运服务供应者之间的协同。政府部门与公路货运服务供应者之间的协同表现在政府政策的制定与公路货运服务供应者政策需求之间的协同、政府有关绿色货运相关基础设施的构建及完善与公路货运企业提供绿色货运服务对基础设施需求的协同等。

(2) 政府部门与公路货运服务需求者之间的协同。政府部门与公路货运服务需求者之间的协同主要表现在政府政策的制定与公路货运服务需求者政策需求之间的协同、公路货运需求者绿色货运理念的认同与政府主导环境变化的协同等。

(3) 公路货运服务供应者与公路货运服务需求者之间的协同。公路货运服务供应者与公路货运服务需求者之间的协同主要表现在公路货运企业绿色货运发展战略的制定与政府的推动及客户需求的协同、公路货运需求者绿色货运服务的选择与公路货运企业绿色货运服务的提供的协同等。

有关长株潭城市群公路绿色货运模式具体的协同内容和实施策略将在下文进行详细探讨。

（六）基于“GSD”协同的长株潭城市群公路绿色货运实施策略体系图（见图7-5）

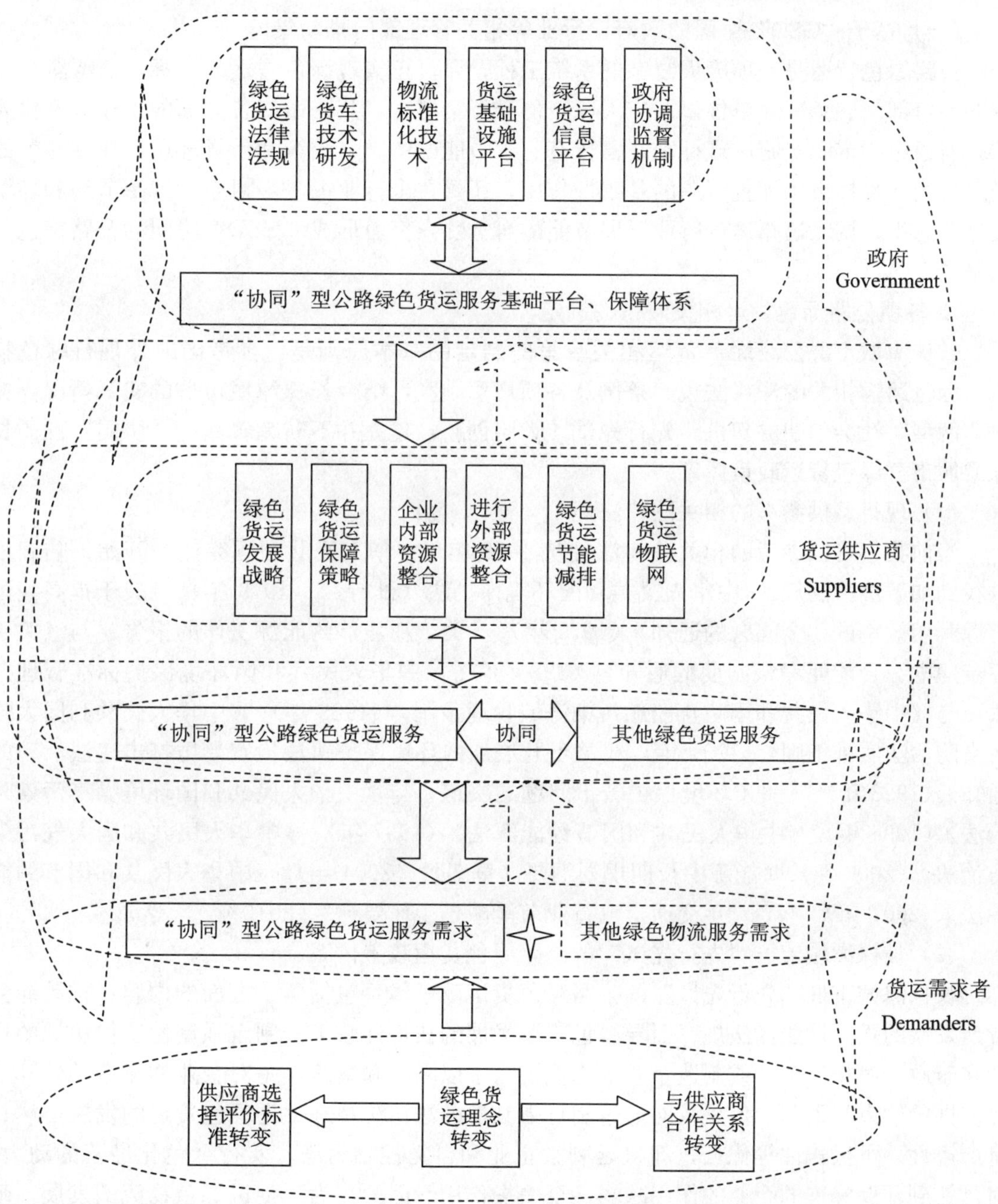

图7-5　基于“GSD”协同的长株潭城市群公路绿色货运实施策略体系

三、长株潭城市群公路绿色货运模式的实施策略

（一）基于“GSD”协同的政府、行业等相关管理部门推动策略

公路绿色货运是一项庞大复杂的系统工程，要真正实现绿色货运的目标，需要全行业内的政府部门、企事业单位以及广大职工群众群策群力，共同做好各方面的工作，不仅要求政府通过制定和实施法规标准，营造有利于节能的体制、政策和市场环境，建立有效的激励机制，发挥市场配置资源的基础性作用，还要在全行业进一步树立“资源节约和环境友好”意识，调动道路运输行业开展节能的自觉性，努力形成“GSD”协同的公路绿色货运格局。

1. 各项公路绿色货运相关政策的制定

长株潭城市群公路绿色货运相关政策的制定的基本原则是：参考国内外现行绿色物流、绿色运输相关的法律法规、条例及各项规章制度，结合长株潭城市群的实际情况，抓住“两型”社会创建的契机，先行先试，大胆创新，建立并不断完善具有“协同”性的长株潭城市群绿色货运政策体系。

（1）现行可供参考的相关法律法规

当前我们可以参考的相关法律法规从 1978 年《中华人民共和国宪法》开始，陆续可以找到如下法律法规：《中华人民共和国环境保护法（试行）》（1979 年）、《关于提高我国能源利用效率的几个问题的通知》（1979 年）、《关于加强节约能源工作的报告》与《关于逐步建立综合能耗考核制度的通知》（1980 年）、《中华人民共和国环境保护标准管理办法》与《中华人民共和国防止船舶污染海域管理条例》（1983 年）、《中华人民共和国大气污染防治法实施细则》（1991 年）、《关于开展加强环境保护执法检查严厉打击违法活动的通知》（1993 年）、《关于环境保护若干问题的决定》与《中华人民共和国环境噪声污染防治法》（1996 年）、《中华人民共和国节约能源法》（1997 年）、《中华人民共和国大气污染防治法》（2000 年）、《能源中长期规划纲要（草案）》（2004 年）、《中华人民共和国节约能源法》（2007 年）、《2010 年交通运输行业节能减排工作要点》（2010 年），等等。

（2）长株潭城市群“先行先试”的公路绿色货运政策体系

长株潭城市群“先行先试”的公路绿色货运政策体系包括两个方面的内容：推动绿色货运发展的强制性法律法规、引导绿色货运发展的扶持性政策。制定强制性法律法规的目的在于政府对物流企业或制造企业的物流行为予以限制和禁止，是对企业物流活动外部不经济性的约束与干预，但是政府通过制订强制性的法律法规来促进绿色货运的发展虽然具有严肃性、可操作性等优点，却缺乏刺激企业和自觉控制污染，实行绿色化经营的动力，对已达到环保标准的企业的作用减弱甚至失去作用。因此，为了促进绿色物流的发展，政府还必须建立有效的绿色激励政策，主要通过经济杠杆来激励和引导物流主体，使其在经营活动中向绿色化方向发展。长株潭城市群公路绿色货运发展的强制性法律法规、引导绿色货运发展的扶持性政策见表 7－19。

表 7－19　长株潭城市群"先行先试"的公路绿色货运政策体系

类　别		相关细则
强制性法律法规	严格核查车辆燃料消耗量，确定道路运输市场准入标准	严格执行《道路运输车辆燃料消耗量检测和监督管理办法》相关规定，自 2010 年 3 月 1 日起，道路运输管理机构在配发《道路运输证》时，要将车辆燃料消耗量作为必要指标，对照《道路运输车辆燃料消耗量达标车型表》进行核查，不符合道路运输车辆燃料消耗量限值标准的车辆，不得进入道路运输市场。并可根据长株潭"两型社会"创建的实际情况，将道路运输车辆燃料消耗量限值适当提高
	研究建立长株潭城市群公路货运节能减排监测考核体系	根据《国务院批转节能减排统计监测及考核实施方案和办法的通知》要求，积极配合国家发展改革委、国家统计局做好交通运输能源消耗统计工作及相关指标的发布工作。并在此基础上认真总结经验，进一步研究建立长株潭城市群公路货运节能减排监测考核体系，在逐步完善交通运输行业能源消耗统计指标的基础上，争取在全国推广实施。强化政府和企业责任，建立健全交通运输行业节能减排工作目标责任制，促进公路货运行业节能减排工作取得实效
	推广高速公路联网不停车收费（ETC）	学习京津冀和长三角区域不停车收费系统应用示范工程，在长株潭城市群实现货运车辆的不停车收费，开设专用货车不停车收费通道。不停车收费技术避免了停车、取卡、缴费的麻烦，简化了工作程序，提高了货物运输效率
扶持及推动性政策制度	"绿色补贴"政策	绿色补贴也称污染削减补贴，是通过补贴的形式，来调整某种环保投资的相对价格，是对企业污染削减行为的一种鼓励和经济激励。从社会公平和经济公平的角度来看，实施绿色物流的企业对资源环境的维护，是为地区、国家的可持续发展提供了保障条件，相应地企业也为此付出了代价与成本，但是这种代价和成本在市场条件下是难以得到补偿的。因此，政府必须建立一种补偿机制，对这种具有公共物品性质的产品的正外部性予以补偿。如进行运输车辆购置补贴、长株潭城市群货运车辆安装 ETC 装置进行费用补助，并对使用不停车收费系统用户采取通行费优惠等
	税收政策	对于污染排放行为征税，对绿色环保行为给予税收优惠，通过税收政策可以起到激励企业绿色经营行为的作用。对货运企业以及货运客户绿色货运活动，政府应根据物流绿色化过程中的投入与收益进行税收减免，如对环境表现出色的企业实行低增值税率，或者对满足绿色生产或服务要求的企业返还部分所得税，以鼓励其绿色经营行为。企业进行的绿色投资具有很强的外部效应，其绿色投资除享受国家企业所得税法的有关规定之外，还可以制定更为有利的税收优惠政策。针对物流系统的资源能源消耗、各种污染、交通拥挤等负的外部性，可供选择的相应的税收政策可包括：对不可再生资源征收重税，对使用原生材料征税，征收道路使用税，对回收再循环给予税收优惠，对清洁车辆和清洁燃料的使用予以税收优惠，同时对于选择绿色货运服务的委托企业，政府也应给予一定的税收优惠政策，通过这些相应税收政策的制定和实施，促进绿色货运的可持续发展

续 表

类 别		相关细则
扶持及推动性政策制度	产业引导政策	物流的社会化有利于节约社会资源、改善环境和降低物流成本。因此，物流的社会化对于物流的绿色化具有特别重要的意义。为促进物流社会化发展，政府应该从总体上规划社会性的物流网络和物流基础设施，避免各部门的重复建设和资源浪费，并对高速公路、区域性物流中心等大型基础设施建设提供财政支持和政策支持。另外，政府对物流信息网络的建设和物流信息化研究提供经费支持，有利于全社会的物流信息化水平的提高。物流信息化对于物流需求信息发布、货物合并运输、资源共享和资源最优利用等都具有十分重要的作用，因而对绿色物流的发展以及资源保护更具积极的意义
	资源整合政策	首先，要培育有效竞争的市场机制。重点是打破条块分割和地区封锁，让各种物流要素在市场机制作用下充分竞争，自由流动；其次，要建立统一、高效、权威的部门协调机制，充分发挥行业协会的作用。应由政府经济综合管理部门牵头，通过行业社团组织加强行业管理和服务，凡是物流发展的重点地区都应建立相应的行业社团组织，政府部门要支持行业组织开展工作，建立统一的物流发展部门协调机制，形成政府各有关部门共同推进物流发展的合力；最后，要完善物流法律法规体系，营造有利于物流发展的外部环境，推动三市物流发展尽快走上规范化、制度化、法制化的轨道
	绿色货运的推广政策	可以通过举办年度绿色货运风云企业评选与风云驾驶员大赛来推广绿色货运。每年对长株潭城市群公路货运企业进行绿色化货运实施的评选，评选十家企业作为示范性绿色货运企业，政府给予更大力度的补贴、税收减免等扶持政策；举办驾驶员节能减排驾驶大赛，提高整个社会驾驶员驾驶时节能减排意识和技术；举办绿色货运消费企业评选活动，每年评选十家绿色货运消费企业，政府同样给予大力度的补贴、税收减免政策，以推动绿色货运的良性循环

2. 绿色货车技术的研发

绿色货车技术是指能够降低货车运行过程中产生的尾气排放的汽车节能技术，包括：发动机节能技术、汽车整车节能技术、汽车使用节能技术和新能源技术等。其中，汽车整车节能技术中的空气动力学技术、低滚动阻力轮胎和轮胎压力改进技术；汽车使用节能技术中的驾驶员驾驶行为监控和改进技术；新能源技术中的更新节能环保车型在长株潭城市群现有的货运车辆构成情况下具有较好的示范和推广前景。

在湖南省政府提出的“1256”湖南汽车产业发展的总纲领中提出要以轿车为突破口，发展产业集群和零部件生产基地；以轿车、越野车、载货车、客车、皮卡、专用车6个车型为核心，推进整车生产上规模、上水平、出效益。载货车作为货运中主要的运输工具，其绿色货车技术的研发程度将极大程度地影响绿色货运的实施与成效。因此在载货车车型上，一定要注重绿色货车技术的研发，其内容见表7-20。

表 7－20　绿色货车技术的研发内容

序号	研发方向	研发目标
1	混合动力汽车研发	混合动力汽车将先进的发动机、电机、能量储存装置、电控系统结合起来，它综合了发动机驱动和电力驱动的优点，克服了电动汽车关于动力电池、续驶里程等方面的难题，在提供与目前传统的燃油汽车几乎同等动力的同时，燃油经济性得到很大改善，有害排放物大大降低
2	降阻轮胎技术研发	减低汽车行驶时的滚动阻力，实现减少发动机功率消耗、节能减排的目的
3	减小车身空气阻力技术	减少汽车行驶时的空气阻力，可降低发动机消耗的功率，从而降低汽车的燃油消耗量，提高汽车燃油经济性

3. 公路货运标准化技术研究与推广

物流标准化是物流发展的基础，也是实现物流系统高效、经济的前提。通过对物流标准化的建设，更好地加强物流资源整合力度。当前，长株潭城市群地区公路货运物流标准化存在许多问题，严重制约了区域物流一体化的发展，这些问题主要表现为两个方面：一是缺乏基本设备的统一规范。如集装箱、托盘、卡车、仓库货架等设备标准之间缺乏有效的衔接，同时，物流包装标准与物流设施标准之间也存在缺口，严重影响了货物在运输、仓储、搬运过程中的机械化、自动化水平的提高及协调运作。二是物流信息标准化建设工作落后。许多部门和单位都在建设自己的信息数据库，但由于技术方面的原因，这些信息数据库只是一个个信息的“孤岛”。同时，整个长株潭地区物流领域还没有公共数据接口的行业和国家编码标准，造成了实际运作过程中互不兼容、数据无法自由交换和共享的窘态，严重影响了货运效率，也不能充分体现出信息的价值所在。

因此，加强物流标准化建设已迫在眉睫。一方面要加强物流硬件标准化建设，重点是通过制定标准来实现整个货运过程中的连续性。主要包括：确定物流的基础模数尺寸，用物流模数作为物流系统各环节标准化的核心、系列尺寸的基础，进一步确定有关系列的大小及尺寸，再从中选择全部或部分作为定型生产制造尺寸。另一方面要加强物流软件标准化建设，要加快通用标准体系的建立，尽快实现标准数据传输格式和标准接口，通过网络和信息技术连接用户、制造商、供应商及相关单位，实现资源共享、信息共用，借助信息技术实现对物流的全程跟踪及有效控制。

4. 公路绿色货运基础设施平台的构建

长株潭城市群公路绿色货运基础设施平台的构建主要包括两个方面：

（1）长株潭城市群公路路网的完善

①长株潭城市群区域公路交通系统规划。在长株潭城市群发展规划中，对于长株潭城市群区域公路交通系统的规划明确提出如下要求：

• 按国家“五纵七横”12 条国道主干线高等级公路建设要求，加快境内相关段高速公路的建设。

• 按国家和省对路网中地至县的公路达到二级以上标准的改造要求，加快区域内运输能力紧张不适应交通量增长的相关国道、省道路段的改造提级建设。

• 为实现三城市交通与过境干道的衔接，加快三市外环公路建设。

• 加快既有公路的改造提级建设。

• 加快长沙公路主枢纽和株洲、湘潭市的客货运输站场建设，注意客运站场建设与铁路客站、水运客运码头的相互衔接，注意货运站场建设与物流园区、铁路、水运的集装箱站场、港站码头的衔接。

②长株潭城市群高速公路网建设。从现有的交通基础条件来看，以长株潭为原点发射出去的高速公路射线分别有：长株潭—岳阳，即临长高速；长株潭—益阳—常德—张家界，即由长益、益常和常张三条高速公路组成；长株潭—娄底—怀化，由潭邵、邵怀高速公路组成；长株潭—衡阳，京珠高速潭耒段。

而为高起地点完善长株潭“两型社会”交通基础设施条件，目前省发改委正在着手进行以长株潭为核心的“3＋5”城市群交通网络规划工作，而“3＋5”城市群交通网络规划中，将以长株潭为核心向四周发出六条高速公路“射线”，据了解，除目前已建成通车的四条外，长株潭—浏阳—南昌、长株潭—醴陵—萍乡也已进入了“六射”高速公路网络图。而除“六射”外，一个“大外环”也初步进入了省发改委正在着手的“3＋5”交通网络规划视野。

“3＋5”大外环，将由岳阳—汝城高速、杭州—瑞丽高速（岳阳—常德段）、二广高速（常德—邵阳段）、邵阳—衡阳高速、衡炎高速构成。

其实，方便快捷的不仅是长株潭通往外部的高速公路网。长株潭城际之间，一张“内通”高速公路网已基本临近成形。

三座城市，在高速公路网完善之后，从三市相互抵达，均只需30分钟左右，三市之间往来如“内通”一城。密集的快速高速公路网，正在模糊着长沙、株洲、湘潭在地理图标上的“三城”概念。

三市的高速公路网图显示，长株潭“内通”方面，长沙至株洲除现有的京珠长潭高速外，由株洲直通长沙及长沙黄花机场的第二条快速通道——长株高速公路目前正在紧张建设中，这条高速公路建成后，将和目前已建成通车的长永（长常）高速公路、沪昆国道主干线（醴潭高速公路）、长潭西线高速公路、长沙绕城高速北段形成长株潭城市群的外环高速，同时也将使株洲至长沙的时间缩短至20多分钟。

这仅仅是高速公路网，而再加上长株潭主轴线——芙蓉大道和长株潭的重要城际主干道——清易大道，以及不久的将来启动建设的城际轨道交通，其实，长株潭新型特区已不再是三个城市，密织如网的便捷交通网络已将长株潭融为一体，宛如一城。高速公路等交通基础设施的建设，正在为长株潭城市群公路绿色货运的开展奠定扎实基础。

③着力建设好长株潭城市群基础设施的共享平台。第一，建立长株潭城市群基础设施共享的信息资源库。根据城市群基础设施的发展规划，依托网络来建立基础设施的信息资源库。全面、系统、准确地收集长株潭城市群基础设施建设和使用情况，分析未来基础设施建设的发展趋势，为基础设施的有效使用提供信息支撑。第二，建立长株潭城市群基础设施共享的价格机制。虽然说基础设施是一个公共服务体系，不能单纯从投资回报来衡量其效益，必须从社会综合效率来考虑。但是，随着基础设施投资主体的多元化，基础设施

的效益分析是必要的，在基础设施的回报中既不能形成垄断价格，从而严重制约长株潭城市群经济一体化的发展，也不能不计基础设施的成本成为一种福利，这样，反而会不利于基础设施的发展和有效利用，不利于形成基础设施的良性运行机制。因此，长株潭城市群基础设施必须进行投资效益分析，建立合理的价格体系和调节机制，从而推动基础设施共享平台。第三，建立长株潭城市群基础设施共享的利益机制。基础设施既是公众利益，也是企业效益，必须考虑成本分担和利润分配的问题，否则要实现基础设施共享就非常困难。

（2）长株潭城市群公路货运节点的建设

①加快长株潭国家公路运输枢纽的建设。在 2007 年颁布的《国家公路运输枢纽布局规划》中，长株潭作为一个组合枢纽被规划，需要加快落实和推进发展。

2010 年根据全国性综合交通枢纽的基本定位，规划全国性综合交通枢纽（节点城市）42 个，具体是：北京、天津、哈尔滨、长春、沈阳、大连、石家庄、秦皇岛、唐山、青岛、济南、上海、南京、连云港、徐州、合肥、杭州、宁波、福州、厦门、广州、深圳、湛江、海口、太原、大同、郑州、武汉、长沙、南昌、重庆、成都、昆明、贵阳、南宁、西安、兰州、乌鲁木齐、呼和浩特、银川、西宁、拉萨。

长株潭组合枢纽以及长沙全国性综合交通枢纽（节点）城市的确定对于长沙公路运输的发展将起到推动作用，需要加紧落实和完善。

②物流节点体系的构建。城市群物流节点体系建设主要是以物流园区为基础，再考虑城市群交通运输基础设施和城市群的产业分布、主要产品流向、流量等因素，构建以物流园区、物流中心、配送中心为主要物流节点的多功能、多层次的物流作业网络体系。

根据长株潭城市群区域规划和长株潭城市群产业布局的特点，长株潭城市群物流体系的建设应坚持以科学发展观为指导，以服务生产、营销为宗旨，通过整合现有物流资源和建设新的物流系统，建立布局合理、装备先进、运作规范、多种经济形式并存的现代物流服务体系，努力降低物流成本，提高物流服务的质量和效率，推动城市群经济圈产业升级和结构调整，为湖南省经济和社会的全面、协调、可持续发展及全面建设小康社会提供相应的物流保障，同时也为长株潭城市群公路绿色货运行业提供保障。

5. 公路绿色货运信息平台的构建

“十二五”期间，由于政府将在物流园区、物流监管等方面加大投入，区域物流信息平台及专业物流信息平台的建设将快速发展。同时，信息平台之间的互联互通，也将大大提升政府的监管与服务能力，提高政府工作的透明度和高效率。另外，企业运营的物流信息平台在政府的支持下，也将在纵向和横向两方面延伸服务内容和服务范围，增强竞争力。

纵观长株潭三市，虽然有不少公路货运企业建立了物流信息系统，但缺乏统一的协调沟通，致使物流信息系统和公共物流信息平台标准不一，难以实现物流信息互联互通和物流资源的有效配置。这不仅严重制约了区域物流企业的发展壮大，而且妨碍了长株潭物流一体化的发展。构建区域公共物流信息系统平台，可以把供应链上的各家单位，包括政府职能部门、海关、检验检疫局、税务、银行、工商企业、公路货运企业等单位连接起来，为公路货运企业提供“一站式”的接入服务。

（二）基于“GSD”协同的公路货运企业绿色运输实施策略

1. 制定“协同”绿色物流发展战略

公路运输企业战略是公路运输企业以未来为基点，为赢得持久的竞争优势而做出事关全局的重大策划和谋略。公路运输企业在制定企业发展战略的时候，一定要在对“GD”所营造的环境进行深入调研，并对其进行预测的基础上，运用协同发展的观点进行制定，并且随着“GD”所营造的环境的变化也应协同变化，对物流发展战略进行微调。

公路运输企业应从整体上全面把握和理解自己在“两型”社会创建过程中应该承担的社会责任，为资源节约型和环境友好型社会的建设贡献自己的力量，同时实现企业自身发展与社会发展的协同。长株潭城市群中公路运输企业总体物流发展战略应该是：积极配合长株潭城市群“两型”社会的创建，走绿色运输之路，实现企业的可持续发展。

2. 企业公路绿色货运模式保障策略

公路货运企业在开展和实施绿色货运的时候需要实施以下保障策略：

(1)“协同”公路绿色货运模式的企业管理制度的制定

公路货运企业每一个员工岗位，都应该有清晰的职务说明书，员工应具备相匹配的知识和技能。企业首先要制定绿色货运司机的标准操作指南、车辆养护制度，然后建立严格的监督和考核制度，提高驾驶员的节能和环保意识。公司应该建立驾驶员驾驶管理制度，结合车辆的技术状况制定针对不同驾龄及驾驶技能的驾驶员燃油消耗的底线，超过这个底线要惩罚，少于底线的要奖励，定期地对燃油消耗超标的驾驶员进行考核，实行末位淘汰制。通过这种定期考核，提高驾驶员的环保意识。

(2)“协同”公路绿色货运模式的人才培训

①绿色货运理念的全员培训。由于绿色物流、绿色货运理念在企业的认知度不高，因此企业必须要进行绿色货运理念方面的培训。在进行绿色货运理念培训的时候要遵循以下几个原则：首先，全员参与。培训的主体是全体员工，当然包括领导者，领导观念的改变至关重要。其次，培训一定要以企业讲师为主导，可是很多企业不组建内部培训师队伍，使很多经理人的潜能没有发挥出来，未能认真履行职责。一个优秀的经理人的四大基本职责是选拔人、提出要求、激励下属、培养下属。一个不懂得培训下属的经理，绝对是个不称职的经理，经理人在成为企业讲师之前应该“送出去”进行绿色物流以及培训技巧的相关培训和提升。最后，要建立培训的长效机制。培训长效机制的建立主要有以下几个方面：第一，新员工上岗前必须进行包括绿色货运理念在内的岗前培训；第二，每一个季度定期进行培训；第三，当有新的绿色物流理念、新的绿色货运操作方法出现时，进行推广的培训等。

②加强驾驶员的培训，提高驾驶员技术。驾驶员是汽车的直接操作者，汽车驾驶操作是影响燃油消耗的重要因素。据资料介绍，在相同车辆、同样运行条件的情况下，由于驾驶员操作技术水平的不同，油耗可以相差30%左右。正确的驾驶操作，是实现和挖掘节能潜力的关键，能真正达到节能的效果。同时，汽车良好的使用性能只有通过合理的使用，才能够得到充分发挥。例如，在驾驶过程中，如果汽车车速升高时，行驶阻力增加迅猛。在同一车速下，不及时采用高速挡，油耗会增大很多，以东风 EQ109OE 型汽车为例，当以 50 公里/小时速度行驶时，五挡比四挡百公里油耗低 10.55%左右；当车速为 40 公里/

小时，用五挡比四挡节油8.91%左右。但是当汽车油门开度不变时，发动机燃料消耗量也会随转速增加而增加。

汽车驾驶员培训基本上是采用师傅带徒弟的方式，学员仅掌握安全驾驶车辆方面的基本操作技能，并不涉及节油驾驶员操作等技术训练。所以，今后公路货运企业应当以提高驾驶员的培训质量为核心，开展营运驾驶员节能技术培训，对驾驶员的管理与培训，提高驾驶员技术，从技术层面上降低油耗。例如，在接新车时，应由货车生产厂家对驾驶员进行专门的驾驶培训，讲解车辆的驾驶要领和车辆技术性能的掌控、挡位切换的最佳转速和经济转速，在满足正班正点要求和保证运输安全的前提下，尽量避免高速行驶，在实际运行中，避免发动机空转和车辆空驶。研究表明，货运汽车以70～90公里/小时的速度保持匀速运行时的燃油消耗最少，可比普通运行时节约燃油10%～12%；通过修订驾驶员培训大纲，增加节能教育的内容；通过学习交流平台和“以老带新”的经验传授，适时开展节能工作经验交流等活动，不断提高驾驶员的操作水平；定期安排厂家对车辆使用注意事项及车辆的性能进行指导培训。

(3)“协同”公路绿色货运模式的新物流技术及设备的运用

公路货运企业要真正实现公路绿色货运，离不开物流新技术和设备的运用。在绿色货运领域可以运用到的物流新技术和设备主要有物联网技术、环保货车、货运管理信息系统、货运车辆ETC装置、GPS、GIS、RFID等。

(4)“协同”公路绿色货运模式的营销策略的开展

绿色营销贯穿于绿色货运的全过程，是货运企业可持续发展的重要条件。所谓绿色营销是在可持续发展观的要求下，企业从承担社会责任、保护环境、充分利用资源与长远发展的角度出发，在物流产品开发、价格制定、促销策略选择、分销渠道选择等整个过程中采取相应措施，引导和满足消费者的可持续消费，达到企业利润、消费者欲望和社会利益三方面的平衡，追求企业即期营销行为和长期营销战略的有机协调以及对企业长远发展的良性影响。它具有绿色性、持续性、系统性、累积性等特征。特别是在与客户联动、市场推广层面，企业应多举办一系列推广活动，活动的核心是绿色货运理念的推广以及绿色货运市场的培育。

3. 公路绿色货运实施之资源整合

资源整合可以从经营管理的角度来实现资源节约和环境友好的目标。资源整合可以分为两个方面，一为内部资源整合，二为外部资源整合。

(1) 内部资源整合

①进行公路货运企业功能整合。长株潭公路货运企业一是可以对现有物流的功能环节进行整合。如依托原有的单一的公路货运业务，不断开发仓储、质押监管、流通加工、配送、信息等服务项目。二是可以通过系统开发和运用，增强服务功能和效率。要通过组织和协调，把企业内部彼此相关但却彼此分离，既参与共同的使命又拥有独立经济利益的使用客户整合成一个系统，获得“1+1>2”的效果，同时根据企业的发展战略和市场需求对有关的资源进行重新配置，以凸显企业的核心竞争力，并寻求资源配置与企业内部客户需求的最佳结合点。要通过组织制度安排和管理运作协调来增强企业的整体对外竞争实力。整合所有与物流相关的资源，即为使用客户提供“一站式”的供应链管理服务。企业

内部的物流资源整合是一个以使用客户需求为导向的不断演进的整合过程。

②开展集团化经营。建立公路货运企业集团，以一个大型企业为核心，由多个法人企业联合组成的高级形态的企业联合体。运输企业物流发展的集团化经营模式是指形成一个以物流总体协调与规划为核心的企业集团，集团所属的子公司分别完成各项物流功能，母公司主要利用资本为纽带，通过持股、控股、融资等方式不同程度地控制运输企业核心主业和非核心业务的物流活动，达到有效地组织物流服务、改进供应链企业关系、灵活地规避经营风险和提高整体竞争力的目的。由于企业集团具有规模经济、多角化经营、多元产权关系和多层次组织结构，所以集团化经营模式是运输企业发展到相当规模后，内部整合或继续扩张的一种较为理想的模式。

集团化经营模式要求运输企业具有一定的规模，除了有一个实力强大的核心企业外，还应有一定数量的完成主要物流业务的紧密层企业，更要有一些完成物流相关业务的半紧密层企业和完成物流辅助业务或物流领域内同行业竞争与合作的松散层企业，而各企业都具有独立法人资格，通过资本连接而成金字塔式垂直持股方式。

（2）外部资源整合

①提高服务意识，同服务对象结成战略伙伴协作关系。对公路货运企业来说，发展物流首先是一个服务的问题。物流实质是服务，只要是客户嫌麻烦的都可以是物流服务企业服务的范围。运输企业在向现代化物流融合和转化中，必须树立以用户为中心的思想，将满足用户的需求作为企业的生存和发展的宗旨。现代物流运作强调物流服务企业要向它的上游和下游寻求服务对象并同它们建立起战略伙伴协作关系，形成跨行业的、优势互补的联合与协作。因此，作为提供物流服务的运输企业要同制造业和销售业企业建立起紧密联系的伙伴关系，由于公路和水运企业从事的是运输业务，它们把揽货作为经营运作流程的源头，托运人和收货人是其顾客。交通运输企业要从运输业拓展到物流业，必须挖掘服务行业的内涵，衍生出包括运输、仓储、装卸、搬运、配送、包装、加工、信息处理等多种服务功能，将服务对象从托运人和收货人延伸到产品的生产者和消费者以及资源供应商，将运作流程从运输过程延伸到产品的生产过程和流通过程，为生产和销售两头服务。

与其他企业相比，运输企业在自身物质条件和运输管理上具有较大的优势。在长期的运输业务中，运输企业配备了大量的专业化运输工具，具有管理运输业务的宝贵经验，这使得运输企业在向物流服务转化的时候，可以根据自身的运输优势，采取逐步提供部分或全部物流服务方式同客户建立长期合作关系，参与客户的供应链管理，满足客户对服务的高层次需求。

②组建或充实现代化大型企业集团。在经营规模上，要因势利导，抓住机会，组建或充实现代化大型企业，提供综合物流服务，同时，发展一大批运作灵活的中小型企业，经营局部的专业化的物流服务，以满足各个层次客户的需求。

从发达国家的物流发展情况来看，运输企业通过兼并和强强联合，一方面形成少数大型、特大型集团企业，采用现代化科学技术和现代化管理手段，提供高质量、全方位的服务；同时，根据各个运输企业的自身特点，建成仓储中心、配送中心等，灵活地进行特色服务，经营局部的专业化的物流服务。

③进行物流信息系统整合。纵观长株潭三市，虽然有不少公路货运企业建立了物流信

息系统，但缺乏统一协调沟通，致使物流信息系统和公共物流信息平台标准不一，难以实现物流信息互联互通和物流资源的有效配置。这不仅严重制约了区域物流企业的发展壮大，而且妨碍了长株潭物流一体化的发展。构建区域公共物流信息系统平台，可以把供应链上的各家单位，包括政府职能部门、海关、检验检疫局、税务、银行、工商企业、物流企业等单位连接起来，为物流企业提供“一站式”的接入服务，弥补不同行政区划所带来的一些信息阻隔的弊病，实现物流规模效益，加快区域物流一体化的进程。

4. 公路绿色货运要实施节能减排

（1）调整货车运力结构。在货运装备方面，落实交通部货运汽车推荐车型制度，尽量选用自重轻、承载量大、能耗低、污染小的环保型、节约型运输车辆，优先发展运输效率高、能耗低的重型货车和特种专用货车，并辅之以适当数量的轻型货车，形成中长途运输，以重型货车和特种专用货车为主，短途运输尤其是市内配送以轻型货车为主的格局；重点发展适合高速公路、干线公路的大吨位多轴重型汽车和高效低耗车型，大力发展集装箱半挂、分体（甩挂）运输、道路甩挂运输使汽车运输列车化，能相应提高车辆每趟次的装载质量，从而提高驾驶员的工作效率，避免空车行驶，免除了装卸货的等候时间，提高车辆运输效率。据统计，甩挂车与单车相比，运输效率可提高30%～50%，成本降低30%～40%，油耗下降20%～30%；提高柴油车在运营中的比重，经统计测算，柴油车比汽油车节能25%～30%。由此可见，要加大投入，切实加快车型结构调整和车辆更新的步伐。

（2）构建现代化大物流。鼓励长株潭城市群汽车运输企业提供仓储、包装、运输等全过程一体化的第三方服务，构建现代化大物流。在长株潭城市群不同地点设立物流基地，小吨位卡车将货物从发货单位运输到物流基地，集中拼装到大吨位的重型卡车后运输到另外城市的物流基地，再由小吨位卡车从物流基地分别运输到提货单位仓库。这样小吨位卡车负责货物的支线运输，可以保证业务量，只有重型卡车才能进入高速公路行驶，负责货物的干线运输，这样将有效地节约燃油消耗。

（3）加强车辆技术管理。随着货运车辆使用时间的增长，其性能也在逐步发生变化。车辆的技术状况差、故障多，对汽车的行驶油耗影响很大。据统计：空气滤清器或进气管被堵塞，造成的油耗增加率为5%；车轮定位不准，造成的油耗增加率为5%～12%；汽车在行驶中，发动机冷却系统温度过高或过低，也可使汽车油耗上升12%～15%。以保持底盘正常的技术状况为例，如果防止制动“发咬”、离合器打滑或分离不彻底等现象，能减少行驶的阻力，减少加速的时间，增加滑行距离，也就能降低油耗，减少排放。因此，长株潭城市群公路货运企业要加强车辆技术的管理，确保良好的车辆技术状况，从而实现降低油耗的目标。

（4）加强车辆维护管理。长株潭城市群公路货运企业要定期对车辆实施保养，通过对车辆的保养，不仅可以增加车辆的寿命，提高运输效率，而且保证车辆一直具备良好的技术状况，可减少燃油消耗，提高运输车辆的里程利用率。据统计，车辆的里程利用率提高1%、3%和5%可分别使汽车油耗降低3%、7.5%和10%。加强车辆维护管理是车辆节油的重要前提。

长株潭城市群公路货运企业可以为每辆营运车辆建立一个维修保养数据库，提前通知车辆驾驶员进行定期维修、保养，防止因车辆技术状况差而增加油耗的现象发生；国家应对那些排放超出现行标准又无法进行技术改造的车辆采取经济手段，如征收汽车排污超标罚款，促进其加快更新速度；加强法制力度及监察力度，对在用车的排放进行定期检测和随机抽查，促进车辆进行严格的维修、保养，使车辆保持正常的技术状态。

5. 将公路绿色货运融入物联网

物联网是信息化应用的新模式，通过射频识别、全球定位系统等信息传感设备，进行信息交换和通信，实现智能化识别、定位、跟踪、监控和管理。物联网用途广泛，遍及智能交通、环境保护等多个领域，是继计算机、互联网与移动通信网之后的又一次信息产业浪潮。对于公路绿色货运业来说，一方面，要积极应用物联网降低成本，提高效率，促进自身发展；另一方面，要融入物联网产业经济当中，作为物联网产业的一分子，随着物联网产业的壮大，公路货运业必将能够取得更广阔的发展空间。

长株潭城市群公路货运企业要结合物联网技术提供车辆交通实时信息、物流中介信息、电信通信及远程管理调度等服务；客户通过该平台，可对运行在各地的物流车辆，实施实时精确定位、图像监控存储、下发车辆调度指令和路况信息、进行物流调度，并能同时享受物流总机、企业黄页、实名转接、短信平台、信息发布等信息化服务；可以通过对用户端与系统整体运营状况进行实时监管，采用最经济与最安全的模式将系统纳入流程化管理，实现系统资源的最优配置与利用。

6. 实现公路绿色货运与其他绿色物流服务的协同

绿色物流服务包括绿色运输、绿色仓储、绿色包装、绿色流通加工、绿色信息搜集和管理等内容。绿色运输又可以分为不同运输方式的绿色运输，如公路绿色运输、铁路绿色运输、水路绿色运输、空运绿色运输等；公路绿色运输又可以分为公路绿色货运、公路绿色客运等，公路绿色货运服务是绿色物流服务的一个子系统。而客户在绿色物流服务需求上，往往不是只有公路绿色货运的服务需求，可能还有绿色仓储、绿色包装、绿色流通加工等其他绿色物流服务需求，因此，长株潭城市群公路货运企业一方面可以不断地提升自身绿色物流服务能力，扩大绿色物流服务范围；另一方面也可以与其他绿色物流服务企业进行联合，形成战略联盟，实现公路绿色货运与其他绿色服务之间的协同，以满足物流服务需求者全方位的绿色物流服务需求。

（三）基于“GSD”协同的公路货运服务需求者拉动策略

1. 公路运输服务需求者绿色货运理念转变策略

自 20 世纪 80 年代末期以来，全球绿色消费运动开始被国际社会所接受，成为公众广泛参与环境和生态保护的消费方式，绿色消费观也应运而生。在公路货运领域也应倡导公路绿色货运的消费观。

令人遗憾的是，虽然每年有如此之多的政府部门、专家学者在呼吁绿色消费，也有不少人选择了绿色消费，但绿色消费，特别是绿色物流消费仍然难以在我国全面推广下去。对此，需要解决以下几个方面的问题：

一是推广绿色物流消费理念。当前人们关于绿色货运消费意识还不到位，个人消费需要对环境负责任的观念没有建立起来。目前，大多数消费者虽然有绿色消费的意识，但离真正转化为绿色消费的行动还有很大差距。这个问题的解决需要更大力度的绿色物流消费理念的推广、一系列政策的扶持和引导。

二是完善管理机制。要强化长株潭城市群各部门、各行业以及各地区之间的协作和配合，强化各部门的和谐发展的意识。当务之急，要在宏观上成立一个专门的长株潭城市群绿色物流管理机构，构建统一的系统规划和整体发展战略，使绿色物流的发展形成真正的社会化大物流系统，集约资源配置，提高物流系统的整体效率。

三是长株潭城市群的公路货运企业要承担起自己的企业社会责任。企业绿色货运的市场推广的方式是尽可能地让货运服务需求者来选择绿色货运服务，坚决防止货运企业通过各种虚假宣传来欺骗消费者。

2. 在公路货运供应商选择评价标准上转变策略

调查显示，当前很多长株潭城市群公路货运需求者在选择公路货运供应商的时候首先考虑的因素是价格，然后是服务质量。不过，这样的一种对于公路货运供应商的选择标准正在某些企业、某些消费者身上悄然发生变化：随着绿色物流理念的深入推广，人们环保意识的增强，在对公路货运供应商的选择上，越来越重视其绿色货运程度，要进行这种转变，需要以下几个方面的支持：

一是建立长株潭城市群公路货运企业绿色货运指标体系，公路货运需求者可以根据这个评价指标体系对公路货运企业进行评估，从而使选择更理性。

二是需要建立长株潭城市群公路货运企业绿色货运营运过程中的监督体制，给公路货运需求者所定制的公路绿色货运服务提供保障。

三是需要建立长株潭城市群公路绿色货运消费激励机制，对选择公路绿色货运服务的企业多支付的成本代价进行一定的补偿。

3. 在与公路货运供应商合作关系上转变策略

当前大部分公路货运服务需求者与运输企业之间的合作关系是松散的合作方式，这样的合作方式不利于双方的沟通和协作，绿色货运的推行需要改变这种合作关系，从松散的合作方式转变为紧密型的合作方式，形成战略合作伙伴关系：

第一种合作模式就是长株潭城市群公路货运服务需求者与优秀公路绿色货运企业以契约形式形成长期合作关系，以保证自己稳定的公路货运服务供给。这种模式以货运服务需求者为中心，货运企业只需完成承包服务，管理过程简单。这种合作方式是进行长期战略合作的基础，很多企业在进行战略合作前期，往往先采用这种方式对货运企业进行考察。

第二种合作模式就是形成战略联盟的运作模式。

在这种模式下，长株潭城市群公路货运服务需求者与公路绿色物流服务提供商将运输业务以契约形式结成战略联盟，内部信息共享和进行信息交流，相互间协作，形成物流网络系统。联盟可包括多家同地异地的各类运输企业、场站、仓储，理论上联盟规模越大，可获得的总体效益越大。

当然，要想通过合作达到双方所设定的目标，合作双方必须达成共识，在合作过程中有效沟通，使得企业有更好的发展。因此，必须建立相应的监督管理机制，并进行定期的绩效评定，使双方能及时发现问题进行改进。

第三篇

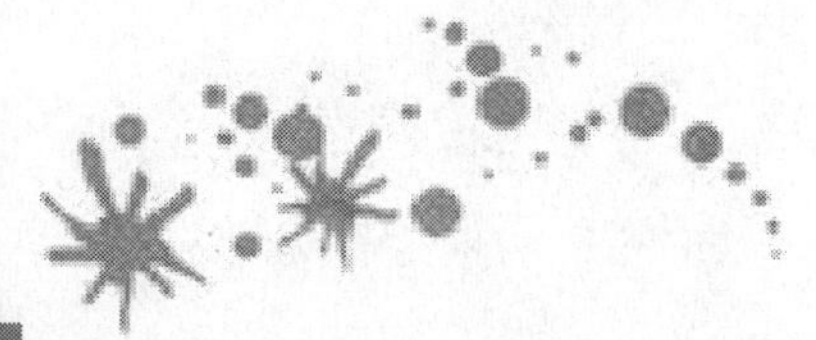

区域发展篇

第八章　湖南省长株潭城市群物流发展研究

2008 年 12 月，国务院正式批复了长株潭城市群“两型”社会建设综合配套改革试验总体方案，这标志着长株潭城市群已经进入“两型”社会建设综合配套改革试验区实质性操作阶段。一般认为，现代物流业具有节约资源和保护环境的双重作用。因此，应把发展现代物流业放在最为突出的位置，立足于资源节约和环境友好目标，带动新型工业化和新型城市化的发展，实现区域内经济发展的一体化与协同化，充分利用示范区建设先行先试原则，实施科学规划、技术创新和制度创新，以此打开“两型”社会试验区的突破口，实现率先发展。

一、两型社会建设是长株潭城市群区域物流发展的机遇

长株潭城市群于 2007 年 12 月 14 日被国务院正式批准为全国资源节约型和环境友好型社会建设综合配套改革试验区（简称为“两型社会”试验区），以此来探索在资源、环境、人口压力日益加大的趋势下区域经济发展模式。这既为湖南现代物流产业发展提供了广阔的空间和机遇，也为湖南物流业如何整合资源以实现“两型”社会建设的目标提出了一个新课题。

“两型社会”指的是“资源节约型、环境友好型社会”。资源节约型社会是指整个社会经济建立在节约资源的基础上，它以能源资源高效利用的生产方式和节约的消费方式为根本特性，在生产、流通、消费等领域，通过采取法律、经济和行政等综合性措施，提高资源利用效率，以最少的资源消耗获得最大的经济和社会收益，保障经济社会可持续发展。建设节约型社会的核心是节约资源。环境友好型社会是一种人与自然和谐共生的社会形态，与资源节约型社会相比，环境友好型社会更为强调生产和消费活动对于自然生态环境的影响，强调人类必须将生产和生活强度规范在生态环境的承载能力范围之内，强调综合运用技术、经济、管理等多种措施降低经济社会活动对环境的影响。其核心内涵是人类的生产和消费活动与自然生态系统协调可持续发展。

“两型社会”建设的不断推进对物流业的发展提出了新的要求，要求现代物流业的发展要切合“两型社会”的发展需要，这个“切合”的内涵可以初步归纳为四个层次，一是符合新型工业化的客观要求，能加快产业结构调整与升级；二是能有效整合现有资源，降低成本，提升效率，实现资源节约；三是具备绿色物流、回收物流和循环经济等现代化理念，实现人与环境、资源的可持续和协调发展；四是增加人民福利，以民为本，为民造福，打造环境友好、宜商宜居的新型化城市。这一内涵将作为我们提升物流理念、建设物流园区、发展物流企业、引进物流项目的出发点和落脚点。

二、“两型社会”建设加快发展现代物流业的现实意义

现代物流业是以现代运输业为重点，以信息技术为支撑，以现代制造业和商业为基础，集系统化、信息化、仓储现代化为一体的综合性产业。当前，随着“两型”社会建设综合配套改革试验区的推进，长株潭城市群经济的快速发展，圈内城市之间合作的频繁，信息、资金、物流将大大增加，与全国的联系也将更为广泛，发展现代物流业不仅切合当前形势要求，而且大有可为。

1. 加快发展现代物流业是建设“两型”社会的客观要求

现代物流业具有节约资源和保护环境的双重作用，这也是“两型”社会建设中的基本要求。从资源节约的角度看，现代物流是企业降低物资消耗，提高劳动生产率以外的“第三利润源泉”。在市场经济条件下，生产要素、资金的流动是以获取利润为前提条件，通过运用现代物流业，可以提高工作效率、降低生产成本，在企业获得更多利润的同时，也达到了节约资源的良好效果。从环境友好的角度看，现代物流业的发展和带动，可以把工业和农业、城市和农村、生产和消费等有机结合起来，并通过调整城乡规划，确定优先开发、限制开发和禁止开发区域，建立生态环境保护机制和环境违法行为联防机制，废止以消耗资源、损害环境为代价的落后生产能力，构建循环经济体系，实施可持续发展战略。

2. 加快发展现代物流业是加快长株潭城市群建设的内在要求

要充分发挥长株潭“3＋5”城市群特别是核心长株潭区域在区域经济发展中增长极的作用，实现湖南经济的弯道超车。首先必须要在城市群内实现经济一体化的联动作用，其次要辐射周边的区域。现代物流业正是企业与企业之间生产、交易的纽带，而且能够波及不同区域的产业，因而能够实现区域内经济的联动与协作，促进区域经济一体化发展。因此，长株潭“3＋5”城市群在发展过程中，必须重视现代物流业在经济发展与协作中的基础作用，通过物流业的发展实现区域内企业与企业的生产合作、优势产业的辐射以及产业链的一体化发展，从而实现城市群内经济有效融合以及城市群与周边区域甚至国内外其他市场的有效对接与合作。

3. 加快发展现代物流业是进行综合配套改革试验的良好途径

实际上，物流活动也可能对环境造成污染。比如运输车辆的燃油量消耗和燃油污染就是目前环境污染的主要原因。2008年，湖南省公路运输业共计消耗成品油313.11万吨，占湖南省成品油消耗总量的48.54％，其中汽油88.11万吨，占湖南省汽油消耗总量的37.74％，柴油225万吨，占湖南省柴油消耗总量的59.7％。另外，研究表明，机动车排放的氮氧化物、挥发性有机物和颗粒物占城区所有污染源的66％、90％和26％，已经成为影响城区环境空气质量和居民健康水平的主要污染源。因此，以发展现代物流业作为整个试验的“先行军”，探索土地、资金、劳动力等生产要素的配置方式，创新政府对资源环境的监管模式，集约用地的管理模式，城乡协调发展机制等，不仅有助于经济的发展，而且有助于“两型”社会建设目标的落实。

三、长株潭城市群“两型”物流发展的基础

课题组把“两型”物流界定为基于“两型社会”的物流发展，即物流发展建立在优化

结构、提高效益、降低消耗、节约资源和保护环境的基础之上，实现物流产业与自然生态系统协调可持续发展。

随着长株潭城市群区域发展战略的实施以及新一轮空间发展结构模式的确立，城市发展以及连接城市与城市之间发展的核心纽带物流产业也逐步形成了以长株潭“3+5”城市群为中心和引擎器的区域发展格局，尤其是处于城市群核心圈的长沙、株洲、湘潭三个城市，在湖南省的物流发展过程中起着越来越重要的作用。

早在2002年，根据湖南省政府《关于加快推进现代物流业发展意见的通知》，长、株、潭三市以道路运输、客货站场主枢纽和区域性物流中心等物流设施建设为重点，加快了构建现代物流产业集群的步伐，积极规划建设各类物流园区、物流中心、配送中心，大力发展现代物流企业，为长、株、潭经济一体化构筑良好的物流平台。2009年，《湖南省物流业振兴实施规划（2009—2011年）》中，明确提出湖南建设的四大物流区域，其中以长株潭物流区域作为全省物流业发展的区域中心，提出利用长株潭城市群“两型社会”建设综合配套改革试验区的政策优势，重点发展商贸物流、制造业物流和国际物流。高标准建设一批现代化物流园区和物流中心，培育一批在国际国内具有竞争力的龙头物流企业。另外，以岳阳为中心的湘北物流区域，发展大宗能源、原材料物流、集装箱多式联运和国际物流；以怀化为中心的湘西物流区域，大力发展商贸物流；以衡阳为中心的湘南物流区域，大力发展煤炭、矿石等大宗商品物流和装备制造物流、轻工纺织品物流及保税物流。由此可见，在新一轮的湖南省物流业发展崛起中，以长株潭为核心的“3+5”城市群将继续主导和引领湖南省的物流产业发展，长株潭城市群区域物流发展的水平直接影响着湖南省物流产业的发展。为方便经济决策者和研究者更好地了解长株潭物流资源的发展情况，有必要对长株潭区域物流资源进行比较全面的分析。

长株潭区域物流资源主要是指长株潭地域范围内，与长株潭区域物流活动有关的各种资源，包括物流设施资源、物流设备资源、物流人力资源、物流技术资源、物流信息资源、物流市场需求资源、物流服务能力资源等。长株潭区域物流资源可以分为有形资源和无形资源，像长株潭区域范围内的运输通道、物流园区、港口以及企业所使用的物流设备等均属于有形物流资源，而物流人力资源、物流技术资源、物流信息资源、物流市场需求资源、物流服务能力资源等一般指无形资源。有形资源和无形资源相互联系，相互作用，二者之间的高效融合和相互平衡才能实现区域物流资源的最大价值。此外，长株潭区域物流资源也可分为公共物流资源和私有物流资源。公共物流资源一般指区域范围内的物流运输通道资源，也可能包括区域范围内由财政出资建设的公共物流信息平台、公共物流园区、公共物流枢纽和公共物流技术以及物流知识经验等的教育和培训，它具有财政投入、免费或低价格供应、面向区域范围内所有物流资源需求者的特点。由于区域物流市场需求源于区域内总体经济发展和所有居民生活需要，且面向所有物流供给者，因此也具有公共性质，也可以将其纳入区域公共物流资源的范畴；而私有物流资源则主要由企业投资，企业使用，具有排他性的特点，企业的人力资源、技术资源、信息资源、服务能力资源等均属于区域内企业私有的物流资源。区域公共物流资源有利于区域物流的整体发展，对整合区域内私有物流资源，充分发挥私有物流资源的价值具有积极作用，而区域内私有物流资源的发展反过来又产生新的公共物流资源需求，比如说更快更好的交通通道需求和覆盖范围更广的公共物流信息平台需求对增加该类公共物流资源的供给具有积极作用。由此可见，区域公共物流资源和私有物流资源也是一种相互促进、相辅相成的关系，区域物流的发展离不开这两种资源的共同协同发展。

通过上面的分析可知，长株潭区域物流有形资源主要是指区域物流设施资源和区域物流设备资源。区域物流设施资源又主要指区域物流通道资源和节点资源。自 2008 年长株潭被批为“两型社会”建设综合配套改革试验区以来，国家对长株潭物流设施资源的投资力度很大，三市物流设施资源已得到明显改善。

首先，长株潭物流通道的建设取得了显著成效。一是三市高速公路、城际铁路及地铁的建设取得了快速的发展，长株潭路网等级和密度已得到显著提高；二是三市融城通道的步伐明显加快；三是三市在加快打通市内断头路、卡口路和出城口的基础上，更加快了向四周辐射的通道建设。有望在不久的将来，长沙将与湖南省各县市之间均有高速公路相连，这对促进省会长沙以及长株潭地区与全省各地市及县之间的商流、物流、人流及信息流有着积极的意义；而株洲则在全市构建“一圈三环六射”的路网格局。

长沙作为一个省会城市，以其庞大的消费市场、便利的交通条件、完善的物流产业基础排名 2009 年湖南省物流产业竞争力的首位。从三个主成分可以看出，长沙的第一成分，即区域物流产业基础竞争力最为显著，说明长沙发展物流产业的基础条件优越。事实上也确实如此，长沙是中国中部地区重要的交通枢纽城市，陆、水、空交通皆较发达、便利。公路方面，长沙通车里程达 6000 多公里，北京至深圳的 107 国道和厦门至成都的 319 国道均交会于市内，其公路密度达到 42.74 公里/百平方公里，高速公路总里程 193 公里。另有 3 条国道、14 条省道和 106 条县道密集分布，等级公路总里程为 3361 公里。铁路方面，长沙是全国交通枢纽，京广铁路贯穿南北，湘黔、浙赣两线连接东西。长沙火车站是京广线上的一个现代化大车站，通达全国各大、中城市。航空方面，长沙黄花机场是 20 世纪 80 年代末新建的国家一级机场。可供大中型飞机日夜起降，已开通 24 条航线，可直飞北京、上海、广州、深圳、香港，曼谷等国内外 40 多个大中型城市。水运方面，湘江穿过长沙，并连接洞庭湖和长江主流。长沙有湘江千吨级航道和全国最大的内河主枢纽港——霞凝新港，是湖南内河港口最大的一个公共平台，还是湖南省水路向国际航运中心——上海港最大的喂给港。湘潭、株洲同样以便利的交通条件，临近省会长沙而分别位居第二、第三。值得一提的是常德市。近年来，常德交通发展迅猛，建成了常益高速公路、常张高速公路、常吉高速公路、盐关铁水联运港等重点项目，207 国道常德绕城公路、临岗公路、澧东公路、湘北干线及沅水公铁两用桥、石龟山大桥、桃源沅水大桥等骨干公路和桥梁，其多项交通指标位居全省前列，其中公路通车总里程位居全省第二，已建、在建和列入规划建设的高速公路数量与里程仅次于长沙。预计 2020 年前，将有 6 条高速公路在常德市交会。铁路方面，焦（作）—柳（州）铁路横贯北部；石（门）—长（沙）铁路纵贯南北；洛（阳）—湛（江）铁路穿境而过。其中石（门）长（沙）铁路横连枝柳、京广线，境内铁路总长 207 公里，有大小客货车站 10 座，其中货站 6 座。航空方面，常德桃花源机场可起降 250 座位大型客机（波音 737、波音 757），现已开通北京、广州、深圳、海口、上海五条航线。水运方面，有沅江、澧水等 87 条通航河流，共 1764.1 公里航道，南抵长沙，北通岳阳，经洞庭湖入长江，上达重庆，下抵上海，通航里程1758公里。同时，怀化、张家界和湘西等地区，由于物流产业基础设施落后，位居湖南省后三名。

其次，长株潭区域物流节点的数量、规模及功能有了显著改善。具体表现为：一是三市相继建成了一系列大型物流园区。如长沙的中南物流园区、星沙物流园、金霞物流园、一力物流园、浏阳医药物流园、长沙高桥医药物流园等，株洲的石峰物流园、醴陵陶瓷烟花物流园、株洲县中国物流（株洲）产业园、湘潭的九华物流园和双马物流园等；二是规划并动工建设了如长株潭烟草物流园、黄兴农产品物流园等大型物流园；三是建设或整合了大量的物流中心；四是建设和正在改扩建系列物流交通枢纽，如湘江综合枢纽、黄花机场的扩建、霞凝港的扩建、武广火车站的建设以及系列国家级、区域性和集散性的公路货运枢纽和公铁水客货运枢纽等的合理布局；五是各类企业物流节点的数量和规模在快速发展的同时朝着布局更加合理、系统效应有了很大改善、向规模经济效益更明显的方向发展。

最后，区域企业物流设备使用率快速提高，但区域物流储存、包装及装卸设备总体仍比较落后。随着物流业的逐步被重视、城市土地成本和劳动力成本的不断提高，物流设备如仓库的货架、装卸搬运的各类吊车和搬运车、运输用的各种汽车及各类包装加工设备在区域物流企业和各类工商企业中的购置率和使用率大幅度提高，企业购置物流设备的动机已更加强烈。自动化立体仓库、自动化运送设备及自动化的信息管理设备等在三市范围内也有了良好的起步。但总体来说，区域物流节点所使用的物流设备仍很落后。

区域物流无形资源是反映区域物流总体竞争力的重要指标，长株潭区域物流无形资源总体比较落后的原因主要有：一是因湖南省产业竞争力比较低；二是长株潭区域虽作为全省经济、政治、文化的中心区域，但长株潭区域物流业的发展在前几年一直比较慢，一直存在物流企业规模小、物流企业合作意识淡薄、区域物流资源分散的“散、乱、弱”的特点；三是没有形成区域物流资源快速整合的外部环境和长效机制。

区域物流专业人才缺乏。长株潭三市高等教育及文化产业在全国总体发展水平较高，且物流人才的培养在全国也处于领先地位，但由于三市本身经济发展较落后，企业及人才的发展环境较差，大多数优秀人才纷纷选择“南下”或“北上”；再加上三市物流企业大多是传统的国有运输公司、国有仓库以及小型的民营运输公司，缺乏快速增长型大型综合性物流公司，因此，三市范围内物流企业人力资源的需求有限。据调查，目前长株潭区域从事物流工作的人员，大多是从传统运输和仓储行业转型而来的，而且这些人员的初始学历一般在高中以下，至今仍有很多人认为“物流行业就是跑运输、守仓库、搞搬运”。

区域物流信息化水平低，信息整合及利用能力差。长株潭区域物流信息化程度在最近几年有了一定改善，比较典型和有一定代表性的主要为白沙物流的烟草配送综合GIS及路径优化系统和中南物流园的信息平台，其他稍有优势的应属大型超市所属配送中心的信息管理系统。但大多数物流企业均表现出信息化水平偏低，应用计算机信息管理系统比率低，货物跟踪与自动识别技术落后。长株潭区域物流除表现出物流信息技术落后之外，还存在物流信息节点小而孤立、物流信息管理方式传统、区域物流信息系统化、网络化、共享化、公共化、动态化的意识淡薄、区域物流信息流的经营能力缺乏等。提高长株潭区域物流信息化水平除了通过增加投入、改善技术等传统措施之外，最重要的是信息的系统化、网络化、共享化及信息流经营管理的专业化。

此外，长株潭区域物流企业大多是功能单一、服务范围窄、服务能力差的弱小型企业。这决定了长株潭区域物流除了在省内有一定竞争优势之外，根本无法和东南等经济发达省份及国外的大型物流企业进行竞争。区域物流的这种现状必然导致湖南省物流市场被大量外来物流企业所占领，湖南省其他市场也被大量外来产品所占领，而湖南省物流企业和工农业产品要走出去却举步维艰。因此，如何整合长株潭区域及湖南省物流资源，快速提高湖南省物流业的整体竞争力，加快湖南省工农业产品走出去的商流、物流及信息流步伐，成为摆在湖南省众多决策者面前的一个重要课题。

四、长株潭城市群“两型”物流高起点、跨越式发展新要求

2009 年，长株潭三市交通运输、仓储和邮政业固定资产投资总额为 641636 万元，占三市总投资的 3.5%，其中长沙市为 530332 万元，占全市总投资的 4.05%；株洲市为 52373 万元，占全市总投资的 2.06%；湘潭市为 58931 万元，占全市总投资的 2.61%。2009 年三市合计公路里程长度为 28351.19 公里，占全省的 16%。通过测算，长沙市、株洲市、湘潭市在湖南 14 个地州市区域物流产业综合竞争力排名分别为第 1、第 3 和第 2 位。目前长株潭三市共有 1800 多家物流企业，39 个物流园区，21 个配送中心。

目前，长株潭三市正在分别筹建物流配送中心，建设物流园区，并培育了一批物流企业。同时，区域内的通程电器、湘潭钢铁厂、涟源钢铁厂、步步高、心连心、佳惠等也积极整合企业物流资源，改造业务流程，优化物流管理配置。另外，招商物流、大田国际货运、宅急送、广东南方物流等一批省外知名物流企业进入长株潭地区。随着传统仓储、运输企业积极向现代物流企业转化和一大批新型物流企业的诞生，一个多种所有制、不同经营规模和服务模式的物流产业集群正在长株潭区域内形成。

但是，面临长株潭城市群“两型”社会，必须从高起点、跨越式发展新思路来探索现代物流业的发展。

(1) 进一步降低长株潭城市群物流能耗。2008 年，湖南省公路运输业共计消耗成品油 313.11 万吨，占湖南省成品油消耗总量的 48.54%，其中汽油 88.11 万吨，占湖南省汽油消耗总量的 37.74%；柴油 225 万吨，占湖南省柴油消耗总量的 59.7%。究其原因，长株潭交通基础设施还比较落后，目前主要为二级以下道路，占道路总里程的 93.02%，高于 67.05%的全国平均水平。试验表明，汽车在二类道路上行驶，油耗比一类道路高 20%左右。因此，必须要改变区域内道路运输技术等级低、行车条件差的状态，努力改善城市周边路况，降低车辆运输的耗油量。

(2) 进一步减少长株潭城市群物流外部不经济影响。研究表明，机动车排放的氮氧化物、挥发性有机物和颗粒物占城区所有污染源的 66%、90%和 26%，已经成为影响城区环境空气质量和居民健康水平的主要污染源。虽然长株潭目前五种运输方式齐全，但是主要以公路运输为主，大量适合铁路和水路运输方式的货物被放弃。而且当前我国部分城市的机动车尾气排放标准已经在实施“国Ⅲ标准”和“国Ⅳ标准”，但是长株潭地区还没有开始实施，这与“两型社会”实验区建设不相符合。因此，必须及时调整运输方式，努力减少物流的外部不经济影响。

(3) 进一步提高长株潭城市群物流资源的综合利用率。目前，长株潭拥有 1800 多家

物流企业，其中95%以上是小型物流企业，缺乏在全省乃至全国具有影响力的物流企业。小企业虽然在一定程度上能够活跃市场，但由于比较分散，容易导致市场混乱，特别是难以有效实施节能减排的目标。另外，省经委虽然制定了长株潭物流规划，但实际上三市的物流发展各自为政，缺少整体的协调发展，因而增加了区域内的物流活动，不仅提高了物流成本，而且加剧了物流的负面影响。

(4) 进一步实现长株潭城市群物流产业与制造业等产业联动发展。长株潭“3+5”城市群在工程机械产业、钢铁产业、化工产业、有色金属产业、医药产业等制造业有着区域发展的优势，而且也是湖南省推动新型工业化的主导产业，但是目前产业与产业之间、产业内供应链体系之间由于缺乏物流产业的有效整合与区域内有效协调性还存在差距。实际上，物流业不仅影响着一个产业协调发展，而且决定着一个产业的市场开拓力和市场区域范围。

(5) 进一步提高长株潭城市群居民的生活质量。随着长株潭城市群的建设以及城市化进程的推进，城市规模越来越大，人口急剧增加。而物流业作为生产与生活以及生活内部资料配送的纽带，直接影响着居民的生活质量。因此，亟须进一步提高长株潭城市群内城市物流的发展水平，有效满足城市居民的生活消费，构建和谐发展的城市生态生活环境。

五、长株潭城市群“两型”物流发展战略

(一) 共同物流发展战略

1. 共同物流概述

共同物流是围绕整个区域现代流通中全部物流服务需要，运用供应链系统集成和区域集成工程技术，协调物流服务资源与服务能力，形成物流绩效最优化的基本运行方式。共同物流体系是以满足整个区域经济的需要为目的，由共同物流政策与标准系统、共同物流运作系统和共同物流企业系统构成。共同物流体系是由区域内各级政府、各个企业共同构成，在共同的信息平台和市场业务平台上，众多企业寻找合作机会、交流物流技术和管理经验，形成一个自由合作的市场氛围。共同物流体系主要包括四个基本系统：

(1) 共同政策子系统。要发展共同物流体系，建立一个共同框架下的制度和标准是必要的。区域协调的共同物流体系是建立在区域平等发展基础之上的。要协调关于区域物流发展的各个职能政策，让政策形成系统，以提高政策的整体效用。通过与各区域共同物流相关各部门的政策协调来实现共同物流体系的政策环境营造。建立共同政策子系统主要体现在以下四个方面：一是要建立一个自由的运输市场体系，在这种自由的运输体系下，各区域的运输公司可以承接其他不同区域的运输业务，并且应该享受无歧视的、和当地运输企业同等的政策和税收待遇。二是要扩大联合运输配额和双边运输配额，逐渐调整使歧视减到最小。三是要建立一个充分竞争的共同政策。四是要建立一个区域共同的通关标准，从而加快整个通关速度，使区域物流能够非常快速方便的运行。

(2) 共同市场子系统。建立区域统一、有序的产品和要素市场，区域土地市场、统筹区域资金市场等。通过区域间共同市场的建立，为城市经济向农村的延伸和扩展创造条件。只有形成统一区域市场，促进区域间生产要素的合理流动，才能促进区域经济的发展和区域经济的良性互动，从而为区域共同物流发展提供条件，大力促进区域物流的快速

发展。

（3）共同物流网络子系统。要建立一个多层次的综合共同物流配送网络，它将打破区域和行业界限，加快物流资源整合，优化供应链管理，降低全社会物流成本，实现物流的共同化、社会化、专业化、规模化和信息化。

（4）共同物流企业子系统。建立共同物流企业系统是要搭建企业之间沟通合作的桥梁，促进区域企业之间的广泛合作与公平竞争，通过市场的力量在区域内实现资源的优化配置。其主要包括物流信息平台，开发与共享物流信息资源，实现各地政务、商务及公共信息的公开交流与共享。鼓励与支持以铁路、公路、水运、航空运输、大型仓储、物流配送等物流骨干企业为龙头，通过联盟、股份合作形式，组建行业或区域性的大型物流企业集团；鼓励与支持物流企业与工商企业之间的合作，共同构建物流服务体系，实现物流企业经营主体、投资主体的多元化和物流服务形式的多样化，满足工商企业的综合性、全过程物流服务需求。

长株潭城市群作为湖南省经济的核心增长极，国家重点发展区域已呈现出强劲的发展势头和整体实力，其对于区域内优化资源配置、调整经济结构、改善投资环境、增强企业竞争能力、提高经济运行质量与效益、实现可持续发展和推进长株潭城市群经济体制与经济增长方式的根本性转变，具有重要的意义。

2. 共同物流是“两型”物流发展的必然要求

（1）共同物流系统的建立是长株潭发展的本质要求。从完整性来看，共同物流体系打破了运输环节独立于生产环节之外的行业界限和独立于产业集聚之外的区域限制，从整体上完成最优化的生产体系设计和运营，实现对货物流、资金流和信息流的有机统一，长株潭城市群的内聚力在一定程度上依靠物流系统得以维系。从开放性来看，共同物流体系可维持长株潭城市群内以及不同经济区域间的相互联系，把传统运输方式下相互独立的海、陆、空各个运输手段按照科学、合理的流程组织起来，形成一种有效利用区域内资源的服务体系。

（2）共同物流体系是产业集聚发展的要求。产业集聚视区域经济体为网络组织形式，强调发挥区域各种资源要素的整合能力及其协同效应。区域产业聚集要求有一个有效的、完备的物流基础条件的支撑，这个基础条件即为区域物流平台。区域物流平台的构建实际上是其各构成要素的项目建设，需要从基础设施、物流设备、物流行业标准等多方面进行统筹规划、协调发展。

（3）共同物流体系是优化产业结构的要求。根据产业结构发展演进规律，区域产业结构的发展方向是合理化和高度化，而产业结构合理化是以第三产业的发展水平来衡量的，产业结构高度化则是一次产业向二、三次产业升级演进，由劳动密集型向资本、技术密集型产业转变的结果。现代物流就是通过培育具有强大竞争力的物流企业群，使其发挥整体优势和规模效益，促使区域物流业向专业化、合理化的方向转化。现代物流产业的本质是第三产业，因而物流产业的发展，不仅将直接对第三产业的发展起到积极的促进作用，而且，发达国家的实践还表明，现代物流业具有很强的产业关联度和带动效应，它涉及水路、公路、铁路、航空、管道五大运输方式的经营企业，交通、运输、仓储、包装、电子信息等设备的制造和经营企业，邮政、银行、保险、通信等相关生产服务部门，以及税收、海关、检验检疫等政府管理部门及所有消费者。可以说，现代物流业几乎涵盖了国民经济所有生产领域和部门，它的发展不仅能够加快区域内商流、资金流、信息流、技术流的集聚，而且对区域经济发展有着“牵一发而动全身”的促进作用。

（4）共同物流体系是长株潭城市群一体化的要求。按照专家评审通过的长株潭城市群区域规划，到2020年，在长沙市迅猛南拓的同时，将会出现株洲与湘潭的路网和绿色空间衔接及与长沙东部开发区在功能和道路上的衔接；株洲河西将建成行政、金融、商务、文化、体育、教育、科研、信息服务等综合中心；湘潭将重点发展河东城区。三市之间的地界将越来越模糊，对共同物流的渴望也将越来越迫切。长株潭国家级区域现代物流中心建成后，由于它的集聚效应和裂变效应，特别是对长株潭物流资源的有效整合，将会产生巨大的膨化效应，促进长株潭一体化进程的提速。

（二）绿色物流发展战略

1. 绿色物流概述

绿色物流是指在物流过程中抑制物流对环境造成危害的同时，实现对物流环境的净化，使物流资源得到最充分的利用。它是物流管理与环境科学交叉的产物，其目标除了实现物流企业的赢利、满足顾客需求、扩大市场占有率等之外，还追求节约资源、保护环境、有效遏制物流业发展造成的污染和能源浪费。其特征表现在以下几个方面：①环境共生型物流。绿色物流注重从环境保护与可持续发展的角度，求得环境与经济发展共存，通过先进的管理与技术，减少或消除物流活动对环境的负面影响。②资源节约型物流。绿色物流不仅注重物流过程对环境的影响，而且强调对资源的节约。③低熵型物流。低熵物流首先要求低能耗，其次要求物品存放状态有序、搬运活性高。④循环型物流。包括原材料副产品再循环、包装物再循环、废品回收、资源垃圾的收集和再资源化等。

2. 绿色物流“两型”物流发展的内在要求

长株潭地区是湖南重要的工业基地，湖南众多的大型企业基本集中在该区域，近几十年工业的快速发展，虽然带来了经济的繁荣，但是由于没有注意到环境保护的问题，该区域的污染相当严重。湖南物流产业要实现可持续发展，必须实行绿色物流战略。

（1）绿色物流着眼于经济、社会、环境效益兼顾，从而形成一种综合性的发展战略。实施绿色物流的企业把环境问题纳入组织运行，企业不仅关注他们承担的环境义务，并对其环境行为负责，同时就环境问题与社会公众进行有效的沟通与交流，使其在公众心目中的绿色形象大大提升，从而为物流企业的发展带来契机。此外，资源的节约和回收再利用对物流企业也是有好处的，这有利于物流企业节约投资，使其把有限的资金用于发展物流企业的核心能力，进而增强物流企业的市场竞争力。

（2）物流业是社会经济的重要组成部分，社会经济的可持续发展需要物流业的良性发展。企业可持续成长是社会经济可持续发展的基础，社会经济可持续发展既包含“可持续”，也包含“发展”，两者缺一不可。没有企业的持续成长，社会经济的发展是不可能实现的；企业是节约资源、保护环境的主体，企业是现代经济的基础，是推进社会进步的主要力量，企业实现可持续成长，是对社会经济发展的最大贡献。

（3）绿色物流的发展必将进一步促进物流系统合理化，物流作业合理化，从而有效减少对环境造成的污染和危害。实施绿色物流战略的企业由被动、消极的角色转变为主动、积极地通过改进管理方式，改变生产经营方式来最大限度地节约或寻找替代资源，降低直至消除废弃物排放，从末端治理转变为源头控制和全过程控制，从根本上改善人类生存和发展的环境，最终实现企业、自然和社会的和谐发展。

（三）物流创新战略

1. 物流创新概述

随着湖南经济的快速发展和经济体制改革的不断深化，湖南物流产业呈现加速发展的趋势，其在国民经济中的地位将不断提高，成为国民经济中的一个重要组成部分和新经济增长点。物流产业的发展程度是衡量一个地区现代化程度和综合国力的重要标志，它为国民经济在高起点提供基础动力，并且已经成为对全球经济体系产生革命性影响的新兴产业。因此，物流产业的创新能力必将对其发展乃至整个地区国民经济的发展起到至关重要的作用。要保障湖南物流产业健康、持续、稳定的发展，将长株潭建设成为国家级区域现代物流中心，就必须实施物流创新战略。物流创新战略将有助于长株潭地区从不同的角度、高度、深度上考虑区域物流的发展，提出切实符合长株潭地区物流发展的政策、意见和方法，从而在与其他区域的比较中脱颖而出，成为物流发展水平居于国家前列、是全国性现代物流体系中的核心支撑点的区域。物流创新战略主要包括：

（1）服务创新。物流是一个服务行业，从传统的运输服务转变到为顾客提供整套物流需求的服务。对于物流行业来说，服务是根本，物流企业可以通过服务创新来改善他们的市场表现和工作效率，使制造商和顾客两方面获益，并刺激市场需求。服务创新就是对旧服务的改善，同时投入一种新的服务。当前的物流服务创新是走向一体化物流服务。一体化物流是运用综合、系统的观点将从原材料供应到产成品分发的整个供应链作为单一的流程，对构成供应链的所有功能进行统一管理。一体化物流服务创新内容有：由物流基本服务向增值服务延伸，由物流功能服务向管理服务延伸，由实物流服务向信息流、资金流服务延伸。

（2）技术创新。物流技术有其自身的特点，它包含规划、设计、管理、控制、金融等很多方面，技术自主创新在物流产业中具有举足轻重的地位，而湖南物流产业在这方面还比较薄弱。物流企业要根据环境需要，借鉴外部经验和自身条件提高技术创新能力，探索一条以物流企业为技术创新主体，教育、科研机构编入对口企业，使科技力量充实到技术创新的第一线，增强企业的研究开发能力的实现路径。

（3）制度创新。物流企业的制度在权力和利益分配上必然向“知识化”发展。现代物流企业是一个知识密集型企业，各环节的高度一体化，对市场快速、灵活的反应，对风险的防范和控制以及对各种技术的运用等工作都需要有丰富的知识型管理者才能胜任，此外，物流企业还会经常外聘专家或咨询机构，以便在特定领域得到专业帮助以满足客户个性化的需求。

（4）管理创新。物流管理是对贯穿于各个企业间商品、物资供应链进行有效的管理，使其高效运作的经营管理活动。物流管理创新要求从宏观和微观两个方面来进行。宏观方面，物流管理创新是有关企业经营战略的创新，是物流管理向企业其他管理活动渗透并产生积极作用的过程；微观方面，物流管理创新要求整合企业内部资源，进一步使企业降耗提效。

（5）组织结构创新。湖南物流产业已经进入竞争激烈的时代，多样化的个性需求使物流企业提供多样化的服务，而以往的直线指挥、分层授权的层级结构已经无法适应新的发展。物流企业需要建立以顾客为导向的、各工作单位组成平等联盟式的网络结构。

2. 物流创新是“两型”物流实施的路径要求

目前深圳、天津、郑州、武汉等大型城市都纷纷制定了物流发展规划，很多省份和城市将物流产业作为今后发展的重点支柱产业，长株潭地区无论从经济规模还是从地区影响力上都处于不利地位，想要迎头赶上，将长株潭建设成为国家级区域现代物流中心，必须走创新之路。

(1) 创新是获得竞争优势的源泉。竞争优势是指一个企业相对于其他企业能够为顾客创造出更多价值，这种价值是可以通过成本或者价值上的差异来体现。创新可以通过影响企业的生产效率来使得企业获得竞争优势，同时提高企业的成本优势和价值优势。具体表现在降低库存量，提高资金有效利用率；缩短提前期，增加可靠性；提高迅速反应的能力，提供更加个性化的服务。

(2) 创新是提高生产效率的捷径。管理创新可以通过对现有企业的业务流程过程的创新来提高生产率。企业的基本活动是由企业的业务流程来决定的，而企业的业务流程过程对组织系统、管理结构和企业文化等各个方面都有不同程度的影响，所以如果在管理创新上有所发展和进步，将会产生“蝴蝶效应”，对于企业生产效率的提高十分显著。

(3) 创新使顾客价值增值。物流创新在提高企业生产效率的同时，还可以通过快速市场反应程度和个性化服务等其他方式来增强其对顾客的其他价值。这些方式对于企业来说都有着特殊的价值，业务流程的步骤减少，从本质上增大了可靠性，同时也降低了生产成本。物流创新从根本上改变企业做事的方式，减少不必要的、烦琐的环节，缩短整个物流运转周期、降低库存、优化整个系统的成本结构，增强企业的反应速度，支持个性化产品和服务，大幅度地提高企业的绩效，加强竞争力。

六、促进长株潭“两型”物流发展的对策建议

(一) 尽快制定长株潭“两型”物流协同发展的专项规划

虽然以前制定过长株潭物流发展的规划，但是现在面临“两型”社会的建设发展，对长株潭城市群的加快融合发展以及建设目标和任务提出了新的要求，因此，必须尽快以总体方案为基础，对长株潭城市群的物流发展进行协同性合理规划，从而推动“两型”城市群的建设与发展。具体来说：

(1) 长株潭城市群物流体系规划应以节能减排为目标，重点建设共享使用的物流基础平台。打造以现代综合交通体系为主的物流运输平台、现代通信和网络技术为主的物流信息平台、规模仓储和自动化管理为主的物流储存配送平台，最终形成辐射全省并与大西南各省市区融合的现代物流体系。

(2) 长株潭城市群物流体系规划应着力于解决城市群内物流规模布局和发展顺序，提供融资、土地、管理等方面的支持，在区域范围内规划物流园区的空间布局、用地规模与未来发展。特别要限制三市各自盲目、重复新建市场的行为，创造条件按产业一体化的要求整合现有市场，优化市场布局。

(3) 长株潭城市群物流体系规划应突出依托不同产业展开物流业与制造业等相关产业

发展的规划。根据城市群内工程机械、电子信息、生物医药、新材料等新型工业化主导产业的发展需求进行物流业的有效协调布局。

（4）长株潭城市群物流体系规划要建设城市群生态系统循环物流机制。在长株潭城市群核心区东部集中建设服务于三市的大型垃圾综合处理厂。新建垃圾处理厂的建设规模和建设时间应与服务于三市的大型垃圾处理厂的建设时间相协调，避免重复建设。

（二）推进市场机制创新，加快实施“两型”物流发展

有关研究资料认为，“两型”社会的建设超越了我国目前物流业发展的水平与阶段，对全国尤其是湖南省长株潭城市群物流的发展都是一个全新的挑战。所以，长株潭“两型”物流的发展需要政府的宏观指导和规划，但是在市场经济发展的今天，政府行为不能替代市场机制的运行规律和运行模式，也就是说长株潭城市群要以“两型”社会建设为目标加快发展现代物流业，必须充分尊重市场的主体作用，通过市场机制的创新来实现物流活动的低能耗、低排放。

因此，建议在长株潭城市群规划建设一个物流大市场，通过物流大市场可以调整城市群各区域的物流需求和物流供给，从而实现区域内物流资源的有效整合，发挥资源的最大效用，减少因重复物流建设而增加的能耗和污染排放，同时也有利于扩大企业规模、提高物流绩效、降低物流成本，使长株潭城市群的物流企业做大做强；通过物流大市场可以落实政策制定的节能减排目标，大市场不仅是一个交易平台，而且是一个信息平台，同时也是一个制度的承载者。交易平台可以规范物流市场交易双方的行为，促使节能减排的物流交易方式的发生，有效排除高能耗高污染的交易方式。信息平台为政府的宏观指导和监控管理提供了一个操作平台，通过大市场可以及时了解区域内物流活动存在的问题，并提出针对性的指导意见，对非标准性的物流活动还可以监管和处罚。

（三）加快研究“两型”物流发展中的关键技术和核心问题

“两型”物流发展不仅是长株潭城市群，而且也是湖南省以及国内各地区面临的重大基础性，因而它不仅影响社会经济的持续发展，而且影响人类与自然的和谐发展。因此，“两型”物流不仅是现代经济发展的一种需求，也是社会发展的一种趋势。国外早有理论学者和实践者对其进行研究，大量关于运输方式的耗能性、运输方式的排污性的结论性研究已成为西方国家制定物流政策的依据和基础，另外也逐步形成了诸如逆向物流、绿色物流等一些物流理论。但是物流与环境、能源的相关性研究在我国目前还比较滞后，各类交通运输工具的能耗性统计工作也刚开展，理论研究更是很少。而我国现有的物流发展与环境建设、能源消耗的情况又不同于国外相关情况，所以我们必须针对国内的实际情况展开对其关键技术和核心问题的研究。尤其是长株潭城市群正在进行“两型社会”的建设，如何结合长株潭城市群进行“两型物流”的理论研究不仅有理论意义，而且有现实的示范带动作用。

建议湖南省近年内，在各类省重大课题的研究任务规划中，安排专项课题对“两型物流”理论中的关键技术和核心问题进行深入探讨和研究，为实践发展提供重要的理论指导。

（四）努力促进物流业与制造业的产业联动发展

必须通过现代物流业的发展促进长株潭城市内具有产业优势的工程机械、生物医药、新材料等一批新型工业化的主导产业具有更强的市场比较优势。因此，首先，可以成立政府化工管理部门，或者专门国有专业专营化工物流企业，加大政府管理与监控力度，提高化工物流的安全性，实现安全化工物流；成立专业的机械与工程制造、有色金属物流公司，围绕核心企业和资源构筑产业链，发展专业物流。其次，可以采用市场机制实现区域内主要产业物流外包，实现物流需求社会化，降低物流成本，同时促进第三方物流企业发展。最后，长株潭城市群主要产业与物流企业要实现信息沟通，标准对接，业务联动，结成战略合作伙伴关系。物流企业服务范围要根据服务的产业业务的需要进行扩展，物流企业服务范围要扩展至工程机械产业链上下游（包括配件销售和海内外的代理销售体系），使物流企业走出去，开发国际物流市场。国际化是湖南省主要产业必由之路，同时也是物流业必由之路。

（五）以居民生活质量提高为目标，加快城市群共同物流业发展

长株潭城市群内要努力构建以共同物流为基础的现代城市物流配送体系，高效低成本完成城市内居民的生活物流，并通过逆向物流的开展推动城市经济的可持续发展，降低资源和能耗的使用。课题组建议以政府为主导推动配送体系建设，并搭建现代城市物流信息平台，特别是在城市现代化建设过程中，对于生活物流用地要给予充分保证，一是在政策上给予土地优惠价格；二是在预留土地面积上给予行政上的审批与保护。

第九章　湖南省湘南地区物流发展研究

湘南地区包括衡阳、郴州和永州三市，具有一定的经济基础，也有较好的发展潜力。2009 年，三市土地面积达 5.72 万平方公里，人口 1785.36 万，分别占全省的 27%和 26.1%；地区生产总值（GDP）达 2629.54 亿元，为全省的 20.34%。如何发挥湘南三市独特的区位优势，使之成为湖南省改革开放的前沿阵地、承接珠三角产业转移的重要基地、接受粤港澳经济辐射的先行区域，一直是新一届省委、省政府决策高层思考和探寻的重要课题。近几年来，湘南地区经济社会发展走上快车道，但与省内外的优势地区相比，其发展潜力还有待挖掘，发展水平有待提高，发展实力有待增强。

多年来，珠三角一直是湖南最重要的内外资来源地，湘南是承接珠三角产业转移的桥头堡，初步形成了一批新的产业和企业。但在更大程度上承接珠三角产业转移还缺乏明确的总体规划和可操作性指导意见，载体功能有限，各类工业园区的规划建设、基础设施、运作机制、服务意识和管理水平还相对落后。从区域经济范围来看，湘南处于均衡状态的“包围”下，北有长株潭，实力略胜一筹；西靠广西桂林，势均力敌；南临韶关，可谓旗鼓相当；东有赣州，在伯仲之间。如再向外拓展，便直接进入沿海发达地区或长株潭经济圈腹地。从“珠三角”、“长三角”、“长株潭”产业辐射半径以及原料采购半径、产品销售半径来看，湘南并没有太多优势，但湘南的发展还必须要有空间，要与发达地区形成产业关联。湖南省提出的构建长株潭“3+5”城市群，衡阳成为重要的一部分，这就为湘南的向北发展和融入“3+5”城市群提供了条件。

一、湘南地区经济发展概况

近年来，湘南地区的经济发展在省委、省政府的正确领导和大力支持下，在各地市干部群众的努力下，大力推进开发开放，加大产业承接力度，经济发展保持较强劲势头，社会发展进一步加快。

（一）经济保持较快增长

2005—2009 年，湘南地区经济连续 5 年保持两位数增长，年均增长 12.40%。其中，衡阳、郴州和永州年均分别增长 13.16%、11.12%和 12.92%，比改革开放以来（1979—2009 年）的平均增幅分别高 3.8、0.7 和 1.1 个百分点。2008 年，湘南地区实现地区生产总值 2326.83 亿元，增长 10.70%，经济总量占全省的 20.9%。2009 年，湘南地区在国际金融风暴的影响下，继续保持着强劲的增长势头，实现地区生产总值 2629.54 亿元，增长 14.90%，比全省平均水平快 1.3 个百分点，经济总量占全省的 20.34%。其中，衡阳、郴州和永州 GDP 增速分别达到了 14.70%、16.0%和 14.0%，均高于全省的平均水平（见表 9-1、图 9-1、图 9-2）。

表 9-1　　湘南地区生产总值情况　　单位：亿元

年份	湖南省		湘南地区		衡阳市		郴州市		永州市	
	绝对值	增速（%）	绝对值	增速（%）	绝对值	增速（%）	绝对值	增速（%）	绝对值	增速（%）
2005	6511.34	11.60	1429.77	11.90	590.86	11.50	477.69	12.70	361.22	11.50
2006	7568.89	12.20	1632.85	10.80	672.07	12.30	546.23	8.30	414.55	11.80
2007	9200.00	14.50	1959.50	13.70	820.87	15.30	642.24	11.60	506.39	14.00
2008	11156.64	12.80	2326.83	10.70	1000.09	12.00	734.06	7.00	592.69	13.30
2009	12930.69	13.60	2629.54	14.90	1168.00	14.70	821.50	16.00	640.04	14.00
平均	—	12.94	—	12.40	—	13.16	—	11.12	—	12.92

数据来源：湖南、郴州、衡阳、永州 2009 年统计公报。

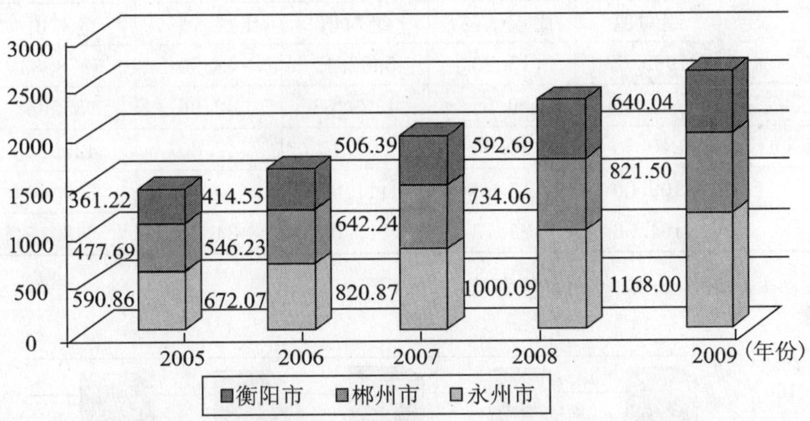

图 9-1　湘南地区生产总值情况（2005—2009 年）

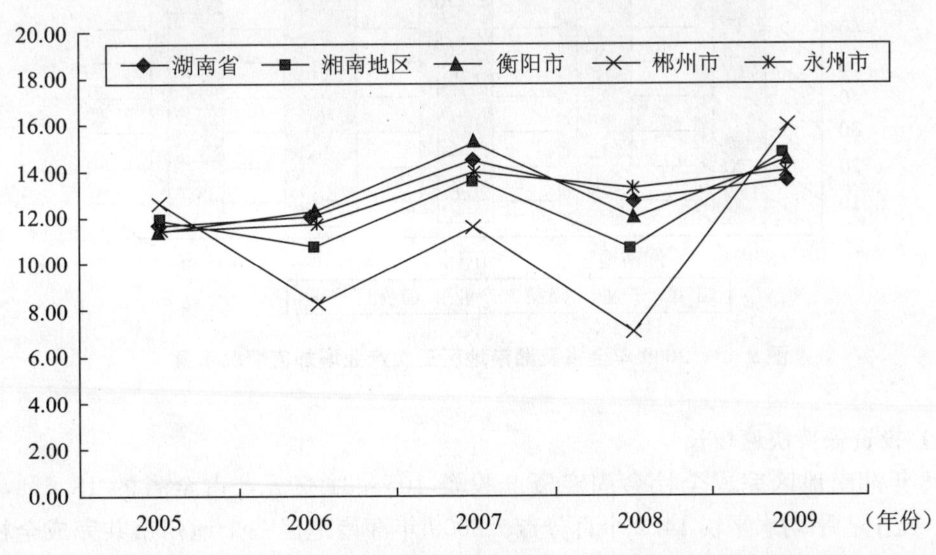

图 9-2　全省及湘南地区生产总值增速情况（2005—2009 年）

（二）产业结构不断优化

湘南地区加快转变经济发展方式，产业结构逐步优化。2008 年第一、二、三产业增加值分别为 517.94 亿元、951.95 亿元和 856.94 亿元，三次产业结构由 2005 年的 24.1∶38.2∶37.7 调整为 19.55∶42.96∶37.49，其中，第一产业比重降低 4.55 个百分点，第二产业比重提高 4.76 个百分点，第二产业对经济发展的贡献日益增强。湘南地区的三个地州市的产业结构水平分别为，衡阳 20.60∶42.80∶36.60，郴州 13.30∶50.10∶36.60，永州 25.70∶34.00∶40.30。永州的第一产业比重增加值占比较大，二次产业占比相对较低，是典型的以农业为主的经济发展区域；衡阳、郴州第二产业比重占比相对较大并逐年提高，产业结构在发展中得到不断优化，为促进地方经济发展提供了良好的基础条件（见表 9－2、图 9－3）。

表 9－2　2009 年湘南地区三次产业增加值情况　单位：亿元

地　区	第一产业		第二产业		第三产业	
	绝对值	比重（%）	绝对值	比重（%）	绝对值	比重（%）
湖南省	1969.67	15.20	5682.19	43.90	5278.83	40.90
湘南地区	514.06	19.55	1129.63	42.96	985.95	37.49
衡阳市	240.50	20.60	500.40	42.80	427.20	36.60
郴州市	109.00	13.30	411.90	50.10	300.60	36.60
永州市	164.56	25.70	217.33	34.00	258.15	40.30

数据来源：湖南、郴州、衡阳、永州 2009 年统计公报。

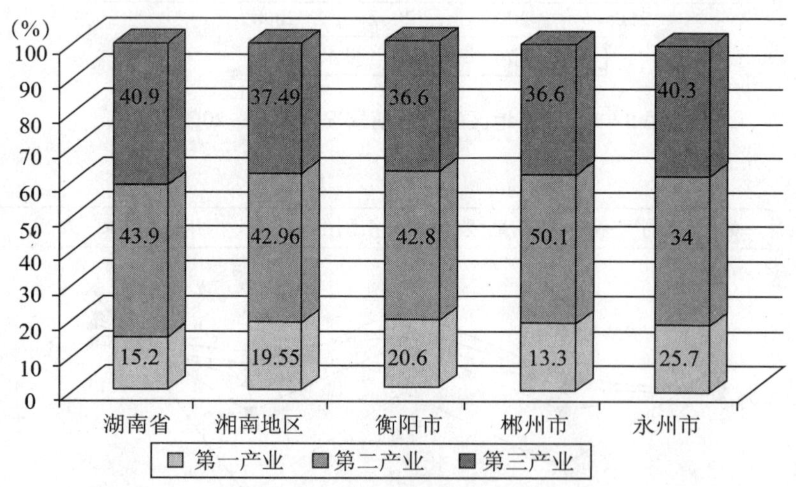

图 9－3　2009 年全省及湘南地区三次产业增加值情况示意

（三）投资保持快速增长

2008 年湘南地区完成全社会固定资产投资 1053.31 亿元，占全省的 18.6%，增长 45.8%，比全省平均水平快 14.2 个百分点。2009 年湘南地区三个地州市共完成全社会固定资产投资 1639.05 亿元，占全省的 21.30%，增长 74.56%，比全省平均水平高出 38.36

个百分点，同比增速快了 28.76 个百分点。其中衡阳、郴州和永州分别增长了 56.70%、99.50%和 67.50%。其中值得一提的是，作为湖南“南大门”的郴州 2009 年完成全社会固定资产投资 587.00 亿元，增速将近翻了一番，比上一年度增加了近 280 亿元的固定资产投资（见表 9－3，图 9－4，图 9－5）。这一数据在一定程度上也反映了湖南省在承接港澳产业专业的经济发展中的定位与建设重心，为下一步湖南省经济又好又快地发展奠定了基础。

表 9－3　　湘南地区全社会固定资产投资情况　　单位：亿元

地区	2008 年		2009 年	
	绝对值	增速（%）	绝对值	增速（%）
全省	5649.68	31.60	7695.35	36.20
湘南地区	1053.31	45.80	1639.05	74.56
衡阳市	333.60	46.30	441.91	56.70
郴州市	312.95	25.90	597.00	99.50
永州市	406.76	65.50	600.14	67.50

数据来源：湖南、郴州、衡阳、永州统计公报（2008、2009）。

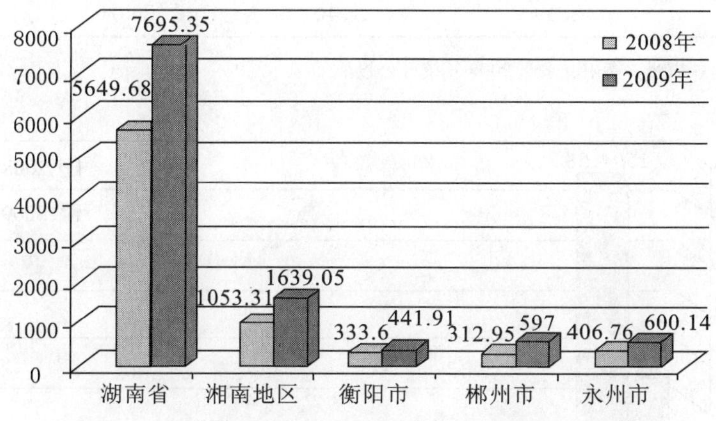

图 9－4　湘南地区全社会固定投资情况（2008—2009 年）

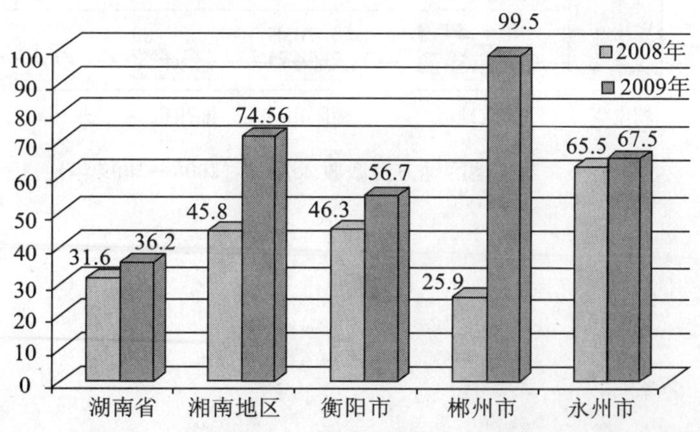

图 9－5　湖南省及湘南地区全社会固定投资增速情况（2008—2009 年）

（四）财政收入规模扩大

2008年，湘南地区三个地州市实现地方财政收入98.4亿元，占全省的13.6%，增长18%。2009年湘南地区财政收入增势加快，实现地方财政收入176.79亿元，增长19.80%，比全省平均水平快5.3个百分点。其中衡阳、郴州和永州三市分别实现地方财政收入70.09亿元、80.00亿元和26.70亿元，分别比上年增加16.70%、22.0%和20.8%，其中衡阳和郴州两市在地方财政收入上实现了一个跨越式的发展，取得较好的发展成绩（见表9-4，图9-6，图9-7）。

表9-4　　湘南地区地方财政收入情况　　单位：亿元

地　区	2008年		2009年	
	绝对值	增速（%）	绝对值	增速（%）
全　省	722.71	19.20	1504.58	14.50
湘南地区	98.40	18.00	176.79	19.80
衡阳市	37.90	21.90	70.09	16.70
郴州市	38.40	12.60	80.00	22.00
永州市	22.10	21.40	26.70	20.80

数据来源：湖南、郴州、衡阳、永州2009年统计公报。

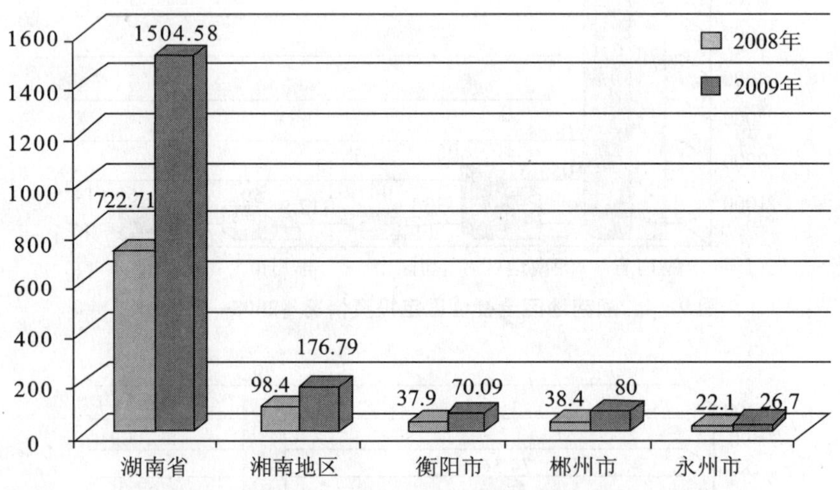

图9-6　湘南地区地方财政收入情况（2008—2009年）

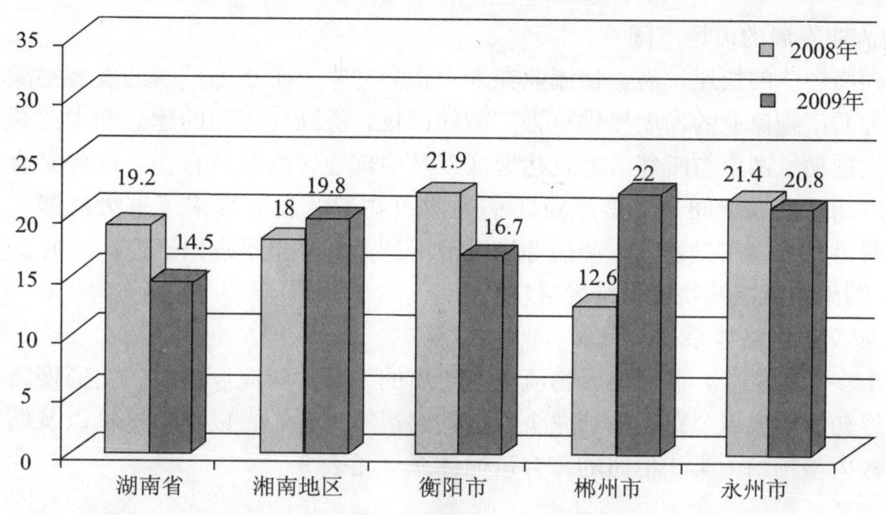

图 9-7　湖南省及湘南地区地方财政收入增速情况（2008—2009 年）

二、湘南物流区域物流发展现状分析

湘南地区的衡阳、郴州和永州三市地处内陆前沿，是中部广大腹地通往两广和港澳的重要通道。历史上是湖广客商的必经之地，尤其郴州曾为 20 世纪八九十年代“改革开放过渡试验区”，是湖南的南大门。湘南地区在湖南经济与物流业发展中占有重要的地位。

（一）湘南地区加快发展物流业的现实意义

2009 年颁布的《湖南省物流业振兴实施规划（2009—2011 年）》中明确提出了重点建设“以衡阳为中心的湘南物流区域，大力发展煤炭、矿石等大宗商品物流和装备制造物流、轻工纺织物流及保税物流”的思路。经过长期的发展，湘南地区具备加快发展物流业的各种先天优势，逐步形成了加快发展物流业的一些有利条件，并且面临着承接产业转移的良好机遇，正处于加速蓄势的发展阶段。

1. 具备加快发展物流业的众多先天优势

湘南地区的郴州和永州两市均是湖南衔接两广与中部地区的重要省级城市，具备了良好的发展区位优势和空间优势，两市已逐步形成集铁路（包括高铁）、高速公路、水运、民航机场等为一体的立体交通体系。加之衡阳、郴州和永州自然资源禀赋丰富，均是湖南省重要的资源输出城市，如衡阳、郴州的有色金属、永州的农产品在全省也具有重要地位。已经具备了加快发展物流业的众多先天优势，发展潜力巨大，社会物流总量需求在未来将不断扩大。

2. 社会物流成本可节约空间大

湘南地区经过几十年的发展，目前物流业已初具规模，但总体上看，该区域物流产业还处于由传统物流向现代物流转型的初级阶段，随着物流业的发展和技术水平的不断提高，社会物流总费用仍有较大的下调空间。以郴州为例，据测算，2009 年郴州市社会物流总费用为 138 亿元，占 GDP 的比例为 16.8%，但仍比全省平均水平高出 1.6 个百分点。

3. 物流业发展的市场广阔

随着湘南经济的快速发展，物流业在未来将会迎来一个更为广阔的发展空间。一是区域合作将为两市物流业的发展提供更为广阔的市场，泛珠经济圈的建立和中部崛起战略的实施，极大推动了两市与毗邻沿海发达地区以及中部地区的区域合作，这势必会给两市的物流赢取广阔的发展空间。二是产业转移为两市物流业发展带来了重大机遇。目前，郴州、永州两市承接广东、香港、澳门等沿海地区产业转移也呈现出迅速扩大的态势。

（二）湘南物流区域物流供给发展现状分析

1. 区域交通网络体系日益完善

经过十多年的发展，湘南地区物流业有了质的飞跃，物流业发展的交通网络体系日益完善，已经初步形成以公路运输为龙头，以铁路运输为骨干，以水上运输以及航空运输为接口，以各大型场站为集疏枢纽的综合运输体系（见表 9－5）。

表 9－5　　湘南地区基础设施建设情况　　单位：亿元

地　区	2008 年		2009 年	
	绝对值	增速（%）	绝对值	增速（%）
全　省	722.71	19.20	1504.58	14.50
湘南地区	98.40	18.00	176.79	19.80
衡阳市	37.90	21.90	70.09	16.70
郴州市	38.40	12.60	80.00	22.00
永州市	22.10	21.40	26.70	20.80

数据来源：湖南、郴州、衡阳、永州统计公报（2008、2009）。

作为湘南物流区的中心城市衡阳，交通发达，京广、湘桂铁路交会于市区，开工建设的京广与京九铁路南段联络线也汇接于衡阳。衡北编组站以其吞吐量大、现代化程度高成为全国铁路大型编组站之一，平均日到达、发送 1.2 万辆。公路纵横交错、四通八达，京珠高速公路与衡昆高速公路在衡阳 T 接，北京至广州的 107 国道、衡阳至广西凭祥的 322 国道、连接湘赣闽南部的“三南公路”贯穿全境。水上运输便利，湘江上溯潇水，下入洞庭，通江达海，常年可通千吨级轮船。具有“南北要冲、两广咽喉”之称的衡阳是全国 45 个交通主枢纽城市之一，东接长三角、南连珠三角、西达川渝、北至中南。这使得衡阳市在直接接纳珠江三角洲和长江三角洲的经济辐射的同时又具有将沿海地区的经济增长活力和辐射力向周边地区传递的作用。这种得天独厚的地理环境使衡阳市成为湘南的商贸中心和主要的物资集散地，为其物流业发展注入了一剂强心剂。近年来，衡阳市物流基础设施建设有了较快发展。在原有的水路、公路、铁路基础上，全力构建“大交通”格局，建设完善的全国性交通网，形成以京广铁路、武广客运专线、湘桂铁路、衡怀铁路和衡吉铁路为主体的铁路路网；以京珠高速公路、衡昆高速公路和吉安—衡阳—邵阳高速公路为公路骨架，以 107 国道、322 国道、多条省道和重要县乡道构成的公路网络；以湘江为主体建设内河航运网络。空运方面，启动衡南云集的民用机场建设，以此建立起高效的立体运输网络体系。如此高速发展的网络化基础设施建设将为衡阳市第三方物流的发展创造良好的基础条件（图 9-8）。

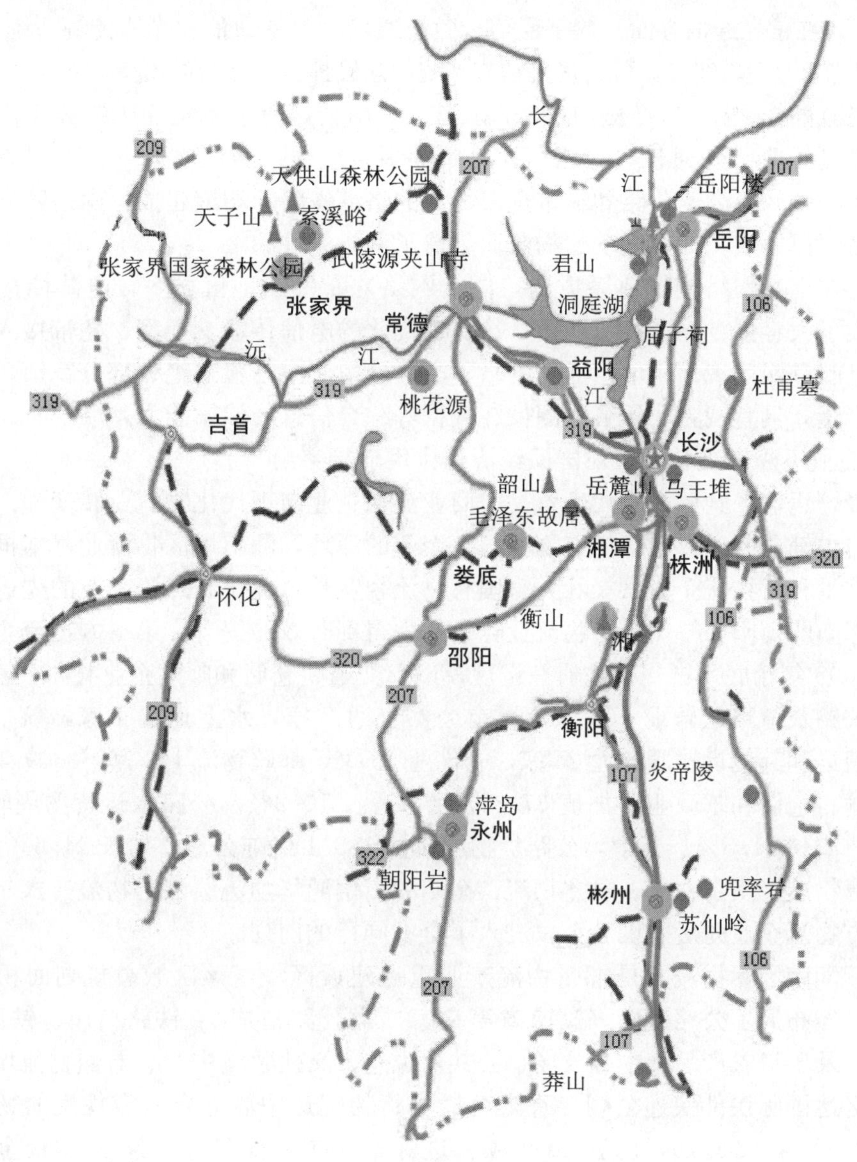

图 9-8　湘南交通网络

郴州地处湖南省南北发展主轴南端，对接江西东西发展次轴和广东南北发展次轴，处于赣州、衡阳、韶关等三大主要城镇发展片区中央及珠三角城镇群和长株潭城镇群连线的中点，地缘优势明显，被称作湖南的“南大门”。目前已形成了高速公路、国道、高等级公路、省道纵横交错的交通格局。国家交通“大动脉”京广铁路、武广铁路、京珠高速、107 国道、106 国道纵穿南北，北上长沙，南下广州，为南来北往的人流、物流提供了畅通的渠道；省道 1806 线、1803 线和郴资桂、桂嘉高等级公路贯通东西，东连江西、西连广西，构成了

“三纵三横”的立体交通网络。国家交通“大动脉”京广复线电气化铁路和武广高速铁路纵穿郴州南北，为南来北往的人流、物流提供了畅通的渠道。优越的区域位置和交通优势有利于现代物流产业的加速发展。在道路交通方面，市域公路网初步实现了“市乡二级、村村通达”的目标。在信息通信方面，数字通信、微波通信、卫星通信和光缆传输系统覆盖全市，乡村通信覆盖率也达 100%，可为现代物流系统的建设提供强有力的支持。

永州现有湘桂铁路、207 国道、322 国道、三南公路等多条交通干线连接内外，交通便捷。零陵机场业已开通长沙、深圳、海口等多条航线，湘江水运可直下洞庭，通江达海。特别是随着衡昆高速公路和纵贯全市南北的洛湛铁路的相继建成，永州四通八达的立体交通网络即可形成。为发展现代物流业创造了良好条件。

此外，在信息网络支撑体系方面，电信网络遍布湘南地区城乡，电波传送沟通海内外，已建成了大容量、高速度、四通八达的现代化的电信传输交换网、宽带接入网、多媒体综合信息服务网等现代化电信通信网络，电信通信光缆已覆盖绝大部分乡镇，已形成高速度、大容量，具有视频、语音、图像、数据等综合信息的传输能力。

2. 物流业不断发展壮大，对国民经济的作用日趋突出

随着传统运输、仓储、货代、贸易、商业流通企业向现代化物流业转变和工业制造业等产业部门主辅业分离以及第三方物流服务企业的涌现，湘南地区物流业基本框架逐步形成。随着大量私营物流企业发展壮大、国有物流企业整合优化和外资企业的先进经营理念的引入，湘南的衡阳、郴州等市物流业竞争能力得到有效的提升，第三方物流企业发展有所突破。2009 年年底，郴州市注册登记规模以上交通、仓储和邮政企业共 297 家。其中铁路 3 家，公路及道路运输业 103 家，城市公共交通 7 家，水上运输 1 家，航空运输业 1 家，装卸搬运和其他运输服务业 25 家，仓储业 15 家，邮政物流 142 家。2009 年，郴州全市交通运输、仓储和邮政业增加值 37.8 亿元，增长 10.2%。公路水运货物周转量 184.3 亿吨公里，增长 11.5%。其中，公路货物周转量 183.1 亿吨公里，增长 11.6%。近年来，郴州的义捷物流、华宇物流、君鑫物流，衡阳的衡钢鸿华物流、湘南物流，永州的长丰物流等第三方物流企业先后发展壮大，进入了全省同行的前列。

其中，湘南国际物流园是郴州物流产业重点建设区域，该区域总规划面积 6 平方公里。现在已经布局了公路口岸（湖南省第一家二类公路口岸）、铁路口岸、铁路货运站、湘南供港澳及出口农产品集中验放场、公共保税仓、义捷物流中心、君鑫物流城、郴州货运南站、亿达国际快件快递公司、香港直通车货物配送中心等有一定规模的物流建设项目。截至 2008 年 12 月底，已有 23 个项目进驻，合同引资 35 亿元，到位资金 16 亿元，已初步形成一个以口岸服务为支撑、以现代物流为主导的产业集群，成为一个立足湘南、带动湖南、辐射华南地区的集物流仓储、商品配送、海关监管、集装箱中转、保税业务等多功能于一体的现代物流基地，具有普通货物初步装卸、仓储与配送，农鲜产品的冷藏冷冻储存，农副产品、钢材、矿产品等货物的电子信息咨询及交易服务功能。

3. 新型工业化步伐加快，为区域物流业的快速增长提供了推力

2008 年，湘南地区实现规模工业增加值 669.14 亿元，占全省的 18.7%，增长 13.4%。2009 年前三季度，湘南地区积极克服国际金融危机对工业的不利影响，积极推进新型工业化，工业发展明显提速，实现规模工业增加值 524.42 亿元，增长 24.6%，比

全省平均水平快 6.5 个百分点。

作为全国 26 个老工业基地之一的衡阳，工业实力较强，2008 年规模工业数达到 900 个，186 类工业产品拥有省级以上名优称号，100 多个系列工业产品具有生产许可证、产品目录、特许经营权或国家计划项目等完整的“软资源”。目前，已形成了五大支柱工业产业：管材及深加工，输变电设备，有色金属冶炼及精深加工，汽车及零配件，盐化工和精细化工。同时素有“鱼米之乡”美称的衡阳，粮食、生猪产量居全省第一，其他主要农产品在全省居二、三名。衡阳市商贸流通也在与时俱进，现共有各类超市、市场 222 个，年市场贸易额 300 亿元，其中规模以上批发零售企业 18 个，年销售额 1 亿元以上的企业 10 家，10 亿元以上的企业 2 家。

郴州市工业基础好、门类齐全，是全省重要工业基地，2009 年全市全部工业增加值达 379.4 亿元。已建成有色、能源、电子信息、建材医药、食品化工、机械六大优势产业，每年货物进出量规模巨大，随着沿海产业与投资的内迁，对郴州的工业生产形成了明显的拉动作用，这些都为物流产业发展提供了巨大空间。在农产品方面，农产品物流规模迅速扩张（见表 9-6、图 9-9、图 9-10）。

表 9-6　湘南地区规模工业增加值情况　单位：亿元

地　区	2008 年		2009 年	
	绝对值	增速（%）	绝对值	增速（%）
全　省	3570.85	18.40	4250.06	20.50
湘南地区	669.14	13.40	817.07	12.20
衡阳市	304.78	19.20	370.39	24.40
郴州市	257.12	4.90	311.10	24.10
永州市	107.23	21.00	135.58	24.50

数据来源：湖南、郴州、衡阳、永州 2010 年统计公报。

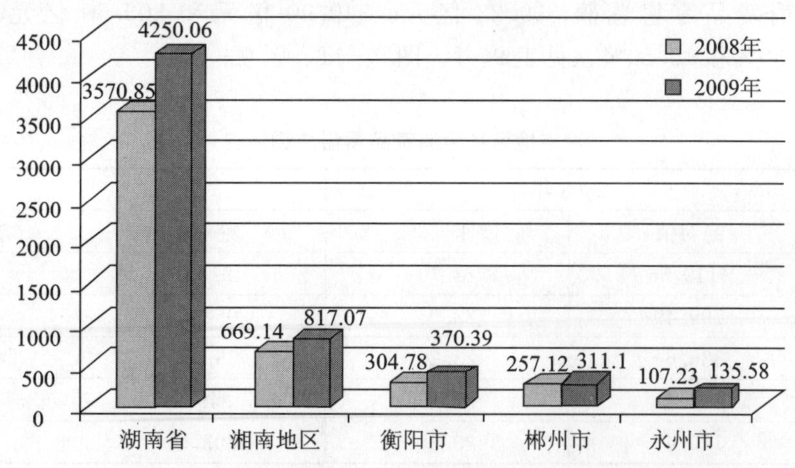

图 9-9　湘南地区规模工业增加值情况（2008—2009 年）

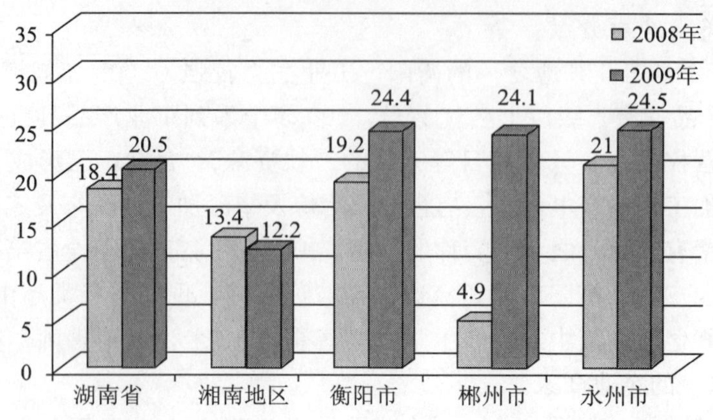

图 9－10 湖南省及湘南地区规模工业增加值增速情况（2008—2009 年）

此外，承接产业转移成效明显。2008 年以来，湘南地区紧紧抓住沿海产业加速向内陆转移以及“先行先试”机遇，承接产业转移成效明显。2008 年，湘南地区实际利用外商直接投资 10.07 亿美元，增长 25.8%，比全省平均水平快 3.3 个百分点；实际引进内资 325.2 亿元，增长 13.6%。2009 年前三季度，湘南地区实际利用外商直接投资 9.12 亿美元，增长 22.3%，比全省平均水平快 8 个百分点；实际引进内资 283.99 亿元，增长 18.7%。

湘南地区工、农、商三方面的经济快速发展加上该区域独特的地理区位优势，决定了其物流量巨大。随着社会分工的进一步细化，客户需求的差异性变化加剧，企业为适应这些新经济特点，将纷纷实行“归核化”战略，在这一过程中他们往往选择将不属于自身核心业务的物流环节外包给专业物流企业，这将在很大程度上为湘南地区带来巨大的物流市场空间，为衡阳市发展第三方物流带来动力。

4. 消费市场持续活跃，物流与商贸融合趋势初显端倪

2008 年，湘南地区实现社会消费品零售总额 799.49 亿元，占全省的 19.4%；增长 23.0%，比全省平均水平快 0.3 个百分点。2009 年实现社会消费品零售总额 952.73 亿元，占全省的 19.39%，增长 19.23%，略低于全省平均水平。其中衡阳、郴州、永州三市分别实现社会消费品零售总额 399.23 亿元、349.90 亿元和 203.60 亿元，分别增长 18.90%、19.30%和 19.50%（见表 9－7、图 9－11、图 9－12）。

表 9－7　　湘南地区社会消费品零售总额情况　　单位：亿元

地区	2008 年		2009 年	
	绝对值	增速（%）	绝对值	增速（%）
全省	4119.66	22.70	4913.75	19.30
湘南地区	799.49	23.00	952.73	19.23
衡阳市	335.64	23.20	399.23	18.90
郴州市	293.41	22.80	349.9	19.30
永州市	170.44	23.00	203.60	19.50

数据来源：湖南、郴州、衡阳、永州统计公报（2008、2009）。

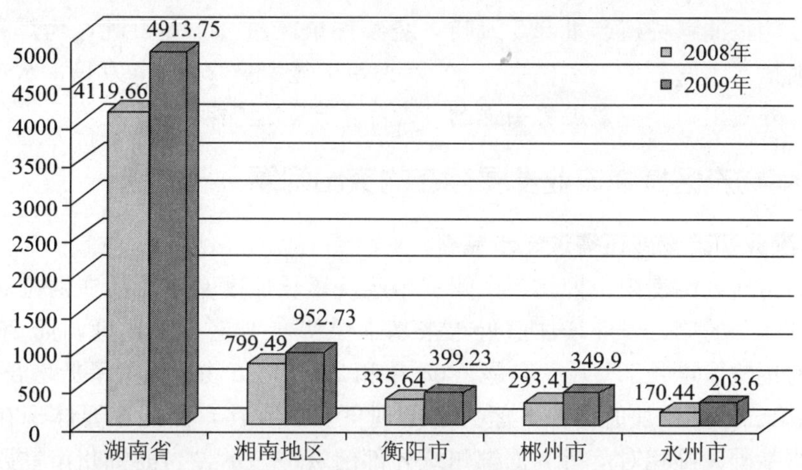

图 9－11　湘南地区社会消费品零售总额情况（2008—2009 年）

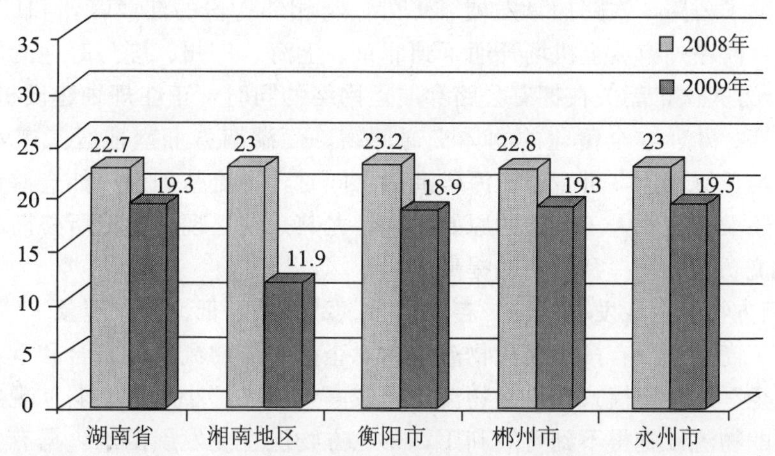

图 9－12　湖南省及湘南地区社会消费品零售总额增速情况（2008—2009 年）

随着城市化水平提升，居民消费结构升级，改革开放的不断深入，三化进程不断加快，湘南地区国民经济得到了飞速发展，在经济高速发展的同时城市化水平也得到不断提升，2009 年郴州市城镇化率为 42.36%；另外，市民收入水平也在不断提高，2009 年全年城镇居民人均可支配收入为 13727 元，农民人均纯收入为 4519 元。这些都为物流业的发展提供了有利的条件。加之，在湘南地区，各类商贸流通市场主体先后进入，为繁荣区域经济提供了较好的发展载体。在郴州市，2009 年“步步高”、“中皇城”、“国美”、“沃尔玛”、“新一佳”先后进驻，全市连锁店发展到 160 多家，拥有 228 个消费品市场，市城区超市经营面积超过 10 万平方米，人均 0.3 平方米，与沿海发达地区水平持平，逐步形成了火车站商业群、罗家井商业群、兴隆步行街商业群以及冷冻批发、蔬菜批发、金属建材批发等一批区域性批发市场，产业能级和商品集聚辐射功能得到大幅提升。

此外，随着农村市场的开拓、“万村千乡”市场工程的实施，众多连锁企业采取了“缩短在途时间，实现零库存，及时供货，保障供应链的连续与稳定”的经营策略，为保持低价竞争优势，建立起了物流与商贸企业之间的紧密合作关系。2009 年，郴州市粮食产量188.5万吨，油料种植产量8.5万吨，蔬菜种植产量211.8万吨，烤烟种植产量5.6万吨。出栏生猪531.9万头，出栏牛11.7万头，出笼家禽2869.7万只，水产品产量8.8万吨。另外，外贸出口企业发展势头强劲，商品生产和运输明显增加。

三、湘南物流区域物流业发展存在的突出问题

（一）物流业基础设施还需进一步完善

近年来湘南地区的衡阳、郴州、永州三市经济增长速度基本保持在两位数，作为“社会物流总额主体”的第二产业增加值近年来基本保持在15%左右增速，而2001—2007年两市年均货物运输量增长7.0%。但是2008年和2009年货物运输量呈低增长甚至负增长，低于GDP和第二产业增加值增幅，运力不足现象仍然存在，而这主要体现在区域基础运力不足和铁路基础设施相对落后。据郴州统计部门资料显示，当前郴州市铁路货物装车量仅占需求量的1/8左右，全市公路密度也低于全省平均水平，且在一点一线城市中是最低的。运输条件除了公路、铁路初具发展雏形外，与相邻省份的江西赣州和广东韶关相比，郴州没有机场，而赣州市黄金机场开通了到北京、上海、广州、厦门等地的航班，年旅客吞吐量可达50万人次，韶关在拥有公路和航运网络的同时，正在规划建设机场，和赣州、清远共同形成海、陆、空全覆盖的立体交通网络。而湖南省湘南地区三市水运货运量较低，赣州水运与长江相连，可直通沿海各港口。同时，物流基础设施如仓储设施，装运机械化水平低，还没有摆脱人工装卸的原始模式，尤其是缺乏现代物流所必需的网络信息设施，制约了物流功能的发挥和效率的提高。

（二）第三方物流企业发展缓慢，存在“多、乱、散、低、差”现象

目前部分工商企业没有按照现代物流理念对企业内部物流进行整合和重组，习惯“大而全”、“小而全”的经营模式，自办物流比重较高，存在“小、散、弱”现象。这就导致了一些现代化的物流设施得不到有效利用，第三方物流企业发展困难。据有关部门的调查数据显示，永州市目前真正能够提供第三方物流服务的物流企业最多不超过5家，市场上基本以“个体”物流企业为主，经营业务主要为运输、托运和少量的搬运装卸，深层次的配送、信息等服务则很少涉及，行业附加值很低。加之物流企业与物流组织的总体水平低，设备陈旧，损失率大、效率低，运输能力严重不足，形成了“瓶颈”，制约了物流的发展。郴州现代物流业正处于起步阶段，人们对发展现代物流业的认识不足，一些本应从企业内部剥离出来交给第三方物流企业经营的物流服务仍然滞留在企业内部，大部分产品的运输和调配都是企业自身完成，没有形成专业化和市场化，影响了物流市场的需求，导致一些现代化的物流设施得不到有效利用，第三方物流企业发展困难。全市有工商执照的物流企业只有5家，基本还处于零散、量小、无序状态，绝大多数从事单一的运输和仓储业务，没有形成完整的供应链，缺乏功能齐全、竞争力强的物流骨干企业。全市营运性运输工具90%集中在个体运输户中，组织化程度低，利用率不足50%。物流成本偏高，物流企业经营模式有待改进，集约化程度有待提高。国际上通常把物流成本占GDP的比重作为衡量物流效率和效益的重要指标。发达国家及我国沿海发达地区经过现代物流业的快速发展，这项指标已控制在10%左右。据统计，2009年郴州全市物流成本占GDP的比重为19%，物流成本明显偏高。

（三）物流企业的社会化、集约化程度有待提高

由于受计划经济的影响，郴州市物流社会化程度低，物流管理体制混乱，机构多元化，这种分散的、多元化的物流格局，导致社会化大生产、专业化流通的集约化经营优势难以发挥，规模经营、规模效益难以实现，设施利用率低，布局不合理，重复建设，资金浪费严重。2009 年，郴州市物流成本占 GDP 的比重为 16.8%，永州市物流成本占 GDP 的比重估计在 18%左右，物流成本是发达国家的 1.5～2.0 倍，从总体上来说，目前两市大多数物流企业的经营模式还停留在比较粗放和初级的阶段，现代物流理念尚未形成，企业服务能力不强，集约化程度较低，质量和效益有待提高。

目前，全市物流产业活动仍以传统的货物运输、仓储业为主体，而物流包装、物流配送、物流管理等高利润低成本的现代化第三方物流比重还较低。以郴州市为例，2009 年全市全社会物流成本占 GDP 的比重，货物运输业占 75.7%，仓储业占 8.6%，其他占 15.7%。物流产业的发展很大程度上依赖于交通运输仓储业的发展，其他行业所占比重较低。

（四）物流管理体制改革尚需进一步深化，物流资源有待进一步整合

长期的计划经济体制使我国的物流行业发展滞后，在由计划经济向市场经济转变的过程中，由于传统观念的影响，管理体制的改革仍然落后于经济体制的改革，仍然是分散的或者称多元的管理方式，涉及铁道部门、交通部门、贸易部门等专业部门和发改委、经贸委等综合部门。物流要素分属于不同行业和管理部门，各自独立发展，物流资源分布散乱，管理不到位或没人管理，物流企业税费流失严重。各部门之间分工有交叉，造成物流行业管理中存在条块分割、部门分割等现象，兴建的多数物流项目只是扩张供应能力，而不是整合和提升原有供应能力，低水平重复较多，个别项目贪大求全导致供应能力过剩，造成物流资源的浪费。从网络平台看，信息平台未能实现共建共享，制约了物流业的发展，处于各自为政的状态，社会信息流不够畅通。目前，在郴州、永州两市与物流业发展息息相关的融资制度、产权转让制度、用人制度、社会保障制度、市场准入与退出制度等方面的建设还远不能适应企业发展的需要。企业在改善自身物流效率时，必然要在企业内外重新配置物流资源，而制度和法规的缺陷阻碍了企业对物流资源的再分配。物流企业跨区域开展物流业务时常常受地方保护主义困扰，国有企业在选择外部更为高效的物流服务，处置原有储运设施和人员时，所遇阻力巨大，这些必然会影响企业物流效率的提高。

（五）物流人才缺乏，物流教育培训滞后

物流专业人才的短缺状况直接制约着物流业的发展水平。由于过去没有把物流业作为国民经济的重要产业，湘南地区各高等院校开设物流管理及相关专业较晚，对物流专业人才培养乏力，物流专业人才奇缺，特别是第三方物流设计与供应链管理人才更是难觅。物流人才严重不足，成为制约湘南现代物流业发展的一个较为突出的“瓶颈”。

四、湘南物流区域加快物流业发展的思路与对策

（一）统筹物流产业发展规划，提高企业对发展物流业的重要性和紧迫性的认识

政府要充分结合地方实际，参照省委省政府的物流职能“三定”文件精神，尽快组建现代物流业发展管理部门，统一规划、协调、管理现代物流业发展的有关事宜；进一步发

挥物流行业协会作为企业与政府以及同行业之间的桥梁纽带作用，增强物流协会的行业服务、行业自律以及维护行业合法权益的职能，以保障两市物流业快速、健康、有序地发展。应采取多种形式，加大对现代物流业的宣传力度，鼓励走出去，学习国内外发展现代物流业的形势和经验，通过政府推动和舆论宣传，使上下真正创新理念，形成共识，密切合作，努力形成发展现代物流业的良好机制和氛围。同时，引导企业转变传统观念，树立现代物流意识，充分认识优化物流供应链管理是降低生产总成本，提高产品附加值，增强企业竞争力，获取新的利润源的重要手段。

（二）加强交通基础设施的规划与建设

政府部门应结合湘南地区的自然条件、区位优势，加强物流基础设施的规划与建设，尽快形成配套的综合运输网络、完善的仓储配送设施、先进的信息网络平台等，为现代物流发展提供重要的物质基础条件。首先，应重视对物流基础设施的规划，特别要加强对中心城市、交通枢纽、物资集散和口岸地区大型物流基础设施的统筹规划。其次，物流基础设施的建设要充分发挥市场机制的作用。在全面规划和充分论证的基础上，鼓励不同所有制投资者和外商投资企业参与物流基地（物流中心）的建设。政府部门对公益性物流基础设施的建设，应在土地、资金、税收等方面提供优惠政策。加快铁海联运项目建设，维护内河航道发展，通过加大物流基础设施建设力度，构建湘南地区陆、海、空三位一体的现代物流体系。努力提高物流服务能力在承接沿海产业转移中的重要作用，强化政府的协调、引导职能，努力扩大、发展物流产业，扩大物流企业的规模。要抓紧时间制定全市的“物流发展规划”，规范全市物流的发展，使郴州物流业在承接沿海产业转移过程中发挥应有的作用。要加强政策引导，转变政府职能，强化服务意识，充分发挥中介作用，努力创造现代物流业发展的政策环境。

优越的交通物流条件是降低企业生产成本的重要因素，是承接产业转移最具竞争力的优势。郴州要立足自身区位特点，加强交通物流基础设施建设，完善公路、铁路运输网络，构建通畅便捷的交通运输体系。要重点抓好郴资桂大道及环城公路的整治、改造和建设，结合郴州市企业信用体系建设，加大郴州城市货运市场的整治力度，规范发展货运市场，对货运企业推行公司化管理模式。要研究制定促进物流业发展的产业政策，利用税收、财政等手段扶持物流企业的发展。

加快物流功能区等物流重点项目的建设，充分发挥示范效应。根据“近期与长远相结合，集中与分散相结合，新建与改造相结合”的原则，加快符合物流发展规划要求并对郴州经济及承接产业转移具有较强推动作用的物流功能区（中心、基地）和大型第三方物流企业、物流配送中心等重点物流项目的建设。建议重点抓好湘南国际物流园的建设，并在郴州经济开发区、有色金属工业园（出口加工区）、石盖塘工业区及各县市建立配套的物流基地或设立物流配送中心，以湘南国际物流园为核心，打造集园区、物流基地、配送中心为一体的郴州大物流系统，实现同城配送、货运代理、陆海（空）联运，提供门到门、桌到桌的运递服务，让更多的产业转移企业，降低物流运作成本，提高物流运作效率。

（三）充分发挥区域特色产业优势，延伸区域物流产业链条

要积极发挥政府的引导和组织作用，围绕核心企业和资源构筑产业链，发展物流产业，建设物流产业集群，形成有利于产业之间协调发展、提高竞争力的产业发展机制。企业物流实体要加强与第三方物流合作，使企业自身物流体系摆脱传统的单一运输业务，扩大与上下游企业及其他物流企业合作，促进现代化物流产业链的完整发展，共同寻求最终的利润。再充分结合衡阳、郴州有色金属，永州农产品等产业优势，形成产业集群，逐步构筑特色明显的有色金属物流产业链条和农产品加工产业链条，促进湘南地区物流业的快速发展。产业转移形成规模后，制造业的物流需求释放了，物流业如果没有承接的能力，或是成本太高，就会形成对接的空白，所以对该区域物流业而言也是一种挑战。因此，推动物流业优化升级、提升物流服务的能力和水平至关重要。应针对当前湘南地区物流发展规模小、层次低、网络化经营水平不高以及竞争能力不强的发展特征，采取积极有效的措施，鼓励一些已经具备一定物流服务专长、组织基础和管理水平的大型企业加速向物流领域转变；强化物流资源的整合，鼓励物流企业的兼并。通过推广应用先进、适用的现代物流技术和装备，推进物流企业的机械化、自动化和信息化进程，提高物流企业的整体运作和管理水平，从而为提高郴州市物流企业的效率、实现物流业的产业升级、提高物流企业竞争力打下坚实的基础。同时，在政府职能部门层面建立联系制度，确定一批有实力、上规模、有发展前景的企业作为市重点和区县重点物流企业。

要提高物流企业的服务质量。提高物流服务质量，是郴州物流业继续大发展的基础和特色，也是提高其竞争力的手段。要把发展物流企业的重点放在推进一批具有第三方物流雏形的物流企业上，将专业物流企业做大做强，并加强整合，组建综合服务型的现代物流企业。要重点引导物流企业发展专业物流，提高物流的专业化、高效化、规模化和信息化水平；引导物流企业之间、物流企业与信息咨询企业之间进行多样化联合，建立综合服务型现代物流企业或企业集团，为企业提供快运、仓储、加工、包装、配送等综合物流服务，形成全市现代物流业发展的亮点。在产业转移中，被服务客户的需求会发生很大的变化，如制造地点的搬迁造成物流链条的拉长，生产方式的变化要求物流模式的变化。要引导物流企业站在客户的角度，在满足需求的前提下，拓展自己业务的深度和广度，以求得自身的发展。

（四）积极培育大型物流企业

目前两市很多物流企业是在传统体制下的物资流通企业基础上发展而来的，且新增的物流企业大多为个体私营企业，企业规模普遍偏小。一些传统的运输和储运等流通企业和新型的专业化物流企业，网络化的经营组织尚未形成，缺乏必要的竞争实力。要采取积极有效的措施，鼓励一些已经具备一定物流服务专长、组织基础和管理水平的大型企业加速向物流领域转变；强化物流资源的整合，鼓励物流企业的兼并。要逐步改变大而全、小而全的生产经营模式，实现真正意义上的专业化、规模化生产，尽快形成竞争优势。同时，也要大力建设物流园区，物流园区的建设有利于实现物流企业的专业化和规模化，发挥它们的整体优势和互补优势。如在郴州要进一步加快湘南物流园的建设。承接沿海产业转移，转化、成立一批专业化的第三方物流企业至关重要。一是要建立起示范性物流企业，并给予必要的扶持，使其逐步转向第三方物流，成为有能力的物流供应商。二是政府牵线搭桥，让部分有能力的传统运输、仓储企业通过与外资企业嫁接改造成为第三方物流企业。通过与国外物流企业的合作，不仅解决资金短缺、设备与机具的更新，更重要的是引进物流理念、物流管理、物流技术与相关人才，这是十分有效的做法。三是鼓励工商企业将物流业务从生产中分离出来，鼓励传统运输、仓储、代理企业与工商企业结盟，发展为物流供应商。政府制定相关的法规、政策，消除企业物流外包的体制障碍，鼓励企业将物流外包，同时对生产企业自办物流给予限制。四是放松市场管制，创造一个有利于企业竞争的外部环境，促使企业将物流业务外包；同时放开物流市场的准入，允许各类资本投资于物流行业，使物流市场具有各个层次的第三方物流企业，为沿海产业转移、企业选择第三方物流服务提供更大的余地。产业转移对物流业而言，既是机遇亦是挑战。在沿海制造业转移到郴州的同时，为其提供服务的物流企业要同时跟进。目前郴州很多物流企业相对来说规模比较小，供应链关系也不像一些国外物流企业那么牢固，但应该学习他们的产业转移跟进战略。要积极发挥政府的引导和组织作用，帮扶一些具有一定规模的物流企业，围绕沿海产业转移中的核心企业和资源构筑物流链，以其为核心，跟进建设物流产业集群，形成有利于核心企业和资源协调发展、提高竞争力的产业发展机制。

（五）建立良好的、全方位的物流信息平台

发展物流业就必须建立一个良好的信息平台，以实现物流资源的优化配置，满足社会对物流的需求。Internet 技术的快速发展为物流信息交流的畅通和高效创造了条件，政府应充分利用网络技术和信息技术，加快推进物流信息公用平台系统建设，以提供全方位、及时、真实的物流信息，真正达到信息资源的共享和连通，提高现代物流的管理水平，加快两市物流产业的发展。

推广新技术，加快口岸平台和信息平台建设。设施平台方面，加快发展大口岸物流对加快承接沿海产业转移亦具有十分重要的意义。发展与外地港口、航空、内陆口岸相关联的公路和铁路等综合运输网络体系，提高现代物流的集疏运能力。依托郴州义捷公路口岸和规划中的兴义铁路口岸，加强区域通关合作，推动郴州与广东省、上海市全面实现区域间“属地申报、口岸验放”和“直通式放行”通关模式，实现产业转移的企业在郴州口岸通关无障碍。

大力发展现代物流信息技术，建立区域综合物流信息平台，可以提高物流行业的现代化作业水平，保障物流信息及时、准确的传递，从而推动物流业的高速发展。在物流信息平台建设上，政府的主要政策和措施为：①完善为现代物流服务的信息技术网络及应用基础设施建设。以市场需求为导向，重点加强对物流节点的信息基础设施的规划，并加强配套设施建设，采用先进实用的接入技术，实现物流信息及时、准确的传递、管理和使用。②重视物流信息平台的安全体系与信息化相关政策法规的建设。加强物流信息平台的安全防护建设，加快研发和应用相应的安全技术、安全设备和安全产品，重视数据中心和异地备份中心建设，对物流信息平台加强安全监测。同时，不断完善对物流信息化建设进程中相关政策法规的建立工作，使物流信息化的建设有规范可循，也从制度上为物流信息化建设提供了保障。在“统一规划、分步实施、重点突出、先进实用”原则的指导下，逐步建设和完善“区域综合物流信息平台”，为郴州的物流节点、物流企业、制造企业、销售企业、社会公众等提供相关的物流信息、物流咨询等服务，优化整合社会物流系统资源，为社会物流系统提供共享交互的载体，使物流企业能够提供高质量、高水平的物流增值服务，提高资源的利用率，实现社会物流系统的优化运作。

（六）建立物流人才培养体系

针对未来物流业发展趋势对人才的需求，可从三方面加强人才培育。一是培养宏观管理层次人才，以提高政府物流管理水平；二是培养物流企业管理人才，这是提高物流企业管理水平的关键；三是提高员工素质。培养方法可以多样化，可以是高校培养，可以是企业、高校联合办学，可以是委托办学，将高层次的物流人才教育制度和多元化的物流职业资格认证制度有机结合，形成多层次的物流人才教育培训体系。有关高等院校也要适应物流产业化发展的需要，为物流现代化培养高素质的复合型人才。

第十章　湘北物流圈物流业发展研究

湘北物流圈指以岳阳市为中心，辐射常德市和益阳市的物流圈，如图 10－1 所示。

图 10－1　湘北物流圈涵盖区域示意

一、湘北物流圈经济社会概况

（一）经济发展状况

1. 湘北三市经济发展不均衡

湘北物流圈所涵盖的区域 2009 年 GDP 总额为 3102.95 亿元，占全省 GDP 的 24.0%；湘北物流圈区域平均 GDP 增幅为 13%，略低于全省平均发展水平（表 10－1）。

表 10－1　　2009 年湘北物流圈涵盖地区 GDP 情况

地　区	地区国民生产总值 GDP（亿元）	GDP 增幅（%）	人均 GDP 值（元）	人均 GDP 增幅（%）
岳阳市	1272.15	14.0	24543	13.7
常德市	1239.2	12.1	22496	11.3
益阳市	591.6	13.0	14071	12.4
湘北三市合计	3102.95	13	20370	12.47
湖南省	12930.69	13.6	—	—
湘北三市合计占湖南省比重（%）	24		—	

数据来源：根据湖南省各地区统计公报整理（2010）。

从人均生产总值情况来看，岳阳市以人均生产总值 24543 元处于三市最高水平，远远高于益阳市的 14071 元，同时也高于全省平均水平 4317 元（图 10－2，图 10－3）。

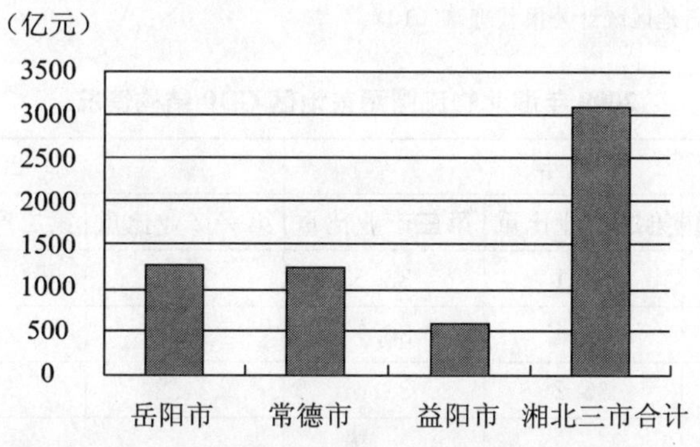

图 10－2　湘北三市 2009 年国民生产总值

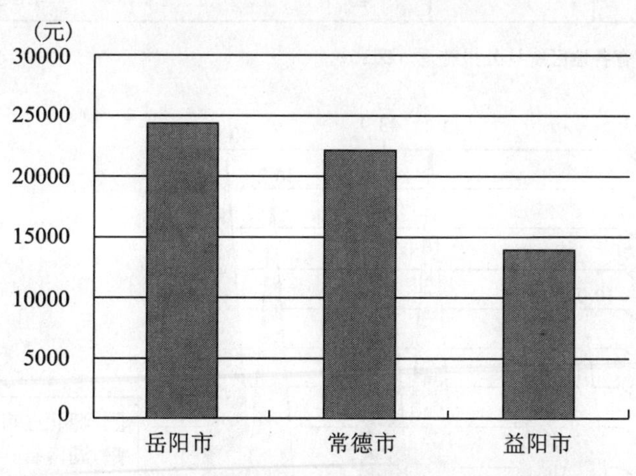

图 10－3　湘北三市人均生产总值

2. 经济结构调整将达到全省平均水平

从经济结构来看，湘北物流圈所涵盖的区域三大产业的比重情况基本达到全省的平均水平（表10－2、表10－3、图10－4）。

表10－2　2009年湘北物流圈涵盖地区GDP情况

地　区	第一产业增加值（亿元）	增幅（%）	第二产业增加值（亿元）	增幅（%）	第三产业增加值（亿元）	增幅（%）
岳阳市	190.15	5.7	648.84	18.0	433.16	12.1
常德市	257.4	6.3	531.0	15.2	450.8	11.7
益阳市	142.89	6.3	223.30	21.1	225.43	9.5
湘北三市合计	590.44	6.1 平均	1403.14	18.1 平均	1109.39	11.1 平均
湖南省	1969.67	5.00	5682.19	18.90	5278.83	11.00
湘北三市合计占湖南省比重（%）	29.98	—	24.69	—	21.02	—

数据来源：根据湖南省各地区统计公报整理（2010）。

表10－3　2009年湘北物流圈涵盖地区GDP结构情况

地　区	2008年			2009年		
	第一产业比重	第二产业比重	第三产业比重	第一产业比重	第二产业比重	第三产业比重
岳阳市	16.4	50.1	33.5	14.9	51	34.1
常德市	20.9	42.4	36.7	20.8	42.8	36.4
益阳市	25.4	36.2	38.4	24.2	37.7	38.1
湘北三市平均	20.9	42.9	36.2	19.97	43.83	36.2
湖南省	16.4	43.5	40.1	15.2	43.9	40.9

数据来源：根据湖南省各地区统计公报整理（2010）。

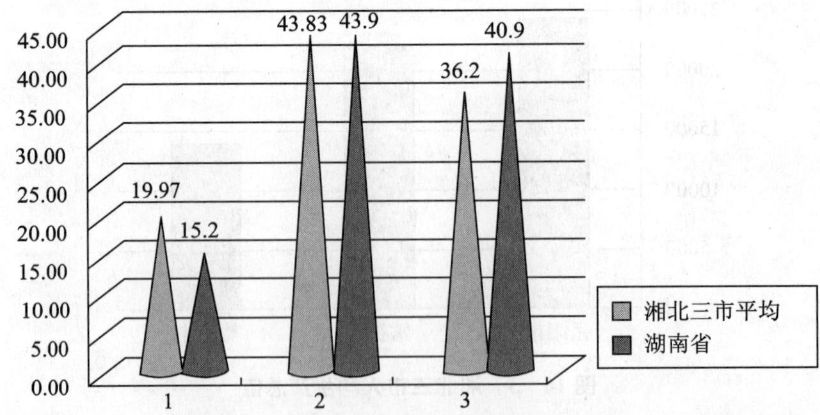

图10－4　2009年湘北三市物流圈涵盖地区GDP结构均值与全省均值比较

总的来看，湘北物流圈地区已经具备一定的经济实力，但总体发展不够均衡。

（二）财政收入与投资情况

1. 财政收入偏低

湘北物流圈区域各级财政困难，2009 年各财政收入总和只有 62.26 亿元，占全省比例仅为 4.14%，地方财政收入 115.47 亿元，仅为全省地方财政收入的 13.67%（表 10-4、图 10-5、图 10-6、图 10-7、图 10-8）。

表 10-4　　2009 年湘北物流圈涵盖地区财政收入情况

地　区	财政收入（亿元）	财政收入增长率（%）	地方财政收入（亿元）	地方财政收入增长率（%）
岳阳市	82.71	16.4	43.67	1.7
常德市	70.0	13.7	51.2	15.5
益阳市	34.07	13.3	20.60	11.4
湘北三市总和	62.26	14.47	115.47	9.5
湖南省	1504.58	14.50	844.96	16.90
湘北三市占全省比例（%）	4.14	<0.03	13.67	<7.4

数据来源：根据湖南省各地区统计公报整理（2010）。

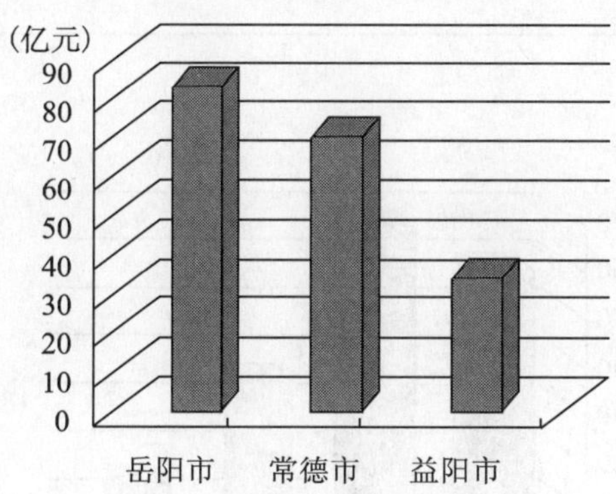

图 10-5　2009 年湘北三市财政收入

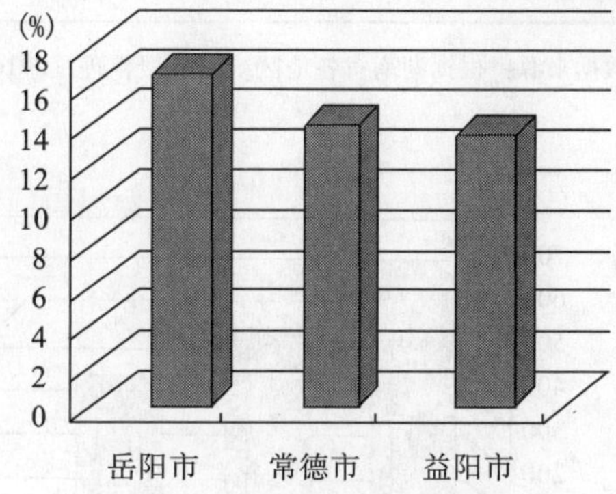

图 10-6　2009 年湘北三市财政收入增长率

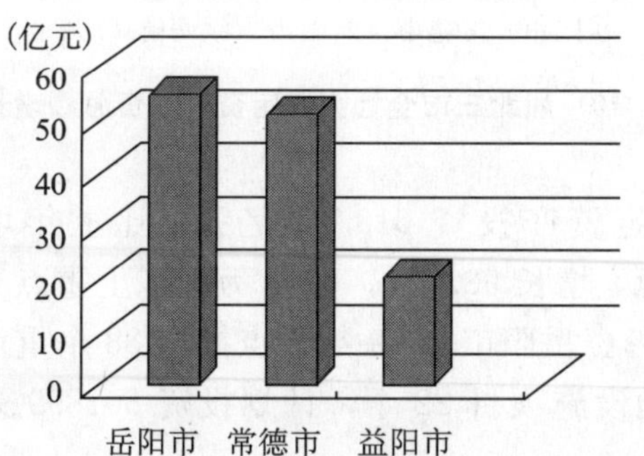

图 10-7　2009 年湘北三市地方财政收入

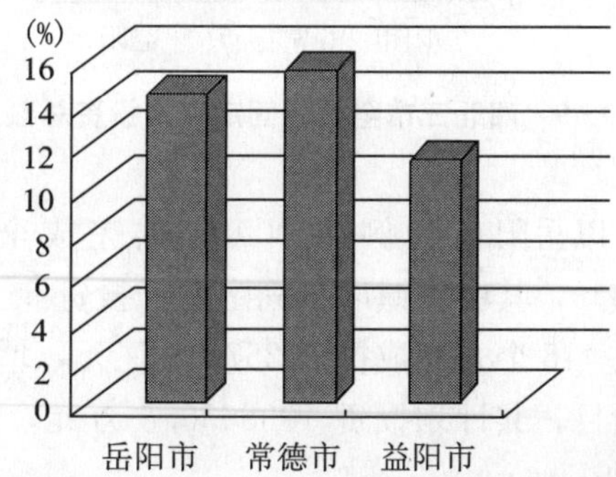

图 10-8　2009 年湘北三市地方财政收入增长率

2. 投资力度加大

2009年，湘北物流圈地区全社会固定资产投资总额为1432.56亿元，占全省比例18.6%。特别是湘北三市2009年全社会固定资产投资总额增长率平均达到54.2%，远远高于14.5%的平均水平；城镇固定资产投资平均增长率为55.6%，远远高于全省16.9%的平均水平。湘北物流圈地区投资力度的加大，使得交通等基础设施情况得到了一定程度的改善（表10－5、图10－9、图10－10）。

表10－5　2009年湘北物流圈涵盖地区全社会固定资产投资总额情况

地　区	全社会固定资产投资总额（亿元）	全社会固定资产投资总额增长率（%）	城镇固定资产投资（亿元）	城镇固定资产投资增长率（%）	工业投资（亿元）	工业投资增长率（%）
岳阳市	619.45	58.5	542.87	58.2	334.32	66.7
常德市	459.8	67.3	378.8	64	—	—
益阳市	353.31	36.8	280.49	44.7	—	—
湘北三市总和	1432.56	54.2 平均	1202.16	55.6 平均	—	—
湖南省	7695.35	14.50	6880.09	16.90	2758.62	16.90
湘北三市占全省比例（%）	18.6	—	17.5	—	—	—

数据来源：根据湖南省各地区统计公报整理（2010）。

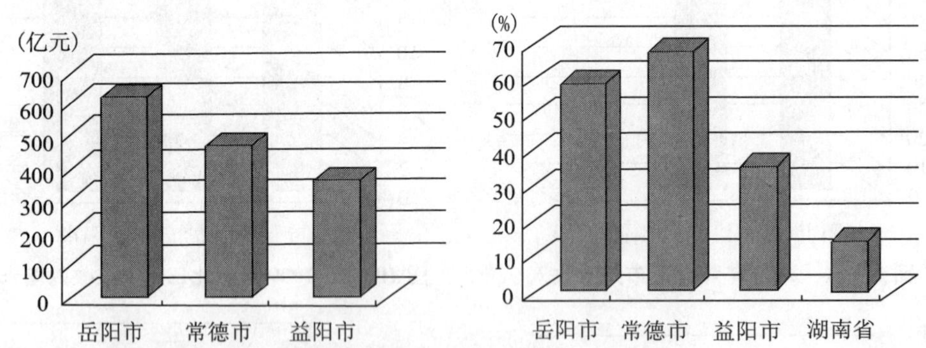

图10－9　湘北三市全社会固定资产投资总额　　**图10－10　湘北三市全社会固定资产投资总额增长率**

以岳阳市为例，2009年共完成全社会固定资产投资619.45亿元，比上年增长58.5%，其中城镇以上固定资产投资542.87亿元，增长58.2%。5000万元以上重点工程项目415个，完成投资257.89亿元，增长95.0%。岳阳市2009年重点推进88个重点建设项目，共计划投资1938630.8万元，其中基础设施项目22个，计划投资801899万元（表10－6）。

表 10-6　　岳阳市 2009 年重点推进的 22 个重点基础设施建设项目计划

序号	项　目　名　称	总投资（万元）	2009 年年底计划投资（万元）	
			计划投资	建设内容
	基础设施（22 个）	2903509	801899	
1	武广铁路客运专线岳阳段	1200000	200000	年内通车
2	岳常高速公路岳阳段	500000	180000	征地拆迁
3	随岳高速公路岳阳段	137000	50000	征地拆迁及路基建设
4	岳长高速公路（京港澳高速公路复线）	680000	193000	征地拆迁及路基建设
5	通乡公路建设	12000	12000	完成水泥路面硬化
6	通村公路建设	25500	25500	完成水泥路面硬化
7	武广铁路客运专线岳阳站配套工程	56000	20000	全面竣工
8	临鸭公路	16001	7000	竣工通车
9	进港道路	13924	8000	完成路基、路面桥梁工程
10	G106 改造	41246	11333	完成路面工程，通车
11	S308 安定—龙门段改造工程	31807	14800	完成路基和土建工程
12	S308 湘汨段改造工程	13147	6900	完成路基和土建工程
13	S202 一期改造工程	13451	7189	主体工程完工
14	铁桃工程	40503	15000	完成路基和土建工程，部分路面硬化
15	汨罗江大桥及接线工程	11028	5500	主体工程
16	枫桥湖路	21000	3000	完成道路建设，通车
17	洞庭大道	10000	10000	完成道路建设
18	鸭栏码头	9336	6000	开工建设
19	S201 汨罗段	16718	2677	征地拆迁、道路基础
20	武广铁路客运专线汨罗火车站配套工程	28000	10000	征地拆迁、广场、道路基础
21	冷水铺路三期	14648	9000	开工建设
22	园艺路建设	12200	5000	征地拆迁、工程测量、土地报批、开工建设

数据来源：根据岳阳市政府网站整理。

二、湘北物流圈地区物流基础设施发展概况

（一）水运物流基础设施发展概况

岳阳航运物流业已进入腾飞期，近年来，岳阳市依托长江航道全力发展航运物流业，2009 年岳阳港完成货物吞吐量 6539 万吨，其中城陵矶港完成货物吞吐量 1653 万吨，成为连接华南、华东、西南的水陆运输重要枢纽，是湖南重点发展的“四大物流基地”之一，

为湖南加快构建对外开放立体交通网络，发展外向型经济作出了重要贡献。大力发展现代长江航运已经成为我国现代化建设总体战略布局的重要组成部分。2009年，国务院总理温家宝作出了“充分发挥长江黄金水道的优势，带动两岸经济社会发展”的重要批示。国务院副总理张德江亲临长江考察内河航运时明确指出：“大力发展内河航运是一个国家战略的问题，要从战略和全局高度，采取更加有力的政策措施，加快发展畅通、高效、平安、绿色的内河航运。”长江航务管理局作为交通运输部在长江上的派驻机构，致力于发展现代长江航运，服务沿江经济，服务长江水运，服务流域百姓，凝聚各方力量，合力建设长江黄金水道。

按照战略合作协议，岳阳市将与长江航务管理局联合成立长江干线岳阳段黄金水道发展协调小组，建立工作协调机制，协调解决岳阳长江水运发展的重大问题，定期进行信息沟通，及时通报重大问题。双方还在培育长江水路运输市场、实施长江岳阳段航道通畅工程、保护长江干线岳阳段航运资源、推进长江干线船型标准化、实现长江航道综合信息平台互联互通、支持长航系统驻岳单位发展以及提高航道维护水深、开辟海轮维护航道等方面达成共识。长江航务管理局将全力支持城陵矶新港建设规划实施，支持岳阳船舶运力发展和直航工作，支持岳阳集装箱运输、纸浆运输和石油化工产品运输及农产品运输的发展，全力支持大型航运企业落户岳阳，全力支持开通“五定班轮”（定港口、定船期、定线路、定时间、定船舶），实现江海联运。长江航务管理局有关负责人透露，武汉至岳阳段海轮推荐航道将在2010年开辟，万吨海轮年内可直达城陵矶港，岳阳港作为湖南唯一对外开放港口、国家一级口岸却无海轮航道的历史将从此改变。

常德有河流400多条，里程6000多公里，通航1700多公里，水路运输可通江达海。沅江常年可通航千吨级轮船。常德港现有500吨级码头2座，千吨级集装箱码头2座。常德港是湖南省内河六大港口之一，营运船舶占全省1/4，港口和港口吞吐量均占全省1/6，在全省有着举足轻重的地位。它地处常德市，位于湖南省北部沅水下游，由德山、落路口、盐关、河洑和夹街五个主要港区组成，主要经济腹地为常德市和辖区六县、二区、一个县级市，以及益阳、张家界、怀化等部分地区。其水域面积约10平方公里，陆域面积0.85平方公里，已建码头岸线长度2200米，全港拥有生产用泊位47个，其中1000吨级泊位2个，500吨级泊位22个，300吨级泊位15个，200吨级泊位8个，2006年港口货物吞吐量达566.66万吨。内河航道通航等级三级。常德港陆路与长常、常张、常吉高速公路和G207、G319连接，与焦柳线、京广线铁路衔接，内河溯沅水而上，经凌津滩、五强溪两个水电站，至怀化地区而进入贵州省，下入洞庭湖汇湘、资、澧水与长江沟通，洪水期循虎渡河可径入长江中上游。水路运输的主要货种为化肥、粮食、农产品、木浆、化纤、木材、成品油、矿建材料、矿石、煤炭、钢材、集装箱、件杂货及客运等，开通了至湖南内河与长江中下游港口货运航线，常德至上海集装箱内支线。常德水运为常德社会经济和商业贸易的发展起到了不可替代的作用。

益阳水运基础设施相对落后。第一，投入有限，影响航运持续稳定发展。改革开放以来，尽管益阳投资6.7亿元用于水运基础设施建设，但平均每年仅为0.22亿元。由于投入不足，部分航道已处于荒废状态，逐年失去航运价值。益阳三级（1000吨级）航道里程仅157公里，只占航道总里程的13.4%，特别是益阳至桃江、安化的高等级航道比率偏低，制约了当地经济发展。第二，港口集、疏、运能力不足，千吨级以上泊位偏少，港口设施陈旧，货物机械化装卸程度低（仅为25%）；港口建设与城市整体建设不尽协调，港口规划与建设规划不能很好衔接和落实。第三，水运供给能力滞后于经济社会发展新需求。虽然近年来基础设施有一定改善，船舶运力得到较快发展，但水运结构供需矛盾仍比较突出，企业竞争力不强。主要河流上挖砂船、淘金船等乱采乱挖，破坏航道及闸坝，枯水期碍航现象严重，特别是近几年的防洪拆迁和“平垸行洪”对港口影响较大，部分港口处于萎缩状态；二桥以上所有码头面临拆迁，港口码头建设需要加快速度。

益阳拟建以下五大重点工程：①南茅运河航道整治。项目全长41公里，现为Ⅵ级航道，拟通过整治提升为Ⅳ级航道，工程估算投资1.2亿元。②花江航电枢纽建设。拟渠化桃江段航道16公里，适当疏浚下游后与益芦段全线连成Ⅲ级航道，同时配套建设1000吨级码头一个和1000吨级船闸一座及相应发电与水利设施，估算总投资10亿元。③塞阳运河航道整治疏浚。项目全长44公里，现为Ⅵ级航道，拟通过整治提升为Ⅴ级航道（300吨级），工程估算投资4000万元。④资水桃江至安化航段整治。项目全长198公里，现为Ⅵ级航道，拟通过整治提升为Ⅳ级航道，工程估算投资2亿元。⑤澧湘航线益阳至沅江航道整治。项目全长32公里，现为Ⅴ级航道，拟通过整治提升为Ⅲ级航道，使已建成的常鲇和在建的益芦两条1000吨级航道通过本项目实现有效连接，工程估算投资11亿元。

（二）公路物流基础设施发展概况

以2008年湖南省公路里程数据为例，湘北物流圈地区三市公路里程总计为44268.18公里，占全省比例为23.98%；高速公路里程仅为396.13公里，占全省比例仅为19.79%，说明湘北物流圈地区公路等级还比较低，高速公路比重较低，但近年发展相对较快。

表10－7　　2008年湖南省各地州市公路长度　　单位：公里

地　区	里程总计	等级公路	等级公路					等外路
			高速公路	一级公路	二级公路	三级公路	四级公路	
全　省	184568.23	118716.64	2001.43	660.39	6089.32	5963.01	104002.5	65851.59
岳阳市	15314.74	15267.68	134.3	91.75	557.68	478.05	14005.91	47.05
常德市	17161.27	9290.27	205.77	183.54	514.46	453.68	7932.83	7870.99
益阳市	11792.17	7363.32	56.06	64.43	382.21	151.72	6708.9	4428.86
湘北三市合计	44268.18	31921.27	396.13	339.72	1454.35	1083.45	28647.64	12346.9
湘北三市占全省比例（%）	23.98	26.89	19.79	51.44	23.88	18.17	27.55	18.75

资料来源：湖南省交通厅。2006年起等外路包含村道。

湘北物流圈地区公路基础设施情况如下。

岳阳打造三纵三横高速公路网。2008年以来，岳阳高速公路建设全面提速。计划修建的6条高速公路已开工5条，建设总里程达350公里，涉及总投资约320亿元。2009年开工建设的岳阳至常德高速公路，是岳阳交通重点建设项目之一，也是湘西北的主要出口通道，还是第一条贯穿环洞庭湖区的高速公路。该项目总投资97.7亿元，预计在2012年建成通车。截至目前，已累计完成了工程总量的40%，预计2010年内完成工程总量的70%。

目前，岳阳境内已经开工的还有随州至岳阳、岳阳至长沙、岳阳至宜昌、通城至平江四条高速公路，2010年还将开工建设杭瑞高速临湘至岳阳段。到2010年年底，岳阳在建高速将达6条，形成三纵三横立体高速路网，预计将在2015年前全部竣工通车。届时，岳阳将实现县县通高速公路，打破部分县市区绕道的制约瓶颈，全市将形成一个以市中心到各县市区的1小时经济圈，各县市区与武汉或长株潭城市群之间可望4小时内到达，岳阳所有出省、出市的道路全面打通，企业物流成本将大大降低。

常德高速公路建设投资力争达60亿元：2009年，常德市境内东常、岳常、常安高速公路相继启动征地拆迁并开工建设，三条路红线内共完成1700多户32万平方米房屋及2.1万亩土地的征拆工作，且建设进度创纪录。

目前，东常、岳常高速公路路基土石方工程已完成近50%，通涵构造物完成30%以上，常安高速公路建设虽进场较晚，但不到两个月时间完成了拆迁交地，施工推进非常快，三条高速公路共完成建设投资40.88亿元，超额完成了省市下达的目标建设任务。

益阳市公路交通基础设施建设重点项目如下。

在建项目：

（1）杭瑞高速公路益阳段。该项目路线从华容进入益阳市，经南县北部由东往西穿过3个乡镇、7个行政村，进入常德安乡境内，我市境内长12.315公里，采用双向四车道标准建设，设计速度100公里/小时，估算总投资8.6亿元。项目于2009年7月正式开工，预计2012年9月建成通车。

（2）二广高速公路益阳段。该项目路线从常德鼎城区进入益阳，经桃江县武潭、马迹塘，安化县仙溪、梅城，在清塘铺出境进入娄底的涟源市，益阳境内长77.83公里，采用双向四车道高速公路标准建设，设计速度100公里/小时，总投资45.32亿元。项目于2009年11月正式开工，预计常德至安化梅城段2012年10月、安化梅城至邵阳段2013年10月建成通车。

（3）319国道益阳南线高速公路。该项目路线起于长常高速公路K60+200新建的苏家坝互通，往西经杨梅塘、石笋、邓石桥、跨资水进入李昌港乡，经迎丰桥镇北，终点与长沙至常德高速公路K93+620迎丰桥互通A匝道相接，全长39.94公里，采用双向四车道高速公路标准建设，设计速度80公里/小时，概算投资20.6亿元，规划在2013年建成。

（4）益阳至宁乡城际干道。该项目由益阳至沧水铺段和沧水铺至宁乡段两项目组成。益阳至沧水铺按城市主干道标准建设，路线起于益阳市龙头山，接已建成的银城路，经尹家湾、潘家村、邓家冲、袁家塘，止于益阳市沧水铺镇黄团岭张家老屋，顺接拟建的沧水铺至宁乡公路，路线全长10.85公里，路基宽45米，路面宽31.5米，双向八车道，设计速度80公里/小时，同时进行人行道、下水管道、绿化配套工程建设，总投资3.55亿元。

（5）二广高速桃马连接线。该项目是S308的一段，起于桃江县杨家坳（益阳至桃江一级公路终点），经双江学校南、水口山、土巷子、鸬鹚渡、大栗港、筑金坝、赵家坳，止于二广高速马迹塘互通，建设标准为平原微丘区二级公路，设计速度 80 公里/小时，路基宽度为 15 米，路面宽度为 12 米，线路全长 40.28 公里，估算总投资为 4.6434 亿元。

（6）S202 南县华阁至茅草街公路。该项目路线起于南县与华容县交界的小寄山，往南经华阁镇、丰安坝、河口乡、河坝镇、大通湖区、愚公闸、五七闸、千山红镇，终于茅草街大桥接线五七运河桥头，全长 58.029 公里，按二级公路技术标准建设，预算总投资 2.56 亿元。

（7）S308 湘阴西林港至赫山区姚家湾公路。该项目路线起于赫山区与湘阴县交界处，往西经八字哨、三门闸、曾家湾、兰溪、曹家湾、尹家坝、月塘湖、舒家塘，下穿长常高速，经汤家坝、邓家湾、益阳大道、金山路、莲花路，终于姚家湾，该项目全长 30.12 公里，按二级公路技术标准建设，预算总投资 1.52 亿元，2007 年 12 月开工建设，预计 2010 年年底建成通车。

（8）益阳至宁乡横市公路。该项目路线起于益阳至桃江一级公路创业大道平交处，经石牛江、牛田、河溪水、灰山港，终于桃江与宁乡交界处的界牌，该项目全长 37.304 公里，按二级公路技术标准建设，预算投资 1.67 亿元，2008 年 11 月 18 日开工，已累计完成投资 7792 万元，预计 2010 年年底建成通车。

（9）杭瑞高速公路大通湖连接线。该项目路线起于 S204 线，经北洋桥、东风桥、明山镇，止于 S202 线丰安坝，全长 25.796 公里，按二级公路技术标准建设，总投资 9120 万元。2008 年 12 月 25 日开工建设，其老路 X001 已于 2009 年年底建成通车，预计 2010 年年底可全线建成通车。

（10）G207 桃江段。该项目路线起于益阳桃江与常德鼎城区的界碑，往南经武潭、马迹塘、游河坪，止于桃江与安化交界处的界碑，全长 34.596 公里，按二级公路技术标准建设，总投资 1.23 亿元，项目于 2009 年 7 月 29 日开工建设。

（11）G207 安化段。该项目路线起于桃江与安化交界处的界碑，经长塘、仙溪、清塘、清溪、高明，止于安化县与连源市交界处的株木山，全长 72.28 公里，按二级公路技术标准建设，总投资 3.05 亿元，项目于 2009 年 7 月 29 日开工建设。

（12）S308 安化黄沙坪至柘溪公路。该项目路线起于安化县黄沙坪，经乔口镇，利用东坪电站大坝跨资江，沿 S308 线经东坪镇，止于安化柘溪镇，全长 16.424 公里，按二级公路标准建设，总投资 1.01 亿元，项目于 2008 年 8 月开工建设，预计 2010 年年底建成通车。

2010 年开工项目：

（1）益阳至娄底高速公路。该项目起于 319 国道益阳南线高速公路团圆路互通，途经泥江口、灰山港、宁乡横市，在娄底与娄底至衡阳高速公路相接，其中益阳境内约 35 公里，按双向四车道高速公路标准建设，设计速度 100 公里/小时，估算投资 25 亿元。

（2）益阳至马迹塘高速公路。该项目起于 319 国道益阳南线高速公路凤形山互通，经益阳高新区谢林港、桃江县桃花江镇、浮邱山、水口山、鸬鹚渡、大栗港、筑金坝，在武潭镇天湾与正在建设的二广高速公路常德与安化（梅城）段相交，全长 57.8 公里，按双向四车道高速公路标准建设，设计速度 100 公里/小时，估算投资 37.3 亿元。

（3）S225 安化段公路。本项目已列入省“十一五”路网改造规划，路线起于安化平口镇与新化县琅塘镇交界处，于坪口中学后山以资江大桥跨越资江，然后沿资江北岸山脚村道展线，过猪泥尿滩、跨沂溪，在塘甲里人渡东侧新建资江二桥跨回南岸接老路，经渠江镇、柘溪林场、烟溪镇，在烟溪镇与溆浦县交界处的分水界到达本项目终点，全长45.72公里。共有大桥8座，中桥5座，小桥5座，隧道2座。全线采用二级公路标准，设计行车速度40公里/小时，预算总投资为3.22亿元。

（4）S205桃江良荆界至沙渭公路。本项目已列入省“十一五”路网改造规划，线路起于益阳桃江县与常德汉寿县交界的良荆界，沿S205线经花园台、延津桥，止于桃江沙渭，线路全长15.4公里，全线按二级公路标准建设，设计速度60公里/小时，其中起点至花园台段3.5公里，路基宽度10米，花园台段至终点段11.9公里，路基宽度8.5米。本项目估算投资6761万元。

（5）益阳港泥湾港区进港公路。本项目起于S308湘阴西林港至姚家湾公路改建工程K226+120处，经白塘镇、兰溪路、南干渠、野茅凹电排站，止于泥湾港区，全长6.349公里，拟按二级公路技术标准建设，设计时速60公里/小时，估算总投资7619万元。

拟建项目：

（1）南县至益阳高速公路。该项目起于正在建设中的杭瑞高速公路程家山互通，经南县、荷花、三仙湖、茅草街镇、沅江市三眼塘、资阳区长春镇，与长常高速迎风桥互通相接，全长约86.7公里，拟按双向四车道高速公路标准建设，设计行车速度100公里/小时，估算投资65.8亿元。

（2）马迹塘至溆浦高速公路。该项目起于益阳至马迹塘高速公路与二广高速公路天湾互通，向西经安化县羊角塘、冷市、龙塘、杨林、东坪、马路、奎溪，溆浦县水溢、潭家湾、低庄、观音阁，在溆浦县与拟建的娄底至怀化高速公路相接，全长约138公里，按双向四车道高速公路标准建设，设计速度100公里/小时，估算总投资约106亿元。

（3）益阳经湘阴至平江高速公路。该项目拟起于长益高速公路与319国道益阳南线高速公路交叉处苏家坝互通，经益阳市泉交河、笔架山、凤凰湖、八字哨西林港至湘阴县的西林港，益阳市境内长约24公里，拟按双向四车道高速公路标准建设，设计行车速度100公里/小时，估算总投资13亿元。

（4）灰山港至衡龙桥公路改建工程。本项目起于灰山港镇，沿S206到鸾凤山，经岳家桥、在衡龙桥与益宁城际干道相接，线路全长35.101公里，拟按二级公路技术标准建设，设计时速40公里/小时，估算总投资1.55亿元。

（5）S308柘溪至马路口、奎溪至分水界公路改善工程。线路全长18.442公里，拟按二级公路技术标准建设，设计时速40公里/小时，估算总投资6125万元。

（6）益阳资江北岸干线公路。该公路在资江北岸，横跨资阳、桃江、安化三个区县，沿线连接13个乡镇和1个农场，由6条县道和一段省道与一段国道连接组成。项目起于资阳区的刘家湖农场，终于安化县的东坪镇，途经茈湖口、沙头、过鹿坪、长春、新桥河、杨林坳和桃江县的修山、三堂街、武潭与安化县的羊角塘、冷市、龙塘、杨林，全长177公里，估算投资8.5亿元。

（7）S311驿头铺至百花坳公路工程。项目起于安化清塘镇驿头铺，经高明至百花坳与S311宁乡段相接，线路全长12.7公里，拟按二级公路技术标准建设，设计时速40公里/小时，估算总投资6500万元。

(8) S217 梅城至黄柏界公路工程。项目起于安化梅城镇，经乐安至黄柏界与 S217 新化段相接，线路全长 18.2 公里，拟按二级公路技术标准建设，设计时速 40 公里/小时，估算总投资 9100 万元。

(9) 茅坪至东坪公路改建工程。项目起于茅坪，与 G207 相接，经羊角、冷市、龙塘、杨林，止于东坪，线路全长 59.221 公里，拟按二级公路技术标准建设，设计时速40 公里/小时，估算总投资 2.87 亿元。

注：资料来源于“湖南在线—益阳新闻网”。

(三) 铁路物流基础设施建设概况

在岳阳，规划“四纵两横”的铁路网络体系，其中“四纵”指京广铁路、武广客运专线、岳吉铁路、岳长城际铁路，“两横”指荆岳—岳常—岳九铁路、平—汨—益—娄—衡城际铁路。在完成武广客运专线岳阳段建设的基础上，建设岳阳东站和新临湘、新荣家湾、新汨罗 3 个一般中间站；近期完成荆岳铁路岳阳段的建设，建设岳阳、华容、君山站和跨洞庭湖铁路大桥，远期由华容延伸至常德；规划期内，完成岳吉和岳九铁路、临长和益平城际等岳阳段的建设，新建平江站、南江站、虹桥站、临湘站、岳阳站、荣家湾站、汨罗站、湘阴站等。

在常德，石长铁路电化改造及增建二线和黔张常铁路等规划建设项目于 2009 年前启动。同时由于铁道部明显加快与地方政府合作建设铁路的进程，相继与多个省份签订会议纪要与合作协议，形成了一批在建、拟新开工和规划调整项目。其中与常德市相关的项目有：洛（洛阳）张（张家界）铁路电化工程建设（含焦柳线石门段）、黔江—张家界—常德铁路和安康—常德铁路。常德—岳阳铁路、长沙—常德城际铁路、临澧—津市铁路等项目列入省内规划。与此同时，黔张常铁路、安常铁路、常岳铁路、常长城际铁路、安石铁路和临津按铁路正在规划建设中。这些项目建成后，常德市绝大部分区县（市）纳入铁路网服务范围，市城区形成杭渝丽（黔张常、常岳）铁路与洛湛、安石长（含长常城际铁路）铁路交会的总体布局，构建北接洛阳、西安，南达广州、湛江，西通成都、重庆，东连杭州、上海的铁路通道，使该市由支线铁路提升为区域性铁路枢纽城市。

在益阳“交通发展第十一个五年规划”中提到益阳境内现有铁路三条，总长 142.05 公里。第一条是湘黔铁路：经益阳市安化县境，从与新化县接壤的新安岭至与溆浦交界的分水岭，全长 36.78 公里，属国家铁路干线之一。第二条是石长铁路：从益阳青华铺至桃江三官桥，境内长 66.67 公里，途经衡龙桥、沧水铺、邓石桥、株木潭、牛潭河，由三官桥进入常德汉寿。第三条是洛湛铁路：益阳境内从宁乡横市、流沙河进入益阳市，经桃江灰山港、泥江口、石笋，在龙光桥与益阳火车东站交会，全长 38.60 公里。以上三条铁路的建成，标志着湖南三纵（京广、洛湛、焦柳）三横（石长、湘黔至浙赣、湘桂）的“田”字形铁路网正式形成，益阳火车站将成为湘西北一个重要的铁路枢纽站。

(四) 航空物流基础设施发展概况

湘北物流圈地区只拥有常德桃花源机场。益阳和岳阳境内没有机场，其航空运输主要依靠黄花国际机场。

湖南常德桃花源机场位于常德市西南方（斗姆湖镇内），距市区 12.2 公里。机场始建于 1958 年，1964 用“运五”飞机开通了常德至长沙客货航班。1991 年经扩建为 3C 级机场，用“运七”、“安24”型等飞机开通了常德至广州、深圳的航班。为适应航空市场的飞速发展，常德机场于1993年12月按4C级机场规模再次进行了扩建，1996年8月竣工，同年10月3日正式复航，首次用B737开通了常德至广州航班。周二、周五、周日往返。1997又开通了常德至深圳航班，周三、周六往返。并且客座率始终保持在80%以上。1998年新年伊始，常德航站又利用南航B737－300、A320，东航FX100在春运期间加班广州、深圳、海口等地，共安全起降航班100多架次，接送旅客1万余人，完成货邮100余吨。1997年共保障各类飞行430架次，完成旅客吞吐43762人次，货物运输400余吨。1998年保障各类飞行552架次，接送旅客50700人次，完成货邮456.2吨。1999年，常德航站在常德市委、市政府的关心与支持下，除确保了常德至广州、深圳两航线的稳固发展外，还争取开通了常德至北京、海口两地的航班。常德桃花源机场现已开通了北京、上海、广州、深圳、昆明、海口、武汉、重庆等国内航线。据统计，2010年安全保障飞行16717架次，居全国175个境内民用机场第52位，旅客吞吐量达268789人次，居全国民用机场第88位。机场的飞行安全保障率、空防安全保障率一直保持在100%。2008—2010年先后通过民航局航空安全保安审计、民航中南地区行业安全审计以及安全审计复审。

目前，机场已开通了六条航线，分别是常德到深圳、广州、北京、昆明、武汉天河、上海虹桥机场的航线。

三、湘北物流圈地区物流需求分析

（一）社会货运需求分析

2009年湘北物流圈地区岳阳与常德的货运量占全省比例的14.6%，增长幅度为19.5%，高于平均水平8.5个百分点，湘北物流圈三市货运周转量占全省比例的14.27%，增长速度为13.47%，高于全省平均水平将近8个百分点，说明湘北物流圈货运量偏小，平均运输距离较短，但增长速度很快，远远高于全省的平均水平，显示出强劲的发展势头（表10－8）。

表10－8　　2009年湘北物流圈涵盖地区全社会运输情况

地　区	货运量（万吨）	增幅（%）	货运周转量（亿吨公里）	增幅（%）
岳阳市	11123	20.7	165.09	5.7
常德市	7679.5	18.2	104.7	14.8
益阳市	—	—	92.42	19.9
湘北三市合计	18802.5	19.5	362.21	13.47
湖南省	128894.1	11	2538.34	5.60
湘北三市合计占湖南省比例（%）	14.6	—	14.27	—

数据来源：根据湖南省各地区统计公报整理（2010）。

（二）商贸物流服务需求分析

湘北物流圈地区三市2009年实现社会消费品零售总额为1059.56亿元，占全省比例为21.6%，平均增幅为18.9%，但县及县以下消费品零售总额达到536.9亿元，占全省比例的26.62%，平均增幅达20.1%，高于全省平均水平0.8个百分点。

岳阳城乡消费市场繁荣活跃。岳阳市实现社会消费品零售总额431.15亿元，比上年增长19.5%。其中城市市场实现零售额287.65亿元，增长18.8%；县及县以下实现零售额143.5亿元，增长21.0%。限额以上企业零售额86.73亿元，增长20.0%；限额以下企业零售额344.42亿元，增长19.4%。

2009年，常德市社会消费品零售总额405.3亿元，增长18.6%。分地域看，城市社会消费品零售额145.2亿元，增长15.1%；县及县以下社会消费品零售额260.2亿元，增长20.6%。分行业看，批发零售贸易业零售额344.4亿元，增长18.3%；住宿和餐饮业零售额51.7亿元，增长20.4%；其他行业零售额9.2亿元，增长18.7%。

2009年，益阳市社会消费品零售总额223.11亿元，增长18.7%。分地域看，城市消费品零售额89.92亿元，县及县以下零售额133.2亿元，分别增长19.1%和18.7%。分行业看，批发零售业零售额195.1亿元，增长18.9%；住宿和餐饮业24.7亿元，增长17.9%；其他行业3.3亿元，增长16%。全市限额以上贸易企业零售额33.4亿元，增长18.9%，占贸易业的比重为15%。

上述数据汇总于表10-9。

表10-9　2009年湘北物流圈涵盖地区社会消费品零售总额（分行业）情况

地　区	社会消费品零售总额（亿元）	增幅（%）	城市消费品零售总额（亿元）	增幅（%）	县及县以下消费品零售总额（亿元）	增幅（%）
岳阳市	431.15	19.5	287.65	18.8	143.5	21
常德市	405.3	18.6	145.2	15.1	260.2	20.6
益阳市	223.11	18.7	89.92	19.1	133.2	18.7
湘北三市合计	1059.56	18.9	522.77	17.67	536.9	20.1
湖南省	4913.75	19.30	2896.73	19.20	2017.02	19.30
湘北三市合计占湖南省比例（%）	21.6	—	18.05	—	26.62	—

数据来源：根据湖南省各地区统计公报整理（2010）。

湘北三市县及县以下消费品零售总额增幅情况见图10-11。

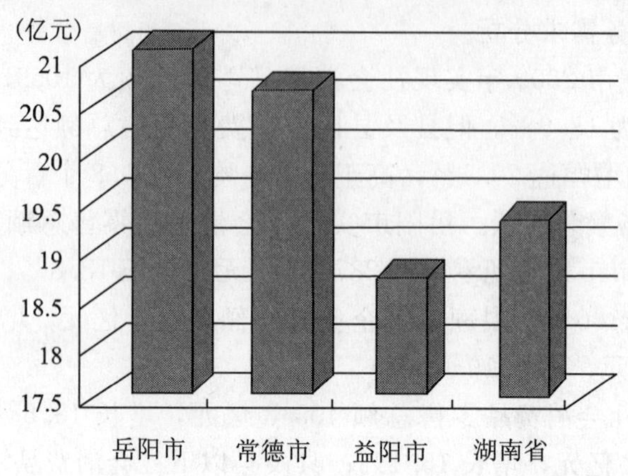

图 10－11 湘北三市县及县以下消费品零售总额增幅情况

分行业看，2009 年湘北物流圈涵盖地区的批发零售贸易业零售额 923.55 亿元，占全省比例为 18.8%，平均增长幅度为 18.9%，略低于全省的平均增幅；住宿和餐饮业零售额 118.29 亿元，仅占全省比例为 4.39%，平均增长幅度为 19.1%（表 10－10）。

表 10－10 2009 年湘北物流圈涵盖地区社会消费品零售总额情况

地 区	批发零售贸易业零售额（亿元）	增幅（%）	住宿和餐饮业零售额（亿元）	增幅（%）
岳阳市	384.05	19.5	41.89	18.9
常德市	344.4	18.3	51.7	20.4
益阳市	195.1	18.9	24.7	17.9
湘北三市合计	923.55	18.9	118.29	19.1
湖南省	4913.75	19.30	2896.73	19.20
湘北三市合计占湖南省比例（%）	18.8	—	4.39	—

数据来源：根据湖南省各地区统计公报整理（2010）。

（三）工业物流需求分析

2009 年，湘北物流圈地区实现全部工业增加值 1253.97 亿元，占全省工业增加值比重的 26.04%，其中，规模工业增加值 1124.43 亿元，占全省比重的 26.5%。特别是益阳的增长速度位居三市第一位（表 10－11）。

表 10-11　　2009 年湘北物流圈涵盖地区社会消费品零售总额情况

地　区	工业增加值（亿元）	增幅（%）	规模工业增加值（亿元）	增幅（%）
岳阳市	580.27	17.8	576.02	18.9
常德市	473.7	14.6	384.0	15.1
益阳市	200	21.2	164.41	24.2
湘北三市合计	1253.97	17.9	1124.43	19.4
湖南省	4814.4	18.50	4250.06	20.50
湘北三市合计占湖南省比例（%）	26.04	—	26.5	—

数据来源：根据湖南省各地区统计公报整理（2010）。

1. 岳阳工业发展状况

岳阳市全部工业企业 2009 年实现工业增加值 580.27 亿元，比上年增长 17.8%，拉动 GDP 增长 7.8 个百分点。其中，全市 1195 家规模以上工业企业实现增加值 576.02 亿元，增长 18.9%（表 10-12）。

表 10-12　　按经济类型分规模工业企业增加值　　单位：亿元

企业类别	2009 年	增幅（%）
全部企业	576.02	18.9
国有企业	37.42	2.3
集体企业	19.87	9.9
股份合作制企业	8.90	30.6
股份制企业	366.22	15.6
外商及港澳台投资企业	30.71	33.1
其他经济类型企业	112.87	35.8

其发展表现为以下几个特点。

一是县市区工业增量大（图 10-12）。

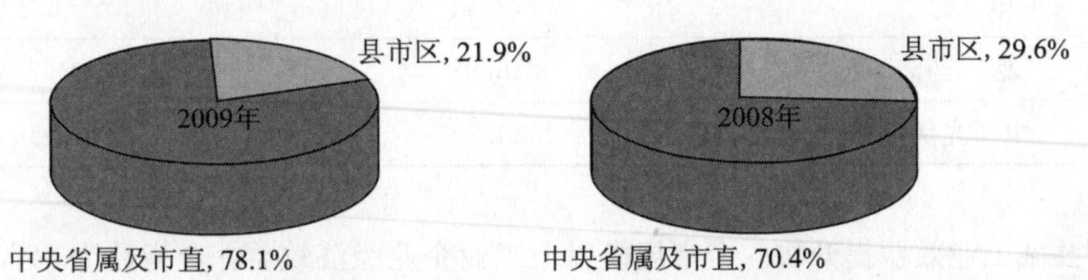

图 10-12　2009 年、2008 年规模工业分区域结构比较

二是园区工业发展较快。全市 12 大工业园区实现规模工业增加值 248.47 亿元，增长 19.5%。其中六大省级园区实现规模工业增加值 173.78 亿元，增长 17.7%（表 10－13）。

表 10－13　　2009 年省级六大园区规模工业增加值　　单位：亿元

名　称	2009 年	增幅（%）
合　计	173.78	17.7
湖南岳阳经济开发区	90.08	16.4
湖南岳阳云溪工业园区	10.67	8.8
湖南汨罗再生资源工业园区	25.99	20.2
湖南平江工业园区	10.39	38.5
湖南湘阴工业园区	19.86	24.4
湖南临湘工业园区	16.79	9.0

三是非公经济强势增长。全市非公有制规模工业企业实现增加值 374.23 亿元，增长 33.3%，超过全市平均水平 14.4 个百分点，占全部规模工业增加值比重同比提高 8.5 个百分点。

四是优势产业较快增长（表 10－14）。

表 10－14　　2009 年优势产业规模工业增加值　　单位：亿元

名　称	总　量	增幅（%）
石油化工	148.83	1.0
食　品	127.67	28.1
废旧回收	58.45	32.7
矿石建材	56.05	41.6
纺　织	32.00	19.5
机械制造	31.44	38.0
造　纸	22.51	11.8
电　力	18.44	－2.3
医　药	16.82	14.3
电子光伏	14.72	48.1

五是县域工业效益提升快。全市规模以上工业企业经济效益综合指数为 347.29%，同比提高 59.8 个百分点；2009 年县市区规模以上工业实现利税 67.51 亿元，增长 43.0%，实现利润 24.38 亿元，增长 12.5%。

六是工业主要产品产量增加。全市19种主要工业产品中，保持增长的有12种，下降的有7种（表10－15）。

表10－15　　2009年主要工业产品产量

产品名称	单　位	产　量	比上年增长（%）
发电量	亿千瓦小时	78.75	－5.7
精制食用植物油	万吨	127.4	64.5
饲料	万吨	295.25	24.1
罐头	万吨	23.73	2.1
精制茶	万吨	8.8	－9.3
饮料酒	万升	15757	22.6
纱	万吨	22.13	36.1
机制纸及纸板	万吨	77.42	24.2
原油加工量	万吨	559.32	－7.9
汽油	万吨	131.05	3.8
柴油	万吨	215.03	－7.0
合成氨	万吨	44.02	－23.6
农用氮、磷、钾化学肥料（折纯）	万吨	66.81	32.8
瓷制砖	万平方米	880.72	38.7
水泥	万吨	183.33	13.3
输液	万瓶（袋）	30750	8.9
泵（液体泵）	万台	5.43	－6.9
交流电动机	万千瓦	471.98	－0.2
铜材（铜加工材）	万吨	23.9	18.9

2. 常德工业发展状况

2009年，常德市完成工业增加值473.7亿元，增长14.6%，比上年下降5.1个百分点。规模以上工业企业完成增加值384.0亿元，增长15.1%，比上年下降7.2个百分点。非公有制规模以上工业增加值166.0亿元，增长16.8%。

规模以上工业企业经济效益综合指数为330.4%，比上年下降10.8个百分点。规模以上工业企业产销率为97.8%，下降0.77个百分点；实现利税总额241.7亿元，增长14.1%；实现利润67亿元，增长3.1%；工业亏损企业亏损额4.1亿元，下降2.8%。2009年常德主要工业产品产量见表10－16。

表10-16　　2009年常德主要工业产品产量

产品名称	计量单位	数　量	比上年增长（%）
原煤	万吨	130.5	30.3
发电量	亿度	89.5	36.5
水泥	万吨	873.8	42.7
纱	万吨	13.9	−1.7
布	亿米	2.1	14.5
汽车	万辆	0.36	−46.5
电解铝	万吨	14.6	−46.3

3. 益阳工业发展状况

2009年，益阳市全部工业增加值200亿元，增长21.2%。规模以上工业企业719家，完成增加值164.41亿元，增长24.2%，其中轻工业增加值66.18亿元，增长18.8%；重工业增加值98.23亿元，增长28.1%。重点产业不断壮大。九大重点产业增加值139.08亿元，拉动全市规模以上工业增加值19.6个百分点，对规模以上工业增长的贡献率为81.2%。全市省级园区规模以上工业企业143家，比上年增加5家，实现增加值61.23亿元，增长21.8%。全市新产品产值18.12亿元，增长7.5%（表10-17）。

表10-17　　2009年益阳市规模以上工业增加值主要分类情况　　单位：亿元

指　　标	绝对数	比上年增长（%）
规模以上工业增加值	164.41	24.2
其中：轻工业	66.18	18.8
重工业	98.23	28.1
其中：国有及国有控股企业	39.12	33.4
非公有制企业	120.21	22.0
其中：大中型企业	38.09	20.5

益阳市工业发展体现出以下几个特点：

（1）骨干企业明显增加。一批新建企业建成投产，一批重点技术改造项目完成。益阳市年产值超过亿元的企业有益阳火电厂、中联重科沅江分公司、益阳电业局、科力远、纳爱斯、资江电子、益阳橡塑集团、沅江纸业、汉森制药、太阳鸟游艇、桃江金沙钢铁、克明面业、柘溪水电站、东方水泥、口味王槟榔、益华水产、晶鑫新能、汇盛科技、滨湖发动机、金北顺纸厂、辣妹子食品、德胜纺织、口口香米业等108家，比上年增加26家，这些重点骨干企业成为推动益阳市工业发展的主要动力。

（2）十种主要产品产量七增三降。益阳市规模以上工业企业生产人造板139.93万立方米，增长24.07%；大米108.59万吨，增长17.43%；机制纸及纸板49.11万吨，增长

17.8%；发电量91.79亿千瓦时，增长56.3%；搅拌车1127辆，增长89.7%；水泥508.83万吨，增长6.9%；钢材18.62万吨，增长40.5%；十种有色金属5.05万吨，下降16.6%；纱8.55万吨，下降11.8%；精制茶1.85万吨，下降8.8%。

（3）工业经济效益水平不断提升。益阳市规模以上工业企业产品销售率达99.3%。规模以上工业企业主营业务收入529.95亿元，增长24.1%；实现利税28.71亿元，增长57.7%（表10－18）；亏损面为4.6%。独立核算规模工业综合效益指数为221.41%，比上年提高24.1个百分点。有色金属冶炼业、食品工业、装备制造业、造纸及纸制品业、纺织工业、电力行业、化学工业、竹木加工业、建材行业9大行业实现利润10.89亿元，占全部规模以上工业利润的72.7%。

表10－18　　2009年益阳市规模以上工业利税总额　　单位：亿元

指　　标	绝对数	比上年增长（%）
主营业务收入	529.95	24.1
利税总额	28.71	57.7
利润总额	14.98	76.3
其中：小型企业	7.3	46.2
其中：中型企业	6.34	129.7

数据来源：根据岳阳市2009年统计公报整理（2010）。

（四）农产品物流需求分析

湘北物流圈地区农业生产稳定发展，农产品物流需求优势明显。2009年，湘北三地棉花产量达21.52万吨，占全省产量的89.26%；油料产量89.59万吨，占全省的49.98%；另外还有水果、水产品、肉类等产量较大，在全省占份额较大，巨大的农产品物流需求给当地物流产业发展提供了良好的发展契机。具体分析如表10－19所示。

表10－19　　2009年湘北物流圈涵盖地区农产品产量情况

地区＼品种	品种	粮食	油料	棉花	水果	蔬菜	肉类	水产品	禽蛋	出栏猪	出栏牛	出栏羊
	单位	万吨	万吨	吨	万吨	万吨	万吨	万吨	万吨	万头	万头	万只
岳阳市	产量	315.52	17.82	4.76	—	239.97	55.44	36.16	7.67	729.28	11.69	40.72
	增长（%）	7.63	33.13	5.3	—	7.2	3.8	4.7	4.9	2.8	9.4	3.8
常德市	产量	378.5	52.8	12	82.4	189.8	60.5	—	—	602.7	13.5	175.0
	增长（%）	8.0	19.8	−9.6	7.3	5.1	3.4	—	—	6.9	6.9	−0.9
益阳市	产量	238.67	18.97	4.76	30.92	175.49	37.26	25.55	8.89	457.31	—	—
	增长（%）	9.7	49.3	11.2	−2.1	9.8	5.5	5.3	9.9	5	—	—

续 表

品种 地区	品种	粮食	油料	棉花	水果	蔬菜	肉类	水产品	禽蛋	出栏猪	出栏牛	出栏羊
	单位	万吨	万吨	吨	万吨	万吨	万吨	万吨	万吨	万头	万头	万只
湖南省	产量	53061.22	179.24	24.11	315.91	2844.2	570.08	188.58	94.36	—	—	—
	增长（%）	3.50	34.0	—2.20	2.60	10.3	4.70	5.60	5.20	2.70	—	—
湘北三市合计		932.69	89.59	21.52	113.32	605.26	153.2	61.71	16.56	—	—	—
湘北物流圈地区占全省比重（%）		1.8	49.98	89.26	35.87	21.28	26.87	32.72	17.55	—	—	—

数据来源：根据湘北三市 2009 年统计公报整理（2010）。

1. 岳阳市农业发展现状

农林牧渔协调发展。全市农、林、牧、渔业实现总产值 299.0 亿元，比上年同期增长 5.8%，结构比例为 43.5∶2.9∶37.7∶15.9。

全市实现农业产值 128.3 亿元，增长 5.5%。

2009 年岳阳主要农作物播种面积及产量见表 10－20。

表 10－20　　2009 年主要农作物播种面积及产量

名　称	播种面积（千公顷）	增幅（%）	产量（万吨）	增幅（%）
粮食	539.60	13.08	315.52	7.63
优质稻	339.62	1.62	198.87	1.62
棉花	32.36	—6.53	4.76	5.30
糖料	0.78	50	4.11	48.47
油料	116.82	5.57	17.82	33.13
蔬菜	80.03	4.33	239.97	7.20

全年实现林业总产值 8.68 亿元，增长 4.2%，林业综合经济产值 77.15 亿元，增长 10.0%。其中林产品、竹木采伐产值 10.78 亿元，增长 17.0%，林业采掘和制造业产值 63.84 亿元，增长 9.0%，森林旅游及服务业产值 2.53 亿元，增长 8.6%。全年完成植树造林面积 24.76 万亩，面积核实率 99.9%。全市牧业总产值 111.23 亿元，增长 6.4%；渔业总产值 47.05 亿元，增长 4.3%。

2009 年岳阳养殖业主要产品产量情况见表 10－21。

表 10-21　　2009 年养殖业主要产品产量情况

项　目		单　位	产　量	增幅（%）
牧业	出栏生猪	万头	729.28	2.8
	出栏牛	万头	11.69	9.4
	出栏羊	万只	40.72	3.8
	肉类总产量	万吨	55.44	3.8
	禽蛋产量	万吨	7.67	4.9
渔业	水产品	万吨	36.16	4.7
	淡水养殖面积	千公顷	60.44	4.9

2. 常德市农业发展现状

2009 年粮食种植面积 663.0 千公顷，比上年增加 64.4 千公顷，增长 10.8%；其中优质稻种植面积 298.7 千公顷，比上年增加 17.7 千公顷，增长 6.3%；棉花种植面积 78.6 千公顷，减少 9.9 千公顷；油料种植面积 295.8 千公顷，增加 27.5 千公顷，增长 10.3%；糖料种植面积 2.9 千公顷，增长 19.3%；蔬菜种植面积 87.5 千公顷，增长 3.9%；

常德市 2009 年主要农产品产量及增长速度见表 10-22。

表 10-22　　2009 年主要农产品产量及增长速度

产品名称	产量（万吨）	比上年增长（%）
粮　食	378.5	8.0
油　料	52.8	19.8
棉　花	12.0	−9.6
糖　料	12.6	7.0
茶　叶	1.2	6.9
水　果	82.4	7.3
蔬　菜	189.8	5.1

全年出栏生猪 602.7 万头，增长 3.7%；出栏牛 13.5 万头，增长 6.9%；出栏羊 175.0 万只，下降 0.9%。全年肉类总产量 60.5 万吨，增长 3.4%。水产品产量 32.9 万吨，增长 7.8%。牛奶产量 0.84 万吨，增长 0.5%。

3. 益阳

2009 年，全市实现农林牧渔总产值 216.53 亿元，比上年增长 6.3%。全市粮食播种面积 405.69 千公顷，比上年增长 10.8%，其中稻谷 362.34 千公顷，增长 8.5%。油料 116.93 千公顷，增长 19.9%。棉花 29.8 千公顷，下降 4.1%。蔬菜 71.42 千公顷，增长 17.8%。粮食总产量 238.67 万吨，增长 9.7%，其中稻谷 224.67 万吨，增长 8.2%。全年出栏肉猪 457.31 万头，增长 5%；出笼家禽 2377.5 万羽，增长 7.9%；水产品产量

25.55 万吨，增长 5.3%（表 10－23）。

表 10－23　　2009 年益阳市主要农产品产量　　单位：万吨

产品名称	绝对数	比上年增长（%）
粮　食	238.67	9.7
油　料	18.97	49.3
棉　花	4.76	11.2
苎　麻	4.16	－26.9
甘　蔗	8.87	－18.5
茶　叶	2.13	13.1
蔬　菜	175.49	9.8
水　果	30.92	－2.1
肉　类	37.26	5.5
禽　蛋	8.89	9.9
水产品	25.55	5.3

农业结构变化明显。全市粮食产值占农林牧渔总产值的比重为 20.6%，比上年提高 1.0 个百分点；油料占总产值的比重为 3.3%，上升 0.4 个百分点；棉花所占比重为 3.6%，提高 0.5 个百分点；蔬菜所占比重为 13.0%，提高 2.4 个百分点。生猪产值占农林牧渔总产值的比重为 25.0%，下降 5.5 个百分点；家禽所占比重为 8%，上升 0.5 个百分点。

现代林业示范市建设稳步发展。全市纯林产值达 10.02 亿元，占农林牧渔业总产值的比重为 4.6%。涉林产业总产值 79.0 亿元，比上年增长 15.7%。

农业综合生产能力继续提高。全年水利投入资金 3.97 亿元。新增农田有效灌溉面积 0.37 千公顷。年末农业机械总动力达 350.28 万千瓦。

四、湘北物流圈地区物流业发展举措

（一）岳阳建立优势明显、交通便捷、集散辐射力强的现代物流体系

1. 建设城陵矶港口物流基地

位于城陵矶松阳湖港口附近，规划以工业制造物流为主，利用城陵矶通江达海的水运优势和贯南通北的陆路优势，高起点规划和建设城陵矶现代物流业，组建物流园区，形成完善的港口货物集散、中转、配送、货运代理、信息服务、物流咨询、商品展示及电子商务等现代物流体系。依托长炼、巴陵石化、华能、已内酰胺、造纸厂等大企业物流大运量的优势，积极发展骨干型的物流企业，包括仓储分拨、零担快运服务、特定客户服务、综合物流服务、物流方案设计为主的物流企业等。通过长沙、武汉的物流枢纽与国内、国外市场对接。规划用地面积 50 万平方米。

2. 建设枫桥湖物流基地

位于中心城区火车站北面邻枫桥湖路。随着岳阳高速铁路的建设，中心城区火车站客流将逐步往高速铁路火车站转移，原有火车站将以货运和短途客运为主，远期规划该基地为铁路—公路货运枢纽型物流基地，同时，对内为城区内工、农、商贸流通等行业服务，成为岳阳市商业配送物流区。

3. 建设太阳桥物流基地

位于107国道附近，该基地为公路枢纽型物流基地，以高速公路和107国道为依托，拟建成以较大规模的商品集散物流为主的综合性物流中心，规划用地面积30万平方米。三大物流基地以城市主干道为依托，互有所长，互补互利，构成岳阳整体现代物流。

力争到2015年，城区市场成交总额突破500亿元，增长幅度达20%；社会消费品零售总额达到682亿元，增长幅度12%；三产业占GDP的比重达到60%，比2007年增长45%；三产业创税总额达到30亿元，占财政总收入的30%，比2007年增长73%。

（二）常德大力发展物流业，建设区域物流中心

在《常德市国民经济和社会发展第十二个五年规划纲要》中明确提出：重点推进工业品、日用消费品和农副产品三大物流体建设，加快综合物流园区建设，以城市高速外环线及6个互通和火车站、机场、港口为依托，布局建设“四大园区”，即城西的常德综合物流园（含灌溪物流园）、城东仓储物流园、德山物流园和桥南物流园（含斗姆湖空港物流园），形成货物的合理组织和高效集散。培育龙头企业。大力引进国际国内知名物流企业，积极推动大型工业和商贸企业剥离物流业务，组建专业化物流公司，整合提升邮政、粮食、烟草、钢材等行业物流，加快扩张，拓展期货交易、国家储备、电子商务等新型业态，逐步培育一批总体规模大、服务水平高、发展效益好、竞争能力强的物流龙头企业，力争到2015年，培育1家营业额3亿元以上、5家1亿元以上的物流企业以及1～2家国家4A级物流企业。创新发展方式。高标准建设物流信息综合平台，优化物流供应链。推广物流业行业标准，积极运用集装单元、射频识别、自动分拣、冷链配送等物流新技术。建立物流行业协会，引导物流业诚信经营，规范物流业发展。

（三）益阳建设湘中北区域物流枢纽

综合考虑益阳城市功能定位、物流业发展的内外部环境、交通区位条件等因素，益阳现代物流业发展定位为湘中北区域物流枢纽。即一方面依托洞庭湖内河航运以及公、铁运输枢纽优势，为湘中北地区提供物流中转服务，另一方面作为长株潭城市群的卫星城，承担为长株潭中心城市提供工业原辅材料的仓储、配送，农副产品运输中转、储存、加工等相关物流功能服务。

益阳市现代物流业的发展目标是：以提高流通效率、降低物流成本为核心，以加强现代物流基础设施以及相关配套系统建设、推进物流资源整合、加快普及现代物流理念和技术为重点，建立多层次的社会化、专业化现代物流服务网络体系，努力营造现代物流发展的良好环境，积极发展物流市场，大力培育和引进先进的专业物流企业，为益阳现代物流业快速、全面发展打下较好的基础。

1. 近期发展目标

到2015年，力争现代物流基础设施建设取得积极进展，现代物流园区和物流/配送中心建设取得初步成效，建成1个大型综合物流园区和5～6个专业物流/配送中心；现代物流需求市场初具规模，培育现代物流企业取得明显成效，现代物流技术推广步伐加快，企业物流水平得到提高，力争引进和培育2～3个大型现代物流企业；物流的社会化、规模化、专业化水平以及物流服务能力和运作效率不断提高，第三方物流在社会物流总量中所占的比重逐步提高，市场占有率达到40%以上；全社会物流总成本占全市生产总值的比重下降到17%左右。

2. 中远期目标展望

到2020年，物流产业政策体系较为完备，现代物流基础设施逐步完善，物流需求市场具有较大规模，物流企业运作效率和服务能力显著提高，力争初步建立起物畅其流、快捷高效、安全方便的现代物流服务体系；第三方物流在社会物流总量中所占比重继续增大，市场占有率达到60%～70%；物流成本占全市生产总值的比重下降到13%左右。

到2025年，全市形成布局合理、配置高效、技术先进、功能完善的现代物流网络和服务体系，成为湘中北区域物流枢纽，第三方物流在社会物流总量中的比重进一步上升，企业物流运作效率和服务能力大幅度提高，物流成本占全市生产总值的比重持续下降，达到发达国家在20世纪末的水平。

益阳市物流运作基础设施的空间布局为：综合性物流园区重点项目1个，专业性物流中心、配送中心重点项目20个，其中，中心城区8个，县（市）12个。具体布局方案及建设规模如表10－24、表10－25和表10－26所示。

表10－24　　益阳市重点物流园区一览表

物流节点	位置	服务功能
益阳现代物流园	高新区	依托公、铁、水交通枢纽的优势，立足于益阳市四大工业园，为其提供采购、运输、仓储、配送等物流服务，同时为湘中北地区以及未来大河西先导区提供货物中转物流服务，同时积极发展保税物流服务，发展成为枢纽型物流园区

表10－25　　益阳市中心城区重点物流/配送中心一览表

序号	物流节点	位置	服务功能
1	洞庭湖农副产品物流中心	资阳区	立足于益阳市，提供市域以及周边地区专业的农副产品物流服务，远期辐射长沙大河西先导区
2	危险化学品物流中心	赫山区	立足于益阳市范围内，主要为益阳市域内的客户提供危险化学品的专业物流配送服务，同时也为益阳周边地区的客户提供危险化学品的物流服务
3	兰溪粮油物流中心	赫山区	主要为兰溪当地粮油生产企业提供粮油物流配送服务
4	益阳粮食物流中心	赫山区	主要为益阳市、湘中北地区乃至全国范围内提供专业的粮食物流配送服务

续　表

序号	物流节点	位置	服务功能
5	益阳港物流中心	赫山区	主要为益阳市域、湘中北地区、未来大河西先导区内的工商生产企业提供物流中转、仓储、加工、配送等服务
6	益阳烟草配送中心	赫山区	主要为益阳市域内的烟草销售客户提供烟草仓储、配送服务
7	益阳邮政配送中心	赫山区	主要为益阳市域提供包裹、快递等物品的配送服务，未来重点拓展服务于“三农”的农村物流配送
8	长春工业园配送中心	资阳区	为长春工业园内企业提供仓储、加工及配送服务

表 10-26　　益阳市县（市）重点物流/配送中心一览表

序号	物流节点	位置	服务功能
1	桃江桃花江物流中心	桃江县	立足于桃江县，主要服务于桃江经济开发区以及桃江县，打造成“以竹产品物流为特色，其他物流服务为补充”的特色物流中心
2	灰山港配送中心	桃江县	灰山港配送中心主要为灰山港的各类型企业提供集仓储、货运代理、包装、配送、信息服务等诸多功能于一体的专业化的配送服务
3	南县南洲物流中心	南县	立足于南县，主要为南县内商贸流通企业、农副产品、生产资料等提供综合物流配送服务。打造成以“农副产品物流为特色”的综合物流中心
4	茅草街物流中心	南县	立足于茅草街经济开发区，主要为经济开发区内的企业提供原材料及产成品的配送服务，其次利用千吨级码头为周边地区的生产流通企业提供多式联运及中转运输服务
5	大通湖物流中心	大通湖区	立足于大通湖区的特色产业，主要服务于其特色农业以及工业园，为益阳市以及环洞庭湖经济区域提供物流配送、中转服务，从而发展成为综合物流中心
6	沅江港物流中心	沅江	立足于沅江市，为沅江市经济开发区以及周边县市的货物提供中转、配送等物流服务
7	沅江市平安物流中心	沅江	为沅江当地企业提供第三方物流服务的综合物流中心

续 表

序号	物流节点	位置	服务功能
8	沅江宇龙物流中心	沅江	主要为国家冻肉储备项目提供专业的冷链物流服务
9	沅江市琼湖物流中心	沅江	利用当地便利的水运以及公路运输条件，开展以区域物流为主，市域配送为辅的综合物流服务
10	安化东坪物流中心	安化县	立足于安化县，为安化县提供生产资料、商贸流通等综合的物流配送服务
11	安化梅城配送中心	安化县	立足于梅城镇，以公路运输为主，为梅城周边地区提供配送以及货物中转服务
12	安化江南配送中心	安化县	主要为安化经济开发区内的各类型企业提供集仓储、货运代理、包装、配送、信息服务等诸多功能于一体的专业化的配送服务

资料来源：益阳市十二五物流发展规划。

第十一章　湘西物流圈物流业发展研究

2009 年颁布的《湖南省物流业振兴实施规划（2009—2011 年）》中明确提出：建设四大物流区域。以长株潭物流区域作为全省物流业发展的区域中心，利用长株潭城市群“两型社会”建设综合配套改革试验区的政策优势，重点发展商贸物流、制造业物流和国际物流。高标准建设一批现代化物流园区和物流中心，培育一批在国际国内具有竞争力的龙头物流企业。以岳阳为中心的湘北物流区域，发展大宗能源、原材料物流、集装箱多式联运和国际物流。以怀化为中心的湘西物流区域，大力发展商贸物流。以衡阳为中心的湘南物流区域，大力发展煤炭、矿石等大宗商品物流和装备制造物流、轻工纺织品物流以及保税物流。

湘西物流圈指以怀化为中心，辐射张家界、邵阳、娄底和湘西州的物流圈，主要包括湖南省内欠发达的五个地级市，如图 11－1 所示。

图 11－1　湘西物流圈涵盖区域示意

一、湘西物流圈经济社会概况

湘西地区包括湖南省西部的张家界市、怀化市、湘西土家族苗族自治州、邵阳市和娄底市，分别与湖北、重庆、贵州和广西四省区相邻；地处武陵山脉和雪峰山脉，位于东经108°47′～111°20′，北纬25°52′～29°48′；面积81443平方公里，占全省的38.44%，属典型的山区地形。

（一）自然资源丰富，发展潜力大

1. 资源丰富

湘西地区大小河流密布，水力资源蕴藏量超过1000万千瓦，可开发量超过600万千瓦，分别占全省的48.4%和53.7%，境内有五强溪、凤滩、江垭和碗米坡等大型水电站。2009年，湘西物流圈地区有林地面积389.30万公顷，占总面积的62.9%，森林覆盖率为62.34%，比全省高9.21个百分点，森林蓄积量达11601.6万立方米；生物资源种类繁多，拥有金钱豹、娃娃鱼、独角兽等国家保护动物和南方红豆杉、伯乐、珙桐等珍稀树种。湘西地区已基本探明储量矿产资源近百种，锰储量居全国第2位，铅锌居全国第3位，汞居全国第4位，黄金、磷矿、重晶石、大理石等储量均居全省首位。

湘西地区山奇水美，风光秀丽，拥有浓郁的少数民族风情和厚重的历史文化底蕴：张家界为全国第一个国家级森林公园，总面积达500平方公里，是融山、水、洞和历史文化、民俗风情为一体的旅游风景区；自治州的凤凰国家历史文化名城、里耶古城遗址及秦简；怀化的沅陵黔中郡故城遗址、芷江抗战胜利受降坊以及丹霞地貌群——通道万佛山；邵阳的武冈云山国家森林公园和被誉为南方“呼伦贝尔”的南山牧场。同时，湘西物流圈地区是典型的少数民族聚居区，居住在这一区域的少数民族人口560多万人，占湖南省少数民族人口的95%以上。

2. 较好的区位和交通优势

湘西物流圈地区处于五省交界之处，是湖南省通往云贵渝的门户地带，也是全国东部地区经济技术向西南辐射和西南地区物资向东流转的必经之地，起着引东接西、连南通北的重要作用。湘黔、枝柳和渝怀铁路呈“大”字形在此交会，怀化火车编组站是全国九大铁路编组站之一；320、319、209国道和上瑞、长渝高速公路贯穿其境；张家界机场已开通40多条航线，在建的怀化芷江机场即将建成使用；沅水、澧水通航能力较强。湘西地区已初步形成以铁路、公路为主，航空、水运为辅的立体交通网络。

3. 产业开发初具规模

从工业看，湘西地区共有规模工业企业1021家，初步形成了以电力、冶金、食品、医药和化纤等产业为主体的工业体系，发展了一批具有较强市场竞争力的重点骨干企业。

从农业看，境内大部分地区海拔较高，为发展延季及反季节蔬菜生产提供了得天独厚的条件；雪峰蜜橘、溆浦枣子、猕猴桃、药材种植业和湘西黄牛、乳业等养殖业均已形成较大的开发规模。

从第三产业看，湘西地区充分利用独特的自然、人文景观，并通过改造和新建一批宾馆酒店，提高接待能力，进一步发展壮大旅游业，从而带动了第三产业迅速发展。

2009年，湘西地区旅游景点接待能力达35.27万人次/天，共接待国内游客2964.23

万人，实现国内旅游收入 98.16 亿元，第三产业实现增加值 530.12 亿元，增长 9.7%。

（二）经济实力不强，产业水平低

1. 人口众多，面积大

根据第六次全国人口普查数据，全省常住人口为 65683722 人，同第五次全国人口普查 2000 年 11 月 1 日零时的 64395273 人相比，10 年共增加 1288449 人，增长 2%，如表 11－1 所示。湘西五市人口总数为 19623755 人，占全省总人口的 29.88%。

表 11－1　　全省常住人口的地区分布

地　区	人口数（人）	人口密度（人/平方公里）	面积（平方公里）
怀化市	4741948	172	27569
邵阳市	7071826	340	20799
娄底市	3785627	467	8106
湘西州	2547833	165	15441
张家界市	1476521	155	9526
湘西五市合计	19623755	—	81443
湖南省	65683722	310	211883
湘西五市合计占湖南省比重（%）	29.88	—	38.44

数据来源：湖南省第六次全国人口普查主要数据公报，2011。

2. 经济总量小

湘西物流圈所涵盖的区域 2009 年 GDP 总额为 2201.7 亿元，仅占全省 GDP 的 17.3%；湘西物流圈区域平均 GDP 增幅仅为 12.84%，明显落后于全省平均发展水平（表 11－2）。

表 11－2　　2009 年湘西物流圈涵盖地区 GDP 情况

地　区	地区国民生产总值 GDP（亿元）	GDP 增幅（%）
怀化市	559.15	13.7
邵阳市	600.69	12.9
娄底市	569.79	12.9
湘西州	268.97	11
张家界市	203.1	13.7
湘西五市合计	2201.7	平均 12.84
湖南省	12930.69	13.6
湘西五市合计占湖南省比重（%）	17.03	—

数据来源：根据湖南省各地区统计公报整理（2010）。

从人均生产总值情况来看，邵阳市以人均生产总值8857元处于全省最低，仅为全省平均水平20226元的44%左右，湘西物流圈的人均生产总值总体上还处于较低水平。人口众多而经济欠发达是该区域的主要特点（图11-2）。

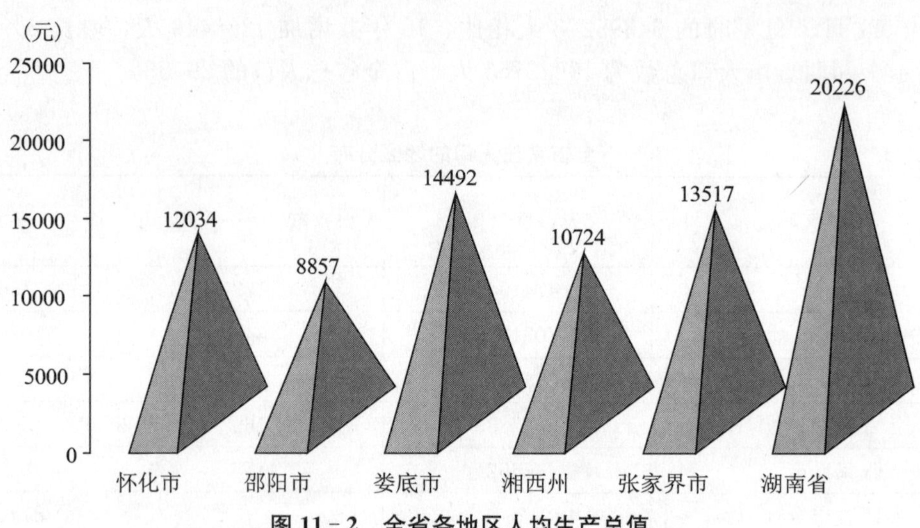

图11-2　全省各地区人均生产总值

3. 经济结构不合理

从经济结构来看，湘西物流圈所涵盖的区域第一产业比重偏大，比全省高3.1个百分点；第二产业比重为27.9%，比全省低10.8个百分点（表11-3）。

表11-3　2009年湘西物流圈涵盖地区GDP情况

地　区	第一产业增加值（亿元）	增幅（%）	第二产业增加值（亿元）	增幅（%）	第三产业增加值（亿元）	增幅（%）	人均生产总值（元）
怀化市	86.62	8.70	223.84	18.50	248.69	11.50	12034
邵阳市	149.88	6.20	216.26	19.50	234.55	11	8857
娄底市	92.04	4.60	290.01	16.10	187.74	11.50	14492
湘西州	44.34	4.90	107.56	11.60	117.07	12.60	10724
张家界市	26.89	5.60	47.06	17.70	129.15	13.80	13517
湘西五市合计	399.77	6.00平均	884.73	16.68平均	917.2	12.08平均	11924.8
湖南省	1969.67	5.00	5682.19	18.90	5278.83	11.00	20226
湘西五市合计占湖南省比重（%）	20.30	—	15.57	—	17.38	—	占全省58.96

数据来源：根据湖南省各地区统计公报整理（2010）。

从三次产业比重来看，湘西物流圈地区第一产业比重明显偏高，而第二、第三产业发展显然滞后于全省平均水平（表 11－4）。湘西地区现有贫困县 18 个，占全省的 47.4%，贫困人口 160.21 万人，占全省贫困人口的 38.5%。贫困人口大多分布在少数民族聚居区、岩干旱区、高寒边远山区和水库淹没区，生存环境差，基础设施严重缺乏，生产能力弱，城镇化水平低。

表 11－4　2009 年湘西物流圈涵盖地区 GDP 结构情况

地　区	2008 年			2009 年		
	第一产业比重	第二产业比重	第三产业比重	第一产业比重	第二产业比重	第三产业比重
怀化市	16.4	39.9	43.7	15.5	40	44.50
邵阳市	26.8	34.7	38.5	25	36	39
娄底市	18.5	50	31.5	16.2	50.9	32.9
湘西州	18.3	41.3	40.4	16.5	40	43.5
张家界市	14.6	23.5	61.9	13.2	23.2	63.6
湘西五市平均	18.92	37.88	43.2	17.28	38.02	35.89
湖南省	16.4	43.5	40.1	15.2	43.9	40.9

数据来源：根据湖南省各地区统计公报整理（2010）。

通过对比湘西五市 GDP 结构情况和全省平均值，发现湘西五市的第一产业比重均值比全省均值高 2.08 个百分点，第二产业比重均值比全省均值低 5.88 个百分点，第三产业比重均值比全省均值低 5.011 个百分点（图 11－3）。

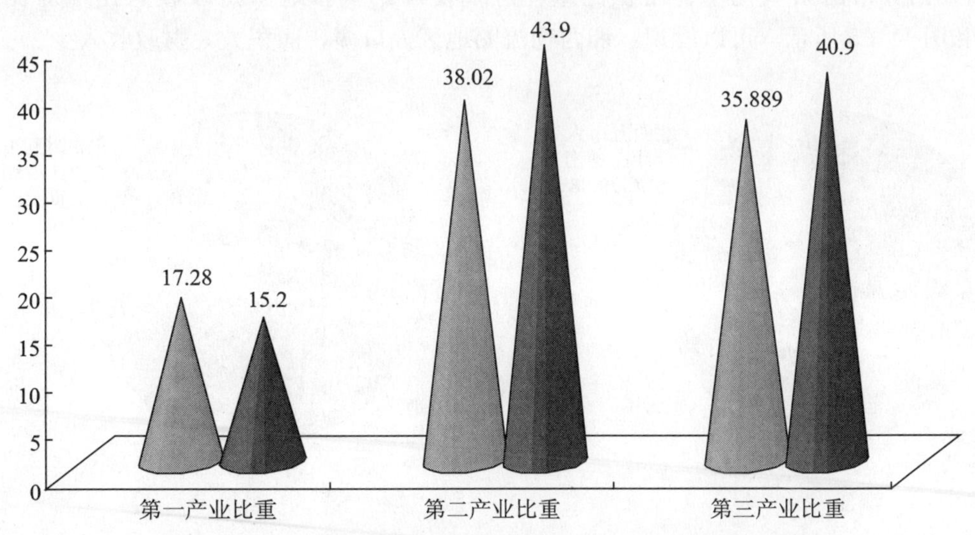

图 11－3　2009 年湘西物流圈涵盖地区 GDP 结构均值与全省均值比较

总的来看，湘西物流圈地区的经济实力弱，产业结构不尽合理，人口众多，发展条件乏力，已经成为湖南省发展的“短板”。

（三）财政实力不足，投资力度大

1. 财政实力不足

湘西物流圈区域各级财政困难，2009 年各财政收入总和只有 169.23 亿元，占全省比例仅为 11.25%，地方财政收入 844.96 亿元，仅为全省地方财政收入的 12.59%（表 11－5）。尽管各级政府尽力加大基础设施建设投入，但由于财力弱，欠账多，配套功能相对落后。

表 11－5　2009 年湘西物流圈涵盖地区财政收入情况

地　区	财政收入（亿元）	财政收入增长率（%）	地方财政收入（亿元）	地方财政收入增长率（%）
怀化市	41.57	22.10	27.98	25.10
邵阳市	39.6	14.70	25.48	15.20
娄底市	45.51	13.60	25.53	14.30
湘西州	26.22	9.10	15.35	15.90
张家界市	16.33	22.80	12.04	26.40
湘西五市总和	169.23	—	106.38	—
湖南省	1504.58	14.50	844.96	16.90
湘西五市占湖南省比重（%）	11.25	—	12.59	—

数据来源：根据湖南省各地区统计公报整理（2010）。

将湘西五市的人口比重、面积比重、财政收入比重和地方财政收入比重对比如图 11－4和图 11－5 所示，可以发现：湘西物流圈地区人口多，面积大，财政收入少。

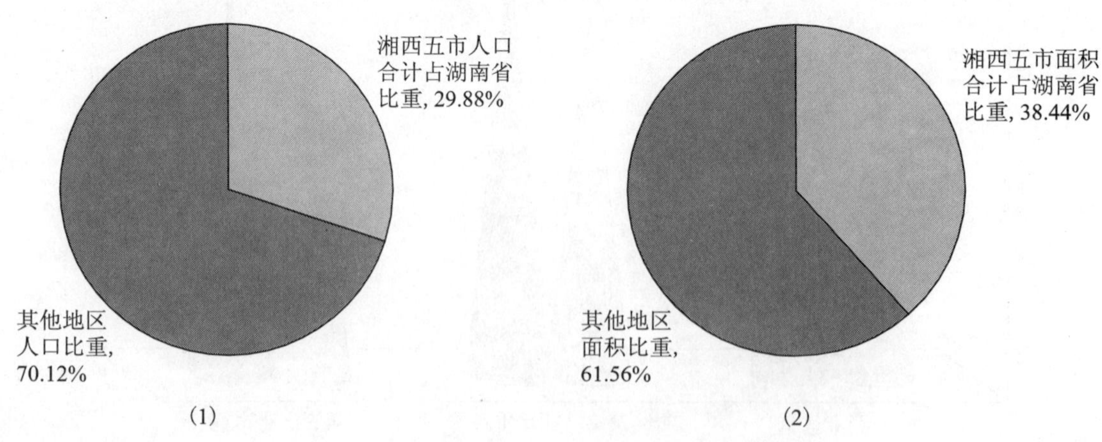

图 11－4　湘西五市人口、面积占湖南省比重情况

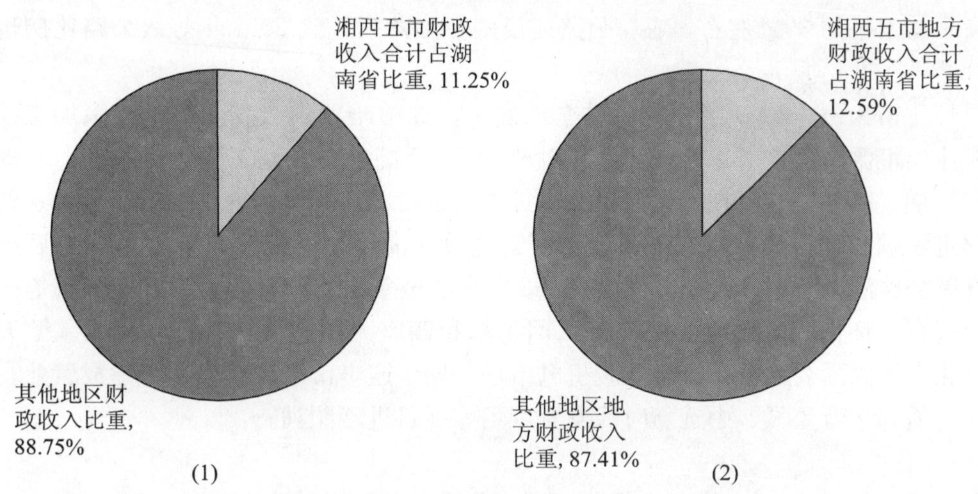

图 11－5　湘西五市财政收入、地方财政收入占湖南省比重情况

2. 投资力度加大

2009 年，湘西物流圈地区全社会固定资产投资总额为 1395.39 亿元，占全省比例从 2003 年的 9.8%迅速提高到 28.13%（表 11－6）。由于湘西地区多山的地形造成交通施工条件的恶劣和投资成本大，交通基础设施严重滞后，公路交通不发达，等级普遍低，路况差。2010 年来，全省加大了对湘西物流圈地区的投资力度，使得交通等基础设施情况得到了大幅度改善。

表 11－6　　2009 年湘西物流圈涵盖地区全社会固定资产投资总额情况

地　区	全社会固定资产投资总额（亿元）	全社会固定资产投资总额增长率（%）	城镇固定资产投资（亿元）	城镇固定资产投资增长率（%）	工业投资（亿元）	工业投资增长率（%）
怀化市	282.39	22.10	263.59	25.10	84.34	25.10
邵阳市	494.51	14.70	451.63	15.20	245.41	15.20
娄底市	317.3	13.60	246.8	14.30	169	14.30
湘西州	188.8	9.10	147.97	15.90	38.17	15.90
张家界市	112.39	22.80	73.16	26.40	17.92	26.40
湘西五市总和	1395.39	—	1183.15	96.90	554.84	96.90
湖南省	7695.35	14.50	6880.09	16.90	2758.62	16.90
湘西五市占湖南省比重（%）	18.33	—	17.20	—	20.11	—

数据来源：根据湖南省各地区统计公报整理（2010）。

以湘西自治州为例，2003 年，湘西州境内四级、等外级公路占 86.8%，等级公路仅为全省平均水平的30%左右，农村公路建设则更加落后，到2009年等级公路比例迅速提升至30%左右。

以怀化市为例，2009年托口电站全面复工，娃哈哈饮料、安纺塔尔油深加工、华亚数控机床、汇源柑橘皮渣综合加工、中盐株化22万吨电石一期工程建成投产，西部服装科技园二期、西部印刷科技园、凯民服饰等项目建设稳步推进（表11－7）。吉怀、怀通高速公路进展顺利，新溆、溆怀高速公路开工建设。邵怀高速溆浦连接线、S223辰溪至怀化、怀黔公路湖天桥至青山溪、S308和S225溆浦至新化、S222靖州藕团至界牌等公路改造建成通车，怀化城区国道绕城公路二期路基和四座大桥主体工程基本完成。德天家世界、怀化大厦国际名品城、五金水暖机电市场二期、迎丰市场改建等项目建成营业，怀化新商城、凯邦·万象城、中远新时代商贸广场等项目进展顺利。

表11－7　　**2009年怀化市重点投资项目投资完成情况**

项目名称	计划总投资（亿元）	累计完成投资（亿元）	本年完成投资（亿元）
托口水电站	61.30	17.19	6.01
大洑潭水电站	18.60	19.56	2.00
铜湾水电站	17.00	17.88	2.87
清水塘水电站	13.93	12.85	2.80
火车站站前广场改造	12.80	4.04	3.05
辰州矿业深加工	5.70	5.22	0.50
紫东路片区项目	5.45	3.63	3.56
江秀路片区项目	5.09	3.36	1.51
西澳矿业金矿开采	5.00	2.46	0.46
怀化湖天大道	4.10	4.50	3.02
张沅公路	3.02	2.79	1.09
中盐株化电石	2.57	1.40	1.23

数据来源：根据怀化市2009年统计公报整理（2010）。

（四）政策环境改善，发展机遇好

1. 国家“西部大开发”政策

实施西部大开发，是关系国家经济社会发展大局，关系民族团结和边疆稳定的重大战略部署。四年来，在党中央、国务院的正确领导下，以邓小平理论和“三个代表”重要思想为指导，各地区、各部门特别是西部地区广大干部群众奋发努力，西部大开发取得重要进展。基础设施建设迈出实质性步伐，生态建设和环境保护明显加强，科技教育加快发展，人才开发力度加大，特色产业发展步伐加快，改革开放取得新的突破，推动了西部地区经济社会发展和精神文明建设。对扩大国内需求，调整经济结构，促进东西互动，保持国民经济持续快速健康增长，巩固全国改革发展稳定的大局，作出了重要贡献。实践充分证明，党中央、国务院关于实施西部大开发的战略决策是完全正确的，关于西部大开发的政策措施和重点任务是符合实际的。

2001 年《国务院关于西部大开发若干政策措施的通知》（简称“国发 33 号”）所公布的 70 条促进西部开发的政策，78%的政策得到了落实，68%的政策是行之有效的。从 2009 年 3 月起，中国国际工程咨询公司应国家发展改革委要求，对西部 12 个省份进行了一场“政策实施效果评估”的调研。以下是评估结果：

从不同的方面来看，评估认为 10 年来西部经济发展水平显著提高，发展速度明显加快，与全国发展水平差距扩大的趋势开始扭转，开局良好。

对基础设施建设发展的评价是“成效显著”，西部大开发政策实施以来，国家对西部地区加大建设资金投入力度，加大财政转移支付力度，对基础设施环境的改善起到了重要作用。

生态建设方面，评价是“初见成效”，“扭转了生态日益恶化的趋势”，部分地区生态状况实现了由“整体恶化，局部改善”向“整体遏制，局部好转”的重大转变。

特色优势产业也得到发展，产业结构调整步伐加快。区域协作与对外开放方面“取得重要进展”；社会事业发展较快，人才开发力度加大，人民生活得到改善。

经过 10 年以基础设施和生态环境建设为重点的打基础阶段，西部地区发展的硬件环境已经大为改观，各种资源优势正逐步显现，初步具备了“纵深推进、重点突破”新发展战略期的基础条件。

2. 湖南省关于开发湘西部地区的政策

为深入贯彻党的十六届五中全会精神，抓住国家实施中部崛起和西部开发战略的机遇，加快社会主义新农村建设步伐，根据省委、省人民政府《关于加快湘西地区开发的决定》（湘发〔2004〕12 号，以下简称《决定》）的总体部署和新形势要求，省委省政府多次出台相关政策，以推动湘西物流圈地区的经济社会发展。

抓住中部崛起和西部开发战略机遇。充分发挥资源优势，着力加快结构调整，加大改革开放力度，实现体制机制创新，用好用活国家扶持政策，努力争取国家在项目和资金等方面给予更大支持。

实现湘西地区开发与社会主义新农村建设有机结合。认真贯彻省委、省人民政府《关于推进社会主义新农村建设的意见》（湘发〔2006〕1 号），切实加强农村经济建设、政治建设、文化建设、社会建设和党的建设，坚持科学规划，因地制宜，分类指导，突出重点，统筹协调湘西地区开发与新农村建设，推进农村全面进步，努力提高农民生活水平。

3. 民族地区发展政策

2005 年，国家颁布了《中共中央国务院关于进一步加强民族工作加快少数民族和民族地区经济社会发展的决定》（中发〔2005〕10 号）。为了全面贯彻落实《中共中央国务院关于进一步加强民族工作加快少数民族和民族地区经济社会发展的决定》，进一步加快湖南少数民族和民族地区经济社会发展，2006 年，湖南省委、省政府制定出台了《关于贯彻〈中共中央国务院关于进一步加强民族工作加快少数民族和民族地区经济社会发展的决定〉的实施意见》（湘发〔2006〕16 号，以下简称《实施意见》）。

《实施意见》要求各级党委和政府必须从党和人民事业全局的高度，重视民族问题，加强民族工作，加快少数民族和民族地区经济社会发展，促进各民族共同繁荣发展。

一是关于加快少数民族和民族地区经济社会发展。《实施意见》明确提出，要把加快发展摆到更加突出的战略位置，切实加大对民族地区的投入，妥善解决少数民族群众的贫困问题，扶持民族地区发展教育、科技、文化、体育、卫生事业。

二是关于加强民族地区人才资源开发和少数民族干部队伍建设。《实施意见》提出要突出抓好民族地区人才资源开发，根据少数民族和民族地区经济社会发展的实际需要，制定和实施民族地区人才发展专项规划，建立健全人才管理工作机制，采取多种手段和方式帮助民族地区培养更多经济社会发展急需的企业人才，不断提高人才素质、优化人才结构。要切实加强少数民族干部工作。

三是关于贯彻落实民族法律法规，巩固和发展社会主义民族关系。《实施意见》提出，要全面贯彻落实民族区域自治法，切实加强散居地区民族工作，加强对城市少数民族流动人员的服务和管理，加大对少数民族人口过半县和民族乡、村发展的帮扶力度，依法保障城市和其他散居地区少数民族群众的正当权益。

四是关于加强和改善党对民族工作的领导。《实施意见》提出，要加强对民族工作的领导，建立民族工作的目标责任制，把民族工作作为考核各级党政领导干部的重要内容，作为选拔任用干部的重要依据。要完善民族工作领导体制和工作机制，要加强民族工作部门建设，切实帮助民族工作部门解决实际困难，提供必要的工作条件和经费保障。

二、湘西物流圈地区物流供给能力分析

（一）物流基础设施条件

1. 湘西物流圈地区物流基础设施总体概况

（1）铁路物流基础设施具有传统优势

湖南西部地区铁路交通较为发达（图 11－6）。湖南—贵阳、湖南—广西、石门—长沙、枝城—柳州 4 条铁路干线贯穿全省西部，洛阳—湛江、重庆—怀化铁路湖南段已全线通车。

未来，2020 年形成“三纵三横”立体铁路网：根据《湖南省铁路发展规划》，到 2020 年，湖南铁路路网将实现质的飞跃，形成“三纵三横”的立体铁路交通格局。“三纵”，指南北向的京广、洛湛、焦柳 3 条线路；“三横”，指东西向的黔张常—常岳九、沪昆、湘桂 3 条线路。其中，客货分线的京广大通道（京广既有线、京广客运专线）与客货分线的沪昆大通道（沪昆既有线、沪昆客运专线）将构成湖南铁路“十”字形主骨架。2020 年前，湖南省城际铁路也将初具规模，将新建长株潭、长沙至常德等城际铁路 650 公里。

至 2030 年，全省铁路营运里程将达到 6130 公里，建设的主要项目有：洛湛铁路永玉段（永州—玉林）增建二线、焦柳铁路石柳段（石门—柳州）增建二线、荆益铁路华益段（华容—益阳）、岳吉铁路（岳阳—江西吉安）等。

黔张常、常岳九铁路，重庆（黔江）—张家界—常德—岳阳—九江铁路线很重要，是仅次于“武广专线”、“沪昆专线”的最重要铁路。可形成一条事实的“杭州—重庆”铁路。黔张常、常岳九铁路将很快开工。沪昆专线（又名：杭南长铁路）上海、杭州—昆明铁路，开工在即。

安恩张（湖南称：安张衡）其中因为“张家界—娄底—衡阳”段未列入铁道部“中长

期铁路网规划图”，故用虚线表示。安康—恩施—张家界—（娄底—衡阳）。荆岳（吉）铁路，荆门—荆州—岳阳—（宜春—吉安）铁路，荆岳铁路开工建设。怀邵衡铁路，怀化—邵阳—衡阳铁路正在建设。宜昌—石门铁路正在建设。

武广线基本建成。衡茶吉线（衡阳—茶陵—井冈山—吉安）正在建设中。

湘西物流圈地区的铁路具有传统优势，且未来湖南省铁路建设的重点区域也在湘西物流圈地区，该地区未来铁路运输潜力较大。

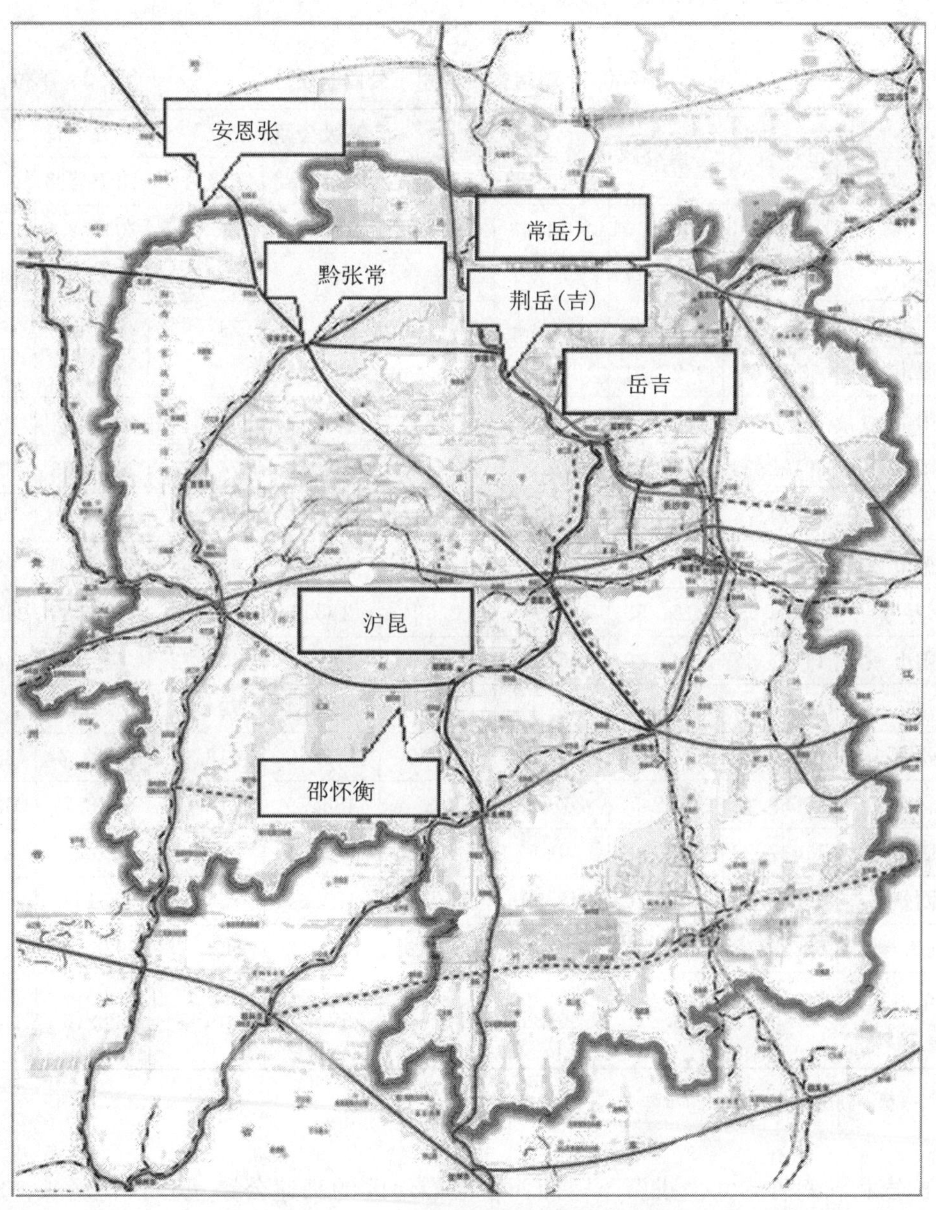

图 11－6　湖南省铁路发展规划示意

资料来源：湖南日报，2009 年 8 月 25 日。原制图单位：中铁第四勘察设计院集团有限公司。

（2）公路物流基础设施发展迅速

以2008年湖南省公路里程数据为例，湘西物流圈地区五市公路里程总计为63639.18公里，占全省比例为34.48%；但是等级公路里程仅为34203.69公里，占全省比例仅为28.81%，说明湘西物流圈地区公路等级还比较低；湘西物流圈地区五市高速公路总里程为617.08公里，占全省比例为30.83%；等外路里程达到了29435.49公里，占全省比例44.70%。以上分析说明：湘西物流圈地区公路里程基本达到全省平均水平，但是公路等级不高，以三四级公路和等外路为主（表11－8）。

表11－8　　2008年湖南省各地州市公路长度　　单位：公里

地　区	里程总计	等级公路	等级公路					等外路
			高速公路	一级公路	二级公路	三级公路	四级公路	
全　省	184568.23	118716.64	2001.43	660.39	6089.32	5963.01	104002.5	65851.59
长沙市	11904.57	7115.47	258.75	106.11	744.48	620.5	5385.63	4789.1
株洲市	10412.34	6968.2	113.94	55.22	354.53	147.66	6296.85	3444.14
湘潭市	6873.63	3727.01	154.2	20.1	246.06	3.6	3303.05	3146.62
衡阳市	17384.4	10659.7	252.74	39	608.64	268.7	9490.9	6724.7
邵阳市	19122.73	8463.71	175.99	16.18	631.57	763.24	6876.73	10659.02
岳阳市	15314.74	15267.68	134.3	91.75	557.68	478.05	14005.91	47.05
常德市	17161.27	9290.27	205.77	183.54	514.46	453.68	7932.83	7870.99
张家界市	6556.23	2161.53	83.94	2.39	168.6	237.25	1669.35	4394.71
益阳市	11792.17	7363.32	56.06	64.43	382.21	151.72	6708.9	4428.86
郴州市	11506.04	9066.03	102.16	8.08	503.34	794.41	7658.05	2440.01
永州市	18579.9	15055.26	106.71	22.55	369.62	618.95	13937.44	3524.64
怀化市	16569.28	11352.57	267.36	1.33	486.19	718.93	9878.77	5216.71
娄底市	11037.23	8729.98	40.8	48.02	334.36	300.2	8006	2307.25
湘西州	10353.71	3495.9	48.99	1.7	187.61	406.13	2851.48	6857.8
湘西五市合计	63639.18	34203.69	617.08	69.62	1808.33	2425.75	29282.33	29435.49
湘西五市占湖南省比重（%）	34.48	28.81	30.83	10.54	29.70	40.68	28.16	44.70

资料来源：湖南省交通厅。2006年起等外路包含村道。

在国家和湖南省的大力投资下，湘西物流圈地区的高速公路里程快速增长，2009年新开工项目总里程530.24公里，总投资413.26亿元；续建项目1317.4公里，总投资976.5亿元（表11－9，表11－10）。未来还将继续加大投入，湘西物流圈地区的公路运输条件将大幅度改善。

表 11-9　　2009 年新开工高速公路项目情况

序　号	项目名称	建设规模（公里）	总投资（亿元）
1	新化至溆浦	92.00	65.40
2	溆浦至怀化	93.00	70.36
3	炎陵至汝城	150.12	114.80
4	凤凰至大兴	30.00	16.10
5	洞口至新宁	91.60	55.00
6	临湘（大界）至岳阳	73.52	91.60
湘西物流圈地区合计		530.24	413.26

表 11-10　　2009 年年底高速公路续建项目一览表

序号	国高/地高	项目名称	建设规模（公里）	概算投资（亿元）	技术标准（车道数）	开工年月	备注（国高项目所属路线名称）
1	国高	安化至邵阳高速公路	131.1	85.4	4	2008 年 7 月	二广高速
2	国高	吉首至茶洞高速公路	64.6	50.6	4	2007 年 9 月	包茂高速
3	国高	吉首至怀化高速公路	104.8	88.2	4	2008 年 9 月	包茂高速
4	国高	怀化至通道高速公路	197.6	159.1	4	2008 年 12 月	包茂高速
5	国高	凤凰至大兴高速公路	30.8	19.4	4	2009 年 11 月	杭瑞高速
6	国高	汝城至郴州高速公路	112.3	96.4	4	2008 年 8 月	厦蓉高速
7	地方	娄底至新化高速公路	95.7	61.4	4	2008 年 8 月	
8	地方	新化至溆浦高速公路	92.7	76.2	4	2009 年 7 月	
9	地方	溆浦至怀化高速公路	91.8	81.9	4	2009 年 7 月	
10	地方	洞口至新宁高速公路	118.1	82.3	4	2009 年 7 月	
11	地方	张家界至花垣高速公路	147.3	131.0	4	2008 年 10 月	
12	地方	衡阳至邵阳高速公路	130.6	44.6	4	2007 年 7 月	
湘西物流圈地区合计			1317.4	976.5	—	—	—

数据来源：湖南省交通运输厅网站，2010。

湘西物流圈地区已有的主要高速公路情况为：

【沪昆高速—湖南潭邵段】潭邵高速公路是国家重点规划的“五纵七横”国道主干线网上海至云南瑞丽高速公路在湖南境内的一段。起于湘潭市境内莲易高速公路的终点株易路口，接京珠高速公路殷家坳互通，沿线穿越湘潭、娄底、邵阳三市，止于邵阳市隆回县周旺铺镇，与320国道相接。主线全长217.968公里，项目总投资60.99亿元。潭邵高速公路于2000年7月1日开工建设，于2002年12月26日建成通车。

【沪昆高速—湖南邵怀段】邵怀高速公路即沪昆（上海至云南瑞丽）国道主干线邵阳至怀化高速公路。该公路越资水、沅水两河穿越雪峰山脉，开创了湖南山区高速公路建设之先河。该公路起于潭邵高速公路终点周旺铺互通，途经邵阳市的隆回、洞口两县和怀化市的洪江、鹤城、中方三县（市、区），止于中方县竹田，与怀化至新晃高速公路（怀新高速公路）相连。它跨资江、沅水，穿雪峰山，主线长155.69公里，有特大桥、高架桥等各式桥梁199座，单幅长70多公里，隧道14座，单洞长30多公里，隧道、桥梁长度接近全线长度的1/3。全线按双向四车道高速公路标准建设。

【沪昆高速—湖南怀新段】怀新高速公路起于邵怀高速公路终点湖南省怀化市中方县牌楼镇竹田互通，五跨320国道与湘黔铁路，经芷江县、新晃县，止于新晃县鲇鱼铺，概算总投资42.69亿元，总工期4年。主线中的隧道、桥梁长达23.5公里。全线最高切方达67米，桥梁超长立柱最高达57米。怀新高速公路东接邵怀高速公路，西连贵州玉三高速公路。

【常吉高速公路】湖南省常德至吉首高速公路（以下简称常吉高速公路）是国家重点规划建设的西部大开发八条公路通道之一——长沙至重庆公路的重要一段，也是交通部规划的国家重点公路网泉州至毕节线和宁波至樟木线在湖南省境内的共线段，是国家和湖南省十五期间公路建设的重点工程之一，也是湖南省高速公路主骨架的重要组成部分，是联系我国东、中部与西部地区的重要公路运输通道。本项目线路起于常德市斗姆湖，连接常张高速公路，经许家桥、桃花源、郑家驿、杨溪桥，于太平铺进入怀化市沅陵县，再经沅陵县官庄、楠木铺、马底驿、凉水井、麻溪铺，过舒溪口后进入湘西自治州，于泸溪县武溪镇跨沅水，然后经洗溪、潭溪、河溪进入吉首市，在吉首市城区乾州跨越209国道及枝柳铁路，到达本项目终点林木冲。沿线经过的县（市、区）有：常德市的鼎城区、桃源县，怀化市的沅陵县，湘西自治州的泸溪县，吉首市主线全长223.7公里（其中常德市境内71.2公里，怀化市境内102.5公里，湘西自治州境内50公里），连接线13.7公里（其中桃源连接线4.3公里，茶庵铺连接线3.0公里，沅陵连接线4.7公里，吉首连接线1.7公里）。

【常张高速公路】常张高速公路是中国重点干线泉州至毕节线的组成部分，是中国西部省份与东南沿海沟通的交通要道。总投资为68.7亿元的常张高速公路，东起常德檀树坪与长沙至常德高速公路终点相接，沿线穿越常德市、桃源县、慈利县、张家界市，主线全长160.68公里，是湖南省会长沙通往国际知名旅游胜地张家界的最便捷通道。今后，从长沙通往张家界的车程将只需3小时，这比过去缩短了4小时。

（3）航空物流基础设施发展相对滞后

湘西物流圈地区拥有张家界荷花国际机场和芷江国内机场。

张家界荷花国际机场于1994年8月18日通航，占地面积154公顷，现为4D级机场，跑道长2600米，宽45米，共有10个停机位，可供250座及以下机型起降。1994年投入使用的第一代航站楼建设面积9557平方米，由三个“A”形顶篷式吊脚楼组成，充分体现了当地土家吊脚楼的传统建筑特征，具有浓厚的民族特色。其容纳量能满足高峰

600人次/小时，年旅客吞吐量150万人次，货邮吞吐量8000吨的需要。机场供水供电、客货运输、航行服务、地面指挥、行政生产设施基本能满足生产需要。

荷花机场扩建工程自2007年开工建设以来，扩建一期工程已基本完成，其中，西平行滑行道及6.3万平方米站坪已于2008年12月18日通过行业验收并已投入使用，东平行滑行道扩建工程的施工也已于2010年10月初完工，并于2010年12月29日通过了竣工验收。本期新建航站楼由主楼及A、B两条指廊组成，航站楼共两层，总面积5.9万平方米，一层为旅客到达层，二层为旅客出发层。张家界机场作为快速发展的旅游机场，2006年前三年旅客吞吐量年均增速都超过了20%，2005年实现旅客吞吐量155.4万人次，高峰小时飞机起降13架次。由于机场现有的主要基础设施已经超负荷运行，且没有平行滑行道，民航中南管理局于2005年年底规定，张家界机场高峰每小时起降航班不得超过10架次。这一限制性规定导致张家界机场2006年的旅客吞吐量略有下降，制约了机场的运输生产和张家界旅游业的快速发展。2011年3月，张家界荷花机场扩建工程T2航站楼基础土石方工程正式开工建设。

总的来看，张家界荷花机场的主要功能为客运，物流功能不强。2009年张家界荷花机场仅完成货邮吞吐量1634.5吨，同年，上海机场完成航空货运量298万吨。张家界荷花机场货运量仅为上海的万分之五。

芷江机场位于湖南省怀化市，建于1937年。为飞虎队支援中国抗战的一个重要基地。现机场建有飞虎队陈列室。2003年1月动工对机场进行改扩建，建设为民用机场，是湖南省内继长沙黄花国际机场、张家界荷花机场、永州零陵机场、常德桃花源机场后的第5个民用机场。2005年12月19日正式通航，首期开通芷江—广州（经停长沙）航线。芷江机场建成于1942年，第二次世界大战期间，这里曾是盟军在远东的第二大军用机场，陈纳德及其所组织的美国志愿航空队“飞虎队”，曾以此为基地迎击日寇，为支援中国抗战做出了重大贡献，后为空军保留机场。新中国成立后，机场闲置40多年。2002年12月8日，国家民航“十五”机场建设规划和湖南省重点工程——芷江机场改扩建工程正式开工，2005年复航。改扩建后的芷江机场占地1762亩，跑道长2000米，宽45米，厚度0.3米，两侧道肩各1.5米，联络道长208米，停机坪10500平方米（100米×105米），跑道两端设有长60米，宽48米的防吹坪，飞行区障碍物处理高度除满足CRJ-200型支线飞行安全使用外，还考虑满足B737－300型飞机使用要求。机场建设标准为3C级。航站楼2400平方米。芷江机场为怀化的唯一航空港，是一个3C国内支线机场（军民合用），可满足波音737—300型飞机（140个座位）全载起降。芷江机场基本不具备物流功能。

（4）水运物流基础设施发展滞后

流经湘西物流圈地区的主要航道有（图11－7）：

溇水航道：流经张家界市慈利县。

澧水航道：流经张家界市的桑植、慈利直到常德。

酉水航道：流经怀化市的沅陵、保靖。

沅水航道：流经怀化市的洪江市、辰溪县、泸溪县、沅陵县，直到常德桃源。

资水航道：流经邵阳市的邵阳县，娄底市的新邵县、新化市、冷水江市直到益阳资阳。

邵水航道：流经邵阳市。

以上航道虽然长度很长，但是通航能力非常差：具备 2000 吨级通航能力的航道里程不足 10%。

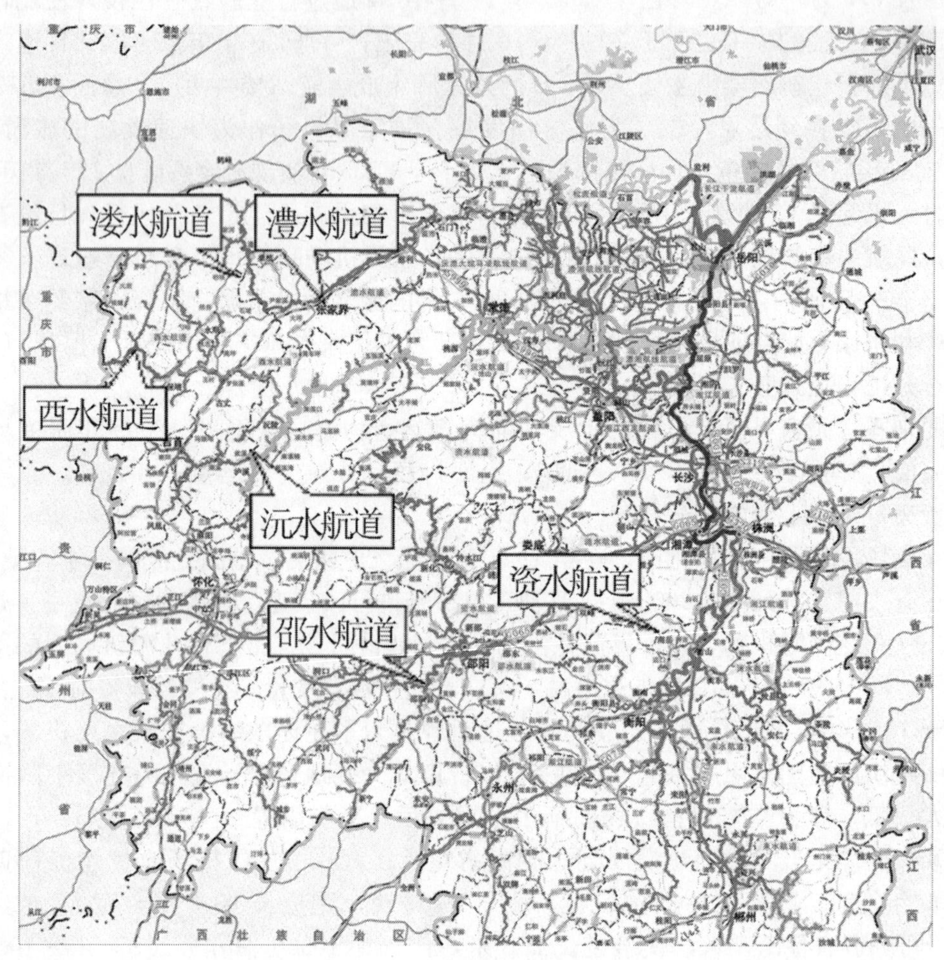

图 11－7　湖南省航道现状示意

数据来源：湖南省交通运输厅，2010。

（5）仓储物流基础设施发展缓慢

目前，湘西物流圈地区的市内原有货运站现在已经基本上变卖了。城区内的商户都为仓储发愁，货物只能通过租用分散的居民房来周转和仓储。在马路深处，到处都是货场和仓库，物流效率非常低下。由于民房缺乏必要的消防措施，储存的安全隐患非常大。

2. 怀化市物流基础设施概况

怀化是湘西门户和交通枢纽，从云、贵、川及广西、上海等地进出张家界的游客，大都从这里中转。怀化市素有“火车拖来的城市”之喻，国家重要铁路动脉湘黔铁路、焦柳铁路及渝怀铁路呈“大”字在城区交会。

“十一五”以来，在省委省政府和省厅的高度重视、大力支持下，怀化市抢抓机遇，主动出击，举怀化市之力，大力实施交通先行战略，取得了显著成效。

一是交通建设投资显著增加。截至2010年年底，五年内怀化交通建设总投资达到303.5亿元，是“十五”总投资的4倍多，占市规划目标250亿元的121%。特别是2010年的投资突破百亿元，达到112.8亿元，占规划目标的112%，创历史新高。

二是高速公路建设来势迅猛。完成投资212亿元，占规划目标162亿元的130.9%。其中2010年完成投资94.3亿元，占年目标的107%。沪昆、杭瑞高速怀化段已建成通车。在建的包茂、娄怀高速怀化段以及怀化绕城高速公路，到2013年建成后，怀化的高速公路总里程将达到680公里，居全省前列。

三是干线公路及专项工程建设有序推进。完成建设投资43.5亿元，占规划目标42亿元的105%。其中2010年完成投资10.7亿元，占年目标的103%。对出入怀化的主要国省干线公路进行了改造升级，到2010年年底完成建设里程567公里。一级公路从无到有，二级公路达到怀化市干线公路总里程的一半以上，基本达到全省平均水平。怀化市干线公路建设总体进度居全省前列，2009年被评为全省公路工程建设综合管理唯一的一等奖。

四是农村交通条件大为改观。完成农村公路建设14960公里，完成投资44.8亿元，分别占规划目标的105%、104%。其中，2010年实施县到乡镇公路改造208.6公里，占年度目标30公里的695%，完成投资21602万元；建成通畅工程1602.2公里，占年度目标1500公里的108%，完成投资44914万元；建成通达工程376公里，完成投资5781万元；完成渡改桥2598米，完成投资3447万元。五年来，怀化市共完成县到乡镇公路改造1974公里，新增通水泥（沥青）路乡镇142个（会同漠滨公路位于托口电站库区无法改造），通乡率达到99.7%，比“十五”末提高43.7个百分点；完成通畅工程建设10343公里，新增通水泥（沥青）路行政村2571个，通畅率达到82.6%，超额完成81%的省定通畅率目标，比“十五”末提高63个百分点；完成通达工程建设2562.8公里，新增662个行政村通公路，具备条件的行政村通达率达到100%，比“十五”末提高17个百分点；完成渡改桥59座3956米，完成投资1.3亿元。怀化市农村公路通乡率、通畅率从全省倒数一、二位跃升到全省中上水平。

五是站场建设明显加快。完成建设投资3.2亿元，占规划目标3亿元的106.7%。其中2010年完成投资2294万元，占年度目标的102%。五年来完成等级客运站建设6个、农村客运站162个，交通运输服务能力大为提升。

3. 邵阳市物流基础设施概况

境内交通方便。明清之际，宝庆府城依资江黄金水道和数条驿道而成为水陆要冲，湘中重镇；民国时期，湘黔公路干线贯穿境内，邵阳县城成为东南与西南商品物资转运枢纽。而今，洛湛铁路连接湘黔铁路干线，经娄底、株洲、长沙而达全国各地。待建待批铁路有怀邵衡客运线，怀邵永客货运线。公路有320国道横贯东西，207国道纵连南北，省道、县道、乡道及专用公路在境内经纬交织，通车里程达5839公里。高速公路有潭邵高速公路、邵怀高速公路已通车，正在修建的高速有邵衡高速公路，邵永高速公路，邵梅高速公路，待建待批高速公路有靖永高速公路、邵桂高速公路。

“十一五”是邵阳市交通运输发展史上应对重大挑战、取得显著成效的五年。在市委、市政府的坚强领导和省交通运输厅的大力支持下，邵阳市交通运输系统广大干部职工始终坚持“加快基础建设促发展，强化行业管理树形象，推进各项工作上台阶”的工作总思路，克服自然灾害频发、建材价格猛涨、国际金融危机爆发、成品油税费改革等带来的一系列困难，积极抢抓机遇、奋力推进发展，实现了交通基础设施建设、交通管理体制机制改革、交通运输企业改制、道路运输经济发展以及交通局机关自身建设等多项历史性突破，成功破除了长期以来制约邵阳发展的交通“瓶颈”，先后获得了全国农村公路调查先进集体、连续五年的全省农村公路建设优胜单位、省级文明单位、省政府为民办实事先进单位、省政府崀山“申遗”先进单位、省市交通法制工作先进单位、省“交通杯”劳动竞赛先进单位和市政府招商引资、重点工程建设、建设扶贫、建议提案办理先进单位、市优秀基层党组织及市政府绩效考核一等奖等 50 余项先进荣誉。邵阳一举成为全国交通枢纽城市和全省唯一的全国农村公路建设示范市。市委书记童名谦、市长郭光文多次说：“十一五”，邵阳变化最大的是交通，老百姓最满意的是交通。

（1）交通投资刷新纪录。“十一五”以来，邵阳市交通建设围绕构建市到县 2 小时交通圈、以市区为中心辐射周边各县的半小时交通圈、以武冈为次中心辐射周边县 1 小时交通圈、各县市至乡镇 1 小时交通圈和乡镇到村 1 小时交通圈共 5 个交通圈，积极争资金、上项目。五年来，实现交通建设总投资 365.83 亿元，是“十五”总投资的 7.3 倍，占全省总投资的 15%，第一次超过全省平均水平。其中，高速公路 264.68 亿元，为“十五”的 650.32%；国省干线公路 54.08 亿元，为“十五”的 1126.37%；农村公路 42.87 亿元，为“十五”的 549.62 %；站场码头 2.2 亿元，为“十五”的 160%。确保了 5 个交通圈基本建成。

（2）高速路网基本形成。五年开工建设高速公路 9 条、427 公里。已建成通车 3 条、203.52 公里，即邵阳至怀化 95 公里、邵阳至永州 38.02 公里、邵阳至衡阳 70.5 公里；在建 6 条、223.47 公里，即邵阳至安化 53 公里、洞口至新宁 93 公里、武冈至城步西岩 29 公里、邵阳至新邵坪上 34 公里、娄新高速新邵段 9.5 公里和怀新高速绥宁段 4.97 公里。至 2010 年年底，邵阳市高速公路通车里程达 285.52 公里，占全省的 12%；已建成、在建和规划建设的高速公路占全省同口径比的 13%。邵阳市往东、往南、往西的出境通道已完全畅通，邵阳正式结束交通“瓶颈”历史。一张以市区为中心、辐射各县市的高速公路网基本形成。

（3）农村交通面貌巨变。邵阳市“十一五”规划建设农村公路 13500 公里，实施计划 12024 公里，其中通乡公路 1068 公里，通畅公路 10956 公里。到 2010 年年底，实际建成 14081 公里，为全省的 10%，其中通乡公路 1092 公里，为规划的 102%；通畅公路 12989 公里，为规划的 119%。“十一五”，市委、市政府把农村公路建设作为新农村建设的重要内容，将农村公路建设列为“为民办实事”的重要考核项目。交通运输部门在省定任务的基础上，抢抓农村公路建设的良好机遇，每年自我加压，超额完成省、市下达的建设任务，每年被评为省、市政府为民办实事先进单位和省政府农村公路建设优胜单位，是全省唯一的全国农村公路建设示范市，多次代表湖南省接受国家交通运输部的检查并获得好评。至 2010 年年底，实现了 100%的行政村通公路、100%的乡镇和 85%的行政村通水泥路（沥青路），分别为“十五”的 113.1%、113.9%、408.7%。同时，实现了 100%的乡镇、76%的行政村通客运班车。农村的交通面貌发生了翻天覆地的变化，通乡、通畅、通达工程成为广大农民群众最欢迎、最满意、最受惠、最感动的民心工程和新农村建设的标志性工程。

(4) 干线改造稳步实施。五年来，新建和改造国省干线公路项目 32 个、840.5 公里，占全省的 13%，其中“十一五”规划内项目 18 个、750 公里，捆绑进入高速公路同期改造的连接线项目 14 个、140 公里 。至 2010 年年底，已基本建成项目 6 个、260 公里，即 S220、S219 竹市至城步公路、G207 新邵汤仁至大坪公路一期工程（新邵资江二桥）、S221 洞口县城至绥宁关峡公路、S220 武冈至司马冲公路、G320 邵阳市过境线、G207 新宁高木凼至界牌公路；在建项目 12 个、490 公里，即 G207 新邵汤仁至大坪公路二期工程、邵阳县塘渡口经高木凼至新宁塔子寨公路、S219 城步县城至贝子河公路、新宁县金石镇至将军坳公路、S317 邵阳县五峰铺至隆回县城公路、G207 新邵落马江至武桥段公路、衡邵高速公路邵东县城连接线、洞口江口至绥宁万福桥公路、S218 崀山景区绕行公路、S217 新邵石槽铺至大祥区罗市桥公路、洞口县城至高沙公路、G207 市区至邵阳县塘渡口一级公路，同时，捆绑进入高速公路 14 条连接线项目正与相关高速公路同步建设之中。干线改造稳步实施，路网状况正在逐步改善。

(5) 运输能力显著提升。五年新建县级车站 7 个、乡镇车站 62 个，改造码头 8 个，完成渡改桥 67 座、渡船改造 68 艘；新建大桥 9 座；提前完成了市政府规定的市区资江二桥加固任务；加强了对道路航道的管养，五年共完成干线水泥路换板 28.56 万平方米、沥青路面病害处治 154 万平方米、大中修 363 公里，改造干线支线危桥 78 座。五年共疏浚航道 125 公里，设置各类航标 428 座。公路航道保持畅通。至 2010 年年底，邵阳市拥有营运车辆 49545 辆，其中营运客车 4343 辆、营运货车 45202 辆；有客运班线 1676 条，其中省际班线 225 条、市际班线 188 条、县际班线 581 条；有道路客运经营业户 1621 户、货运经营业户 33381 户；有客运站 53 个、货运站 1 个、机动车维修企业 1927 家、驾驶员培训学校 35 所。道路运输平均每年为社会提供 33 万个就业岗位，为国家创税费近 5 亿元。2010 年公路客运量、客运周转量和货运量、货运周转量比 2005 年分别增长 5%、2%、220%、321%，圆满完成了春节运输、黄金周旅游运输、新兵运输及抗冰救灾等运输任务。2010 年邵阳市道路运输完成客运量 1.3 亿人次、客运周转量 48 亿人公里、货运量 0.98 亿吨、货运周转量 117 亿吨公里。

4. 娄底市物流基础设施概况

交通的便利为娄底经济的发展提供了基本条件。娄底位于湖南省中部，是广州军区重要的能源、原材料供应基地。上（海）瑞（丽）高速公路潭邵段全线贯通，将娄底推进了以省城长沙为中心的 1 小时经济圈，而总投资达 2 亿元的洛湛铁路的建成更使娄底提升为继株洲、怀化之后的湖南又一交通枢纽，以及娄涟高等级公路、太澳高速、宁太高等级公路的建成使娄底的交通四通八达。

铁路方面：连接洛阳和湛江的洛湛铁路、衔接株洲和贵阳市的湘黔铁路在娄星区内呈十字形交叉，使娄底成为南方的重要交通点，连东西、通南北，不可或缺。

公路方面：娄底市各有两条国道和省道过境，这是娄星公路交通运输上的主要交通干道。此外，娄底还有上海到瑞丽的上瑞高速公路、娄湘公路、娄涟高等级公路以及正在修建的连接太原和澳门的太澳公路，是娄底市得力的辅助公路。

截至 2010 年年底，娄底市公路总里程达到 11374.802 公里，其中高速公路 40.76 公里，国道160.321公里，省道428.758公里，县道1385.16公里，乡道2728.248公里，村道6540.489公里，专用公路131.826公里，等级公路占总里程的95.7%，公路有铺装和简易铺装路面8156.073公里，铺装路面占总里程的71.7%，娄底市公路密度每平方公里达到140.14公里，在全省排名第二位。

水路方面：流经市区的航道有资江、涟水两大水系，娄底市航道养护里程326公里，季节性放标111公里。

5. 湘西自治州物流基础设施概况

2009年，湘西自治州出色地完成了交通工作各项任务，为富民强州和湘西科学跨越做出了突出的贡献。

2009年，湘西自治州克服了建设计划安排迟、建设资金筹措难、管理体制变化大、质量监管任务重、拆迁环境矛盾多等实际困难，交通基础设施建设再创新业绩，完成交通建设投资45.46亿元，增幅达151.5%，较上年增长85%，占全州全社会固定资产投资的24.08%。

一是高速公路完成建设投资36.77亿元，其中，吉茶高速公路完成投资14亿元，占年计划投资的100%；吉怀高速公路完成投资5.77亿元，占年计划投资的144.25%；张花高速公路完成投资17亿元，占年计划投资的113.33%。

二是进入省“十一五”干线公路建设规划的15个项目全部启动，竣工1个30公里，在建5个244公里，完成投资3.69亿元，其中永顺至龙山茨岩塘、古丈河西至保靖迁陵、花垣下子花至凤凰沱江、G209凤凰绕城线等骨干公路建设取得较大进展，特别是永龙公路完成投资1.88亿元，完成工程概算的39.29%，并获得“省交通基础设施建设项目专项治理、合同履约先进单位”和“全省交通运输行业‘交通杯’劳动竞赛先进单位”。

三是农村公路完成建设投资5亿元，县乡公路完成路面工程462公里，通畅工程完成路基改造398.8公里，新修水泥路面859公里；实施了水毁公路抢修、桥梁维护、安保工程等项目；开工农村客运站11个，建成5个。

湘西自治州紧紧抓住国家扩大内需和省委、省政府加速推进高速公路建设机遇，超前谋划，奋力争取，办成了一些多年想办而没有办成的大事。①黔张常铁路通过预可研评审，今年将开工建设。②龙山至吉首高速公路项目已经纳入全省高速公路规划，写进了省十届三次人代会议政府工作报告，该项目前期工作正在抓紧进行。③张花高速公路三条连接线已通过预可研评审，今年将开工建设。

四是争取农村公路建设缺口资金取得重大进展。从2006—2009年，上级已累计欠拨湘西自治州农村公路建设款7.12亿元。通过湘西自治州多渠道反映和争取，共落实资金2.7亿元，缓解了年底工程建设资金兑付压力。

五是一批交通建设项目前期工作有重大进展。G209、G319吉首绕城公路已挤入省“十一五”干线公路建设规划，现已完成工可评审，并拿到了省交通运输厅行业审查意见；G209永顺至花垣公路已批复工可，正进行勘察设计招投标；G209吉首至凤凰公路改造工程进入施工图设计阶段；凤凰县吉信绕镇公路完成施工图设计；S306永顺至石堤公路、迁陵至清水坪公路，省已出具行业审查意见；G319泸溪绕城线完成初步设计文件编制和评审工作；龙山茨岩塘至新城公路完成工可评审；G319泸溪白沙至老城公路完成工可评审；芙蓉镇景点圈旅游公路各项目前期工作抓紧进行；湘西水运一期工程完成工可批复，启动了泸溪武溪千吨级泊位码头项目的道路工程；G319 泸溪绕城线完成初步设计评审。铜仁机场经中国民航局批准，已更名为铜仁·凤凰机场，并完成了机场改扩建可研初审。

另外，枝柳铁路复线（石门—怀化）、长渝铁路客运专线、秀山—吉首—益阳铁路、恩施—吉首铁路（西安至广州中的一段）正在抓紧开展前期论证和汇报争取工作。

6. 张家界市物流基础设施概况

张家界交通由航空、铁路、公路组成。张家界荷花机场距市区仅 5 公里，该机场跑道长 2600 米，宽 45 米，可以满足波音 737、波音 757、MD—82 型飞机起降需要。张家界航空口岸于 1999 年获国务院批准并正式开通。目前，张家界已经开通至北京、广州、上海、深圳、西安、天津、南京、沈阳、杭州、中国香港等全国大中城市航线。张家界新竣工的火车站离市区仅 1 公里，枝柳铁路贯穿张家界市境，目前已开通至北京、上海、广州、深圳、贵阳、南宁、湛江等地的火车。张家界市公路总里程 2479 公里。2005 年 12 月正式通车的常张高速公路，把张家界拉入了全国高速公路网络，同时也拉近了张家界与湖南省会长沙的公路距离。张家界市区至武陵源核心景区，茅岩河、九天洞、猛洞河、凤凰古城等著名景区景点均有等级公路连通，武陵源核心景区各景点之间有高档次的环保客运车运行，极大地方便了旅游者。

张家界市的航空、铁路、公路运输网络主要服务对象和服务功能均为旅客运输，而作为物流基础设施的功能不强。

（二）物流设施设备条件

1. 运输车辆

截至 2008 年年底，湘西物流圈地区五市共有民用车辆 958668 辆，占全省 20.89%；其中私人汽车 229950 辆，占全省 22.57%；载货汽车 97594 辆，占全省比例为 27.61%；摩托车 607508 辆，占全省比例为 20.48%；拖拉机 33163 辆，占全省比例为 18.03%（图 11－8、图 11－9、表 11－11）。

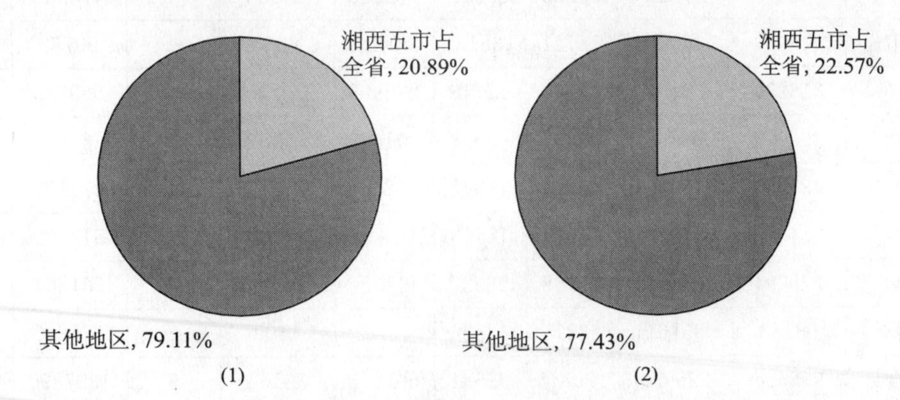

图 11－8　湘西物流圈地区五市民用汽车数量、私人汽车数量占全省比重

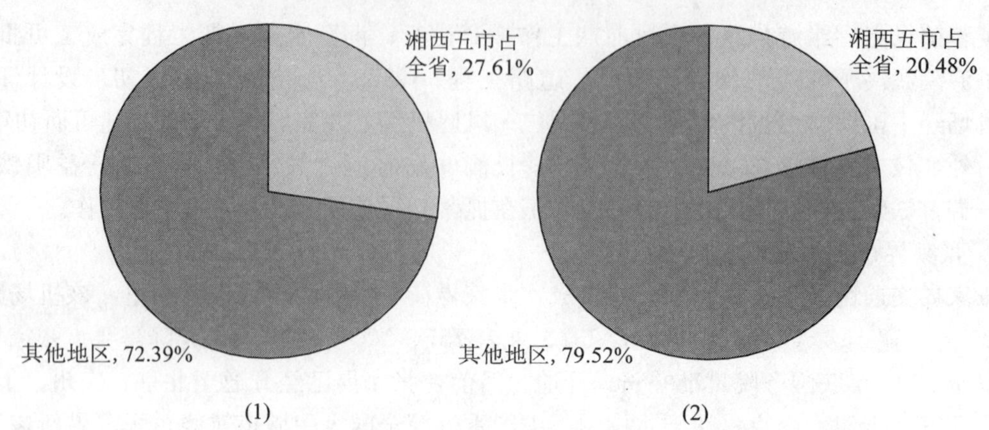

图 11－9　湘西物流圈地区五市载货汽车数量、摩托车数量占全省比重

表 11－11　　2008 年民用车辆拥有量

地区	合计（辆）	私人汽车（辆）	汽车		摩托车（辆）	拖拉机（辆）	其他类型车（辆）	机动车驾驶员（人）	汽车驾驶员（人）
			载客（辆）	载货（辆）					
全　省	4589248	1018942	948717	353470	2966956	183964	1570	5638697	3507591
长沙市	609562	290783	308420	50298	219100	12763	1552	834911	752679
株洲市	387904	71485	65958	24871	273914	13357	14	413918	275525
湘潭市	327191	47126	46360	14708	258017	6666	—	457621	175025
衡阳市	375844	56421	60562	41402	254735	6542	—	445490	307991
邵阳市	313143	65653	57139	33160	204284	9703	1	353305	244175
岳阳市	310395	47258	51006	12636	232658	8542	—	389060	237072
常德市	506465	57222	58186	23538	389110	29008	—	470336	250399
张家界市	82916	16096	15741	6818	50423	8263	—	99753	69355
益阳市	313279	53165	44960	17746	225996	20323	—	588985	232615
郴州市	332997	88663	60361	46048	201432	19381	—	269693	205779
永州市	431956	75396	43071	23847	302569	34219	1	371293	188611
怀化市	234629	45328	38677	18453	163753	7799	—	517202	257098
娄底市	229794	67412	45988	25627	141326	2989	—	301264	214488
湘西州	98186	35461	23295	13536	47722	4409	2	125866	96779
湘西五市合计	958668	229950	180840	97594	607508	33163	3	1397390	881895
湘西五市合计占湖南省比重（%）	20.89	22.57	19.06	27.61	20.48	18.03	0.19	24.78	25.14

资料来源：湖南省交通厅。

2. 其他物流设施条件

从2010年实地调研数据来看，湘西物流圈地区的物流企业的物流设施设备条件相对全省比较滞后，且大多数为人力系统，效率低下且费时费力。通过发放调查问卷312份，收回287份，有效问卷227份，问卷有效率为72.76%，总结如下：

(1) 企业共拥有5辆及以上生产或经营性（不包括内部公务用车）车辆的企业比例为27%，73%的物流企业拥有生产或经营性车辆小于5辆（图11-10）。

(2) 企业营运车辆空载率是多少？30%及以下的占18%，31%～50%的占27%，51%～70%的占32%，71%～90%的占15%，90%以上占8%（图11-11）。

(3) 企业自有仓库的占75%，不具有仓库的占25%。具有冷藏仓库的占物流企业比重为8%，82%的物流企业不具备冷藏仓库（图11-12）。

(4) 物流企业有专门的物流系统或软件的占81%，没有任何计算机软件的占19%（图11-13）。

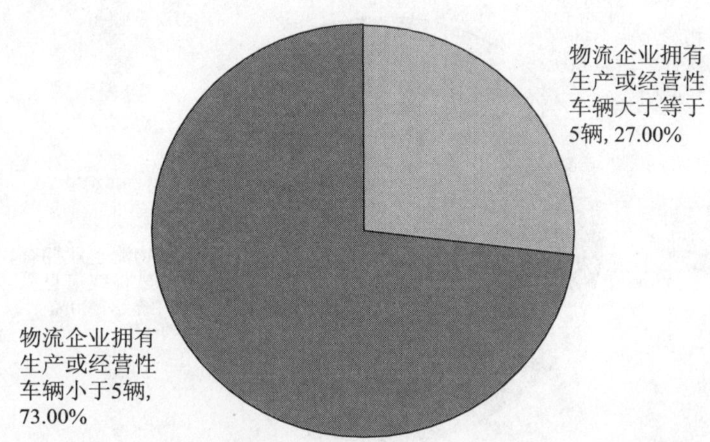

图11-10　湘西物流圈地区物流企业拥有生产或经营性车辆情况

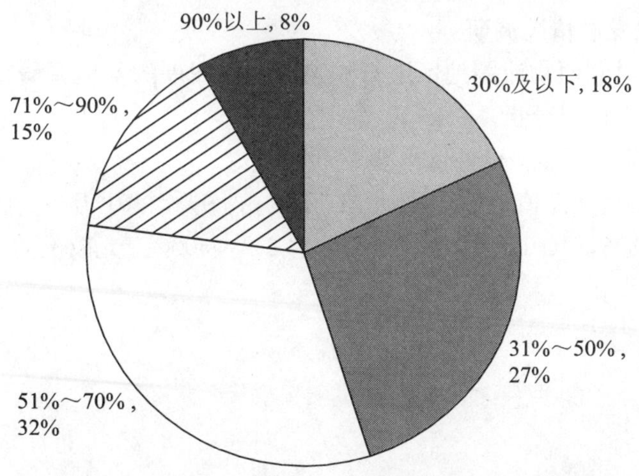

图11-11　湘西物流圈地区物流企业营运车辆空载率

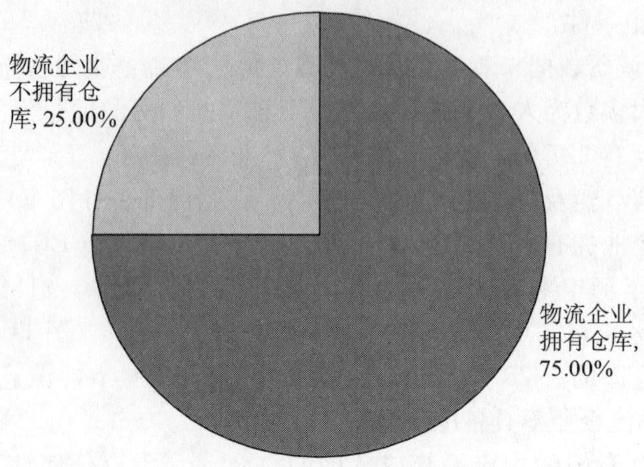

图 11－12　湘西物流圈地区物流企业仓库拥有情况

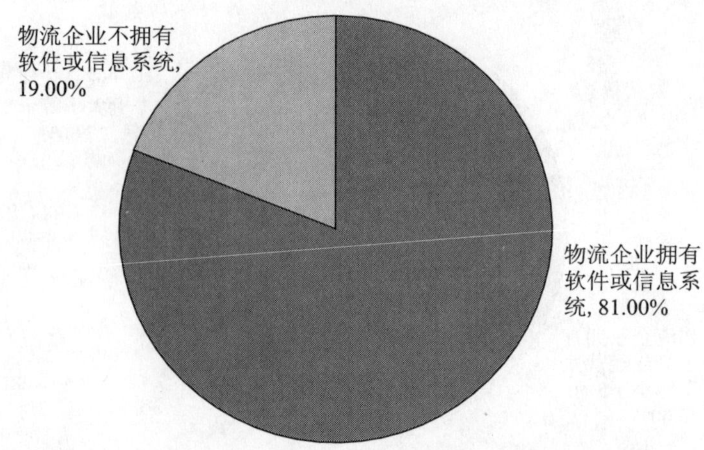

图 11－13　湘西物流圈地区物流企业的物流系统或软件情况

（三）物流企业发展情况调研

2010 年，通过对湘西物流圈地区进行的物流企业发展的实地调研得出以下结论：

1. 物流企业基本情况分析

（1）物流企业资产不多，营业收入少，利润微薄

受访物流企业的资产总值为 100 万元及以下的占 89%，101 万～500 万元的占 6%，501 万～1000 万元的占 3%，1001 万～5000 万元的占 2%，5000 万元以上的占 0%（图 11－14）。

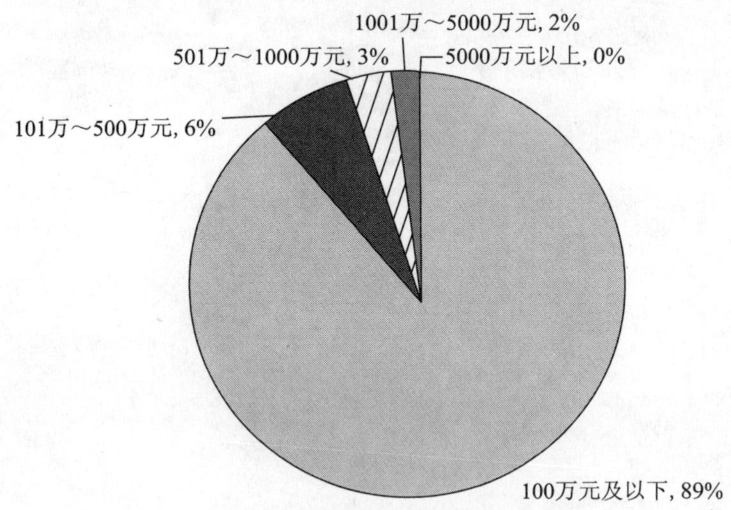

图 11－14　湘西物流圈地区物流企业的资产总值

受访物流企业的年营业收入为 100 万元及以下的占 38%，101 万～500 万元的占 31%，501 万～1000 万元的占 12%，1001 万～5000 万元的占 18%，5000 万元以上的占 1%图（11－15）。

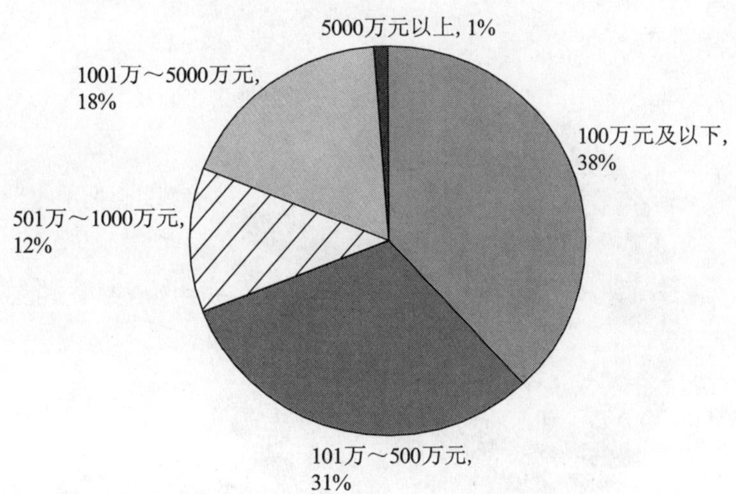

图 11－15　湘西物流圈地区物流企业年营业收入

企业的利润率大约为 5%及以下的占 41%，6%～10%的占 45%，11%～15%的占 6%，16%～20%的占 5%，20%以上占 3%（图 11－16）。

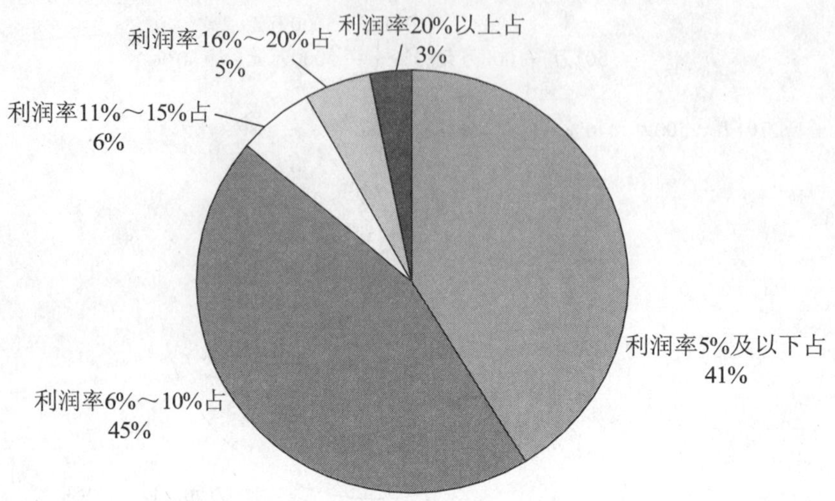

图 11－16　湘西物流圈地区物流企业利润率

（2）物流企业以小型私营企业为主，主要营业收入来自运输服务

物流企业的所有制性质为国有企业占 8%，股份公司占 11%，外商独资企业占 4%，中外合资/合作企业占 9%，私营企业占 68%（图 11－17）。

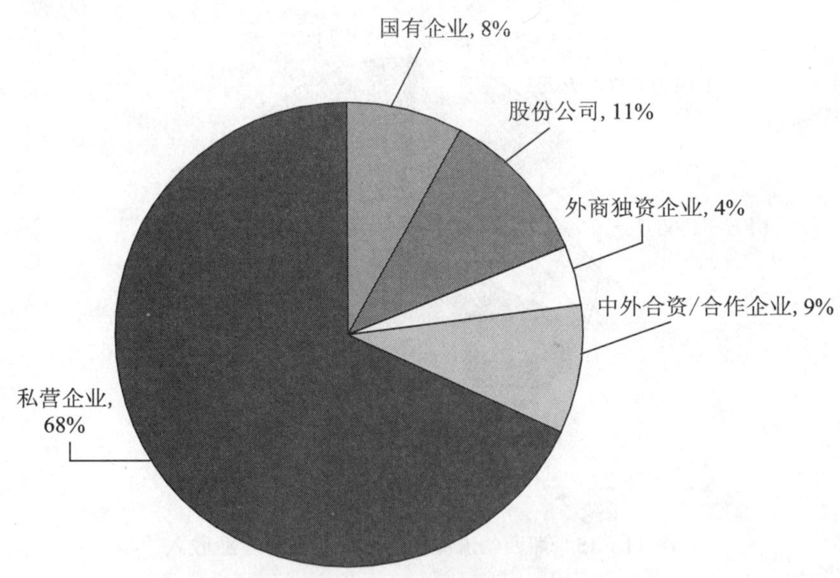

图 11－17　湘西物流圈地区物流企业性质

物流企业的主要收入来源：配送占 18%，仓储占 7%，运输与装卸 70%，包装加工占 1%，其他占 4%（图 11－18）。

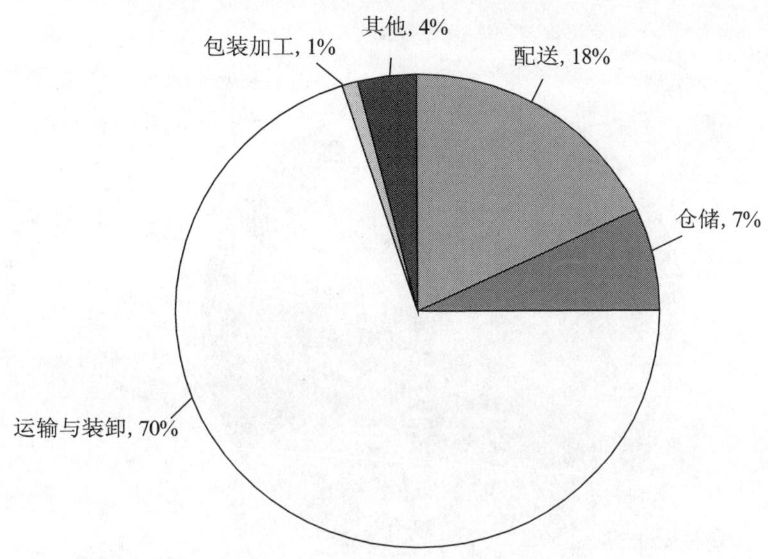

图 11-18　湘西物流圈地区物流企业主要收入来源

2. 物流企业的业务情况分析

(1) 物流企业服务方式简单

物流企业的主要物流运输方式为：铁路运输占 15%，公路运输占 56%，航空运输占 3%，河海运输占 11%，多式联合运输占 15%（图 11-19）。

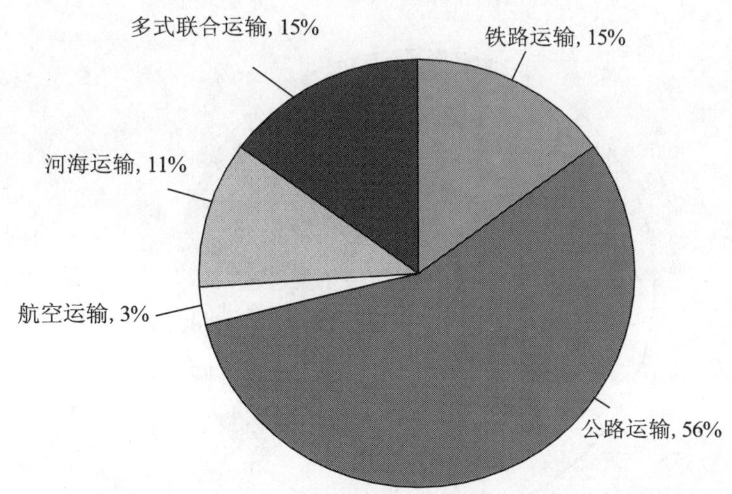

图 11-19　湘西物流圈地区物流企业的主要物流运输方式

物流企业主要从事的物流服务为：物流咨询与物流系统设计占 3%，信息系统管理占 2%，全程物流服务占 2%，包装加工占 1%，配送占 11%，仓储占 15%，运输与装卸占 56%，其他占 10%（图 11-20）。

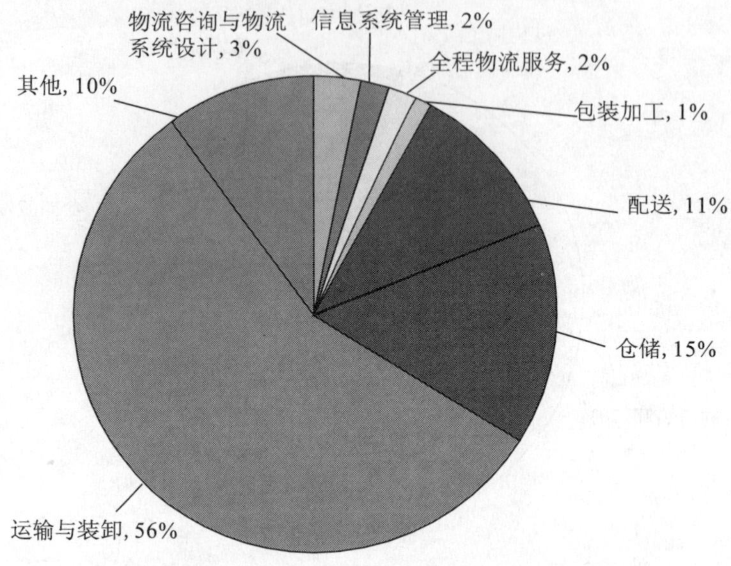

图 11－20　湘西物流圈地区物流企业主要从事的物流服务

（2）服务范围小，业务网点少

物流企业的业务辐射范围为：仅本城市占 14%，仅本省占 25%，本省及周边省区占 45%，覆盖全国占 11%，跨国境（国际）占 5%（图 11－21）。

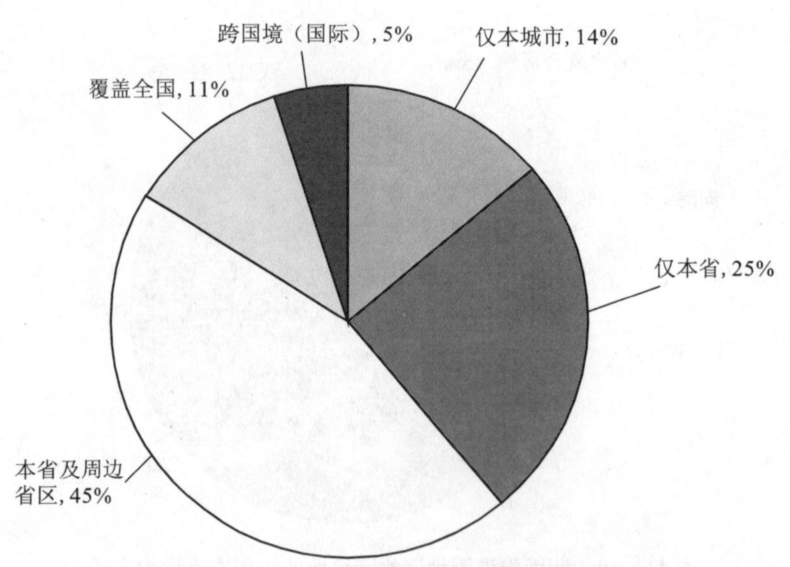

图 11－21　湘西物流圈地区物流企业的业务辐射范围

物流企业的业务网点（或分支机构、代理机构等）覆盖地级市个数为：1～5 个占 22%，6～10 个占 34%，11～15 个占 23%，16～20 个占 18%，20 个以上占 3%（图 11－22）。

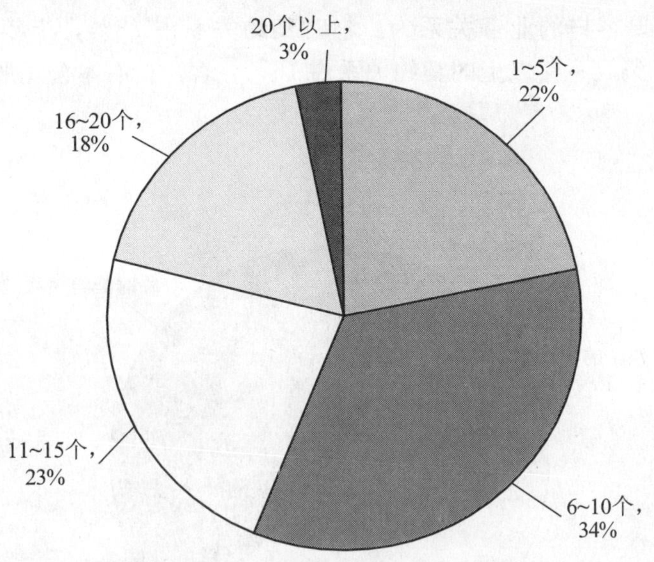

图 11－22　湘西物流圈地区物流企业的业务网点覆盖地级市个数

（3）客户群范围分散，服务关系不稳定

物流企业的主要客户群所属行业为：煤炭 8%，钢铁机械 17%，石油矿产 3%，农产品 17%，食品 8%，烟草 2%，家电 11%，化肥 3%，医药 5%，纺织服装 9%，汽车及配件 4%，其他 13%（图 11－23）。

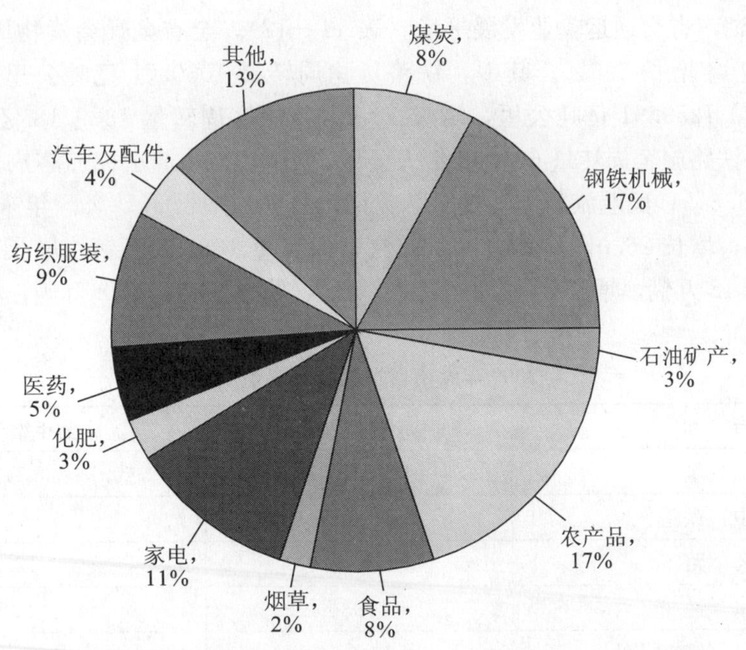

图 11－23　湘西物流圈地区物流企业的主要客户群所属行业

物流企业与主要客户的业务关系为：临时契约关系占 28%，半年契约关系占 11%，年度契约关系占 35%，一年以上的契约关系占 16%，客户持有本公司股份占 8%，其他占 2%（图 11－24）。

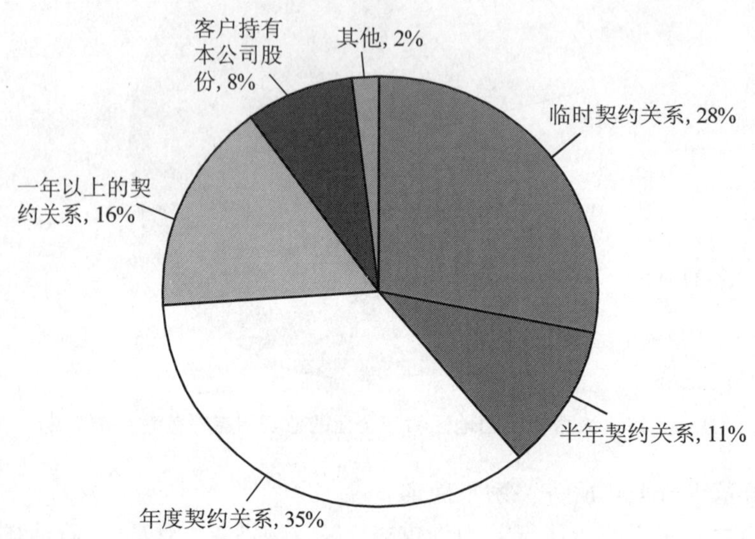

图 11－24　物流企业与主要客户的业务关系

（四）社会运输能力分析

2009 年，湖南省交通运输业发展平稳（表 11－12）。全省全社会货物周转量 2538.34 亿吨公里，比上年增长 5.6%。其中，铁路货物周转量 1030.77 亿吨公里，下降 0.5%；公路货物周转量 1259.91 亿吨公里，增长 16.1%。旅客周转量 1329.18 亿人公里，增长 3.1%。其中，铁路旅客周转量 664.68 亿人公里，下降 1.5%；公路旅客周转量 601.11 亿人公里，增长 6.3%；民航旅客周转量 62.37 亿人公里，增长 30.7%。年末全省汽车保有量 178.22 万辆，增长 26.0%。其中，私人汽车保有量 138.28 万辆，增长 34.4%。民用轿车保有量 75.42 万辆，增长 35.9%。其中，私人轿车保有量 62.2 万辆，增长 43.3%。

表 11－12　　2009 年湖南省运输货运量情况　　单位：万吨

指　标	绝对数	比上年增长（%）
货运量	128894.12	11
其中：铁路	5405.7	－2.8
公　路	111358	12.8
水　运	11834	2.9
民　航	4.62	21.6
管　道	291.80	－9.3

数据来源：根据湖南省 2009 年统计公报整理。

湘西物流圈地区五市（除邵阳外）的社会货运量占全省比例为12.77%，全社会货运周转量占全省比例为7.28%（表11-13）。说明湘西物流圈地区货运量偏小，货运平均运距短。

表11-13　　2009年湘西物流圈涵盖地区全社会运输情况

地　区	货运量（万吨）	增幅（%）	货运周转量（亿吨公里）	增幅（%）
怀化市	2703.03	15.8	35.76	20.4
邵阳市	—	—	—	—
娄底市	8720.52	16.5	68.78	7.1
湘西州	3229	42.6	58.35	51.6
张家界市	1806	10.1	21.89	30.1
湘西五市（除邵阳外）合计	16458.55	—	184.78	—
湖南省	128894.12	11	2538.34	5.60
湘西五市合计占湖南省比重（%）	12.77	—	7.28	—

数据来源：根据湖南省各地区统计公报整理（2010）。

三、湘西物流圈地区物流需求分析

（一）消费市场繁荣，商业物流需求旺盛

城乡消费市场繁荣。2005—2009年，大湘西地区消费市场持续活跃，社会消费品零售总额年均增长16.3%。2009年，大湘西地区实现社会消费品零售总额由2005年的437.23亿元增加到792.75亿元，总量占全省的16.13%。平均增幅为19.20%，略低于全省平均水平；除湘西州和娄底市消费市场增幅略低外，其他地区的增幅明显高于全省平均值，特别是怀化市的社会消费品零售总额增幅居全省第一，比全省平均水平快0.8个百分点（表11-14）。

从区域分类情况来看，2009年湘西物流圈涵盖地区城市消费品零售总额256.99亿元，平均增幅为19.68%，明显高于全省平均水平19.20%；农村市场增幅较低，特别是张家界市，县及县以下消费品零售总额仅为35.96亿元，增幅仅为14.50%。

以怀化市为例，消费品市场再创新高。怀化市完成社会消费品零售总额199.38亿元，增长20.1%（表11-14），增幅居全省第一。从地域来看，市零售额71.53亿元，增长24.1%；县零售额68.70亿元，增长19.3%；县以下零售额59.15亿元，增长16.4%。从业态来看，批零贸易业零售额164.04亿元，增长20.6%。其中，限额以上零售额37.13亿元，增长41.1%；住宿餐饮业零售额31.09亿元，增长18.4%。

怀化市2009年物价平稳运行。全年居民消费价格指数为100.5%，零售物价指数为99.0%（表11-15）。

表11－14　2009年湘西物流圈涵盖地区社会消费品零售总额（分行业）情况

地　区	社会消费品零售总额（亿元）	增幅（%）	城市消费品零售总额（亿元）	增幅（%）	县及县以下消费品零售总额（亿元）	增幅（%）
怀化市	199.38	20.10	71.53	24.10	127.85	17.81
邵阳市	235.45	19.60	56.86	18.80	178.6	19.80
娄底市	185.59	18.70	63.78	17.20	121.81	19.80
湘西州	102.07	18.30	30.52	17.80	71.54	18.50
张家界市	70.26	19.30	34.3	20.50	35.96	14.50
湘西五市合计	792.75	19.20（平均）	256.99	19.68（平均）	535.76	18.08（平均）
湖南省	4913.75	19.30	2896.73	19.20	2017.02	19.30
湘西五市合计占湖南省比重（%）	16.13	—	8.87	—	26.56	—

数据来源：根据湖南省各地区统计公报整理（2010）。

表11－15　2009年怀化市主要价格指数

指　数	以上年为100	指　数	以上年为100
居民消费价格指数	100.5	零售物价指数	99.0
其中：服务类	104.1	其中：食品类	99.6
食品类	99.6	饮料烟酒类	101.4
烟酒及用品类	101.0	服装鞋帽类	99.6
衣着类	99.5	家用电器类	91.5
家庭设备及用品类	104.5	日用品类	103.7
医疗保健类	102.5	中西药类	102.6
交通和通信工具类	99.3	书包杂志类	101.9
娱乐教育文化用品类	99.5	燃料类	91.3
居住类	103.2	建材及五金类	96.8

分行业看，2009年湘西物流圈涵盖地区的批发零售贸易业零售额660.22亿元，增长19.30%，占全省比例为13.44%；住宿和餐饮业零售额127.06亿元，增长19.68%，占全省比例为4.39%（表11－16）。

表 11－16　　2009 年湘西物流圈涵盖地区社会消费品零售总额情况

地　区	批发零售贸易业零售额（亿元）	增幅（%）	住宿和餐饮业零售额（亿元）	增幅（%）
怀化市	164.04	20.60	31.09	24.10
邵阳市	205.34	19.60	29.11	18.80
娄底市	150.21	18.70	35.38	17.20
湘西州	82.42	18.30	19.65	17.80
张家界市	58.21	19.30	11.83	20.50
湘西五市合计	660.22	19.30 平均	127.06	19.68 平均
湖南省	4913.75	19.30	2896.73	19.20
湘西五市合计占湖南省比重（%）	13.44	—	4.39	—

数据来源：根据湖南省各地区统计公报整理（2010）。

（二）工业加快发展，制造业物流成为热点

近年来，湘西物流圈地区积极推进新型工业化，工业发展明显提速。2009 年，湘西物流圈地区实现全部工业增加值 769.64 亿元，占大湘西地区 GDP 比重为 34.96%，比 2005 年提高 7.5 个百分点。其中，规模工业增加值 667 亿元，增长 18.6%（表 11－17）。

表 11－17　　2009 年湘西物流圈涵盖地区工业发展情况

地　区	工业增加值（亿元）	增幅（%）	规模工业增加值（亿元）	增幅（%）
怀化市	196.17	18.90	183.13	22.10
邵阳市	183.14	20.60	149.68	24.30
娄底市	261.08	16.10	227.36	17.80
湘西州	91.8	9.90	76.59	9.70
张家界市	37.45	18.80	30.24	19.10
湘西五市合计	769.64	16.86 平均	667	18.60 平均
湖南省	4814.4	18.50	4250.06	20.50
湘西五市合计占湖南省比重（%）	15.99	—	15.69	—

数据来源：根据湖南省各地区统计公报整理（2010）。

以娄底市为例，主要工业品产量迅速增加。在规模工业中，全市 13 个工业和行业中

有12个行业的增加值实现了增长，其中设备制造业、农副产品加工业、电力热力及水的生产和供应业、有色金属冶炼及压延加工业、化学原料及制品制造业、非金属矿物制品业、煤炭开采及洗选业分别增长45.1%、27.4%、25.7%、27.5%、25.4%、25.6%、18.3%。优势产业发展较快，全市十大产业集群专项规划编制完成，累计实现工业增加值192.6亿元，增长20.3%。全市规模工业企业产品销售率达97.7%。实现利税40.73亿元，增长5.9%，累计实现利润15.58亿元，增长58.6%。全市高新技术企业达到49家，新创省级以上名牌产品8个，高新技术产业完成增加值67.28亿元，增长15.5%。

主要产品产量实现较大增幅。2009年，列入月度统计监测的10种主要产品产量全部实现正增长，其中煤炭产量1305.9万吨，增长10.1%；纯碱11.94万吨，增长26.5%；水泥734.6万吨，增长45.7%；氮肥（折纯）37.2万吨，增长16.0%；发电量93.8亿千瓦时，增长34.1%；钢材产量740.2万吨，增长24.9%；生铁产量734.8万吨，增长20.1%；焦炭248.2万吨，增长36.4%；锑产品产量4.89万吨，增长54.3%。

而怀化市的主要工业品基本上实现了平均20%左右的高速增长，制造业的生产物流和加工品物流都有大幅度增加（表11－18）。

表11－18　　2009年怀化市规模工业主要工业品产量

工业品	单　位	产　量	增长（%）
原煤	万吨	115.81	20.5
中成药	吨	13313	242.9
大米	万吨	36.22	53.4
配混合饲料	万吨	31.77	35.8
布	万米	4155.17	－14.0
化学纤维	吨	3326	－18.6
人造板	万立方米	188.33	28.3
浆板	万吨	29.47	147.9
塑料制品	万吨	6.67	65.6
水泥	万吨	574.31	28.5
日用陶瓷	万件	8362.5	－1.7
发电量	万千瓦时	1274947	2.5
其中：水电	万千瓦时	1266599	2.7
黄金	千克	7475	92.8
有色金属	万吨	10.34	47.6

数据来源：根据怀化市2009年统计公报整理（2010）。

（三）农业稳步发展，农产品物流需求逐步增加

湖南省农业发展具有得天独厚的优势。自古有“湖广熟，天下足”之说。主要农副产品产量居全国比较领先的地位。水稻、苎麻、茶油、桐油产量居全国第一，生猪居全国第

二，茶叶居全国第四，柑橘、烤烟、淡水鱼等产量都在全国前十位以内。

湘西物流圈地区农业生产稳定发展，具体分析如表 11－19 所示。

表 11－19　　2009 年湘西物流圈涵盖地区农产品产量情况

品种 地区	品种	粮食	油料	棉花	烤烟	水果	蔬菜	肉类	水产品	禽蛋	出栏猪	出栏牛	出栏羊
	单位	万吨	万吨	吨	万吨	万吨	万吨	万吨	万吨	万吨	万头	万头	万只
怀化市	产量	184.19	12.39	942	0.751	96.08	93.17	29.06	5.2	1.27	321.88	11.62	36.82
	增长（%）	11.00	46.70	62.40	98.90	10.00	8.30	6.50	5.80	4.30	3.10	4.80	5.60
邵阳市	产量	319.09	11.08	231.17	1.21	67.30	—	70.60	8.41	1.61	917.75	—	—
	增长（%）	6.20	36.80	3.20	39.10	14.10	—	5.10	4.60	3.10	2.80	—	—
娄底市	产量	162.16	2.79256	517.132	0.0198	18.21	—	35.19	6.64	—	499.2	13.6	25
	增长（%）	3.20	4.20	1.20	9.21	12.40	—	5.30	6.40	—	3.70	8.90	5.70
湘西州	产量	87.31	8.39	185.1	3.49	74.37	67.21	9.7	1.9	—	219.6	39.2	58.4
	增长（%）	2.60	6.80	23.40	29.30	9.30	−0.50	4.20	5.00	—	3.40	2.80	5.70
张家界市	产量	60.81	5.5	1502.82	1.16	22.71	41.69	7.21	0.94	—	99.75	—	—
	增长（%）	6.60	8.80	8.90	29.40	−0.80	8.50	3.70	0.00	—	4.00	—	—
湖南省	产量	53061.22	179.24	241100	21.78	315.91	2844.2	570.08	188.58	94.36	—	—	—
	增长（%）	3.50	34.00	−2.20	12.70	2.60	10.30	4.70	5.60	5.20	2.70	—	—
湘西五市合计		813.56	40.15	3378.22	6.63	278.67	202.07	151.76	23.09	2.88	2058.18	64.42	120.22
湘西物流圈地区占全省比重（%）		1.53	22.40	1.40	30.44	88.21	—	26.62	12.24	—	—	—	—

数据来源：根据怀化市 2009 年统计公报整理（2010）。

湘西物流圈地区是湖南省重要的油料、烤烟、水果、肉类的生产基地，2009 年油料产量达到了 40.15 万吨，占全省比重为 22.4%；烤烟 6.63 万吨，占全省比重为 30.44%；水果产量为 278.67 万吨，占全省比重为 88.21%；肉类产量为 151.76 万吨，占全省比重为 26.62%。巨大的农产品物流需求给当地物流产业发展提供了良好的发展契机。

四、湘西物流圈地区物流发展中存在的主要问题

从湘西物流圈地区物流的现状看，现代物流的发展尚处在起步阶段，物流规模、物流质量与经济发展水平极不相称，物流企业远不能适应社会发展需求。湘西物流圈地区物流企业真正实力超群、具有竞争力的很少。绝大多数物流企业具有“小、少、弱、散”的特点。即经营规模小，市场份额少、服务功能少、高素质人才少，竞争力弱、融资能力弱，

结构单一，缺乏网络或网络分散，经营秩序不规范等。湘西物流圈地区物流发展具体存在以下六个方面的问题：

（一）物流管理体制和机制存在障碍

物流业的发展涉及基础设施、物流技术设备、产业政策、投资融资、税收与运输标准等各方面，分属不同的政府职能部门管理。但各职能部门对现代物流认识不足并缺乏统一协调的战略思想。目前，商务部、交通部在资格认证方面各有多项政策法规。政府职能部门对物流企业是一种多头管理体制。目前已基本确定由发改部门牵头，其他部门配合的工作机制，但由于缺乏稳定的办事机制，职能上的配合还存在一定的困难。

地方保护主义也较为突出。一些地方政府为保护本地物流企业利益，在交通运输、税收、工商等方面设置障碍，限制非本地物流企业的经营活动。

同时，由于缺乏对物流企业的正确认识和合理界定，在工商部门的企业注册目录中至今没有物流企业的一席之地。物流企业受到的各种限制，以及专业物流组织及企业的法律地位尚未得到法律承认等，不利于物流业的健康发展。

（二）工商企业对物流重视不够

物流是“第三利润源泉”的炒作和研讨会专家们的舆论有时误导了企业业主，很多企业以为物流隐含了很多可改善的空间，这本身没有错，但是企业业主们认为要压缩单一的运输或仓储成本时，如有的企业提出明年运输成本硬性降低 20%，仓储降低 10%，这种物流策略显然给第三方物流公司和企业物流部门都带来了非常大的压力。成本降低的同时，往往是服务质量的下降，如运输中在途跟踪的减少，拼车的增加，回程车的大量应用，从而引发了货物整车丢失，或是货物因拼车而被其他产品污染等各类事故的发生，最终结果是导致成本的变相增加，而不是减少。

在决定物流业务是否外包之前，确认企业的核心竞争力是什么极为关键，是产品的研发能力，还是销售渠道的建设，或是售后服务？在确定物流不是企业的核心竞争力后，才能决定是否外包物流业务。但是在外包策略确定之后，哪些业务外包给专业第三方物流公司，哪些要保留给自己的物流部门，这些都要考虑清楚，而归根结底要看物流策略是否符合企业的发展战略。与此同时，企业在外包物流业务之前，很重要的一点是一定要先明确本企业的物流总成本，只有进行了详细的物流总成本审计后，在外包物流业务时才能够知道究竟物流业务外包是否给自己带来利益，能够体现在财务报表上的收益究竟有多少？

湘西物流圈地区大部分企业缺乏对企业内部物流业务进行主动整合重组的热情，企业管理模式和思想意识还没有从传统的计划经济下的产、运、销一条龙的模式中转变过来。很多物流企业经营方式以自营物流为主。如步步高、梅尼、新一佳、农丰等企业，虽然设立了物流部门，但都是为自身企业服务，不对外承揽业务。同时，缺乏功能配套的专业化市场。如张家界市城区的各类市场规模偏小，起点较低，专业化分工不明确，市场秩序混乱。如湘西北边贸区中心市场，基本上没有建立停车设施，车辆在市场中运转不开，极大地影响了整个市场的运作效率。

（三）企业经营管理水平较低，服务方式和手段比较原始和单一

目前从事物流服务的经营主体以交通运输和仓储为主，缺乏综合的物流企业。物流企业大多数由原来的国有运输公司改制而来，民营物流公司规模很小。以张家界市为例，目前运营比较好的物流企业有：邮政速递物流公司，烟草物流中心，市运输公司，火车站装运公司，汽车货运站，梅尼商贸公司配送中心等。这些企业只能简单地提供运输（送货）和仓储服务，而在流通加工、物流信息服务、库存管理、物流成本控制等物流增值服务方面，在物流方案设计以及全程物流等更高层次的物流服务还没有全面展开，物流企业组织（包括传统的运输和仓储等流通企业和新兴的专业化物流企业）规模和实力都比较小、网络化的经营组织尚未形成，缺乏必要的竞争力。经营规模普遍偏小，以商贸物流为例，湘西物流圈地区限额以上的商贸企业共有3家，经营面积22万平方米，其中仓储面积为8万平方米，仅占36%。

物流企业管理水平比较低。首先是观念上的不适应。传统的流通企业缺少竞争意识以及市场需要、用户至上的经营理念；其次是人才队伍的不适应。过去主要是从事简单的购销业务，营销队伍整体素质较低，知识结构很不全面，信息、金融、管理、法律等复合型物流专业人才奇缺，特别是第三方物流设计与管理人才更是难以觅得；最后管理制度不适应。多数从事物流服务的企业缺乏必要的服务规范，无内部管理规程，经营管理十分粗放，很难提供规范化的物流服务。

（四）物流园区缺乏科学规划，规模效益不明显

物流园区属于工业地产投资范畴，在西方发达国家它的投资收益率大概在6%～8%，是基础设施型长线投资项目。投资方所获得的收益通常来自租金回报和土地增值回报。物流园区在做规划时要考虑区域经济水平、目标客户行业、零售业的区域配送以及整个园区的功能定位。不同的物流园区，投资策略不同，有的是一次性投资建设，有的是滚动投资。

投资建设一个物流园区并获取良性收益的前提是通过市场分析确定市场定位的物流枢纽商业计划。拟定商业计划的过程通常要经过宏观分析、区域分析、产业分析、市场定位、发现目标客户和功能性设计几个阶段。建立现代化物流园区，必须以市场环境为基础，以战略发展目标为指导，从物流园区的选址、类型、规模的确定，到物流园区功能、设施的设计，到物流园区的经营管理模式的选择，都必须与市场环境和战略发展目标紧密相连。同时物流园区所在区域内的交通、通信、物流资源等基础设施能否支持物流园区的正常运行是分析园区发展潜力与可拓展性的前提条件。

据初步统计，湘西物流圈地区90%的仓库、80%的铁路专用线、60%的运输车辆分散在商业、物资、粮食、供销、外贸五大系统的批发和零售企业里，这种条块分割、各自为政、“大而全、小而全”作坊式的经营方式，重复布点，重复投资，不是社会的合理分工，而是一种分散、低效率、高耗能的物流组织形式，不能适应现代物流业务流程跨行业、多元化的需要。同时还缺乏支持社会化配送中心运作的综合物流系统，难以满足现代化物流发展需要，难以适应未来发展需要。

（五）物流设施技术水平差，物流作业效率不高

在货物运输设施和装备方面，铁路的货运重载、高速、自动化管理，目前仍处在起步阶段，且区域布局不尽均衡；各种运输方式之间无合理分工关系，企业在同类货源上进行盲目竞争；各种运输方式之间装备标准不统一，物流器具标准不配套，物流包装标准与物流设施标准之间缺乏有效衔接等，这些因素均在一定程度上延缓了物流运输、储存、搬运过程中机械化和自动化的提高，对运输工具的装载率、装卸设备的荷载率、仓储设施的利用率影响较大。

缺乏专业化的仓储设施。目前，张家界市内原有的货运站现在已经基本上变卖了。城区内的 8000 多商户都为仓储发愁，近 10 亿元/年的货物只能通过租用分散的居民房来周转和仓储。在张家界市的城区内部，马路深处，到处都是货场和仓库，物流效率非常低下。由于民房缺乏必要的消防措施，储存的安全隐患非常大。

缺乏专业化的物流企业和配送队伍。由于缺乏专业化分工的物流企业和配送队伍，张家界市的水果运输存在较大困难。以水果为例，全省每年的运输量高达 30 万吨，80%的水果要通过公路运输实现，效率低下，损耗率高。

物流损耗比较大。由于运输通道不畅、运输主体设备老旧，导致物流过程中的损耗比较大。以普通日用化妆品为例，张家界市的物流损耗率都在 2%以上，高出业内平均水平。

（六）物流信息系统建设滞后，物流人才奇缺

物流业是一个对信息技术依赖性相对较强的行业，这已经不是个秘密，因而在物流公司如雨后春笋般成立起来的同时，物流信息服务商也随之大量涌现。一大批 IT 公司或自行开发或代理国外成熟产品，为国内的客户企业提供多种多样的仓库管理和运输管理系统、订单管理系统、卫星定位系统以及条码管理系统等。但这些系统只能解决物流交易层面上的信息处理问题，即使是炙手可热的 ERP 系统，其价值也只体现在可以生成主生产计划和围绕主生产计划的采购需求，并通过订单对其财务集中管理。

湘西物流圈地区的物流信息化问题主要表现在两个方面：一方面，工商企业内部物流信息管理和技术手段都比较落后，多数企业没有建立完善的物流信息管理系统（MIS）、电子数据交换系统（EDI）和货物跟踪系统，甚至连最基本的条码技术、物资采购管理和企业资源管理等物流软件的应用水平也比较低；另一方面，缺乏必要的公众物流信息平台，造成服务与需求信息不能在全社会范围内有效共享、共用。

物流人才短缺已成为湘西物流圈地区物流发展的主要问题。据实地调研统计显示，湘西物流圈地区物流人才中，物流规划人员、物流管理人员、物流研究人员、物流师资全面紧缺。目前最为抢手的物流人才是掌握现代经济贸易、运输与物流理论和技能、英语、国际贸易运输及物流管理经营型人才。目前最紧缺的物流人才主要有三类：第一类是宏观管理人才。如政府机构里制订政策、规划的人才，包括相应的教学、科研、培训等方面的人才，其中物流专业师资最为奇缺。第二类是各类企业的物流管理人才。除了物流企业需要这类人才，许多非物流企业也需要这类人才从事物流工作。这是物流人才中需求最大的一块。第三类是物流企业的管理人才。这是物流企业的实际操作者，包括仓储企业、运输企业等管理人才。

五、湘西物流圈地区物流发展对策与政策建议

针对湘西物流圈地区的产业特征及其物流状况，应充分利用湘西物流圈地区地处西南地区中心的区位优势，发挥湘西物流圈地区有较好工业基础和交通枢纽的条件，在湘西物流圈地区主要城市建成功能比较完善的物流基础设施平台、物流信息技术平台和物流政策平台，培育一批大型骨干现代物流企业和人才队伍，形成以怀化为中心的覆盖湘西物流圈

地区、辐射西南地区的多层次、多功能、专业化、社会化、信息化的现代物流服务网络体系，把湘西物流圈地区建设成为西南地区的现代物流中心。具体对策如下：

（一）建立完善统一政策体系，推进实施标准

湘西物流圈地区各地州市应确立物流行业领导机构，对各种运输方式进行合理分工，统一各种运输方式的装备标准，不断完善物流发展的政策措施，尽快废除不利于现代物流发展的地方规章；同时政府应设置综合信息部门，利用物流信息平台，制定有序竞争的法律法规，对各经济区进行全局的协调调度，为发展现代物流业创造良好的外部环境和法制环境，以避免物流竞争的负面效应。

加大物流产业的开放力度，积极引进外资和国外物流企业在湘西物流圈地区发展物流业。湘西物流圈地区各地州市要积极引进、利用外资改造和重组湘西物流圈地区原有的以运输仓储为主的传统物流企业，利用其雄厚的实力和先进的管理经营理念来促进湘西物流圈地区物流业的整体发展，政府部门也应增加这方面的投入，对物流业设施的建设给予一些低息或贴息贷款支持，营造内外双重竞争环境，消除瓶颈环节，建立开放、竞争、公平、有序的跨地区、跨行业、统一的现代物流大市场。

有关部门要加快完善落实物流行业标准。落实行业标准应根据湘西物流圈地区实际情况结合国际国内标准来进行。行业标准的推广将有利于湘西物流圈地区物流企业科学管理、快速配送传递、对内和对外合作联运及结算、查询、监测等商务活动的进行。

（二）调整物流产业内部结构，转变发展方式

（1）根据政策和经济结构调整物流结构。根据湘西物流圈地区政策和经济结构调整的思路，以怀化市为中心，重点发展贯通西南地区的物流基础设施；大力发展民族经济区物流，改善少数民族地区人民生活水平，包括湘西土家族自治州、芷江侗族自治县、麻阳苗族自治县、靖州苗族侗族自治县、通道侗族自治县、城步苗族自治县等。作为湘西物流圈地区经济腾飞点——现代物流，应围绕各经济区的产业结构特征，并在城市集中的地区，如怀化市—洪江市、新化—冷水江—涟源地区，发挥城市群体的综合功能，形成点（城市）—轴开发格局。依托铁路、国道公路，加快沿线经济的发展，尽快形成物流、商流、信息流优势，形成新的经济增长带。

（2）建立第三方物流模式。工业、商贸、运输、仓储等部门如何合理布局，如何有效连接，是现代物流发展的关键所在。一是整合以上几种类型物流企业的现有物流资源，合理设置物流设施，发挥整体合力，避免存量资源闲置，增量资源浪费，共享物流规模效益；二是不论国有、民资、外资，要转变传统观念，改革传统的自我服务模式，逐步将原材料采购、运输、仓储和产成品加工、整理、配送等物流业务剥离和外包，建立第三方物流模式，同时必须注重培植龙头企业；三是将原分属于各公司企业的运营功能作为第三方物流的分支部门，利用物流信息平台大力推进物流的共同化、合理化，积极推进综合配送和第三方配送；四是在资源整合和重组的基础上，要正确引导工商企业的物流需求和物流企业的服务供给。

（3）努力提高物流企业的核心竞争力，以客户为中心开展物流。“随需而动”是对供应链中所有企业的要求，尤其是第三方物流企业，要赢得更多的客户，就必须洞悉客户外包物流的主要原因，如降低物流成本，或强化核心业务，还是改善与提高物流服务水平与质量等。另外还要了解客户在选择第三方物流企业时所考虑的一些主要因素，是首先注重行业与运营经验，或是注重品牌声誉，抑或是注重网络覆盖率，还是注重较低的价格等。据此制定个性化的竞争策略，可在品牌经营、科技应用、网络运作、系统管理等方面，依照现代物流的经营理念和方法，形成自己的核心竞争力，在一定区域或服务领域内形成一定优势，从而提高企业的物流能力。

（三）科学规划建设物流园区，改造物流技术

（1）建立一批物流配送中心。高效畅通的物流配送体系对连接生产和消费，降低营销成本起着重要作用。加快连锁企业内部物流配送体系建设，抓紧规划建设和完备大中型连锁经营企业的物流配送中心，构筑物流基础平台，使大型连锁企业统一采购、配送的比重分别达到100%和80%。在满足企业自身需要的基础上，建造对中小企业配送服务的物流配送中心。重点打造以农资、建材、汽车等物资商品为主的西部生产资料物流园区和以东部市场群等生活资料为主的东部生活资料物流园区，以把握和应对经济全球化的机会和制约。

（2）积极进行物流的技术改造。完善的基础设施是发展现代物流的重要基础和支柱，特别是交通枢纽、工业基地、商贸中心、物资集散地等，按照区域经济特点和经济发展要求，重新规划和构筑仓储、铁路、公路、水运、空运一体化的物流系统，切忌“一哄而起”。从总体上看，湘西物流圈地区的物流仓储设施比较陈旧落后，物流基础设施结构不合理，货场、低档通用库多，适合当前社会要求的冷藏、调温等专用库少。应当把新建与现有物流基础设施的改造、重组、挖潜相结合，以较小的投入和代价，尽快形成配套的综合运输网络、完善的仓储配送设施、先进的信息网络平台等，为现代物流发展提供重要的物质基础条件。

（四）加快构筑物流信息平台，提升信息化水平

如果说物流基础设施和物流体系的建立是物流的基础格局，那么信息平台的建立将是物流经济有序运行的保证。为此要促进企业运用现代信息管理技术，如 ERP、MRP 等在内部物流管理中的应用，建立完善的物流信息管理系统（MIS）、电子数据交换系统（EDI）和货物跟踪系统，全面提高企业的信息管理水平。在运输、仓储、分拣、装卸、加工、整理、配送、调度等方面，通过公众信息网络平台，连接信息技术制造商、供应商以及货主、用户与物流公司，实现资源共享和连通、综合调度，对物流各个环节及时跟踪、有效控制和全程管理，避免空载、漏运等现象，降低流通成本，提高流通效率，以物流电子网络信息化带动物流的现代化。

加快推进物流配送信息化，就是运用现代信息系统与电子化手段，加强对企业物流链管理，形成企业物流的支撑体系，进而实现物流配送的高效率与高效益。实行企业物流配送信息化，可以将生产制造、原料供应、商品销售与消费等各个环节的信息、数据、流向与流速等情况，通过电子信息技术进行系统化、快速化收集和处理，更加有效地进行物流配送过程组织及物流配送部门协调。在现代企业电子商务、虚拟经营业务大量增长的情况下，更要发展物流配送及其信息化。

（五）加强物流基本知识普及，提高物流认识

发展湘西物流圈地区的现代物流，现代物流知识的普及是基础，现代物流观念的树立是根本，物流人才的培养是关键。在实际工作中，可以利用“三下乡”等形式，将现代物流知识、物流技术等送到湘西物流圈地区，向物流行业管理部门、工商企业和广大工农群众普及现代物流知识。通过现代物流知识的普及，逐步在湘西物流圈地区特别是工商企业管理人员的头脑中树立现代物流观念，让他们认识到现代物流的重要意义和作用，从而激发和调动他们发展湘西物流圈地区现代物流的积极性和主动性。

培养、引进物流专门人才，为现代物流的发展服务。物流企业的竞争实际上是人才的竞争，没有一流的物流人才，难以建设一流的物流企业、打造一流的物流平台。湘西物流圈地区现代物流的发展，迫切需要既懂物流、商流，又懂信息流的复合型高级专门人才，同时也是发挥湘西物流圈地区物流“后发优势”的必然选择。一方面，要动员各方力量呼吁教育主管部门在高等院校设置“现代物流管理”等专业，培养高中级物流专业人才；另一方面，湘西物流圈地区要开展统一的物流人才培训工作，有计划、分步骤地开展多层次、多方面的物流教育和培训，尤其要加强物流企业、物流部门经理、物流策划人员和物流信息系统开发人员的培训，以适应现代物流发展的需要。

参考文献

[1] 罗光强，段慧兰，莫鸣．农业大省农业经济波动与国民经济波动关系的研究——以湖南为例［J］．南方经济，2006，12（4）：91-101.

[2] 王川，李志强．不同区域粮食消费需求现状与预测［J］．中国食物与营养，2007，13（6）：34-37.

[3] 王国丰．加快粮食物流体系建设问题探讨［J］．中国粮油学报，2006，22（5）：139-143.

[4] 侯立军．我国粮食物流体系建设探究［J］．粮食储藏，2006，35（4）：49-53.

[5] 张慧．建设湖南粮食物流体系的思考［J］．粮食科技与经济，2008，33（2）：13-25.

[6] 胡非凡，施国庆，吴志华．中国粮食物流特点及发展趋势探析［J］．农业经济，2006，26（5）：63-64.

[7] 郭成，孙东升．新时期粮食物流业的现状、问题及发展方向［J］．中国农村经济，2006，22（2）：18-26.

[8] 任新平．试析我国粮食现代物流发展途径［J］．粮食流通技术，2006，13（1）：1-3.

[9] 唐学军．我国粮食物流的现状及前景展望［J］．粮食流通技术，2005，12（4）：4-5.

[10] 雷海艳．郴州市发展现代物流业的SWOT分析及对策研究［J］．长沙大学学报，2008，22（1）：9-11.

[11] 程欣．承接沿海产业转移中郴州物流发展战略选择［J］．中国市场，2009，16（10）：11-15.

[12] 胡正东，李欣．衡阳市物流业发展存在的问题与对策探讨［J］．中国集体经济，2010，26（8）：120-121.

[13] 曾中文．论永州现代物流业的发展思路［J］．物流科技，2008，32（5）：60-63.

[14] 焦娟妮．永州市物流业发展现状与模式研究［J］．湖南科技学院学报，2006，17（6）：89-92.

[15] 湖南省统计信息网．2009年湖南省国民经济和社会发展统计公报［EB/OL］．(2010-04-06)［2011-04-15］http：//www.hntj.gov.cn/tjgb/glgb/.

[16] 孙明贵. 物流管理学［M］．北京：北京大学出版社，2002.

[17] 张倩. 江汉平原农产品物流发展及对策研究［D］．武汉：华中农业大学，2005.

[18] 湖南省财政厅．2010湖南统计年鉴［M］．北京：中国统计出版社，2010.

[19] 钟惟钰．湖南农产品现代物流发展研究［D］．长沙：湖南农业大学，2008.

[20] 时天开．湖南省物流产业评估与需求分析［D］．长沙：湖南大学，2006.

[21] 叶朝阳．湖南粮食物流园区的战略规划研究［D］．长沙：湖南大学，2009.

[22] 刘纯阳．湘西自治州农产品物流体系建设研究［D］．长沙：湖南农业大学，2008.

[23] 刘秉镰．现代物流与区域竞争力之间的关联机理［J］．学习与探索，2006（2）：224－227.

[24] 吴维昕，许强．城市物流核心竞争力培植的理论探索［J］．中国科技信息，2007（10）：285－288.

[25] 陶存新，陈定方．城市物流能力评价研究［J］．武汉理工大学学报：交通科学与工程版，2006，30（5）：892－894.

[26] 李旭宏，李玉民，等．基于层次分析法和熵权法的区域物流发展竞争态势分析［J］．东南大学学报：自然科学版，2004，34（3）：398－401.

[27] 王振锋，王淮东，等．基于非线性主成分分析法的区域物流发展综合评价模型［J］．河南农业大学学报，2006，40（5）：545－552.

[28] 姜华，陈功玉．基于物流的区域经济竞争力研究［J］．东南学术，2006（5）：70－74.

[29] 谢如鹤，邱祝强，陈宝星．区域物流产业竞争力指标体系及其应用［J］．工业工程，2008，11（1）：109－112.

[30] 姜华．区域物流对区域经济发展的作用［J］．发展研究，2005（12）：12－14.

[31] 汪波，杨天剑，赵艳彬．区域物流发展水平的综合评价［J］．工业工程，2005，8（1）：83－86.

[32] 冯凌云，王子龙．区域物流网络评价与结构优化研究［J］．南京工程学院学报：自然科学版，2004，2（3）：29－34.

[33] 赵国庆．物联网在物流运输中的应用探讨［J］．中国商界，2010（6）：165.

[34] 宋雅杰．基于物联网技术的库存控制研究［J］．商业时代，2010（24）：34－35.

[35] 潘金生．基于物联网的物流信息增值服务［J］．经济师，2007（9）：241.

[36] 李铧．基于物联网产业下的高校专业整合［J］．张家口职业技术学院学报，2010（12）：31－33.

[37] 蒋国平，尤大鹏．发达国家发展绿色物流的成功经验及启示［J］．生态经济，2008（3）：102－104.

[38] 王长琼．绿色物流［M］．北京：化学工业出版社，2004.

[39] 王长琼．绿色物流的产生背景及发展对策初探［J］．物流技术，2002（6）：39－40.

[40] 陈柳钦．有关绿色物流的理论探讨［J］．科技导报，2003（2）：62－65.

[41] 王丽梅．浅析绿色物流发展的政府规制与政策激励［J］．税务与经济，2005（6）：44－45.

[42] 周云霞．浅议我国绿色物流发展［J］．高职论丛，2008（9）：5－8.

［43］文温阳．绿色物流的社会环境建设［J］．中国民营科技与经济，2008（7）：78－79.

［44］刘学文．浅谈发展绿色物流的积极作用［J］．物流与采购研究，2008（49）：20－21.

［45］徐平．浅谈绿色物流与环境友好［J］．中国储运，2008（12）：80－81.

［46］王小旭．绿色物流——21 世纪物流发展的必然趋势［J］．经济与社会发展，2009（7）：79－81.

［47］徐刚．新世纪绿色物流理论及其发展路径初探［J］．经济管理，2009（1）：67－68.

［48］林敬松，杨勇．基于循环经济下的绿色物流对策［J］．生态经济：学术版，2009（1）：340－342.

［49］高庆元. 长株潭城市群物流园区发展规划研究［D］. 长沙：中南大学，2008.

［50］余滢. 关于长株潭国际货运代理业发展的探讨［J］. 商品储运与养护，2008（1）：73－74.

［51］颜立新. 长株潭两型社会发展与物流网络互动研究［J］. 消费导刊，2008（1）：23－24.

［52］谷华. 论道路货运业向现代物流业转型含义及意义［J］. 河南科技，2008（9）：555－556.

［53］曾玲燕. 长株潭城市群物流一体化发展规划研究［D］. 长沙：长沙理工大学，2008.

［54］潘双利，郑贵军，邓德胜. 长株潭城际绿色物流探讨［J］. 中国市场，2008（19）：114－115.

［55］刘永清. 长株潭城市群现代物流发展对策研究［J］. 中国流通经济，2009（2）：62－65.

［56］SIRIKRAI S B，TANG J C S. Industrial competitiveness analysis using the analytic hierarchy process［J］. Journal of High Technology Management Research，2006（17）：71－83.

［57］BUDD L，HIRMIS A. Conceptual framework for regional competitiveness［J］. Regional Studies，2004，38（9）：1015－1028.

［58］KAVARATZIS M. Place branding：a review of trends and conceptual model［J］. The Marketing Review，2005，5（4）：329－342.

附录一　物流业调整和振兴规划

国务院关于印发物流业调整和振兴规划的通知

国发〔2009〕8号

各省、自治区、直辖市人民政府，国务院各部委、各直属机构：

现将《物流业调整和振兴规划》（以下简称《规划》）印发给你们，请结合本地区、本部门实际，认真贯彻执行。

当前，国际金融危机对我国实体经济造成了较大冲击，物流业作为重要的服务产业，也受到较为严重的影响。制定实施物流业调整和振兴规划，不仅是促进物流业自身平稳较快发展和产业调整升级的需要，也是服务和支撑其他产业的调整与发展、扩大消费和吸收就业的需要，对于促进产业结构调整、转变经济发展方式和增强国民经济竞争力具有重要意义。

各地区、各部门要把思想和行动统一到党中央、国务院的决策部署上来，以邓小平理论和“三个代表”重要思想为指导，深入贯彻落实科学发展观，进一步增强大局意识、责任意识，加强领导，密切配合，切实按照《规划》要求，做好统筹协调、改革体制、完善政策、企业重组、优化布局、工程建设等各项工作，确保《规划》目标的实现，促进物流业健康发展。

各地区要按照《规划》确定的目标、任务和政策措施，结合当地实际抓紧制定具体工作方案，切实抓好组织实施，确保取得实效。国务院各有关部门要根据《规划》明确的任务分工和工作要求，做到责任到位、措施到位，加强调查研究，尽快制定和完善各项配套政策措施，切实加强对《规划》实施的指导和支持。

国务院

二〇〇九年三月十日

物流业调整和振兴规划

物流业是融合运输业、仓储业、货代业和信息业等的复合型服务产业，是国民经济的重要组成部分，涉及领域广，吸纳就业人数多，促进生产、拉动消费作用大，在促进产业结构调整、转变经济发展方式和增强国民经济竞争力等方面发挥着重要作用。

为应对国际金融危机的影响，落实党中央、国务院保增长、扩内需、调结构的总体要求，促进物流业平稳较快发展，培育新的经济增长点，特制定本规划，作为物流产业综合性应对措施的行动方案。规划期为 2009—2011 年。

一、发展现状与面临的形势

（一）发展现状

进入 21 世纪以来，我国物流业总体规模快速增长，服务水平显著提高，发展的环境和条件不断改善，为进一步加快发展奠定了坚实基础。

1. 物流业规模快速增长。2008 年，全国社会物流总额达 89.9 万亿元，比 2000 年增长 4.2 倍，年均增长 23%；物流业实现增加值 2.0 万亿元，比 2000 年增长 1.9 倍，年均增长 14%。2008 年，物流业增加值占全部服务业增加值的比重为 16.5%，占 GDP 的比重为 6.6%。

2. 物流业发展水平显著提高。一些制造企业、商贸企业开始采用现代物流管理理念、方法和技术，实施流程再造和服务外包；传统运输、仓储、货代企业实行功能整合和服务延伸，加快向现代物流企业转型；一批新型的物流企业迅速成长，形成了多种所有制、多种服务模式、多层次的物流企业群体。全社会物流总费用与 GDP 的比率，由 2000 年的 19.4%下降到 2008 年的 18.3%，物流费用成本呈下降趋势，促进了经济运行质量的提高。

3. 物流基础设施条件逐步完善。交通设施规模迅速扩大，为物流业发展提供了良好的设施条件。截至 2008 年年底，全国铁路营业里程 8.0 万公里，高速公路通车里程 6.03 万公里，港口泊位 3.64 万个，其中沿海万吨级以上泊位 1167 个，拥有民用机场 160 个。物流园区建设开始起步，仓储、配送设施现代化水平不断提高，一批区域性物流中心正在形成。物流技术设备加快更新换代，物流信息化建设有了突破性进展。

4. 物流业发展环境明显好转。国家“十一五”规划纲要明确提出“大力发展现代物流业”，中央和地方政府相继建立了推进现代物流业发展的综合协调机制，出台了支持现代物流业发展的规划和政策。物流统计核算和标准化工作，以及人才培养和技术创新等行业基础性工作取得明显成效。

但是，我国物流业的总体水平仍然偏低，还存在一些突出问题。一是全社会物流运行效率偏低，社会物流总费用与 GDP 的比率高出发达国家 1 倍左右；二是社会化物流需求不足和专业化物流供给能力不足的问题同时存在，“大而全”、“小而全”的企业物流运作模式还相当普遍；三是物流基础设施能力不足，尚未建立布局合理、衔接顺畅、能力充分、高效便捷的综合交通运输体系，物流园区、物流技术装备等能力有待加强；四是地方封锁和行业垄断对资源整合和一体化运作形成障碍，物流市场还不够规范；五是物流技术、人才培养和物流标准还不能完全满足需要，物流服务的组织化和集约化程度不高。

2008年下半年以来，随着国际金融危机对我国实体经济的影响逐步加深，物流业作为重要的服务产业也受到了严重冲击。物流市场需求急剧萎缩，运输和仓储等收费价格及利润大幅度下跌，一大批中小物流企业经营出现困难，提供运输、仓储等单一服务的传统物流企业受到严重冲击。整体来看，国际金融危机不但造成物流产业自身发展的剧烈波动，而且对其他产业的物流服务供给也产生了不利影响。

（二）面临的形势

应该看到，实施物流业的调整和振兴、实现传统物流业向现代物流业的转变，不仅是物流业自身结构调整和产业升级的需要，也是整个国民经济发展的必然要求。

1. 调整和振兴物流业是应对国际金融危机的迫切需要。一是要解决当前物流企业面临的困难，需要加快企业重组步伐，做强做大，提高产业集中度和抗风险能力，保持产业的平稳发展；二是物流业自身需要转变发展模式，向以信息技术和供应链管理为核心的现代物流业发展，通过提供低成本、高效率、多样化、专业化的物流服务，适应复杂多变的市场环境，提高自身竞争力；三是物流业对其他产业的调整具有服务和支撑作用，发展第三方物流可以促进制造业和商贸业优化内部分工、专注核心业务、降低物流费用，提高这些产业的竞争力，增强其应对国际金融危机的能力。

2. 调整和振兴物流业是适应经济全球化趋势的客观要求。一是随着经济全球化的发展和我国融入世界经济的步伐加快，全球采购、全球生产和全球销售的发展模式要求加快发展现代物流业，优化资源配置，提高市场响应速度和产品供给时效，降低企业物流成本，增强国民经济的竞争力；二是为了适应国际产业分工的变化，要求加快发展现代物流业，完善物流服务体系，改善投资环境，抓住国际产业向我国转移的机遇，吸引国际投资，促进我国制造业和高技术产业的发展；三是随着全球服务贸易的迅猛发展，要求加快发展现代物流业，培育国内现代物流服务企业，提高物流服务能力，应对日益激烈的全球物流企业竞争。

3. 调整和振兴物流业是国民经济持续快速发展的必要保证。根据全面建设小康社会的新要求，我国经济规模将进一步扩大，居民消费水平将进一步提高，货物运输量、社会商品零售额、对外贸易额等将大幅度增长，农产品、工业品、能源、原材料和进出口商品的流通规模将显著增加，对全社会物流服务能力和物流效率提出了更高的要求。同时，中西部地区要求改善物流条件，缩小与东部地区的物流成本差距，承接东部沿海地区产业梯度转移，促进区域间协调和可持续发展。

4. 调整和振兴物流业是贯彻落实科学发展观和构建社会主义和谐社会的重要举措。调整和振兴物流业，有利于加快商品流通和资金周转，降低社会物流成本，优化资源配置，提高国民经济的运行质量；有利于提高服务业比重，优化产业结构，促进经济发展方式的转变；有利于增加城乡就业岗位，扩大社会就业；有利于提高运输效率，降低能源消耗和废气排放，缓解交通拥堵，实现经济和社会的协调发展；有利于促进国内外、城乡和地区间商品流通，满足人民群众对多样化、高质量的物流服务需求，扩大居民消费；有利于国家救灾应急、处理突发性事件，保障经济稳定和社会安全。

二、指导思想、基本原则和规划目标

（一）指导思想

以邓小平理论和“三个代表”重要思想为指导，深入贯彻落实科学发展观，按照保增长、扩内需、调结构的总体部署，以应对国际金融危机对我国经济的影响为切入点，以改革开放为动力，以先进技术为支撑，以物流一体化和信息化为主线，积极营造有利于物流业发展的政策环境，加快发展现代物流业，建立现代物流服务体系，以物流服务促进其他产业发展，为全面建设小康社会提供坚实的物流体系保障。

（二）基本原则

1. 立足应对危机，着眼长远发展。既要应对国际金融危机，解决当前物流业发展面临的突出问题，保先进生产力，保重点骨干企业，促进企业平稳发展；又要从产业长远发展的角度出发，解决制约物流产业振兴的体制、政策和设施瓶颈，促进产业升级，提高产业竞争力。

2. 市场配置资源，政府营造环境。充分发挥市场配置资源的作用，调动企业的积极性，从满足物流需求的实际出发，注重投资的经济效益。政府要为物流业的发展营造良好的政策环境，扶持重要的物流基础设施项目建设。

3. 加强规划指导，注重协调联动。统筹国内与国际、全国与区域、城市与农村物流协调发展，做好地区之间、行业之间和部门之间物流基础设施建设与发展的协调和衔接，走市场化、专业化、社会化的发展道路，合理布局重大项目。各地区要从本地区经济发展的实际出发，因地制宜，统筹规划，科学引导物流业的发展，防止盲目攀比和重复建设。

4. 打破分割封锁，整合现有资源。改革现行物流业相关行业管理体制，打破部门间和地区间的分割和封锁，创造公平的竞争环境，促进物流服务的社会化和资源利用的市场化，优先整合和利用现有物流资源，提高物流设施的利用率。

5. 建立技术标准，推进一体化运作。按照现代物流理念，加快技术标准体系建设，综合集成仓储、运输、货代、包装、装卸、搬运、流通加工、配送、信息处理等多种功能，推进物流一体化运作，提高物流效率。

6. 创新服务方式，坚持科学发展。以满足生产者和消费者不断增长的物流需求为出发点，不断创新物流服务方式，提升服务水平。积极推进物流服务的信息化、现代化、合理化和企业社会责任建设，坚持最严格的节约用地制度，注重节约能源，保护环境，减少废气污染和交通拥堵，保证交通安全，实现经济和社会可持续协调发展。

（三）规划目标

力争在 2009 年改善物流企业经营困难的状况，保持产业的稳定发展。到 2011 年，培育一批具有国际竞争力的大型综合物流企业集团，初步建立起布局合理、技术先进、节能环保、便捷高效、安全有序并具有一定国际竞争力的现代物流服务体系，物流服务能力进一步增强；物流的社会化、专业化水平明显提高，第三方物流的比重有所增加，物流业规模进一步扩大，物流业增加值年均递增 10%以上；物流整体运行效率显著提高，全社会物流总费用与 GDP 的比率比目前的水平有所下降。

三、主要任务

（一）积极扩大物流市场需求

进一步推广现代物流管理，努力扩大物流市场需求。运用供应链管理与现代物流理念、技术与方法，实施采购、生产、销售和物品回收物流的一体化运作。鼓励生产企业改造物流流程，提高对市场的响应速度，降低库存，加速周转。合理布局城乡商业设施，完善流通网络，积极发展连锁经营、物流配送和电子商务等现代流通方式，促进流通企业的现代化。在农村广泛应用现代物流管理技术，发展农产品从产地到销地的直销和配送，以及农资和农村日用消费品的统一配送。

（二）大力推进物流服务的社会化和专业化

鼓励生产和商贸企业按照分工协作的原则，剥离或外包物流功能，整合物流资源，促进企业内部物流社会化。推动物流企业与生产、商贸企业互动发展，促进供应链各环节有机结合。鼓励现有运输、仓储、货代、联运、快递企业的功能整合和服务延伸，加快向现代物流企业转型。积极发展多式联运、集装箱、特种货物、厢式货车运输以及重点物资的散装运输等现代运输方式，加强各种运输方式运输企业的相互协调，建立高效、安全、低成本的运输系统。加强运输与物流服务的融合，为物流一体化运作与管理提供条件。鼓励邮政企业深化改革，做大做强快递物流业务。大力发展第三方物流，提高企业的竞争力。

（三）加快物流企业兼并重组

鼓励中小型物流企业加强信息沟通，创新物流服务模式，加强资源整合，满足多样性的物流需要。加大国家对物流企业兼并重组的政策支持力度，缓解当前物流企业面临的困难，鼓励物流企业通过参股、控股、兼并、联合、合资、合作等多种形式进行资产重组，培育一批服务水平高、国际竞争力强的大型现代物流企业。

（四）推动重点领域物流发展

加强石油、煤炭、重要矿产品及相关产品物流设施建设，建立石油、煤炭、重要矿产品物流体系。加快发展粮食、棉花现代物流，推广散粮运输和棉花打包运输。加强农产品质量标准体系建设，发展农产品冷链物流。完善农资和农村日用消费品连锁经营网络，建立农村物流体系。发展城市统一配送，提高食品、食盐、烟草和出版物等的物流配送效率。实行医药集中采购和统一配送，推动医药物流发展。加强对化学危险品物流的跟踪与监控，规范化学危险品物流的安全管理。推动汽车和零配件物流发展，建立科学合理的汽车综合物流服务体系。鼓励企业加快发展产品与包装物回收物流和废弃物物流，促进资源节约与循环利用。鼓励和支持物流业节能减排，发展绿色物流。发挥邮政现有的网络优势，大力发展邮政物流，加快建立快递物流体系，方便生产生活。加强应急物流体系建设，提高应对战争、灾害、重大疫情等突发性事件的能力。

（五）加快国际物流和保税物流发展

加强主要港口、国际海运陆运集装箱中转站、多功能国际货运站、国际机场等物流节点的多式联运物流设施建设，加快发展铁海联运，提高国际货物的中转能力，加快发展适应国际中转、国际采购、国际配送、国际转口贸易业务要求的国际物流，逐步建成一批适应国际贸易发展需要的大型国际物流港，并不断增强其配套功能。在有效监管的前提下，各有关部门要简化审批手续，优化口岸通关作业流程，实行申办手续电子化和“一站式”服务，提高通关效率。充分发挥口岸联络协调机制的作用，加快“电子口岸”建设，积极推进大通关信息资源整合。统筹规划、合理布局，积极推进海关特殊监管区域整合发展和保税监管场所建设，建立既适应跨国公司全球化运作又适应加工制造业多元化发展需求的新型保税物流监管体系。积极促进口岸物流向内地物流节点城市顺畅延伸，促进内地现代物流业的发展。

（六）优化物流业发展的区域布局

根据市场需求、产业布局、商品流向、资源环境、交通条件、区域规划等因素，重点发展九大物流区域，建设十大物流通道和一批物流节点城市，优化物流业的区域布局。

九大物流区域分布为：以北京、天津为中心的华北物流区域，以沈阳、大连为中心的东北物流区域，以青岛为中心的山东半岛物流区域，以上海、南京、宁波为中心的长江三角洲物流区域，以厦门为中心的东南沿海物流区域，以广州、深圳为中心的珠江三角洲物流区域，以武汉、郑州为中心的中部物流区域，以西安、兰州、乌鲁木齐为中心的西北物流区域，以重庆、成都、南宁为中心的西南物流区域。十大物流通道为：东北地区与关内地区物流通道，东部地区南北物流通道，中部地区南北物流通道，东部沿海与西北地区物流通道，东部沿海与西南地区物流通道，西北与西南地区物流通道，西南地区出海物流通道，长江与运河物流通道，煤炭物流通道，进出口物流通道。

要打破行政区划的界限，按照经济区划和物流业发展的客观规律，促进物流区域发展。积极推进和加深不同地区之间物流领域的合作，引导物流资源的跨区域整合，逐步形成区域一体化的物流服务格局。长江三角洲、珠江三角洲物流区域和华北、山东半岛、东北、东南沿海物流区域，要加强技术自主创新，加快发展制造业物流、国际物流和商贸物流，培育一批具有国际竞争力的现代物流企业，在全国率先做强。中部物流区域要充分发挥中部地区承东启西、贯通南北的区位优势，加快培育第三方物流企业，提升物流产业发展水平，形成与东部物流区域的有机衔接。西北、西南物流区域要加快改革步伐，进一步推广现代物流管理理念和技术，按照本区域承接产业转移和发挥资源优势的需要，加快物流基础设施建设，改善区域物流环境，缩小与东中部地区差距。

物流节点城市分为全国性物流节点城市、区域性物流节点城市和地区性物流节点城市。全国性和区域性物流节点城市由国家确定，地区性物流节点城市由地方确定。全国性物流节点城市包括：北京、天津、沈阳、大连、青岛、济南、上海、南京、宁波、杭州、厦门、广州、深圳、郑州、武汉、重庆、成都、南宁、西安、兰州、乌鲁木齐共 21 个城市。区域性物流节点城市包括：哈尔滨、长春、包头、呼和浩特、石家庄、唐山、太原、合肥、福州、南昌、长沙、昆明、贵阳、海口、西宁、银川、拉萨共 17 个城市。物流节点城市要根据本地的产业特点、发展水平、设施状况、市场需求、功能定位等，完善城市物流设施，加强物流园区规划布局，有针对性地建设货运服务型、生产服务型、商业服务型、国际贸易服务型和综合服务型的物流园区，优化城市交通、生态环境，促进产业集聚，努力提高城市的物流服务水平，带动周边所辐射区域物流业的发展，形成全国性、区域性和地区性物流中心和三级物流节点城市网络，促进大中小城市物流业的协调发展。

（七）加强物流基础设施建设的衔接与协调

按照全国货物的主要流向及物流发展的需要，依据《综合交通网中长期发展规划》《中长期铁路网规划》《国家高速公路网规划》《全国沿海港口布局规划》《全国内河航道与港口布局规划》及《全国民用机场布局规划》，加强交通运输设施建设，完善综合运输网络布局，促进各种运输方式的衔接和配套，提高资源使用效率和物流运行效率。发展多式联运，加强集疏运体系建设，使铁路、港口码头、机场及公路实现“无缝对接”，着力提高物流设施的系统性、兼容性。充分发挥市场机制的作用，整合现有运输、仓储等物流基础设施，加快盘活存量资产，通过资源的整合、功能的拓展和服务的提升，满足物流组织与管理服务的需要。加强新建铁路、港口、公路和机场转运设施的统一规划和建设，合理布局物流园区，完善中转联运设施，防止产生新的分割和不衔接。加强仓储设施建设，在大中城市周边和制造业基地附近合理规划、改造和建设一批现代化的配送中心。

（八）提高物流信息化水平

积极推进企业物流管理信息化，促进信息技术的广泛应用。尽快制订物流信息技术标准和信息资源标准，建立物流信息收集、处理和服务的交换共享机制。加快行业物流公共信息平台建设，建立全国性公路运输信息网络和航空货运公共信息系统，以及其他运输与服务方式的信息网络。推动区域物流信息平台建设，鼓励城市间物流平台的信息共享。加快构建商务、金融、税务、海关、邮政、检验检疫、交通运输、铁路运输、航空运输和工商管理等政府部门的物流管理与服务公共信息平台，扶持一批物流信息服务企业成长。

（九）完善物流标准化体系

根据物流标准编制规划，加快制订、修订物流通用基础类、物流技术类、物流信息类、物流管理类、物流服务类等标准，完善物流标准化体系。密切关注国际发展趋势，加强重大基础标准研究。要对标准制订实施改革，加强物流标准工作的协调配合，充分发挥企业在制订物流标准中的主体作用。加快物流管理、技术和服务标准的推广，鼓励企业和有关方面采用标准化的物流计量、货物分类、物品标识、物流装备设施、工具器具、信息系统和作业流程等，提高物流的标准化程度。

（十）加强物流新技术的开发和应用

大力推广集装技术和单元化装载技术，推行托盘化单元装载运输方式，大力发展大吨位厢式货车和甩挂运输组织方式，推广网络化运输。完善并推广物品编码体系，广泛应用条码、智能标签、无线射频识别（RFID）等自动识别、标识技术以及电子数据交换（EDI）技术，发展可视化技术、货物跟踪技术和货物快速分拣技术，加大对 RFID 和移动物流信息服务技术、标准的研发和应用的投入。积极开发和利用全球定位系统（GNSS）、地理信息系统（GIS）、道路交通信息通信系统（VICS）、不停车自动交费系统（ETC）、智能交通系统（ITS）等运输领域新技术，加强物流信息系统安全体系研究。加强物流技术装备的研发与生产，鼓励企业采用仓储运输、装卸搬运、分拣包装、条码印刷等专用物流技术装备。

四、重点工程

（一）多式联运、转运设施工程

依托已有的港口、铁路和公路货站、机场等交通运输设施，选择重点地区和综合交通枢纽，建设一批集装箱多式联运中转设施和连接两种以上运输方式的转运设施，提高铁路集装箱运输能力，重点解决港口与铁路、铁路与公路、民用航空与地面交通等枢纽不衔接以及各种交通枢纽相互分离带来的货物在运输过程中多次搬倒、拆装等问题，促进物流基础设施协调配套运行，实现多种运输方式“无缝衔接”，提高运输效率。

（二）物流园区工程

在重要物流节点城市、制造业基地和综合交通枢纽，在土地利用总体规划、城市总体规划确定的城镇建设用地范围内，按照符合城市发展规划、城乡规划的要求，充分利用已有运输场站、仓储基地等基础设施，统筹规划建设一批以布局集中、用地节约、产业集聚、功能集成、经营集约为特征的物流园区，完善专业化物流组织服务，实现长途运输与短途运输的合理衔接，优化城市配送，提高物流运作的规模效益，节约土地占用，缓解城市交通压力。物流园区建设要严格按规划进行，充分发挥铁路运输优势，综合利用已有、规划和在建的物流基础设施，完善配套设施，防止盲目投资和重复建设。

（三）城市配送工程

鼓励企业应用现代物流管理技术，适应电子商务和连锁经营发展的需要，在大中城市发展面向流通企业和消费者的社会化共同配送，促进流通的现代化，扩大居民消费。加快建设城市物流配送项目，鼓励专业运输企业开展城市配送，提高城市配送的专业化水平，解决城市快递、配送车辆进城通行、停靠和装卸作业问题，完善城市物流配送网络。

（四）大宗商品和农村物流工程

加快煤炭物流通道建设，以山西、内蒙古、陕西煤炭外运为重点，形成若干个煤电路港一体化工程，完善煤炭物流系统。加强油气码头和运输管网建设，提高油气物流能力。加强重要矿产品港口物流设施建设，改善大型装备物流设施条件。加快粮食现代物流设施建设，建设跨省粮食物流通道和重要物流节点。加大投资力度，加快建设“北粮南运”和“西煤东运”工程。加强城乡统筹，推进农村物流工程。进一步加强农副产品批发市场建设，完善鲜活农产品储藏、加工、运输和配送等冷链物流设施，提高鲜活农产品冷藏运输比例，支持发展农资和农村消费品物流配送中心。

（五）制造业与物流业联动发展工程

加强对制造业物流分离外包的指导和促进，支持制造企业改造现有业务流程，促进物流业务分离外包，提高核心竞争力。培育一批适应现代制造业物流需求的第三方物流企业，提升物流业为制造业服务的能力和水平。制定鼓励制造业与物流业联动发展的相关政策，组织实施一批制造业与物流业联动发展的示范工程和重点项目，促进现代制造业与物流业有机融合、联动发展。

（六）物流标准和技术推广工程

加快对现有仓储、转运设施和运输工具的标准化改造，鼓励企业采用标准化的物流设施和设备，实现物流设施、设备的标准化。推广实施托盘系列国家标准，鼓励企业采用标准化托盘，支持专业化企业在全国建设托盘共用系统，开展托盘的租赁回收业务，实现托盘标准化、社会化运作。鼓励企业采用集装单元、射频识别、货物跟踪、自动分拣、立体仓库、配送中心信息系统、冷链等物流新技术，提高物流运作管理水平。实施物流标准化服务示范工程，选择大型物流企业、物流园区开展物流标准化试点工作并逐步推广。

（七）物流公共信息平台工程

加快建设有利于信息资源共享的行业和区域物流公共信息平台项目，重点建设电子口岸、综合运输信息平台、物流资源交易平台和大宗商品交易平台。鼓励企业开展信息发布和信息系统外包等服务业务，建设面向中小企业的物流信息服务平台。

（八）物流科技攻关工程

加强物流新技术的自主研发，重点支持货物跟踪定位、智能交通、物流管理软件、移动物流信息服务等关键技术攻关，提高物流技术的自主创新能力。适应物流业与互联网融合发展的趋势，启动物联网的前瞻性研究工作。加快先进物流设备的研制，提高物流装备的现代化水平。

（九）应急物流工程

建立应急生产、流通、运输和物流企业信息系统，以便在突发事件发生时能够紧急调用。建立多层次的政府应急物资储备体系，保证应急调控的需要。加强应急物流设施设备建设，提高应急反应能力。选择和培育一批具有应急能力的物流企业，建立应急物流体系。

五、政策措施

（一）加强组织和协调

现代物流业是新型服务业，涉及面广。要加强对现代物流业发展的组织和协调，在相关部门各司其职、各负其责的基础上，发挥由发展改革委牵头、有关部门参加的全国现代物流工作部际联席会议的作用，研究协调现代物流业发展的有关重大问题和政策。各省、自治区、直辖市政府也要建立相应的协调机制，加强对地方现代物流业发展有关问题的研究和协调。

（二）改革物流管理体制

继续深化铁路、公路、水运、民航、邮政、货代等领域的体制改革，按照精简、统一、高效的原则和决策、执行、监督相协调的要求，建立政企分开、决策科学、权责对等、分工合理、执行顺畅、监督有力的物流综合管理体系，完善政府的公共服务职能，进一步规范运输、货代等行业的管理，促进物流服务的规范化、市场化和国际化。改革仓储企业经营体制，推进仓储设施和业务的社会化。打破行业垄断，消除地区封锁，依法制止和查处滥用行政权力阻碍或限制跨地区、跨行业物流服务的行为，逐步建立统一开放、竞争有序的全国物流服务市场，促进物流资源的规范、公平、有序和高效流动。加强监管，规范物流市场秩序，强化物流环节质量安全管理。进一步完善对物流企业的交通安全监管机制，督促企业定期对车辆技术状况、驾驶人资质进行检查，从源头上消除安全隐患，落实企业的安全生产主体责任。

（三）完善物流政策法规体系

在贯彻落实好现有推动现代物流业发展有关政策的基础上，进一步研究制定促进现代物流业发展的有关政策。加大政策支持力度，抓紧解决影响当前物流业发展的土地、税收、收费、融资和交通管理等方面的问题。引导和鼓励物流企业加强管理创新，完善公司治理结构，实施兼并重组，尽快做强做大。针对当前产业发展中出现的新情况和新问题，研究制定系统的物流产业政策。清理有关物流的行政法规，加强对物流领域的立法研究，完善物流的法律法规体系，促进物流业健康发展。

（四）制订落实专项规划

有关部门要制订专项规划，积极引导和推动重点领域和区域物流业的发展。发展改革委会同有关部门制订煤炭、粮食、农产品冷链、物流园区、应急物流等专项规划，商务部会同供销总社等有关部门制订商贸物流专项规划，国家标准委会同有关部门制订物流标准专项规划。物流业发展的重点地区，各级地方政府也要制订本地区物流业规划，指导本地区物流业的发展。

（五）多渠道增加对物流业的投入

物流业的发展，主要依靠企业自身的投入。要加快发展民营物流企业，扩大对外开放步伐，多渠道增加对物流业的投入。对列入国家和地方规划的物流基础设施建设项目，鼓励其通过银行贷款、股票上市、发行债券、增资扩股、企业兼并、中外合资等途径筹集建设资金。银行业金融机构要积极给予信贷支持。对涉及全国性、区域性重大物流基础设施项目，中央和地方政府可根据项目情况和财力状况适当安排中央和地方预算内建设投资，以投资补助、资本金注入或贷款贴息等方式给予支持，由企业进行市场化运作。

（六）完善物流统计指标体系

进一步完善物流业统计调查制度和信息管理制度，建立科学的物流业统计调查方法和指标体系。加强物流统计基础工作，开展物流统计理论和方法研究。认真贯彻实施社会物流统计核算与报表制度。积极推动地方物流统计工作，充分发挥行业组织的作用和力量，促进物流业统计信息交流，建立健全共享机制，提高统计数据的准确性和及时性。

（七）继续推进物流业对外开放和国际合作

充分利用世界贸易组织、自由贸易区和区域经济合作机制等平台，与有关国家和地区相互进一步开放与物流相关的分销、运输、仓储、货代等领域，特别是加强与日韩、东盟和中亚国家的双边和区域物流合作，开展物流方面的政策协调和技术合作，推动物流业“引进来”和“走出去”。加强国内物流企业同国际先进物流企业的合资、合作与交流，引进和吸收国外促进现代物流发展的先进经验和管理方法，提高物流业的全球化与区域化程度。加强国际物流“软环境”建设，包括鼓励运用国际惯例、推动与国际贸易规则及货代物流规则接轨、统一单证、加强风险控制和风险转移体系建设等。建立产业安全保障机制，完善物流业外资并购安全审查制度。

（八）加快物流人才培养

要采取多种形式，加快物流人才的培养。加强物流人才需求预测和调查，制订科学的培养目标和规划，发展多层次教育体系和在职人员培训体系。利用社会资源，鼓励企业与大学、科研机构合作，编写精品教材，提高实际操作能力，强化职业技能教育，开展物流领域的职业资质培训与认证工作。加强与国外物流教育与培训机构的联合与合作。

（九）发挥行业社团组织的作用

物流业社团组织应履行行业服务、自律、协调的职能，发挥在物流规划制订、政策建议、规范市场行为、统计与信息、技术合作、人才培训、咨询服务等方面的中介作用，成为政府与企业联系的桥梁和纽带。

六、规划实施

国务院各有关部门要按照《规划》的工作分工，加强沟通协商，密切配合，尽快制定和完善各项配套政策措施，明确政策措施的实施范围和进度，并加强指导和监督，确保实现物流业调整和振兴目标。有关部门要适时开展《规划》的后评价工作，及时提出评价意见。

各地区要按照《规划》确定的目标、任务和政策措施，结合当地实际抓紧制订具体工作方案，细化落实，确保取得实效。各省、自治区、直辖市要将具体工作方案和实施过程中出现的新情况、新问题及时报送发展改革委和交通运输、商务等有关部门。

附录二　国务院办公厅关于搞活流通扩大消费的意见

国务院办公厅关于搞活流通扩大消费的意见

国办发〔2009〕134号

各省、自治区、直辖市人民政府，国务院各部委、各直属机构：

为贯彻落实中央经济工作会议精神，经国务院批准，现就搞活流通、扩大消费提出如下意见：

一、健全农村流通网络，拉动农村消费

（一）继续推进“万村千乡”市场工程

进一步扩大“万村千乡”市场工程农家店覆盖面，2009年、2010年再新建和改造一批农家店和农村商品配送中心。强化农村商品配送中心的商品采购、储存、加工、编配、调运、信息等功能，增加统一配送的商品品种，降低经营成本。推进“万村千乡”网络与供销、邮政、电信等网络的结合，提高农家店的综合服务功能。引导生产企业开发符合农民消费特点的产品，增加简包装、低成本、质量好的商品供给，进一步扩大农村消费。

（二）加快完善农产品流通网络

健全农业市场信息服务体系，强化信息引导和产销衔接，完善农产品运输绿色通道政策，降低农产品流通成本和损耗，着力解决农产品“卖难”问题，促进农民增收。继续实施“双百”市场工程和农产品批发市场升级改造工程，在重点销区和产区再新建或改造一批农产品批发市场和农贸市场，加强冷藏保鲜、卫生、质量安全可追溯、检验检测、物流等设施建设。积极推动“农超对接”，支持大型连锁超市、农产品流通企业与农产品专业合作社建立农产品直接采购基地，培育自有品牌，促进产销衔接。建设从鲜活农产品生产基地到超市的冷链系统、物流配送系统和快速检测系统，提高流通效率，保证产品质量和安全。

（三）完善农业生产资料流通体系

继续推进农业生产资料连锁经营，重点培育大型农业生产资料流通企业，加强农业生产资料现代物流设施建设，保障市场供应。加强农业生产资料市场调控和监管，促进市场竞争，降低流通成本，切实减轻农民负担。引导和鼓励农业生产资料流通企业为农民提供技术、农机具租赁等多样化服务。

（四）全面推进家电下乡工作

从2009年2月1日起，将家电下乡从12个省（区、市）推广到全国。同时，把摩托

车、电脑、热水器（含太阳能、燃气、电力类）和空调等产品列入家电下乡政策补贴范围，由各省（区、市）根据当地需求从中选择增加部分补贴品种。地方人民政府要加强领导，精心组织，强化监管，确保下乡家电产品质量，搞好售后服务，严厉打击借家电下乡名义销售假冒伪劣产品行为，切实把家电下乡工作抓实抓好，扩大农民家电产品消费。

二、增强社区服务功能，扩大城市消费

（五）进一步完善城市社区便民服务设施

积极推进家政服务网络建设，鼓励大中城市依托大型服务企业建设家政服务网络中心，整合资源，提供安全便利的家政服务。实施标准化菜市场示范工程，在地级以上城市选择一批菜市场进行标准化改造，让城市居民便利消费、放心消费。倡导餐饮企业承担社会责任，开办早餐服务。鼓励餐饮龙头企业在地级以上城市发展主食加工配送中心，推进早餐经营规模化、规范化，为居民提供价廉物美、方便快捷、安全卫生的早餐服务。

（六）促进城市耐用品消费升级换代

正确处理扩大消费与可持续消费的关系，引导社会形成科学消费、循环消费的模式。健全旧货流通网络，在城市社区建立旧货收购点和慈善捐助站，在大中城市及城乡结合部建立旧货交易市场，满足低收入家庭和贫困群体消费需要。支持龙头企业通过连锁经营等形式，新建和改造一批统一规范的社区废旧物品回收站点、专业化分拣中心和跨区域集散市场。鼓励生产和零售企业开展“收旧售新”、“以旧换新”业务，带动新产品销售和资源节约。

（七）积极促进汽车消费

完善汽车品牌销售管理办法，促进汽车消费稳定增长。支持二手车市场改造，倡导汽车品牌经销商开展新旧汽车置换业务，建立二手车信息平台，升级改造二手车交易市场。加大对汽车报废更新的资金扶持，提高补贴标准，增加补贴范围，加快淘汰“黄标车”，促进汽车更新换代。对报废汽车回收拆解企业升级改造给予必要的支持，提高回收的技术水平。

三、提高市场调控能力，维护市场稳定

（八）健全居民生活必需品储备机制

尚未建立生活必需品地方储备的地区要尽快建立，已经建立的要增加品种扩大规模。加快完善地方成品粮油储备体系，地方政府特别是36个大中城市及粮油价格易波动地区，要建立地方成品粮油（含小包装粮油）应急储备制度，并确保10天以上的市场供应量。在加快中央储备糖库和储备冷库建设的同时，各地也要加快地方储备糖库和储备冷库的建设进度。探索建立商业代储制度，引导和鼓励企业保持适当库存水平。

（九）切实增强市场应急调控能力

完善城乡市场信息服务体系，加强市场监测，提高预测预警水平，增强调控的预见性。继续完善产销衔接、跨区调运、储备投放、进出口调剂等机制，增强应急保供的时效性和针对性。

四、促进流通企业发展，降低消费成本

（十）培育大型流通企业集团

通过股权置换、资产收购等方式，支持流通企业跨区域兼并重组，做大做强，尽快形成若干家有较强竞争力的大型流通企业和企业集团。支持流通企业加快创立自主品牌，发展销售和物流网络。鼓励流通企业发展连锁经营和电子商务等现代流通方式，形成统一规范管理、批量集中采购和及时快速配货的经营优势，降低企业经营成本和销售价格，让利于消费者，促进居民消费。

（十一）支持中小商贸企业发展

扶持和促进中小商贸企业发展，充分发挥其便利消费、稳定市场的作用。推动金融机构产品和服务方式创新，加大对符合条件的中小商贸企业融资支持力度。金融机构要根据商贸流通企业特点，制定差别化的授信条件，创新担保方式，通过动产、应收账款、仓单质押等方式，解决中小商贸企业贷款抵押问题；安排专项资金，支持符合条件的中小商贸企业发展。

（十二）实行商业与工业用电、用水同价政策

尽快落实对列入国家鼓励类的商业用电与工业用电同价政策，有条件的省份要在 2009 年内落实对列入国家鼓励类的商业用水与工业用水同价政策，切实减轻企业负担。

五、发展新型消费模式，促进消费升级

（十三）积极培育和发展新的消费热点

及时发布市场供求信息，引导企业调整产品结构，开发适销对路商品和服务，引导消费结构升级。拓展电子信息、通信产品、教育培训、家政服务、文化娱乐、体育健身、休闲旅游等消费。引导个性化、时尚化、品牌化消费，培育和发展定制类消费。开展“名品进名店”“品牌产品下乡”等活动。推动特色商业街建设，扶持“老字号”的创新发展。配合安居工程建设，扩大和带动家具、家电、家纺、家饰等消费。

（十四）大力促进节假日和会展消费

利用节假日闲暇时间多、喜庆气氛浓、群众购买欲望强的特点，积极开展各类营销活动，扩大市场销售。2009 年元旦、春节期间，在全国大中城市组织零售和服务企业开展“佳节购物季”活动。整合社会资源，因地制宜开展形式多样、内容丰富的消费促进活动。促进会展业发展，带动相关的住宿、餐饮、交通、通信等消费。

（十五）进一步促进银行卡使用

加强银商合作，提升电子结算水平，扩大银行卡使用范围，方便刷卡消费。完善对银行卡刷卡的配套支持政策，引导经营者采用银行卡结算，方便消费者使用银行卡支付。鼓励竞争，改善电子支付环境，进一步提高金融服务效率。

（十六）大力发展信用销售

积极推动国内贸易信用保险业务发展，促进和规范商业信用服务的发展，支持建立信用风险分担机制，有效防范信用风险，促进信用销售发展，缓解企业资金周转压力。

六、切实改善市场环境，促进安全消费

（十七）狠抓流通企业食品安全

完善流通领域市场信息系统和监管公共服务平台，加强对流通企业食品质量安全的监管。加快“放心肉”监管体系建设，严厉打击私屠滥宰；加强对定点屠宰企业无害化处理的监控，建立肉品质量信息可追溯体系；选择50家大型、1000家左右中小型肉类生产企业进行标准化改造，切实提高肉品安全保障水平。各地也要加大投入力度，加快食品安全的监管体系建设。

（十八）加强市场监管，改善交易环境

积极推动市场诚信体系建设，严厉打击销售假冒伪劣商品、商业欺诈等各类违法违规行为，维护良好的市场秩序和交易环境，提振消费信心，促进安全消费。

（十九）加快建立统一开放竞争有序的市场体系

打破地区封锁，维护公平竞争，保障商品自由流通。规范零售企业经营行为，加快制订零售商供应商公平交易管理法规，推广商品购销合同示范文本，取消对供应商的不合理收费。引导零售企业规范促销行为。

七、加大财政资金投入，支持流通业发展

（二十）加大财政资金投入

中央财政2009年要增加农村物流服务体系发展专项资金和促进服务业发展专项资金规模，以后年度要继续加大投入。采取以奖代补和贴息方式，调动地方和社会投入积极性，支持农村流通体系和城市服务体系发展。具体由商务部会同财政部落实。

国务院办公厅

二〇〇八年十二月三十日

附录三　关于进一步加强城乡市场信息服务体系建设的通知

商务部、财政部关于进一步加强城乡市场信息服务体系建设的通知

商运发〔2009〕140 号

各省、自治区、直辖市、计划单列市及新疆生产建设兵团商务主管部门、财政厅（局）：

为贯彻落实《国务院办公厅关于搞活流通扩大消费的意见》（国办发〔2008〕134 号），完善城乡市场信息服务体系，加强市场监测，提高预测预警水平，现就有关事宜通知如下：

一、提高思想认识，加强组织领导

2008 年下半年以来，国际金融危机不断扩散和蔓延，为抵御国际经济环境对我国的不利影响，中央出台了一系列进一步扩大内需、促进经济增长的政策措施。加强城乡市场信息服务体系建设，做好市场预测预警和信息发布，对引导生产、搞活流通、扩大消费、促进经济平稳较快增长，具有十分重要的意义。各地商务部门要进一步提高思想认识，加强组织领导，切实增强市场监测和预测预警能力，提高信息服务水平，加快推进城乡市场信息服务体系建设。各地财政部门要积极支持城乡市场信息服务体系建设工作。

二、扩大监测范围，优化样本结构

为更好地反映当前商品市场发展变化情况，商务部决定将矿产品、化工产品、建筑材料等商品纳入监测范围，并启动重点零售企业商品销售情况旬报制度。各地商务部门也可根据本地区实际，在充分征求企业意见的基础上，适当增加监测品种、指标或报表。同时，进一步扩大样本范围，优化样本结构，将大型连锁零售餐饮企业、大型专业批发市场、“万村千乡”龙头企业、“双百市场工程”企业全部纳入监测范围，不断提高监测样本的代表性和广泛性。

三、狠抓信息报送，提高数据质量

各地商务部门要严格按照监测报表制度要求，采取报前提醒、报后核对、错情反馈等措施，认真做好数据的催报、审核与把关工作，全面提高监测数据质量，夯实城乡市场信息服务体系基础。灵活采用电话、手机短信、电子邮件等多种形式，督促样本企业及时报送监测数据，切实提高数据报送效率。运用绩效考核、表彰奖励、信息置换、政策联动等各种手段，调动企业报送数据的积极性和主动性。采取得力有效措施，加快推进信息泵安

装和使用工作，确保数据及时、准确、连续上传，提高数据采集的智能化水平。

四、深入基层一线，开展调查研究

调查研究是市场监测工作的重要内容。各地商务部门要深入超市、百货商场、批发市场、“万村千乡”农家店等经营一线，积极开展调查研究，掌握第一手资料，摸清实际情况。综合运用实地走访、座谈讨论、问卷调查等多种形式，不断提高调研质量和水平。根据调研情况，结合监测数据，及时形成调研分析报告，供有关部门决策参考。今后一段时期，要重点围绕搞活流通扩大消费这一主线，组织开展好专题调研，准确把握流通业、消费品市场和生产资料市场的发展变化特点和趋势，及时反映流通业发展和市场运行中出现的新情况、新问题，掌握高中低端不同消费市场的需求变化情况，有针对性地提出“保增长、扩内需、调结构”的政策建议和措施。

五、加强运行分析，及时预测预警

各地商务部门要充分利用城乡市场信息服务体系地方平台，加强监测信息的开发利用，做好市场运行分析，为政府决策提供科学依据。完善市场运行分析报告制度，做到月度有情况，季度有分析，年度有报告，形成市场动态、市场专题、市场综合、市场预警等系列分析产品，努力做到固定化和品牌化。健全市场形势分析会商制度，通过座谈会、研讨会等，广泛听取各方面的意见，加强重点、热点和难点问题研究，客观准确分析判断市场走势。建立重要商品预测预警体系，对趋势性、苗头性问题及时做出判断，增强分析的前瞻性和预见性。按照《市场运行报告制度实施办法》要求，做好市场运行分析报告报送工作。

六、做好信息发布，提高服务水平

各地商务部门要以“商务预报”为载体，进一步加强信息发布工作，提高信息发布的及时性和有效性，更好地发挥信息引导作用。拓宽信息发布渠道，研究通过电视、广播、报纸等媒体发布“商务预报”，扩大信息覆盖面。加强消费市场信息发布，培育消费热点，引导消费预期，提振消费信心，扩大消费需求。加强农产品供求信息发布，促进产销衔接，扩大农产品销售，缓解卖难压力。加强预测预警信息发布，指导企业及时调整生产经营策略，提高抵御市场风险能力。

七、提升业务素质，强化队伍建设

建立一支业务精、素质高的市场监测队伍，是做好市场监测工作的重要保障。各地商务部门要高度重视市场监测人才队伍建设，配备和充实专职人员负责市场监测工作。通过岗位业务培训、鼓励在岗自学、完善激励机制等措施，不断提高监测人员的业务技能和工作水平。进一步丰富培训内容，在做好监测报表制度、监测系统操作、“商务预报”网站维护等培训工作的基础上，将统计数据处理、市场运行分析、市场预测预警等纳入培训内容。积极创新培训形式，运用集中培训、现场观摩、网络远程培训等多种方式，切实提高培训质量和效果。

八、发挥资金效益，加大扶持力度

根据国务院办公厅国办发〔2008〕134 号文件精神和《财政部商务部关于做好支持搞活流通扩大消费有关资金管理的通知》（财建〔2009〕16 号），中央财政将继续支持各地加强市场监测，加快城乡市场信息服务体系建设。所需资金从中央财政促进服务业发展专项资金中安排。具体支持办法由财政部、商务部另行确定。请各地财政、商务部门按有关规定和要求，切实管好用好资金，最大限度地发挥资金使用效益。

特此通知。

商务部
财政部
二〇〇九年三月二十六日

附录四　湖南省物流业振兴实施规划（2009—2011 年）

湖南省人民政府关于印发《湖南省物流业振兴实施规划（2009—2011 年）》的通知

湘政发〔2009〕26 号

各市州人民政府，省政府各厅委、各直属机构：

现将《湖南省物流业振兴实施规划（2009—2011 年）》印发给你们，请结合实际，认真组织实施。

湖南省人民政府

二〇〇九年六月十一日

湖南省物流业振兴实施规划（2009—2011 年）

为促进全省物流业平稳较快发展，根据国家《物流业调整和振兴规划》，结合湖南实际，制定本实施规划。

一、发展现状

物流业规模不断扩大。2008 年，全省社会物流总额达 22626.26 亿元，同比增长 31.67%；物流总费用 2080.59 亿元，增长 19.8%，为 GDP 的 18.65%。2008 年年底，全省物流业工商登记的企业法人 2910 家，个体工商户 48404 家，从业人员 120 万人。

物流业发展水平明显提高。湖南金霞现代物流园初具规模，长沙金霞保税物流中心正式封关运行，郴州出口加工区获批拓展保税物流功能，一批保税仓和现代物流中心、配送中心投入使用，一批物流园区正在抓紧建设和规划。7 家物流企业获评“中国物流百强企业”，12 家物流企业通过国家 A 级标准评估。

物流基础设施条件改善。截至 2008 年年底，省内拥有铁路营运里程 2802 公里；公路通车里程 18.5 万多公里，其中高速公路 2001 公里；内河航道 285 条 1.19 万公里，其中千吨级航道 610 公里，港口泊位 105 个，其中千吨级泊位 65 个，湘江航道梯级建设加快推进；民航机场 5 个；固定电话用户 1257.3 万户，移动电话用户总数达到 2260.6 万户，互联网宽带用户 222.3 万户。

物流业发展环境持续优化。省委、省政府相继出台了《关于促进生产性服务业加快发展的指导意见》《关于进一步加快现代物流业发展的若干意见》等文件，建立了物流工作协调机制；国家和省对部分物流项目给予了资金和税收试点支持；拥有全国唯一的物流职业技术学院，33 所高校开设了物流专业；区域间的物流合作进一步加强，与相关地区签订了物流发展合作协议。

全省物流业尚处于起步阶段，还不能满足经济社会发展的需要。一是物流企业规模小，成本高，专业化程度低；二是物流基础设施布局未纳入整体规划统筹，投入不足，兼容性差；三是物流发展政策落实难度大；四是监管存在缺位，行业自律和诚信缺失；五是实用性和高端管理物流人才缺乏；六是物流标准化、信息化水平滞后。

二、发展思路和主要目标

（一）发展思路

突出发展“四大区域、三条通道”，重点建设八大省级物流园区和一批重大物流项目，逐步建立布局合理、装备先进、运作规范、多种经济形式并存的现代物流服务体系，为全省经济社会平稳较快发展提供保障。

（二）主要目标

1. 到 2011 年，营业收入过 5 亿元的企业达到 10 个以上，1～2 个重点园区物流营业收入过 50 亿元。

2. 到 2011 年，全社会物流总费用与 GDP 的比率与 2008 年同比下降 1～1.5 个百分点。

3. 建设四大物流区域。以长株潭物流区域作为全省物流业发展的区域中心。利用长株潭城市群“两型社会”建设综合配套改革试验区的政策优势，重点发展商贸物流、制造业物流和国际物流。高标准建设一批现代化物流园区和物流中心，培育一批在国际国内具有竞争力的龙头物流企业。以岳阳为中心的湘北物流区域，发展大宗能源、原材料物流、集装箱多式联运和国际物流。以怀化为中心的湘西物流区域，大力发展商贸物流。以衡阳为中心的湘南物流区域，大力发展煤炭、矿石等大宗商品物流和装备制造物流、轻工纺织品物流及保税物流。

4. 优化三条物流通道。即南北物流通道、东西物流通道和湘西北物流通道。

三、发展重点

（一）重点建设省级物流园区

按照物流园区应布局在货物的集散地、多种运输方式的衔接点或联运中转点、临近生产企业或消费市场的原则，根据城市发展规划、土地利用规划的要求，重点规划建设湖南金霞、长沙空港、株洲石峰、湘潭九华、岳阳城陵矶港、怀化鹤城、衡阳白沙、郴州湘南国际八大省级物流园区。

（二）积极培育和扩大物流市场

积极搭建物流供需对接平台，推动物流企业与生产、商贸企业洽谈合作。鼓励工商企业将物流服务有效分离出来，实施企业流程再造，加快企业组织创新，扩大物流需求，激活物流市场。规划和建设一批专业性较强和现代化程度较高的物流中心和多品种、高效率的直达配送中心。

（三）壮大第三方物流企业

促进运输、仓储、货代、外贸、批发和零售企业的服务延伸和功能整合。鼓励运输、仓储、配送、货代、多式联运企业通过参股、兼并、联合、合资等多种形式进行资产重组，扩大经营规模和业务范围。推进服务商标注册和服务品牌创建工作，积极培育一批专业化程度高、能充分满足制造企业物流需求、有利于降低制造业物流成本的第三方物流企业。

（四）加强物流基础设施建设

进一步完善铁路、公路、水运、航空和管道基础设施，重点推进沪昆客运专线、湘桂复线、衡茶吉铁路、“五纵七横”高速公路网、农村公路的建设，加快湘江、洞庭湖航道疏浚和航电枢纽、主要港口、机场改扩建、新建进度。加强各种运输方式之间、省内与省外之间、干线与支线之间、线路与节点之间的中转衔接，加强仓储设施建设和改造升级，大力支持设立钢铁、粮食等期货交割库，引导大型仓储场所退出城市主城区。

（五）大力发展国际物流和保税物流

积极申报和推进海关特殊监管区域建设，争取长沙、岳阳成为国家出口加工区，完善保税物流监管体系。加强区域物流联动，广泛开展合作。加快大通关基地建设，优化口岸通关作业流程，实行申办手续电子化和“一站式办公、一条龙服务”，推广“提前报检、提前报关、实货放行”模式，提高通关效率，建立集海关监管、商品检验检疫、地面服务于一体的货物出入境快速处理通道。

（六）推动重点领域物流发展

加强煤炭、矿石、钢铁等大宗原燃料和工业品的专业物流设施建设；加快发展粮食现代物流，推广散粮运输，发展农产品冷链物流，完善农资和农村日用消费品物流网络，建立农村物流体系；发展城市统一配送，提高食品、食盐和出版物等物流配送效率；实行医药集中采购和统一配送，发展医药物流；推动汽车和零配件物流发展，建立汽车综合物流服务体系；鼓励企业加快发展产品与包装物回收物流和废弃物物流，促进资源节约与循环利用；鼓励和支持物流业节能减排，发展绿色物流；加快发展邮政物流，建立快递物流体系。

（七）推进物流信息化建设

加快建设物流园区信息平台、电子口岸、大宗商品交易平台、货运配载信息平台和物流行业门户网站等公共信息平台。采用国家标准和国际通用规范，统一信息收集、交换标准，建立物流信息共享机制，对物流各环节进行实时跟踪、有效控制和全程管理，提高物流服务信息化水平。

（八）完善应急物流体系

制订应急物流保障方案，优化作业程序，建立相应的信息系统，选择和培育一批专业化物流企业，提高应急物流保障水平。

（九）提高物流标准化和科技化水平

推广应用物流标准化体系，加快对现有仓储、转运设施和运输工具的标准化改造，实施物流托盘系列国家标准。加强对物流理论和新技术的研究，重点支持物流管理软件、智能交通系统、移动物流信息服务等技术攻关和应用。利用国家振兴装备业的机遇，争取国家对湖南省先进物流设备研制的支持。

四、政策措施

（一）改革物流管理体制

根据国家部署和安排，深化相关领域改革，建立政企分开、权责对等、执行顺畅、监督有力的物流综合管理体系；理顺政府组织协调和公共服务职能，进一步规范运输、货代等行业的管理，促进物流服务规范化、市场化和国际化；改革仓储企业经营体制，推进仓储设施和业务的社会化。

（二）改善物流经营环境

积极清理向货运车辆收取的各种费用，严禁违规对物流企业乱检查、乱收费、乱罚款、乱评比；规范物流企业的经营行为，开展物流市场专项整治行动；倡导合法诚信经营，创造物流业发展的良好环境。

（三）完善物流法规政策体系

在落实国家和省现有推动物流业发展有关政策的基础上，进一步研究促进现代物流业发展相关政策。在编制土地利用规划和城市规划时，可优先考虑省级物流园区内物流项目和省重点物流项目用地；出台鼓励中心城区物流企业仓储设施搬迁至城郊的补偿政策；对采用物流信息系统、开展物流标准化试点的，优先列入各级政府科技创新资金和技术改造项目计划，享受相关优惠政策；加强对物流领域的立法研究，完善物流法规政策体系，促进物流业健康发展。

（四）加大投入力度

抓住国家调整和振兴物流业的有利时机，积极汇报衔接，争取国家支持。省直有关部门也相应在有关专项资金中给予支持，用于重大物流项目建设。积极引导信贷资金投向物流业，鼓励融资担保机构为物流企业提供信贷担保；支持骨干物流企业在境内外上市融资及私募股权融资；鼓励物流企业通过发行债券、增资扩股、内联引资、中外合资、仓单质押、股权质押贷款以及供应链融资等途径筹集项目建设资金。当地政府也要加大对本地物流业发展的投入。

（五）完善物流统计制度

进一步完善物流业统计调查制度和信息管理制度，将物流统计纳入省统计局常规统计序列，建立科学的物流业统计调查方法和指标体系，认真贯彻实施社会物流统计核算与报表制度。

（六）推进物流业对外开放合作

引进国外先进的物流技术和管理经验，吸引国际知名物流企业到省内落户；鼓励支持省内物流企业到省外、国外拓展业务；进一步完善陆运口岸功能，实现与海港、边境口岸的直通，提高对外开放程度。

（七）加快物流人才培养

鼓励企业与省内外高等院校、科研机构开展合作；大力推进现代物流职业教育集团化办学，培养适应市场需求的物流高级管理人才和专业技术人员；积极引进优秀物流人才。

附录五 湖南省物流业调整和振兴规划重点项目表

序号	企业名称	项目内容及规模	规划总投资（万元）	至 2008 年年底累计投资（万元）	2009 年计划投资（万元）	项目建设阶段	开工时间	完成时间	2011 年		项目所在市州
									新增主营业务收入（万元）	新增就业（人）	
1	长沙金垅冷藏食品物流有限公司	冷藏物流项目，主要建设2万吨冷库、铁路专用线、配套设施及冷藏食品配送中心	16000		3000	规划建设	2008 年 12 月	2009 年 12 月			长沙市
2	长沙金霞开发建设总公司	金霞现代物流园信息平台，主要从事软件开发和网络建设	12000	100	1000	在建	2008 年	2010 年			长沙市
3	长沙联运物流有限公司	捞霞物流中心，建设仓储、配送中心	12400		5000	续建	2008 年 3 月	2009 年 12 月	20000		长沙市
4	长沙马王堆农产品股份有限公司	建设农产品、食品物流配送中心	8584			正在选址	2009 年 1 月	2011 年 1 月	34257		长沙市

续　表

序号	企业名称	项目内容及规模	规划总投资（万元）	至2008年年底累计投资（万元）	2009年计划投资（万元）	项目建设阶段	开工时间	完成时间	2011年		项目所在市州
									新增主营业务收入（万元）	新增就业（人）	
5	长沙市实泰物流有限公司	湖南家电物流中心，信息系统升级改造，建设家电交易中心	104985	15000	28000	办理用地调规手续	2009年3月	2010年3月	30000	60	长沙市
6	长沙杏林物流公司	主要建设建材码头及建材物流分销中心	15000		6000	规划建设	2009年	2010年			长沙市
7	长沙中央级救灾物流储备库	主要开发建设储备仓库	7000		4000	规划建设	2009年	2010年			长沙市
8	国药控股湖南有限公司	国药控股长沙物流中心暨综合楼	15000	4000	11000	已开工	2008年8月	2009年1月	73000	150	长沙市
9	湖南长沙金霞海关保税物流投资建设有限公司	保税物流中心项目二期，主要建设保税仓储、国际物流配送、简单加工、退税、物流信息楼	100000	47700	15000	在建	2009年	2011年	600		长沙市

续 表

序号	企业名称	项目内容及规模	规划总投资（万元）	至 2008 年年底累计投资（万元）	2009 年计划投资（万元）	项目建设阶段	开工时间	完成时间	2011 年		项目所在市州
									新增主营业务收入（万元）	新增就业（人）	
10	湖南恩瑞物流配送有限公司	恩瑞物流配送中心，主要建设物流仓储、交易市场、加工区等	120000	55900	20000	在建	2008 年	2010 年			长沙市
11	湖南广发隆平创业服务有限公司	长株潭现代冷链物流加工配送中心项目，建设容量 20000 吨的冷库库房	120000			规划建设	2009 年				长沙市
12	湖南金霞粮食产业有限公司	建设 13 吨的仓库及植物油储罐、灌装车间、配送仓、铁路专线	58542	16068	10000	已完成一期工程	2007 年	2011 年	54610	2000	长沙市
13	湖南力邦物流有限公司	建设钢材加工配送中心	25000		15000	在建	2009 年		50000		长沙市
14	湖南粮食中心批发市场有限责任公司	主要建设粮油物流直销配送中心、精品粮油加工中心、仓储等	38000	35800	6000	续建	2006 年	2009 年	4368		长沙市

续 表

序号	企业名称	项目内容及规模	规划总投资（万元）	至2008年年底累计投资（万元）	2009年计划投资（万元）	项目建设阶段	开工时间	完成时间	2011年		项目所在市州
									新增主营业务收入（万元）	新增就业（人）	
15	湖南全洲医药食品物流配送有限公司	建设电子商务与物流公共信息平台	9200	3500	4500	在建	2007年	2010年	150000	1200	长沙市
16	湖南省京阳物流有限公司	京阳物流中心，仓库建筑面积为242838平方米，时点仓储能力为24万吨（立方米）	47269	12000	14000	主体工程建设	2007年	2010年	54873	900	长沙市
17	湖南省烟草公司	建设120万箱卷烟、45万担烟叶的物流中心	200000		40000	征地拆迁	2009年12月	2011年12月		800	长沙市
18	湖南天骄物流信息科技有限公司	天骄货运配载公共信息服务系统	1500			续建	2008年	2010年			长沙市
19	湖南天骄物流信息科技有限公司	天骄制造业和物流业对接信息服务系统	5000			规划建设	2009年	2011年			长沙市

续 表

序号	企业名称	项目内容及规模	规划总投资（万元）	至 2008 年年底累计投资（万元）	2009 年计划投资（万元）	项目建设阶段	开工时间	完成时间	2011 年		项目所在市州
									新增主营业务收入（万元）	新增就业（人）	
20	湖南新农合医药连锁有限公司	建设药品食品物流仓储配送中心，库存容量 60 万标准箱，日吞吐量 6 万箱	18000	2000	5000	在建	2008 年	2010 年	50000	8000	长沙市
21	湖南星沙物流投资有限公司	长株潭现代冷链物流加工配送中心，建设 6 万吨冷库，分三期建设	38000	10	25000	编制可行性研究报告	2009 年 4 月	2011 年 4 月	5600	1300	长沙市
22	湖南星沙物流投资有限公司	建设仓储、配送、服务外包系统，公共信息平台	9000	0	4500	三期	2009 年 5 月	2012 年	1200	160	长沙市
23	湖南一力股份有限公司	一力物流园续建，铁路中转区、钢材货场区、钢材加工区、家电仓储区、普货仓储区等	200000	10500	3000	在建	2009 年	2012 年	800000	6000	长沙市

续　表

序号	企业名称	项目内容及规模	规划总投资（万元）	至2008年年底累计投资（万元）	2009年计划投资（万元）	项目建设阶段	开工时间	完成时间	2011年		项目所在市州
									新增主营业务收入（万元）	新增就业（人）	
24	湖南一力股份有限公司	一力物流园供应链一体化公共管理平台	1900			在建	2007年	2010年	1200		长沙市
25	湖南中南物流有限公司	建设集配载、零担专线、仓储配送、停车住宿于一体的综合物流园区	20000	13400	5000	续建	2009年	2011年	2000	200	长沙市
26	招商局物流集团湖南有限公司	建设分发中心，一期工程仓库5万平方米预计2009年10月建成运作	12000		12000	正在办理购地手续	2009年5月	2011年1月	6000	100	长沙市
27	湖南长株潭国际物流有限公司	建设集储存、配送、联运、集装箱运输、物流信息服务为一体的物流中心	100000	8000	15000	已完成项目可研、环评和项目选址	2008年	2011年	30200	1000	株洲市
28	湖南湘洲食品有限公司	建设冷链物流配送中心	14526	5947.18	5149.79	在建	2008年11月	2012年12月	8159	2468	株洲市
29	基翔投资有限公司	建设芦甬服饰物流配送中心	40000	2000	3000	征地拆迁	2006年		40000	2000	株洲市

续 表

序号	企业名称	项目内容及规模	规划总投资（万元）	至2008年年底累计投资（万元）	2009年计划投资（万元）	项目建设阶段	开工时间	完成时间	2011年		项目所在市州
									新增主营业务收入（万元）	新增就业（人）	
30	江南商城	中南粮油物流中心	49900	1000	8000	前期	2009年	2011年		1200	株洲市
31	醴陵熊猫烟花有限公司	醴陵花炮商贸物流园，建设花炮仓储、普货仓储、联检、监装、物流基地	50000	1000	30000	完成征地、拆迁、水电道路安装、规划设计	2008年	2010年	8000	1000	株洲市
32	唐人神集团股份有限公司	建设年配送冷鲜肉类10万吨物流中心	16000			完成项目规划，用地已批					株洲市
33	株洲百货股份公司	株百物流中心	17000	788	4000	前期	2009年6月	2009年12月	50000	150	株洲市
34	株洲市神农果业有限公司	建设干鲜果品及其他农副产品销售、冷藏保鲜、配送中心	18000	2180	8000	完成项目立项、环保评估	2009年6月	2010年9月	45000	5000	株洲市
35	株洲市中南谷物城投资经营有限公司	建设4个泊位的粮油千吨级码头；建设月台式铁路货物专用线2条	117000	1000	3000	已完成立项	2009年1月	2013年12月	200000	15000	株洲市

续　表

序号	企业名称	项目内容及规模	规划总投资（万元）	至2008年年底累计投资（万元）	2009年计划投资（万元）	项目建设阶段	开工时间	完成时间	2011年		项目所在市州
									新增主营业务收入（万元）	新增就业（人）	
36	步步高商业连锁股份有限公司	建设常低温仓库、物流配送中心	100000	25000	10000	分三期实施	2005年	2013年	150000	4000	湘潭市
37	红图投资集团	建设工程机械新设备、配套件、二手设备的物流服务区	119000		20000	已建成一期，二期建设相关前期准备工作正在进行	2009年	2011年	150000	4000	湘潭市
38	湖南金航港务有限责任公司	建设10个千吨泊位	50000	15000		已建成一、二期，三期正在办理国土批文	2006年	2011年			湘潭市
39	湖南九华钢材物流股份有限公司	建筑面积约83200平方米的包括钢材硬化堆场和吊运堆场、机械化物流系统	68000		20000	分二期实施	2009年	2011年	70000	400	湘潭市
40	九华经济建设投资有限公司	建设仓储面积90万平方米，货物堆场20万平方米，建设10个千吨级泊位的码头	200000	39000	20000	已建成一、二期，三期正在进行前期工作	2006年	2011年	100000		湘潭市

续 表

序号	企业名称	项目内容及规模	规划总投资（万元）	至2008年年底累计投资（万元）	2009年计划投资（万元）	项目建设阶段	开工时间	完成时间	2011年		项目所在市州
									新增主营业务收入（万元）	新增就业（人）	
41	湘潭九华投资有限公司	建设蔬菜果品、食杂干货品、肉食、水产、家禽、净菜及蔬菜加工区、仓储区	20000			已经完成规划	2010年	2013年			湘潭市
42	湘潭龙畅物流有限公司	建设以公路、水路运输为主的货运物流中心	80000		6000	已完成可研、规划红线图、立项	2009年	2011年			湘潭市
43	湘潭中油销售有限公司	建成成品油仓储设施及高清洁乙醇调和油中心	12000	6000		在建	2004年	2011年			湘潭市
44	湘乡万里行贸易有限公司	建设皮革、铁合金、铝厂等工业品原料、成品及生活资料的加工及配送中心	20000	5000	5000	已建成一期，二期建设相关前期准备工作正在进行	2008年	2011年			湘潭市

续表

序号	企业名称	项目内容及规模	规划总投资（万元）	至2008年年底累计投资（万元）	2009年计划投资（万元）	项目建设阶段	开工时间	完成时间	2011年		项目所在市州
									新增主营业务收入（万元）	新增就业（人）	
45	心连心集团有限公司	建设干鲜货物流配送中心、冷冻、冷藏农产品物流配送中心	20000	12000	4000	在建	2005年	2011年			湘潭市
46	步步高衡阳连锁公司	步步高衡阳物流中心，建设13万平方米的商品物流配送中心	50000			正在规划选址	2009年1月	2011年6月	50000	800	衡阳市
47	衡山龙泉物流有限公司	衡山龙泉物流中心，总投资5000万元，建设仓储物流中心2万平方米	5000	2000	3000	已开工建设	2008年6月	2009年12月	7000	200	衡阳市
48	衡阳粮油物流有限公司	建设仓库21万平方米；商用房14万平方米；储油罐1.5万吨；铁路专用线4公里	46000	5000	16000	正在征地办手续	2009年	2011年	1000000	4600	衡阳市

续 表

序号	企业名称	项目内容及规模	规划总投资（万元）	至 2008 年年底累计投资（万元）	2009 年计划投资（万元）	项目建设阶段	开工时间	完成时间	2011 年		项目所在市州
									新增主营业务收入（万元）	新增就业（人）	
49	衡阳流一实业有限公司	衡南县农产品冷链物流配送中心，建设物流配送、仓储中心，冷库 1 座。总建筑面积 6 万平方米	16000		6000	已完成征地、环评等手续	2009 年 6 月	2011 年 3 月	35000	800	衡阳市
50	衡阳市安邦农资连锁有限公司	衡阳市农资物流中心，总建筑面积 5600 平方米，建设仓储、配送、信息中心等业务用房	18000		2000	正在进行项目报批	2009 年 1 月	2010 年 12 月	120000	1500	衡阳市
51	衡阳市君富祥瑞食品有限公司	200 万头生猪冷链物流，新建 1 万吨肉品冷藏保鲜库、年冷链配送鲜肉及制品 10 万吨以上	50000		8000	正在进行项目报批	2009 年 1 月	2010 年 1 月	200000	5000	衡阳市

续　表

序号	企业名称	项目内容及规模	规划总投资（万元）	至2008年年底累计投资（万元）	2009年计划投资（万元）	项目建设阶段	开工时间	完成时间	2011年		项目所在市州
									新增主营业务收入（万元）	新增就业（人）	
52	衡阳市商业储运公司	建设仓库、物流信息网络，购置运输、产品展示、装载运输机具	38000		1500	规划立项	2009年10月	2011年	10000	1600	衡阳市
53	衡阳市再生资源发展有限公司	再生资源物流配送中心，建设仓储物流中心2万平方米	18000		3000	已办理规划、征地、环评等手续	2009年8月	2011年3月	40000	5000	衡阳市
54	衡阳松木开发建设投资有限公司	建设医药、钢材、化工配送中心及冶金废弃物综合利用基地	88000	366.27	9858	已完成项目规划、选址等手续					衡阳市
55	湖南省衡阳汽车运输集团有限公司	仓储、装卸搬运、包装加工、物流配送、信息平台等	15000	4000	5000	在建	2008年10月	2010年	3360	250	衡阳市
56	湖南中电物流有限公司	征地及新建园区	9000		4500	三期	2009年5月	2012年	1200	160	衡阳市

续　表

序号	企业名称	项目内容及规模	规划总投资（万元）	至2008年年底累计投资（万元）	2009年计划投资（万元）	项目建设阶段	开工时间	完成时间	2011年		项目所在市州
									新增主营业务收入（万元）	新增就业（人）	
57	湖南中南富森工贸有限公司	建设一座年吞吐量达30万吨物流中心	8000		3500	已完成规划、环评、征地工作	2008年1月	2011年6月	40000	800	衡阳市
58	耒阳市佳福乐超市有限公司	建设物流配送中心及湘南地区应急物资储备库	10000		3000	已办理规划、征地、环评等手续	2008年9月	2011年12月	100000	500	衡阳市
59	耒阳市旺客隆超市实业有限公司	建设农产品冷链物流配送中心项目	36800		8000	已办理规划、征地、环评等手续	2008年1月	2012年8月	46000	500	衡阳市
60	苏宁电器衡阳连锁公司	电器物流中心，建设4万平方米，8个品类近千个品牌产品配送中心	8000		1000	正在规划选址	2009年8月	2011年3月	10000	300	衡阳市
61	西园农产品批发市场	农产品物流中心，建设5000平方米货物仓库，3000平方米展示仓库	20000		2000	二期用地正在报批	2009年8月	2012年6月	200000	600	衡阳市

续　表

序号	企业名称	项目内容及规模	规划总投资（万元）	至2008年年底累计投资（万元）	2009年计划投资（万元）	项目建设阶段	开工时间	完成时间	2011年		项目所在市州
									新增主营业务收入（万元）	新增就业（人）	
62	湘南农资农机大市场有限公司	建设仓储、物流中心、信息中心、展示中心等	36000	3600	12000	已完成立项，征地选址，规划报批等前期准备工作	2009年8月	2011年	100000	3000	衡阳市
63	城步苗族自治县十万古田湘城农副产品批发市场有限公司	建设蔬菜、水果、干货冷库及常温库等	5000	2000	3000	在建	2008年	2009年	40000	1000	邵阳市
64	洞口县肉食冷冻有限责任公司	建设容量为8000吨冷库1座，项目总建筑面积16500平方米	15000	5500	8000	在建	2008年	2010年	10000	100	邵阳市
65	洞口香芝然米业有限责任公司	新建、改建标准仓容35000平方米，购置粮食储存、装卸、运输设施设备200台	12000	2000	6000	已开工建设	2008年	2010年	40000	600	邵阳市

续 表

序号	企业名称	项目内容及规模	规划总投资（万元）	至2008年年底累计投资（万元）	2009年计划投资（万元）	项目建设阶段	开工时间	完成时间	2011年		项目所在市州
									新增主营业务收入（万元）	新增就业（人）	
66	湖南大成粮油购销有限公司	建设粮食储备仓库6栋，共12万吨仓容	9000	1500	5000	已征地	2008年	2010年	15000	500	邵阳市
67	湖南浩天米业有限公司	改造10万吨准低温仓库散粮散储散运收发放配套设施；扩建13万吨精米线、7万吨准低温仓库	15694	3100	8000	在建	2008年	2010年	20000	300	邵阳市
68	湖南华湘米业有限公司	6万吨散粮储存，配套散运、散装、散卸设施设备	10069		8000	已购地	2009年	2010年	80000	800	邵阳市
69	湖南省三可食品有限公司	建设结冻504平方米、低温冷藏库3000平方米、高温冷藏库1008平方米及其他配套设施共13224平方米	10660	4000	5000	在建	2008年	2010年	30000	200	邵阳市

续 表

序号	企业名称	项目内容及规模	规划总投资（万元）	至2008年年底累计投资（万元）	2009年计划投资（万元）	项目建设阶段	开工时间	完成时间	2011年		项目所在市州
									新增主营业务收入（万元）	新增就业（人）	
70	湖南省邵阳汽车运输总公司	新建20000平方米的标准化商品储备库，60000平方米的敞篷货场	60000		15000	待建	2009年	2011年	85000	1000	邵阳市
71	湖南银联置业投资有限公司	建设现代仓储物流市场及配套设施建设工程等	11150	2000	5000	正在进行三通一平	2008年	2010年	20000	1000	邵阳市
72	湖南豫湘工贸有限公司	建设农副产品加工区、配送、流通、包装、物流及配套服务中心	25235	6000	10000	已征地	2008年	2010年	35800	1230	邵阳市
73	湖南中富植物油脂有限公司	3万吨食用油仓储及物流设施，10个2000吨暂存罐，一个现代化配送中心	12800		8000	完成全部前期工作	2009年	2010年	20000	150	邵阳市
74	隆回县红太阳商贸有限公司	建设商贸配送中心	7500		5000	完成全部前期工作	2009年	2010年	10000	300	邵阳市

续 表

序号	企业名称	项目内容及规模	规划总投资（万元）	至2008年年底累计投资（万元）	2009年计划投资（万元）	项目建设阶段	开工时间	完成时间	2011年		项目所在市州
									新增主营业务收入（万元）	新增就业（人）	
75	邵东星沙物流有限公司	建设农产品商贸物流园，建立农产品交易、展示、物流配送分销网络体系，仓储15万平方米	28320		10000	待建	2009年	2012年	100000	16000	邵阳市
76	邵阳汽运总公司	建设仓储、停车、信息中心等，占地300亩（20万平方米）	38000		10000	待建	待定	2011年	12000	600	邵阳市
77	邵阳市和顺实业有限公司	建设和顺物流中心，A区为钢材市场，B区为危险品化工区	15900	2908	3500	在建	2004年	2010年	500	160	邵阳市
78	武冈市国辉精制米厂	建设6.8万吨仓储扩建和粮食装卸、运输设备	25120	3000	10000	在建	2008年	2011年	15000	200	邵阳市
79	湖南泰格林纸集团有限责任公司	港口、码头、仓库改扩建，建设物流信息网络平台	26000	4000	4000	在建	2008年4月	2013年12月	135000	5000	岳阳市

续表

序号	企业名称	项目内容及规模	规划总投资（万元）	至2008年年底累计投资（万元）	2009年计划投资（万元）	项目建设阶段	开工时间	完成时间	2011年		项目所在市州
									新增主营业务收入（万元）	新增就业（人）	
80	湖南巴陵油脂有限公司	20万吨棉菜子扩能改造配套仓储及物流建设	20982	1600	7000	土建阶段	2008年3月	2010年	200000	200	岳阳市
81	湖南城陵矶临港新区开发投资有限公司	城陵矶临港产业新区现代物流农产品交易基地	28700	8700	10000	征地阶段	2008年	2010年		500	岳阳市
82	湖南和立东升实业集团有限公司	太阳桥物流园，建设货运配载区、物流信息交易区、仓储配送区、配套加工区	8000	4500	3000	二期工程建设	2007年	2010年	2000	10000	岳阳市
83	湖南加华生物科技发展有限公司	保鲜冷藏设施、物流配送中心	12800	1200	5000	筹资	2008年	2010年	60000	1600	岳阳市
84	湖南临湘工业园区现代物流中心	建设信息中心、配送中心	10000	2000	6000	土建阶段	2008年	2010年	4100	165	岳阳市

续 表

序号	企业名称	项目内容及规模	规划总投资（万元）	至 2008 年年底累计投资（万元）	2009 年计划投资（万元）	项目建设阶段	开工时间	完成时间	2011 年		项目所在市州
									新增主营业务收入（万元）	新增就业（人）	
85	湖南泰和物流有限公司	湖南泰和物流园，建设货物配载、仓储设施	11000	2500	1200	土建阶段	2007 年	2010 年 6 月	7000	1500	岳阳市
86	华容县湘北农资有限公司	建设湘北农机大市场物流项目	5000	1000	2000	土建阶段	2008 年	2011 年	4000	200	岳阳市
87	汨罗市企业生产资料公司	建设汨罗市农业生产资料物流体系	9565	2564	5428	资金筹措	2009 年	2010 年	12364.5	365	岳阳市
88	汨罗市物资总公司	建设货运物流体系	8000		5000	资金筹措	2009 年	2010 年	50000	2000	岳阳市
89	汨罗市众发物流有限公司	建设仓储中心、停车场和配套设备	21950	1000	9000	筹资	2008 年	2010 年	80000	3000	岳阳市
90	湘阴县交通局漕溪港物流园	建设仓储库场，购置 4 台 5～30 吨吊装设备和 5 台 2 吨内装载车辆，其他设备 30 台套等	11000	1900	9100	土建阶段	2008 年 10 月	2009 年 12 月	19100	290	岳阳市

续表

序号	企业名称	项目内容及规模	规划总投资（万元）	至2008年年底累计投资（万元）	2009年计划投资（万元）	项目建设阶段	开工时间	完成时间	2011年		项目所在市州
									新增主营业务收入（万元）	新增就业（人）	
91	湘阴县粮食局湘北粮油物流园	建设交易框架棚7000平方米，新建万吨油罐一个	8750	180	6250	征地阶段	2008年11月	2010年6月	15000	160	岳阳市
92	湘阴县市场管理中心	建设粮食储备仓库等	7450		2450	土建阶段	2009年5月	2010年8月	22000	680	岳阳市
93	湘阴县市场管理中心	兴湘绿色食品物流园，新建停车场2000平方米，物流储备仓库3600平方米，购置车辆设备40台	10500	580	5000	土建阶段	2008年10月	2010年8月	17200	180	岳阳市
94	岳阳洪源物流有限责任公司	新建仓库10栋，计20000平方米；扩建货物堆场，计15200平方米；完善仓储设施	10000	5000	3000	二期工程建设资金筹措阶段	2009年	2010年	1500	100	岳阳市
95	岳阳市海纳物流有限公司	建设危险货物运输车停车区、普货运输车停车区和危货仓储区	13500	3000	2500	已完成一期工程的土地征收、环评、立项等工作	2009年5月	2010年6月	20000	500	岳阳市

续 表

序号	企业名称	项目内容及规模	规划总投资（万元）	至2008年年底累计投资（万元）	2009年计划投资（万元）	项目建设阶段	开工时间	完成时间	2011年		项目所在市州
									新增主营业务收入（万元）	新增就业（人）	
96	岳阳同安物流有限公司	同安医药物流中心，扩建20000平方米仓库，完善物流配送软件	5000	3000	1000	土建阶段	2008年9月	2010年5月	50000	300	岳阳市
97	岳阳同立实业有限公司	建设仓储5800平方米，配套设施1560平方米	5500	200	1000	改扩建	2009年9月	2012年	2000	200	岳阳市
98	岳阳新华联富润石油化工有限公司	4万立方石油化工仓储物流	8000	2680	3000		2009年6月	2010年6月	800	50	岳阳市
99	张家界市科技工业园	建设市科技工业园物流配送中心	17000			规划建设			2800		张家界市
100	张家界市梅尼商贸有限公司	建设物流配送中心	5000			已完成可研报告			25000		张家界市
101	湖南阿香果品有限公司	2万吨柑橘储藏中转库建设项目	8000	3000	3000	在建	2008年	2010年	800	80	益阳市

续 表

序号	企业名称	项目内容及规模	规划总投资（万元）	至2008年年底累计投资（万元）	2009年计划投资（万元）	项目建设阶段	开工时间	完成时间	2011年		项目所在市州
									新增主营业务收入（万元）	新增就业（人）	
102	湖南虹光通达物流有限公司	虹光通达物流中心	13022.15	450	4000	在建	2008年	2015年	1000	100	益阳市
103	湖南茅草街米业有限公司	益阳茅草街米业仓储建设项目	6120	1000	3000	在建	2008年	2010年	600	80	益阳市
104	湖南益阳粒粒晶粮食购销有限公司	新建16万吨粮食散装储备仓库91000平方米，改造8万吨粮食储备仓库2100平方米	18000	7100	5500	在建	2007年	2010年	44000	328	益阳市
105	口口香米业有限公司	益阳大通湖口口香10万吨粮食仓储设施扩建项目	6415	500	3000	在建	2008年	2010年	600	220	益阳市
106	南县兴盛农产品批发市场有限公司		8000	3000	3000	在建	2008年	2010年	800	80	益阳市

续　表

序号	企业名称	项目内容及规模	规划总投资（万元）	至2008年年底累计投资（万元）	2009年计划投资（万元）	项目建设阶段	开工时间	完成时间	2011年		项目所在市州
									新增主营业务收入（万元）	新增就业（人）	
107	三星食品有限公司	益阳三星食品6000吨冷库项目建设	7200	800	3500	在建	2008年	2010年	700	120	益阳市
108	益阳和平水产有限公司	益阳和平农产品批发市场扩建项目	12000	2000	8000	在建	2008年	2010年	1100	120	益阳市
109	益阳市汽车运输公司	综合性仓储中心	5330	2500	3000	在建	2005年	2010年	1000	200	益阳市
110	益阳市邮政局	速递物流信息综合网络建设	600	400	200	在建	2007年3月	2010年	5000	100	益阳市
111	益阳市资阳区粮食购销公司	益阳马良粮食储备库建设项目	6850	1000	3000	在建	2008年	2010年	600	80	益阳市
112	益阳湘运集团有限责任公司	益阳现代物流工业园建设	200000	1000	10000	在建	2008年	2016年	20000	400	益阳市
113	益阳益华水产股份有限公司	水产冷链物流建设项目	20000	1000	4000	在建	2008年	2015年	1800	200	益阳市

续　表

序号	企业名称	项目内容及规模	规划总投资（万元）	至2008年年底累计投资（万元）	2009年计划投资（万元）	项目建设阶段	开工时间	完成时间	2011年		项目所在市州
									新增主营业务收入（万元）	新增就业（人）	
114	常德创普物流有限公司	常德物流中心，物流信息中心信息交易大厅配载楼、仓库、停车场	6000	4300	1700	主体封顶	2007年8月	2009年			常德市
115	湖南常德市万路达物流有限公司	建设危险品仓库、普货仓库和配载信息中心等	5000		2000	待建	2009年7月	2011年7月	2000	110	常德市
116	湖南广益粮油棉有限公司	食用油仓储及物流项目，建设车间、仓库、油灌、车辆配置、车站、码头	5000		3000	在建	2009年	2010年	80000	70	常德市
117	湖南金健米业股份公司	年流量工业及农产品总量100万吨，建设仓储设施散粮运输工具，码头、信息平台、配送中心	112000		2000	在建	2009年	2010年	100000	585	常德市

续 表

序号	企业名称	项目内容及规模	规划总投资（万元）	至2008年年底累计投资（万元）	2009年计划投资（万元）	项目建设阶段	开工时间	完成时间	2011年		项目所在市州
									新增主营业务收入（万元）	新增就业（人）	
118	湖南银华现代农业物流股份有限公司	农业物流中心，一期工程建设18栋36000平方米的仓库，二期工程扩建4栋10000平方米的棉花立体仓库及农产品仓储区	22342.66	600	7000	在建	2008年	2010年	3000	200	常德市
119	津市市湘北物流调配有限公司	新建工业新区物流中心，仓储、运输、码头、汽修	5200		1200	征地	2009年4月	2011年12月	7000	200	常德市
120	湖南鸿冠食品有限公司	2万吨食用油仓储项目，立式固定顶油罐25个	5000	1900	1000	新建	2008年	2011年	20000	110	娄底市
121	湖南华剑投资有限公司	华剑矿山机电物流中心，总建筑面积70470平方米	20251	7000	2000	新建	2008年	2011年	15000	1100	娄底市

续　表

序号	企业名称	项目内容及规模	规划总投资（万元）	至2008年年底累计投资（万元）	2009年计划投资（万元）	项目建设阶段	开工时间	完成时间	2011年		项目所在市州
									新增主营业务收入（万元）	新增就业（人）	
122	湖南涟钢物流有限公司	涟钢物流中心，总建筑面积6.13万平方米	12820	2000	3000	续建	2007年	2009年	10000	500	娄底市
123	湖南五江轻化集团有限公司	建设大型物流仓储配送基地，专业物流中心4个，物流配送站10个，110台车的公路运输车队	18673	1000	3000	续建	2008年	2010年	26900	560	娄底市
124	湖南卓越粮油实业有限公司	国藩粮油物流中心，建筑面积36959平方米	17785	4067	5000	续建	2008年	2011年	12000	1000	娄底市
125	冷水江市玄盛城乡物资储运公司	玄盛物流园，建设物流仓储区，建筑总面积32600平方米	6800	500	500	新建	2009年	2010年	6000	500	娄底市

续 表

序号	企业名称	项目内容及规模	规划总投资（万元）	至 2008 年年底累计投资（万元）	2009 年计划投资（万元）	项目建设阶段	开工时间	完成时间	2011 年		项目所在市州
									新增主营业务收入（万元）	新增就业（人）	
126	涟源市宏彬房地产开发有限公司	涟源市安成物流中心，总建筑面积 132600 平方米	9800	500	3000	续建	2008 年	2010 年	8000	800	娄底市
127	娄底经建贸易有限公司	铁路口岸、仓储、加工、配送，年货物吞吐量 500 万吨	22130		7000	已开工	2009 年	2011 年	30000	400	娄底市
128	娄底瑞隆经贸公司	湘中果品蔬菜批发大市场三期扩建工程，建设钢架交易棚 10000 平方米，冷库 8000 立方米	5000	200	3000	续建	2008 年	2010 年	7000	300	娄底市
129	娄底市娄星经济园区	娄星经济园区物流园，物流中心规划面积 675 亩（45 万平方米）	20000	2000	4000	续建	2008 年	2010 年	18000	2000	娄底市

续　表

序号	企业名称	项目内容及规模	规划总投资（万元）	至2008年年底累计投资（万元）	2009年计划投资（万元）	项目建设阶段	开工时间	完成时间	2011年		项目所在市州
									新增主营业务收入（万元）	新增就业（人）	
130	娄底市庆阳牧业食品有限公司	5万吨猪肉物流中心与配送冷链建设	12064	9000	2010	续建	2007年	2011年	12000	320	娄底市
131	娄底市天客超市有限公司	天客物流配送中心，总建筑面积41801平方米	10273	300	2000	新建	2008年	2011年	10000	500	娄底市
132	娄底新合作商贸连锁有限公司	湘中商贸物流配送中心，总建筑面积151000平方米	31467	2000	10000	续建	2007年	2010年	20000	3000	娄底市
133	双峰县农机公司	仓储、加工、配送中心	5000	1000	2000	已开工	2008年	2010年	10000	500	娄底市
134	双峰县五星农机有限责任公司	湘中农机机电大市场，征地100亩（6.67万平方米），建设30000平方米仓储，10000平方米停车场	12900	1000	2000	续建	2007年	2012年	14000	1200	娄底市

续 表

序号	企业名称	项目内容及规模	规划总投资（万元）	至2008年年底累计投资（万元）	2009年计划投资（万元）	项目建设阶段	开工时间	完成时间	2011年		项目所在市州
									新增主营业务收入（万元）	新增就业（人）	
135	双峰县湘中物流有限责任公司	湘中物流中心，总用地面积66700平方米，总建筑面积49285.8平方米	18024	2000	2000	新建	2009年	2012年	20000	1500	娄底市
136	新化县铁联粮食物流公司	新化铁联粮食物流中心，总规划面积130亩（8.67万平方米），仓储5万吨	11200	300	1000	新建	2009年	2011年	10000	1000	娄底市
137	郴州福升投资有限公司	建设海关监管仓库10万平方米，查验场5万平方米	7000	400	500	在建	2008年7月	2009年4月	200	10000	郴州市
138	郴州惠农农资有限责任公司	现代仓储、农业生产资料配送中心	5000		2000	正在办理前期相关手续	2009年	2011年	600	20	郴州市
139	郴州市槐海投资开发有限责任公司	建设郴州物流信息交易中心	300		300	正在规划设计之中	2009年	2011年		20	郴州市

续　表

序号	企业名称	项目内容及规模	规划总投资（万元）	至2008年年底累计投资（万元）	2009年计划投资（万元）	项目建设阶段	开工时间	完成时间	2011年		项目所在市州
									新增主营业务收入（万元）	新增就业（人）	
140	郴州市君鑫集团公司	建设湖南省供港澳及出口农产品集中验放场、物流仓库、冷冻仓库	60000	5000	20000	前期相关手续已基本办毕，于2009年2月开工	2009年2月	2012年2月	500000	50	郴州市
141	郴州兴义物流有限公司	郴州铁路运输战略装车点及铁海联运软硬件设施	15000		12000	正在办理前期相关手续	2009年3月	2011年3月	6000	100	郴州市
142	郴州医药公司	现代医药、医疗器械仓储配送中心	6000		2000	正在办理前期相关手续	2009月	2011年	5000	20	郴州市
143	郴州义捷现代粮油物流公司	郴州义捷粮油物流园，修建铁路专用线，建设冷链配送中心	15000	12000	3000	在建	2006年10月	2009年10月			郴州市
144	出口加工区管理局	建设海关管理网及信息集成中心、出口加工区公网、局域网及信息集成中心	1000	500	300	在建	2007年3月	2009年4月			郴州市

续　表

序号	企业名称	项目内容及规模	规划总投资（万元）	至 2008 年年底累计投资（万元）	2009 年计划投资（万元）	项目建设阶段	开工时间	完成时间	2011 年		项目所在市州
									新增主营业务收入（万元）	新增就业（人）	
145	湖南省烟草公司郴州市公司	烟草配送中心及复烤基地	32000		5000	正在办理前期相关手续	2009 年	2012 年	200000	50	郴州市
146	许昌万里集团公司	现代化仓储及货物运输中心	8000		2000	正在规划设计之中	2009 年	2012 年	20000		郴州市
147	道县金秋农业生产资料连锁有限公司	道县综合物流配送中心，建设内容包括物流超市、商品仓储配送区	12000		4000	项目前期工作	2009 年	2011 年	11000	2000	永州市
148	湖南零陵金属材料股份有限公司	修建铁路专用线，建设装卸货台、仓库，购置大型龙门吊车和装卸机械车辆等	60000	200	3600	已完成可行性论证	2009 年 4 月	2012 年	210000	800	永州市
149	湖南银光粮油实业有限公司	建设粮油加工与仓储物流配送中心，物流仓储配送中心	20000		6000	项目前期工作	2009 年	2011 年	35000	3000	永州市

续　表

序号	企业名称	项目内容及规模	规划总投资（万元）	至2008年年底累计投资（万元）	2009年计划投资（万元）	项目建设阶段	开工时间	完成时间	2011年		项目所在市州
									新增主营业务收入（万元）	新增就业（人）	
150	江华瑶族自治县金牛开发建设有限公司	江华工业园区综合物流中心，修建1.47公里铁路专用线，建设6000平方米仓库，货物堆场199950平方米	9865	2000	4000	项目前期工作	2008年	2010年	23700	1500	永州市
151	零陵工业园区管委会	永州火车南站大型综合物流园区，建筑面积160000平方米	50000		6000	项目前期工作	2009年	2011年	20000	2500	永州市
152	永州商业城有限责任公司	建设储备仓库和保鲜库4万平方米、集散配送货场1.3万平方米	18000		5000	项目前期工作	2009年	2012年	2000	3000	永州市
153	永州市供销合作社	永州市兴农物流中心，建设市场、冷库、会展中心、仓库、月台等	25000		5000	已完成项目前期工作	2008年	2011年	6000	2000	永州市

续　表

序号	企业名称	项目内容及规模	规划总投资（万元）	至2008年年底累计投资（万元）	2009年计划投资（万元）	项目建设阶段	开工时间	完成时间	2011年		项目所在市州
									新增主营业务收入（万元）	新增就业（人）	
154	永州市冷水滩区马坪农业经济开发区管理委员会	永州湘南综合物流基地，建设物流会展中心、存储中心等	20624		6000	项目前期工作	2009年	2011年	5000	500	永州市
155	永州市农业生产资料总公司	建设3000吨冷库一座，5个批发市场，占地300亩（20万平方米），运量30万吨	50000	2000	1000	正在办理用地规划手续	2008年10月	2013年	50000	100	永州市
156	大汉控股集团物流有限公司	仓储、加工、配送中心	10000	5000	3000	已开工	2008年	2010年	6000	180	怀化市
157	湖南大康牧业股份有限公司	建设冷链物流配送服务中心、冷鲜肉销售终端、冷冻冷藏库等	12592	5500	8000	正在进行项目主体工程建设	2008年	2011年	3600	300	怀化市

续 表

序号	企业名称	项目内容及规模	规划总投资（万元）	至2008年年底累计投资（万元）	2009年计划投资（万元）	项目建设阶段	开工时间	完成时间	2011年		项目所在市州
									新增主营业务收入（万元）	新增就业（人）	
158	湖南佳惠百货有限责任公司	建设货物仓储集散加工区、冷藏冷冻区、商品货物配送区、辅助仓库区	14500	3000	9000	正在进行项目主体工程建设	2008年	2011年	6400	450	怀化市
159	湖南融汇实业公司	建设冷藏冻物流区1.5万平方米	10378		6500	正在进行项目用地的“三通一平”	2009年	2012年	4800	380	怀化市
160	怀化德友商贸有限公司	建设为超市服务的配送中心，POS系统总部	10800	1800	4000	网点已建	2006年	2011年	51800	2000	怀化市
161	怀化东联房地产开发有限公司	项目总占地面积74.33亩（4.95万平方米），总建筑面积9.3万平方米	11800	3200	5500	正在进行项目用地的“三通一平”	2008年	2010年	5800	500	怀化市
162	怀化国家粮食储备库	占地370亩（24.67万平方米），含交易、仓储、配送设施	15300	2400	5000	开工建设	2007年	2011年	8000	200	怀化市

续 表

序号	企业名称	项目内容及规模	规划总投资（万元）	至2008年年底累计投资（万元）	2009年计划投资（万元）	项目建设阶段	开工时间	完成时间	2011年		项目所在市州
									新增主营业务收入（万元）	新增就业（人）	
163	怀化海联房地产开发投资（集团）有限公司	建设仓储物流区、仓储加工区、交易配送区	43329.5	38886	3000	主体工程已完工并投入使用	2006年	2010年	40000	3500	怀化市
164	怀化华桥集团	建设交易区、加工区、配送区	63000	6500	10000	完成征地工作	2006年	2012年	150000	500	怀化市
165	怀化经开区	建设停车场、加工区、仓储配送区、综合服务区	300000		8000	征地阶段	2009年	2012年	300000	3000	怀化市
166	怀化市鹤城区国有粮食购销公司	建设军粮加工基地、优质水稻基地、成品仓库、军粮仓储基地及配套设施	10198		1500	正在进行项目用地的“三通一平”	2009年	2012年	5500	400	怀化市
167	怀化市华桥物资有限公司	建设钢材仓储区、精加工区、装卸站台	63000	12000	5000	正在进行项目用地的拆迁和“三通一平”	2008年	2011年	40000	1800	怀化市

续　表

序号	企业名称	项目内容及规模	规划总投资（万元）	至2008年年底累计投资（万元）	2009年计划投资（万元）	项目建设阶段	开工时间	完成时间	2011年		项目所在市州
									新增主营业务收入（万元）	新增就业（人）	
168	怀化市市场服务中心	建设农产品交易厅、仓储设施、配送中心、农产品检测中心等	15000	1800	5000	开始改造	2007年	2011年	100000	1000	怀化市
169	麻阳县东坡果品有限责任公司	建设3000吨和2000吨气调库各一栋	5138	2000	2500	正在进行项目主体工程建设	2008年	2011年	2500	200	怀化市
170	新晃嘉信食品有限公司	建设冷藏冻物流区2万平方米，冷藏冻库2000平方米	6310	2300	3000	正在进行项目主体工程建设	2008年	2011年	3000	250	怀化市
171	沅陵县官庄镇经济建设投资公司	建设配货调整中心、物资存储仓库、货物露天堆场	5600	2000	2500	已完成项目前期工作	2009年	2010年	2400	360	怀化市
172	花垣县现代物流服务中心	储藏、加工、物资配送中心	22000	8000	10000	在建	2009年	2010年	20000	500	湘西自治州
173	吉首光彩房地产公司	建设托运配送中心3万平方米，仓储托运中转站6.5万平方米	20000	5000	15000	新建	2009年	2010年	8000	100	湘西自治州

续 表

序号	企业名称	项目内容及规模	规划总投资（万元）	至 2008 年年底累计投资（万元）	2009 年计划投资（万元）	项目建设阶段	开工时间	完成时间	2011 年		项目所在市州
									新增主营业务收入（万元）	新增就业（人）	
174	吉首泰豪商贸公司	设计年屠宰生猪 54 万头，牛 0.67 万头，羊 13 万只的加工、冷链物流中心	8246	5000	3000	新建	2009 年	2010 年	3000	60	湘西自治州
175	龙山县华塘融城公司	物流中心 74000 平方米，三通一平及农产品加工中心	13402	4850	10000	新建	2009 年	2010 年	12000	500	湘西自治州
176	湘西洪源和兴粮油发展有限公司	建设 1700 米铁路专用线、仓容 5 万吨仓库等	30312	15000	20000	新建	2009 年	2010 年	5000	80	湘西自治州
177	永顺县市场管理服务中心	建设仓储保鲜、分级包装、配送中心等	15480	6000	6000	新建	2009 年	2010 年	3000	200	湘西自治州
合 计			5190192	648224	1052746				7808992	194511	

附录六　湖南粮食现代物流发展规划（2007—2015 年）

二〇〇八年四月

前　言

湖南粮食现代物流发展规划根据《国务院关于进一步深化粮食流通体制改革的决定》（国发〔2004〕17 号）、《国务院关于完善粮食流通体制改革政策措施的意见》（国发〔2006〕16 号）、《中共中央、国务院关于积极发展现代农业扎实推进社会主义新农村建设的若干意见》（中发〔2007〕1 号）、国家发改委《粮食现代物流发展规划》和《湖南省国民经济和社会发展第十一个五年规划》编制，是指导湖南省今后一段时期粮食物流发展的专项规划。

本规划分析了湖南粮食物流发展现状与存在的问题，提出了湖南现代粮食物流发展的指导思想、基本原则、发展目标、主要任务、建设项目和实施的配套措施。

规划提出，要以科学发展观为指导，初步形成跨省跨区粮食物流通道，完善重要物流节点，基本实现粮食流通“四散化”（散装、散卸、散储、散运）和整个物流环节的无缝化联结，建立以湖南粮食现代物流园为中心，以岳阳、衡阳、郴州、怀化等区域性现代物流园为骨干，以宁乡横市、湘西洪源粮食物流园等遍布全省的粮食储备、加工、物流企业为支撑的统一开放、方便快捷、运转高效的现代粮食物流体系。

本规划在深入调查研究，广泛征求相关部门、市县粮食局和重点仓储、加工、物流企业及科研机构、专家学者等意见基础上编制而成。

粮食是关系国计民生的重要商品。为加强对全省粮食物流体系建设的指导，充分发挥现代物流在搞活粮食流通、保障市场供应、确保粮食安全方面的重要作用，努力适应湖南省大粮食、大市场、大流通的需要，加快建设统一开放、方便快捷的粮食现代物流体系，根据《国务院关于进一步深化粮食流通体制改革的决定》（国发〔2004〕17 号）、《国务院关于完善粮食流通体制改革政策措施的意见》（国发〔2006〕16 号）、《中共中央、国务院关于积极发展现代农业扎实推进社会主义新农村建设的若干意见》（中发〔2007〕1 号）、国家发改委《粮食现代物流发展规划》和《湖南省国民经济和社会发展第十一个五年规划》，结合湖南实际，制定本规划。

本规划的规划期为 2007—2015 年。规划实施具体分为两个阶段：2007—2010 年为第一阶段，2011—2015 年为第二阶段。

一、湖南粮食物流现状

改革开放以来特别是近几年来，湖南省粮食仓储、运输、装卸、包装条件不断改善，技术水平不断提高，粮食年流通量逐步加大，发展现代粮食物流的客观条件已基本具备。

（一）粮食物流规模巨大

湖南素有“鱼米之乡”的美誉。历史上外调粮食较多，为全国粮食安全做出了重要贡献。近年来，播种面积稳定在年 500 万公顷以上，年总产量 2800 万吨左右。水稻播种面积和产量居全国首位，约占全国的 14%。有 42 个县（市、区）被列为全国优质粮食产业工程项目县。粮食商品量保持在 800 万～900 万吨，商品率 30%左右。近几年调出省外粮食年均 400 万吨，从外省购进小麦、玉米等粮食近 300 万吨，并有逐年增大的趋势。预计随着商品量的增加以及与外省粮食品种互补性的增强，到 2015 年，湖南粮食流通总量将增加到 1300 万吨。从流通方式看，火车运输占 70%，汽车运输占 25%，水路占 5%。湖南出口粮食主要经湘江、长江到江苏张家港、南通港和上海港换船外运。

（二）仓储设施较为完善

全省现有国有、国有控股仓储企业 335 个，总仓容 1228 万吨，其中完好仓容 986 万吨。非国有企业总仓容在 300 万吨左右，基本上为完好仓容。有铁路专用线库点 24 个，仓容 185 万吨，年实际中转量 225 万吨。有专用码头粮库 23 个，泊位 63 个，总吨位 3.7 万吨，年实际中转量 30 万吨。1998 年、2000 年、2001 年利用国债资金分三批建设了国储粮库项目 74 个，仓容 226.5 万吨，总投资 13.33 亿元，分布在全省 60 余个粮食主产县、市。散粮收发功能得到了加强，1998 年建设了容量 30 万吨的浅园仓，具备了铁路、公路的散粮接收发功能。新建粮库项目均配置了机械通风、熏蒸杀虫、粮情检测及汽车衡等先进储粮设备、检测管理系统。粮食进出库基本实现了机械操作，全省三批新建粮库共配置机械设备 5033 台套，投资 14638 万元。1995—2000 年建设的 7 个世行贷款粮食流通项目，总仓容 78.5 万吨，均按散粮装卸要求设计，有力地提升了湖南省粮食流通“四散化”水平。

（三）粮食物流配套设施建设已初具规模

湖南粮食储藏技术处于全国先进行列，全省机械通风储粮达到 90%，一批储粮科技成果得到推广应用。建立了“潇湘粮网”网站，各市、州粮食局和新建国储粮库按标准建立了局域网，有近 300 人的专业操作人员，及时发布粮食市场信息。省粮油产品质监站作为全国唯一的稻谷区域重点粮油产品质监站，拥有国家和湖南省粮油产品质量监测权，承检产品（参数）达到六大类 173 项。全省还有 8 个市州建立了粮油产品质监站，并通过了国家局的验收和授牌。

（四）粮食产业化经营步伐加快

湖南粮食产业形成了以米面油为支撑的加工体系，目前规模以上粮油加工企业 408 家，总资产逾 100 亿元。其中大米加工企业 377 家，年加工能力 450 万吨。有农业产业化国家级龙头企业 4 家、省级龙头企业 39 家、市级龙头企业 142 家。2007 年，新增享受省级龙头企业待遇 15 家，规模以上企业加工大米突破 300 万吨、面粉面条 30 多万吨、食用植物油 20 多万吨，销售收入突破 110 亿元。现有中国名牌产品 5 个、中国驰名商标 2 个、国家质量免检产品8个、湖南名牌产品39个、全国放心粮油企业产品186个。粮食物流企业初具规模，全省现有仓储企业344家，其中仓容量5万吨以上有49家，年周转量50万吨的企业有20多个。

总体来看，湖南粮食现代物流发展还比较落后，物流成本高、效率低、损耗大的问题非常突出。一是仓储设施不能适应散粮接卸的需要。目前现有完好仓容中适合散装、散卸的仓容仅占3%，其余97%的平房仓不适合散粮接收发的需要，适合粮食散装散卸的立筒仓、浅圆仓在新建储库仓容中也只占到13%。二是运输方式落后。粮食收购环节基本采用麻袋、塑料编织袋包装，在储存环节拆包散储，到中转和运输环节又转为包装形态。流通中经过多次灌包、拆包，包装材料耗费大、粮食损失多、掺混杂质情况严重，人工成本非常高。三是装卸自动化水平低。绝大部分粮食的装卸仍采用传统的肩背肩扛装卸方式，效率很低。目前湖南省还没有粮库配备专业的铁路散粮卸车设施。四是组织化程度低。物流资源分散，粮食经营企业数量多、规模小、产销脱节，难以形成规模效益，影响了整个粮食流通的发展。因此，今后一段时期，湖南必须大力发展粮食现代物流，以降低流通成本、提高运输效率、增加农民收入、保障粮食安全。

二、指导思想、基本原则和发展目标

（一）指导思想

发展湖南粮食现代物流的指导思想是以科学发展观为指导，以市场为导向，以企业为主体，以现代科技为支撑，通过深化改革、创新体制、整合资源、统筹规划、突出重点、合理布局，建立粮食现代物流体系，在全省范围内初步实现粮食流通四散化，提高粮食流通效率，增强应对粮食市场波动的调控能力，保障国家粮食安全。

（二）基本原则

推进粮食现代物流发展要遵循以下基本原则：

——统一规划，合理布局。按照粮食现代物流发展规划，合理布局粮食现代物流设施项目，引导企业投资方向，避免盲目扩张和低水平重复建设。

——政府引导、市场运作。政府主要通过编制粮食现代物流发展规划，并从政策上扶持企业投资现代粮食物流。粮食物流项目建设主要通过市场进行运作，建设资金主要由企业自行筹措，风险由企业自行承担。

——深化改革、创新体制。按照《国务院关于进一步深化粮食流通体制改革的决定》要求，继续推进国有粮食企业的改组改造，建立现代企业制度，实现粮食流通体制的创新。打破地区封锁和行业分割，促进仓储设施社会化和运输服务市场化，提高资源利用效率，实现粮食物流链各个环节的无缝链接。

——整合资源、企业推进。充分利用现有粮食流通设施，整合资源，以粮食企业为主要力量，实施粮食现代物流项目。

——突出重点、分步实施。在规划第一阶段主要建设纳入规划的重点项目，解决粮食物流“四散化”水平过低的突出矛盾。在规划第二阶段主要解决重点项目的配套建设以及区域内部的粮食物流现代化问题。

——技术先进、注重效益。要结合我国国情、省情及粮情，着眼于未来发展，积极采用先进、适用、成熟的技术，减少粮食损耗，降低流通成本。规划安排的项目要有明显的经济效益和社会效益。

（三）发展目标

到 2015 年，初步形成跨省跨区粮食物流通道，完善重要物流节点，基本实现粮食流通“四散化”（散装、散卸、散储、散运）和整个物流环节的无缝链接，建立以湖南粮食现代物流园为中心，以岳阳、衡阳、郴州、怀化等区域性现代物流园为骨干，以宁乡横市、湘西洪源粮食物流园等遍布全省的粮食储备、加工、物流企业为支撑的统一开放、方便快捷、运转高效的现代粮食物流体系。

三、规划布局和主要任务

（一）规划布局

1. 粮食物流总量规划。近年来全省粮食总流通量约为 900 万吨，其中省外流入约 300 万吨，省内调出约 400 万吨，省内区域间流通量约 200 万吨。预计到 2015 年，全省粮食总流通量约 1300 万吨。

2. 主要粮食物流通道规划。根据国家粮食现代物流发展规划，结合湖南粮食流通实际，在全省规划建设“四纵两横”六大粮食物流通道。“四纵”为：京广线、洛湛线、枝柳线铁路和湘江水道；“二横”为：湘黔线、湘桂线二条铁路。这六条通道既是湖南省粮食流出、流入通道，也是全国跨省粮食运输的主干道。

3. 区域布局。国家发改委《粮食现代物流发展规划》把长沙、岳阳、衡阳定为国家粮食现代物流发展规划布局的跨省粮食物流通道节点。根据湖南省实际，将重点建设“一个中心、四大骨干”，即以湖南粮食现代物流园为中心，辐射省内外；以岳阳为湘北物流区域、以怀化为湘西物流区域、以衡阳为湘中南物流区域、以郴州为湘南物流区域的四大骨干，流向粤、桂、云、贵等地，形成南北对应、东西互动、地区协调、各有侧重的物流格局。

（二）主要任务

1. 建设好一批现代粮食物流园区。在主要粮食集散地和交通枢纽建设一批适应现代流通要求特别是散装散卸的粮食物流园区，完善物流节点，发挥园区功能，实现铁路、水路、公路的有效衔接和长短途运输方式的合理转换，提高粮食快速中转能力。其中以湖南粮食现代物流园为中心节点（重点建设好湖南粮食中心批发市场和霞凝粮库水运码头），岳阳、衡阳、郴州、怀化物流园为区域性骨干节点，其他为市级节点。

2. 形成跨省跨区粮食物流通道。重点建设京广线、枝柳线、湘桂线、湘黔线、洛湛线沿线有铁路专线或有月台、罩棚的粮食流通项目，增建或改造中转仓容和装卸设施，提高粮食快速中转和供应能力。完善港口中转库及粮食码头功能，建设好洞庭湖、湘江水道粮食通道。其中长、株、潭、衡、郴州稻谷流出通道主要通过铁路运往周边省份。环洞庭湖区粮食流出通道经水路运往东南沿海；经铁路直达两广等销区；经公铁联运销往湘中、湘西地区。粮食流入通道主要有三条：一是由京广线进入全省各地；二是由京珠高速或 107 国道入湘；三是经海运由长江抵岳阳。

3. 发展散粮运输。依托现有散粮设施，加快建设和完善重要通道和节点的散粮配套设施，打破制约散粮运输发展的“瓶颈”。推动形成收纳、集并、中转、运输、储存、发放多环节一体化的散粮运输系统。加快发展散粮汽车运输，形成收纳库到中转库和收纳库、中转库到粮食加工企业的“包粮改散粮”运输，提高粮食公路散粮运输的比重；建立水运散粮中转运输系统，发展散粮船舶运输；推动散粮集装箱公铁联运，发展“门对门”散粮配送服务。

4. 提高粮食物流组织化程度。加强与省外销区及省内产、销区的有效对接，搞好小麦、玉米、大豆等调入品种的产购衔接，建立稳定的粮食运输通道。鼓励粮食经营和加工企业通过兼并、重组和股份制改造，整合形成一批跨行业、跨地区，集粮食收购、储存、中转、加工和贸易等业务于一体的大型粮食物流企业。积极发展第三方粮食物流。建立粮食物流公共信息平台，实现粮食物流信息资源共享。

5. 加强技术设备研发推广和标准化工作。通过自主开发和引进吸收，加快研制并推广散粮运输工具和技术设备。制定和推广粮食物流标准，实现粮食仓储设施、运输工具、装卸机械、信息编码、品质检测标准化。

6. 建立粮食应急调控体系。在全省粮食宏观调控体系和骨干粮库建设的基础上，通过国有粮食企业直接投资方式，控制一些重要物流节点，建立全省粮食应急调控体系。

四、建设项目

为实现湖南省粮食现代物流发展目标和任务，要重点加强物流园区建设、主要物流通道和节点的散粮设施建设。

（一）项目建设内容

规划期内的主要项目建设内容包括：

1. 建设物流园区。在主要粮食物流通道，按照粮食流向、流量、区域位置、基础条件等综合要素，建设一批对粮食流通和宏观调控产生重要影响的具有综合功能的粮食物流园区。

2. 建设和改造部分散粮中转库。在主要散粮物流节点建设和改造一批适应散装散卸的立筒仓、浅圆仓和粮食集装箱中转站等散粮中转设施，增加铁路散粮发运和接卸能力。建设标准为粮食中转库、储备库年中转量在 30 万吨以上；港口库、码头年中转量在 50 万吨以上。

3. 增加散粮接收发设施。在主要散粮物流节点，依托物流园区、大型粮库和粮油加工企业、码头，建设与散粮车辆配套的卸粮坑，提升输送系统，提高散粮接卸能力。为物流节点上的大型平房仓等配备吸粮机、散粮倒运车、出仓机、装车机等散粮接收发放设备，提高散粮发运及接卸能力。

4. 增加散粮运输工具。按照跨省跨区主要粮食物流通道的粮食流量、品种和作业需要，增加适用的散粮运输工具。鼓励大型粮食物流企业增加散粮火车皮、散粮汽车及散粮集装箱。

5. 建设粮食物流信息平台和检验检测设施。鼓励有一定基础的企业和信息服务中心建立粮食电子交易和物流公共服务平台。在粮食物流的主要环节建设相应粮食检验检测设施。

（二）建设项目描述

略

（三）资金来源

项目建设资金以企业自筹为主，通过招商引资、银行贷款、募集民间资本等多渠道筹措。积极争取中央和地方财政投资，用于跨省跨区粮食物流通道建设和公益性基础设施建设。具体来说，属于规划中的跨省跨区粮食物流通道及节点的港口、中转库、储备库装卸发放设施、运输工具等建设项目，根据项目目录，由企业自主投资，国家给予补助或贴息；属于规划中的公共基础设施建设项目，如粮食物流公共信息平台建设项目、粮食物流标准体系建设等，争取由中央预算内资金直接投资建设；属于规划中的新建和改建粮食仓储设施项目、粮食物流园区项目等，主要通过企业自主筹资建设，各级政府给予适当补助及贴息。

五、组织实施

（一）项目组织

由省发改委会同省粮食局负责本规划项目的组织实施工作，有关粮食物流企业是规划建设项目的具体承担单位。根据规划和国家产业政策确定的项目，严格按照基本建设程序办事，严格执行招投标、工程监理等各项法规制度。

（二）实施步骤

根据国家发展改革委、国家粮食局和省发改委、省粮食局确定的主要建设任务，制定年度计划，分步推进实施。

（三）政策措施

1. 创新体制。进一步创新粮食仓储、运输管理体制，打破行业垄断和地区分割，整合现有粮食物流资源，推进仓储、码头设施社会化和运输服务市场化。深化国有粮食企业改革，加快产权制度改革，建立现代企业制度。对国储粮库建设项目、世行粮食流通项目、机械化粮库项目要运用市场经济的手段，进行必要的资源整合，使国有资产发挥最大的效益。进一步探索引进社会和外资进入粮食物流设施建设领域，形成粮食物流多元化投资格局，推动物流设施的社会化、市场化改革。

2. 完善政策。进一步完善产业倾斜、税收优惠、价格支持等政策措施，积极推广散粮运输，对符合规划要求的散粮物流设施建设项目用地依法优先审批。跨省跨区粮食物流项目要纳入国家和同级政府重点项目管理，加快推进现代粮食物流发展。

3. 加强协调。各级政府要把粮食物流现代化工作提到重要的议事日程，加强协调，制定具体落实措施，保证全省粮食物流建设专项规划的顺利实施。铁路、交通、财税等部门要从支持全省经济发展和保障粮食安全的需要考虑，将散粮运输纳入农产品绿色运输通道体系，改进交通工具和运输组织方式，合理调整粮食运价和税收政策，减少各种不合理的运输附加费用，降低运输总成本，促进粮食物流发展。

4. 加大投入。粮食物流建设项目主要依靠企业投资建设。各级财政要安排必要的投资，以资本金注入、投资补助、贴息等方式，对重要的粮食物流建设项目给予扶持。

5. 培养人才。树立人才资源是第一资源的观念，加强对粮食物流专业人才的培养选拔和使用，抓紧建设一支适应粮食现代物流需要的专业人才队伍，为现代粮食物流发展提供智力支撑。